Leopold Figl

Johannes Kunz
(Herausgeber)

Robert Prantner

Leopold Figl
Ansichten eines großen Österreichers

EDITION S

Bildnachweis

Mit Ausnahme der Abbildungen 4 (Karl Kofler), 5 (Privatarchiv Robert Prantner), 6, 14 (Votava) und 24 (Fritz Kern) stammen alle übrigen 19 Abbildungen von Gertraud Trska.
Die Vorlage für die Titelbildgestaltung (Porträt Leopold Figl) stammt von der Bildstelle der Niederösterreichischen Landesregierung.

Edition S
Verlag der Österreichischen Staatsdruckerei

1. Auflage 1992
Copyright © by Österreichische Staatsdruckerei, Wien
Alle Rechte vorbehalten

Umschlaggestaltung: Atelier Schiefer, Wien
Druck und Bindearbeit: Österreichische Staatsdruckerei
ISBN 3-7046-0318-X

Inhalt

Vorwort

Vor allem zwei legendäre Zitate von Dipl.-Ing. Leopold Figl haben Eingang in die österreichischen Geschichtsbücher gefunden und geben Zeugnis vom Wirken dieses überaus populären Nachkriegspolitikers. Ein erschütterndes Dokument aus der ersten Aufbauphase nach den Zerstörungen des Zweiten Weltkrieges ist die Radiorede, die Bundeskanzler Figl zu Weihnachten 1945 an das österreichische Volk gerichtet hat: „Ich kann euch zu Weihnachten nichts geben. Ich kann euch für den Christbaum, wenn ihr überhaupt einen habt, keine Kerzen geben, kein Stück Brot, keine Kohle zum Heizen, kein Glas zum Einschneiden. Wir haben nichts. Ich kann euch nur bitten, glaubt an dieses Österreich!" Die neue Regierung unter Bundeskanzler Figl war seit dem 20. Dezember 1945 im Amt und stützte sich auf das am 25. November d. J. frei gewählte Parlament, in dem die ÖVP mit 85, die SPÖ mit 76 und die KPÖ mit 4 Abgeordneten vertreten waren.

Knapp zehn Jahre später, am 15. Mai 1955, unterzeichnete Außenminister Figl mit seinen Amtskollegen aus den USA, Großbritannien, Frankreich und der Sowjetunion im Wiener Schloß Belvedere den österreichischen Staatsvertrag, der dem Land die Souveränität zurückgeben sollte. Figl sprach, ehe er mit den Vertretern der Signatarmächte den Balkon des Schlosses betrat, Worte des Dankes: „Österreich wird nunmehr als freier und souveräner Staat seinen Platz in der großen Familie der Völker einnehmen und in aktiver Mitarbeit in den weltumfassenden internationalen Organisationen alles daransetzen, um seinen Beitrag für die internationale Verständigung und den Frieden zu leisten . . . Mit dem Dank an den Allmächtigen haben wir den Vertrag unterzeichnet, und mit Freude künden wir heute: Österreich ist frei!"

Die zehn Jahre, die zwischen den beiden Ansprachen lagen, waren die großen Jahre des Dipl.-Ing. Leopold Figl. Was war das Erfolgsgeheimnis des Mannes aus dem Bauernstand, der so ganz anders als sein sozialistischer Staatssekretär und späterer Nachfolger, der Intellektuelle Dr. Bruno Kreisky, Außenpolitik betrieb? Ernst Trost, der die im Auftrag des ORF produzierte und dieses Buch begleitende Videokassette gestaltet hat, beschrieb Figls Diplomatie des Hausverstandes – eine Diplomatie, die man weder in Botschaftssalons noch auf diplomatischen Akademien erlernen kann – in seinem 1972 bei Molden erschienenen Werk *Figl von Österreich* zutreffend so: „Solange Österreich besetzt war und aller Gedanken nur um den Staatsvertrag kreisten, war Figl der ideale Kanzler und Außenminister. Außenpolitik konnte nicht viel mehr sein als ein Werben um Sympathie und Verständnis, und dafür war Figl wie geschaffen. Wo immer in der Welt er erschien, sah man in ihm dieses arme kleine Land. Er war für alle der aufrichtige, mutige Mann, dessen Gehaben manchen zuerst etwas schockte und verwunderte, das aber doch jedermann schnell für ihn einnahm und letzten Endes eine Mischung von Bewunderung und Mitleid für Österreich erweckte."

Der bereits erwähnte Kreisky, mit dem Figl gar nicht so gut konnte, schrieb gegen Ende seines Lebens in seinen Erinnerungen aus fünf Jahrzehnten „Zwischen den Zeiten": „Figl war als Außenminister schon deshalb eine gute Wahl, weil er während seiner siebenjährigen Kanzlerschaft zu allen vier Alliierten vertrauensvolle Beziehungen hatte anknüpfen können. Zudem war es eine Wiedergutmachung von seiten Raabs, der ihn wenige Monate vorher ‚gestürzt' hatte, um selber Kanzler zu werden. Raab fühlte sich Figl innerlich zutiefst verbunden. Sie waren beide Niederösterreicher, hatten viel Zeit miteinander verbracht, und Raab, der kinderlos war, behandelte Figl oft wie einen Wahlsohn."

Das enge Verhältnis zwischen Raab und Figl manifestierte sich auch in dem am 9. Juli 1961 vom Staatsvertragskanzler bei einem Wiener Notar hinterlegten Testament. Darin legte Julius Raab fest: „Ich will ganz einfach begraben werden, ohne jeden Prunk. Reden sollen möglichst wenig gehalten werden, wenn möglich nur eine, und die soll mein lieber und alter Weggenosse Dr. Leopold Figl halten." So sollte es sich auch dann am 8. Jänner 1964 ereignen . . .

Über den ÖVP-Bundeskanzler, Außenminister, Nationalratspräsidenten, niederösterreichischen Landeshauptmann und leidenschaftlichen Bauernfunktionär Dipl.-Ing. Leopold Figl wurden unzählige Karikaturen veröffentlicht, und zahllose Anekdoten kursierten in der Öffentlichkeit – untrügliche Beweise für die große Beliebtheit dieses Politikers. Figl war humorvoll genug, auch Karikaturen, die auf seine Trinkfestigkeit anspielten, „wegzustecken". Ein SPÖ-Wahlplakat aus dem Jahre 1949 mit dem Slogan „Die Katze läßt das Mausen nicht" zeigte Figl als struppigen schwarzen Kater und mit knallroter Nase. Während der damalige ÖVP-Vizebürgermeister von Wien, Weinberger, heftig dagegen wetterte, meinte Figl zum Gestalter des Plakates, Victor Slama, daß er gegen die rote Nase gar nichts einzuwenden hätte, nur das Fell könnte etwas weniger struppig sein.

Später einmal gab es einen Staatsempfang im Außenamt unter Minister Figl. Gegen Ende der Veranstaltung sagte Figl, zu seinem Staatssekretär Kreisky gewandt: „Was wissen Sie schon von Ihrer Partei? Ich war immerhin mit Baron Eifler, dem Führer des Republikanischen Schutzbundes, und Chefredakteur Austerlitz von der ‚Arbeiter-Zeitung' im KZ." Kreisky darauf halblaut: „Austerlitz war damals schon längst tot." Figl ließ nicht locker und blickte sich triumphierend in der Runde um: „No, was hab' ich g'sagt: Was weiß der Kreisky schon von seiner Partei?!"

Anläßlich des 90. Geburtstages von Dipl.-Ing. Leopold Figl am 2. Oktober 1992 wird das Lebenswerk dieses großen Österreichers dokumentiert – in einer Sammlung authentischer Aussagen in diesem Buch und in der Videokassette von Ernst Trost. Am 9. Mai 1965 ist Figl gestorben. Am 14. Mai säumten Hunderttausende Österreicher Wiens Straßen, als sich der Trauerzug des Staatsbegräbnisses für Dipl.-Ing. Leopold Figl langsam vom Stephansdom zum Heldenplatz bewegte. Und es fügte sich, daß tags darauf, am 15. Mai 1965, unter prominenter internationaler Beteiligung im Marmorsaal des Schlosses Belvedere der Unterzeichnung des Staatsvertrages vor genau zehn Jahren gedacht wurde. Ein Platz, der von Dipl.-Ing. Leopold Figl, blieb leer . . .

Wien, im September 1992   *Johannes Kunz*

Einleitung

Am 2. Oktober 1992 hätte Leopold Figl sein 90. Lebensjahr vollendet. Er ist ein lebendiges Stück österreichischer Geschichte des 20. Jahrhunderts geblieben, auch wenn die Herbstwinde über sein Ehrengrab am Wiener Zentralfriedhof fegen und die gelben Blätter wirbeln. Der Volksmund hat ihn eigentlich in den Fürstenstand erhoben oder in den mythischen Rang eines Markgrafen am Leopoldsberg. Manche Menschen leben im Verbund mit Berufstiteln und akademischen Würden fort. Wieder andere, die in die Herzen des Volkes gedrungen sind, genießen das republikanische Adelsprädikat des bestimmten Artikels: „der" Raab, „der" Kunschak, „der" Krainer, „der" Kreisky.

Dann aber gibt es noch jene liebevolle, rechtlich völlig unerhebliche „Nobilitierung", die aus der Nomenklatur der alten Herrscherhäuser stammt. Der Hauptname (sei es jener aus der Taufe, sei es jener des Geschlechts) wird mit dem Land, dem Reich, der Region verbunden. Etwa jener des Heiligen, der im niederösterreichischen Augustiner-Chorherren-Stift Klosterneuburg ruht: „Leopold von Österreich", den österreichischen Christen als „heiliger Leopold" vertraut.

Ernst Trost, ein Meisterbiograph des ersten Bundeskanzlers der Zweiten Republik, hat es gewagt, Leopold Figl im Superlativ zu prädikatisieren und dabei den Rufnamen durch das bäuerliche Geschlecht – derer aus Rust im Tullnerfeld – zu ersetzen: *Figl von Österreich.* Zu seinen Lebzeiten sprach man in der Tat in Washington und London, in Paris und im marxistisch-leninistischen Moskau „vom Figl", vom Figl von Österreich, wie es diplomatische Zeitzeugen glaubhaft erzählen.

Einige Lebensbilder, man könnte sie auch Biographien nennen, wurden von ihm gezeichnet. Neben dem Buch von Trost war es vor allem Susanne Seltenreich, die in deutscher und englischer Sprache ein bedeutendes Buch über ihn verfaßt hat. Der verewigte Fotopublizist Fritz Salus, ein treuer journalistischer Freund Figls, seine literarische Erbin Frau Gertraud Trska veröffentlichten repräsentative Bildbände, errichteten in seiner Heimatgemeinde liebevoll ein ihm zugedachtes Museum. Aber die wirklich große, wissenschaftliche Biographie aus der Feder eines weltweit geachteten Historikers steht noch aus.

Auch dieses Buch ist kein Buch über Leopold Figl, es ist ein Buch *von* Leopold Figl, dem hochgeachteten Vorkämpfer des Bauernbundes, dem Kanzler, Außenminister und Nationalratspräsidenten und dem Landeshauptmann seines Heimatlandes Niederösterreich. Es ist keine Autobiographie, wiewohl aus jedem Wort eine Lebenserzählung spricht. Es sind ausgewählte und gesammelte „Ansichten", die man gerne heute in Erinnerung ruft oder sie kennenlernt.

Der Verfasser dieser Einleitung kannte als in der Katholischen und ÖVP-Jugend engagierter Student selbstverständlich Leopold Figl seit jenen ersten Stunden der Freiheit, als auch die ganz Jungen aus dem Widerstand gegen den Hitlerfaschismus ihm vorgestellt wurden. Aber es lagen Welten der Ehrfurcht und des Respektes zwischen dem Obergymnasiasten und dem ausgemergelten Todeskandidaten Leopold Figl, der den Hitler-Schergen in der schwarzen Uniform entkommen war. Das, was der normale Mensch als „wirklich kennenlernen" nennt, passierte viel später. Monate nach der Berliner Konferenz der Großen Vier, an der auch Österreichs Außenminister gemeinsam mit dem von diesem hochgeschätzten Bruno Kreisky am selben Tische mitreden durfte.

Es war an einem naßkalten, nebeligen und durch und durch ungesundfeuchten Novembermorgen des Jahres 1954. In Niederösterreich, in Reichenau an der Rax, im notdürftig restaurierten Gesellschaftsraum des verfallenen Geburtshauses Otto von Habsburgs, auf Schloß Wartholz. Dieses Bildungszentrum des ersten Jahrzehnts nach der umstrittenen „Stunde Null" beherbergte ein „Europa-Seminar", das erste überhaupt, welches die österreichische Jugendbewegung veranstaltet hatte. Der Erzähler war Seminarleiter, heute sagt man hochgestochen „Trainer" oder „Moderator". Es galt die referierenden Gäste zu betreuen, übrigens Spitzenpersönlichkeiten der christlichen Demokratie deutscher Zunge. Höhepunkt dieses Seminars war eine halbtägige Begegnung mit dem damals schon legendenumwobenen Bundesminister für die Auswärtigen Angelegenheiten und ersten Kanzler der jungen Republik, die in Wahrheit ein Kontinuum des „ewigen Österreich" repräsentiert. Unter den Teilnehmern befanden sich gleichaltrige und jüngere Gesinnungsfreunde der Österreichischen Volkspartei, die in den späteren Jahren in den Nationalrat, in den Bundesrat, in die Landtage aller neun Bundesländer und auch in Landesregierungen Einzug halten sollten. Der spätere stellvertretende Landeshauptmann von Kärnten, Stefan Knafl aus St. Donat bei St. Veit a. d. Glan, bleibt ob seiner abendlichen Fröhlichkeit in ständiger Erinnerung.

Wir alle warteten auf „den Figl", wie man schon damals sagte. Vor dem Seminar komplimentierte mich der Eingetroffene, einen Kaffee und „Austria 3"-Zigaretten konsumierende Ehrengast in einen kleinen Nebensalon, knapp an der Halle. Aus zwei Minuten Situationsinformation wurde eine halbe Stunde eines unvergeßlichen Privatissimums über „Österreich in/und Europa". Was dabei in unauslöschlicher Erinnerung blieb, weil es die europapolitische Orientierung meines ganzen Lebens prägen sollte, war die eigentliche Argumentation Figls, Österreich als lebendigen Bestandteil einer freien, demokratischen und damit europäisch-westlichen Gesellschaftsordnung zu bewahren und zu befestigen; aber zugleich die Brücken- und Gesprächsfunktion Österreichs im Donauraum zu den Staaten Osteuropas, in denen totale marxistische Regime die Freiheit unterdrückten, unabirrbar wahrzunehmen.

Der Glaube Leopold Figls an ein „europäisches Österreich", der durch keine wie immer auch verhüllten Vorbehalte isolatorischer Vorsicht gekennzeichnet war, kam durch die „großen Freundschaften" seines Lebens zum Ausdruck: mit Alcide De Gasperi, mit Robert Schuman, auch mit dem Gründungskanzler des neuen Deutschland Konrad Adenauer und mit dem großen belgischen Sozialisten Henri Spaak. Als der Verfasser viele Jahre später in Hannover als Mitarbeiter Julius Raabs neben Dr. Konrad Adenauer für eine Weile zu sitzen kam, sagte der Schöpfer der Bundesrepublik in der gespannten Runde: „Leopold Figl, den wird man am Ende des Jahrtausends als einen großen Europäer nennen."

Viele Gespräche folgten nach diesem spätherbstlichen Morgen im Schloß Wartholz, während festlicher Stunden in couleurstudentischem Kreise von MKV und ÖCV, aber auch im Bauernhaus der Familie in Rust im Tullnerfeld. In einer Zeit der Vergangenheitsvernebelung distanzieren sich aufrechte Konservative mitunter von der Etikettierung „Faschismus" im Dritten Reiche. Sie scheuen klare Bezeichnungen dessen, was Verbrechen war und bleibt. Sie gehen dabei politischen Brunnenvergiftern auf den Leim. Staatstheoretiker und politische Systemkommentatoren mögen die schillernden Facetten des Faschismus in der europäischen Landschaft zur Mitte des 20. Jahrhunderts analysieren und spezifizieren. Mir bleibt das Wort des *Figl von Österreich* im Ohr, das er schon auf der Lagerstraße zu „Schwarzen", „Sozis", Kommunisten und jenen respektablen Legitimisten des Hauses Österreich gesprochen hatte: „Nie wieder Faschismus!" Und: „Wehret den Anfängen." Alfred Maleta, Franz Olah und Fritz Eckert haben es mir erzählt. Ich glaube ihrem historischen Worte, weil sie Leidenszeugen für Österreich gewesen waren oder noch sind. Die Freundschaft, die Leopold Figl mit Sozialdemokraten hohen Ranges pflegte, war nicht Ausfluß opportunistischer Kumpanei. Sie liebten ihn alle, wie mir mein Jugendfreund Leopold Gratz bezeugt, wie es in einem ergreifenden Brief der Präsident des österreichischen Nationalrates Heinz Fischer mir vermittelt. Heinz Fischers Vater, Staatssekretär in einem Kabinett Raab/Schärf, schätzte seinen Kollegen im Ressort für Auswärtige Angelegenheiten überaus. Heinz Fischers Onkel, Otto Sagmeister, im Kabinett Figl von 1947 bis 1949 Ernährungsminister, verbrachte unvergeßliche Stunden mit dem Weidmann Leopold Figl in seinem Jagdhaus am Sensengebirge: Das Thema war oft die Liebe zu Österreich. Wie

Heinz Fischer festhält, hat ihn auch Vizekanzler Bruno Pittermann offenbar sehr geschätzt und gemocht und in seinen politischen Berichten, aber auch im persönlichen Gespräch oft auf ihn Bezug genommen.

Abschließend der Präsident des österreichischen Nationalrates zum Autor dieser Zeilen: „Die Nachricht vom Tod Figls hat uns während einer Tagung der sozialistischen Parlamentsfraktion erreicht, und ich erinnere mich noch an die große Trauer und Betroffenheit über diese Nachricht, die am 9. Mai 1965 geherrscht hat."

Am Autor des „Buches vom Leopold Figl" liegt es, „Danke" zu sagen. Einen Dank an jene, ohne deren Hilfe er und sein wissenschaftlicher Projektassistent cand. phil. Dieter *Schneider* nicht fündig geworden wären. Dank an Nationalratspräsident Univ.-Doz. Dr. Heinz *Fischer*, an Bundesratspräsident Univ.-Prof. Dr. h. c. Dr. Herbert *Schambeck* sowie an den Direktor der Parlamentsbibliothek, Hofrat Dr. Herbert *Weber*. Dank an den Geschäftsführer des „Carl-von-Vogelsang-Institutes", Mag. Rainer *Stepan*. Dank an den designierten Landeshauptmann von Niederösterreich, Dipl.-Ing. Dr. Erwin *Pröll*, und den Leiter der Presseabteilung des Amtes der nö. Landesregierung, Hofrat Dr. Franz *Oswald*. Mit besonderer Mühe und Sorgfalt haben der Direktor des Niederösterereichischen Bauernbundes, Bundesrat Ing. Johann *Penz*, assistiert von seinen Mitarbeitern, das Projekt gefördert, wie der Kabinettschef des Bundesministers für die Auswärtigen Angelegenheiten, Botschafter Dr. Wolfgang *Loibl*, und der kompetente Mitarbeiter des Bundespressedienstes im Bundeskanzleramt, Amtsdirektor Peter *Fuchs*. Auch dem Hofrat i. R. Erik *Engel* von gleicher Dienststelle, wie der Generalsekretärin der Gesellschaft für Außenpolitik und internationale Beziehungen, Botschafter i. R. Dr. Hedwig *Wolfram*, sei aufrichtig für ihren unterstützenden Rat gedankt. Der Hauptabteilungsleiter in der Bundeszentrale der ÖVP, Mag. Helmut *Eiselsberg*, und der wissenschaftlich beflissene Dokumentator des Mittelschüler-Kartellverbandes, Prof. Mag. Heinrich *Kolussi*, haben tatkräftig geholfen.

In besonderer Weise aber sei dem Verlagsbetreuer, Gerhart *Langthaler*, ein Zeichen der Wertschätzung gesetzt.

Die Reihe der vermittelten und vermittelnden „Ansichten", dem Informationsintendanten des ORF/FS Johannes *Kunz*, meinem Freunde, zuzuschreiben, möge durch dieses Buch einen weiteren rot-weiß-roten Akzent über alle Grenzen von Parteien und Weltanschauungen erhalten. Sein Autor im ursprünglichen Sinne, sein „Urheber", *Figl von Österreich*, lebt in den Herzen der Menschen zwischen dem Boden- und Neusiedlersee, zwischen der Thaya und den Karawanken weiter.

Robert Prantner

Biographische Daten

1902 Am 2. Oktober wird Leopold Figl in Rust im Tullnerfeld in die patriarchalische Welt eines großen Bauern hineingeboren. Die Familie Figl sitzt seit 1752 auf dem Haus Nummer 37 in Rust.

1914 Tod des Vaters, der eine 41jährige Witwe und acht Kinder hinterläßt.

1916 Eintritt ins Gymnasium St. Pölten; Mitgliedschaft bei der MKV-Verbindung „Nibelungia".

1925 Studium an der Hochschule für Bodenkultur; Mitgliedschaft bei der CV-Verbindung „Norica", wo Julius Raab einer der jüngeren „alten Herren" ist.

1926 Figl macht als Sprecher der bäuerlichen Jugend bei einer Jubiläumsfeier des Bauernbundes auf sich aufmerksam.

1927 Noch während seines Studiums wird Figl in der Schenkenstraße (Bauernbundzentrale) Sekretär.

1930 – Studienabschluß als Diplomingenieur;
     – Heirat mit Hilde Hemala, der Tochter des christlichen Gewerkschafters und Parlamentariers Franz Hemala. Beistand der Braut ist Leopold Kunschak.

1931 Leopold Figl wird stellvertretender Direktor des Niederösterreichischen Bauernbundes.

1933 Mit nur 31 Jahren ist Figl bereits Direktor des Niederösterreichischen Bauernbundes.

1934 – Führer der Niederösterreichischen Landesorganisation der Ostmärkischen Sturmscharen;
     – Mitglied des Bundeswirtschaftsrates.

1937 Reichsbauernbunddirektor.

1938 Gestapo-Beamte verhaften Leopold Figl am 12. März in seiner Wiener Wohnung. Am 1. April gehörte er zu jenem berühmten Transport, der Österreichs politische Prominenz in das Konzentrationslager Dachau brachte.

1943 Am 8. Mai wird Figl dank unermüdlicher Bittgänge seiner Frau nach fünf Jahren Haft wieder freigelassen.
     Julius Raab verhilft Figl zu einer Stelle als Bauingenieur bei der Straßenbaufirma Kohlmayer, von wo er Fäden zu Funktionären des Bauernbundes sowie der ehemaligen christlichen Arbeiterbewegung knüpft.

1944 Im Frühjahr findet eine Besprechung in der Wohnung Leopold Figls zwischen diesem, Dr. Felix Hurdes, Lois Weinberger und Dr. Hans Pernter über die Organisation einer christlich-demokratischen Partei statt. Man einigt sich auf den Namen „Österreichische Volkspartei". Am 4. Mai gründet Leopold Figl gemeinsam mit Josef Reither und anderen den neuen Österreichischen Bauernbund. Das Attentat vom 20. Juli löst eine neue Verhaftungswelle aus. Am 6. Oktober wird auch Figl wieder verhaftet. Er wird in Mauthausen in einer Einzelzelle gefangengehalten.

1945 Nach ihrer Überführung in die Todeszellen des Grauen Hauses erleben Leopold Figl, Lois Weinberger und Felix Hurdes die Einnahme Wiens durch die Sowjets.

Nachdem Leopold Figl nebst anderen politischen Gefangenen am 6. April aus der Haft entlassen worden war, wird er am 12. April von Marschall Tolbuchin beauftragt, für die Sicherstellung der Ernährung Wiens zu sorgen.

Außerdem wurde Figl vor die schwierige Aufgabe gestellt, die Frühjahrsaussaat hinter der Front zu organisieren. Am 14. April übernimmt Figl als Bauernbunddirektor die Zentrale des Österreichischen Bauernbundes in der Schenkenstraße.

Am 17. April erfolgt die formelle Gründung der Österreichischen Volkspartei im Wiener Schottenstift. Leopold Figl ist neben Lois Weinberger und Julius Raab einer der stellvertretenden geschäftsführenden Obmänner.

Am 27. April wird Leopold Figl als Staatssekretär in die provisorische Staatsregierung Renner berufen. Seit dem 1. Mai baut Leopold Figl als provisorischer Landeshauptmann von Niederösterreich die niederösterreichische Landesverwaltung wieder auf. Josef Reither, der zu dieser Zeit von KZ und Haft krank in einem Berliner Spital lag, löste ihn am 15. Oktober in diesem Amt ab.

Nachdem Leopold Figl am 8. September zum Bundesparteiobmann der ÖVP bestellt worden war und die Nationalratswahl vom 25. November der ÖVP die absolute Mehrheit eingebracht hatte, tritt am 20. Dezember die aus ÖVP, SPÖ und KPÖ gebildete Koalitionsregierung unter Bundeskanzler Figl ins Amt. In seiner Regierungserklärung vom 21. Dezember legt der Bundeskanzler ein Bekenntnis zu einem freien und sozialen Österreich ab, das in Frieden leben will: „Das Österreich von morgen wird ein neues, ein revolutionäres Österreich sein. Es wird von Grund auf umgestaltet und weder eine Wiederholung von 1918 noch von 1933, noch eine von 1938 werden . . . Namens der neuen Regierung, die sich selbst als Vertreterin der kommenden Generation in diesem Staat fühlt, rufe ich die Jugend

zum Neuaufbau Österreichs. Wir wollen das neue, das junge Österreich, wir wollen euer, euer Großösterreich bauen!"
Wenige Tage später bemerkte der neue Bundeskanzler in seiner bewegenden und berühmt gewordenen Weihnachtsansprache: „Ich kann euch zu Weihnachten nichts geben. Ich kann euch für den Christbaum, wenn ihr überhaupt einen habt, keine Kerzen geben, kein Stück Brot, keine Kohle zum Heizen, kein Glas zum Einschneiden. Wir haben nichts. Ich kann euch nur bitten, glaubt an dieses Österreich."

1946   Bundeskanzler Diplomingenieur Leopold Figl schließt seine Ausführungen in der außerordentlichen Sitzung des Nationalrates vom 10. Juli wegen der Frage des „Deutschen Eigentums" mit: „Die Voraussetzung für den Neuaufbau des Staates ist, daß man uns den Hammer, die Schaufel und die Pflugschar nicht wegnimmt. Das ist das einzige, was wir die alliierten Mächte bitten. Das heißt also: Wir bitten um nichts anderes, als um das eine: Laßt uns Österreicher arbeiten!"

Am 9. Dezember wird Bundeskanzler Figl im Festsaal der Wiener Technischen Hochschule das Ehrendoktorat der Technischen Wissenschaft verliehen.

1947   Bundeskanzler Figl fordert am 30. Jänner vor der Londoner Konferenz der stellvertretenden Außenminister der vier Großmächte, daß der zukünftige Staatsvertrag einer neuen „Magna Charta" gleichen solle, damit er nicht eines Tages vom österreichischen Volk als eine Last empfunden werde.

Anläßlich des ersten Bundesparteitages der ÖVP vom 18. bis 21. April betont Bundeskanzler Figl, daß die ÖVP keine Nachfolgepartei, sondern eine neue Partei sei, gewachsen aus dem revolutionären Erleben dieser Zeit durch eine neue Generation. In einem zweiten Referat formulierte Figl die Grundsätze für einen österreichischen Staatsvertrag: Zuerkennung der Grenzen vom 31. Dezember 1937, Einräumung der uneingeschränkten Souveränität, Sicherung der wirtschaftlichen Existenzmöglichkeit Österreichs durch Zuerkennung aller österreichischen Betriebe.

1949   Nach der Nationalratswahl vom 9. Oktober wird Dipl.-Ing. Leopold Figl mit der Bildung der Regierung betraut. Am 8. November wird die zweite Regierung Figl, eine Koalitionsregierung aus ÖVP und SPÖ, vom Bundespräsidenten bestätigt.

1951   Anläßlich des dritten Bundesparteitages der ÖVP in Salzburg vom 2. bis 4. März erklärte Bundeskanzler Figl zur Frage der Koalition: „Wir stehen nicht an, den Anteil der Sozialisten am Wiederaufbau unseres Landes anzuerkennen. Wir müssen uns aber gegen den sozialistischen Brauch wehren, aus diesem oder jenem Kuchen, dessen Bereitung uns gemeinsam gelungen ist, die süßen Zibeben herauszuklauben und diese als jenen wohlschmeckenden Bestandteil zu bezeichnen, den die Sozialisten dazu beigetragen haben. Geht es aber einmal im Backrohr schief, dann tun sie so, als ob sie damit gar nichts zu tun gehabt hätten."

1952 Ausgedehnte Reise des Bundeskanzlers Dipl.-Ing. Leopold Figl von 7. bis 30. Mai. Staatsbesuche in Großbritannien, den USA und Frankreich. Gespräche über den Staatsvertrag und wirtschaftliche Fragen.

1953 Nachdem die Nationalratswahlen vom 23. Februar der ÖVP eine äußerst knappe relative Mehrheit eingebracht hat und die anschließenden Koalitionsverhandlungen festgefahren waren, entbindet am 22. März die Bundesparteileitung der ÖVP Leopold Figl vom Auftrag der Regierungsbildung und betraut Ing. Julius Raab mit den weiteren Verhandlungen. Raab hatte Figl bereits Anfang 1952 als Bundesparteiobmann der ÖVP abgelöst.
Am 26. November beruft Bundeskanzler Raab Leopold Figl als Außenminister in seine Regierung. Seine Name stellte für Österreich ein politisches Kapital dar, auf das niemand leichtfertig verzichten konnte. Figl hatte es als Bundeskanzler bei aller Härte der Auseinandersetzungen mit den Besatzungsmächten vor allem verstanden, mit der sowjetischen Besatzungsmacht auf gutem Fuß zu bleiben, während der neue Bundeskanzler noch einige Ressentiments beiseite räumen mußte, ehe er das volle Vertrauen Moskaus erringen konnte.

1954 Leopold Figl vertritt als Außenminister Österreichs die Interessen seines Landes vor der Außenministerkonferenz der „Großen Vier" in Berlin. Er schlägt dabei eine „militärische Neutralität Österreichs" vor. Dennoch scheitern die Staatsvertragsverhandlungen erneut.

1955 Am 11. April begibt sich eine Regierungsdelegation unter Bundeskanzler Raab, Vizekanzler Schärf, Außenminister Leopold Figl und Staatssekretär Kreisky nach Moskau, die am 15. April das Ergebnis der Verhandlungen, das sogenannte „Moskauer Memorandum", nach Hause bringt. In den folgenden Wochen trägt Außenminister Figl die Last der pausenlosen Verhandlungen mit den Westmächten, die für das Abkommen mit Moskau erst gewonnen werden müssen.
Am 15. Mai unterzeichnet Außenminister Dipl.-Ing. Leopold Figl für Österreich den österreichischen Staatsvertrag, nachdem er noch am Vortag die Streichung des dritten Absatzes der Präambel, der von der Kriegsschuld Österreichs spricht, bewirkt hatte. Der Außenmi-

nister hatte Tränen in den Augen, als er kurz nach der Unterzeichnung vom Balkon des Schlosses Belvedere der zehntausendköpfigen Menge im Park das Dokument mit den Unterschriften zeigte. Am 21. Dezember wird Leopold Figl neben Julius Raab, Adolf Schärf und Bruno Kreisky in feierlicher Form der Dr.-Karl-Renner-Preis überreicht.

1956 Am 16. April hinterlegt Außenminister Figl in Straßburg die Urkunde über den Beitritt Österreichs zum Europarat.

In seiner Antrittsrede am 12. November vor der Vollversammlung der Vereinten Nationen – es ist das erste Mal, daß vor diesem Forum deutsch gesprochen wird – ruft Leopold Figl angesichts der Ungarnkrise der Welt zu: „Österreich nimmt zum ersten Mal an einer Generalversammlung der Vereinten Nationen teil, die gerade in eine Zeit voll ernster Besorgnis fällt. Werden die Vereinten Nationen das Vertrauen rechtfertigen, das Millionen Menschen in sie setzen? Werden gerade die kleinen Staaten, die einzig und allein in den Vereinten Nationen den Wahrer und Schützer ihrer Rechte sehen, die Hilfe finden, die sie erwarten und erhoffen? Die Ereignisse dürfen sich nicht zu einer Vertrauenskrise der Vereinten Nationen ausweiten und ihr Ansehen erschüttern. Recht und Gerechtigkeit, nicht Macht und Gewalt müßten die Maxime des Handelns bilden. Nur dann – und dies ist unsere heilige Überzeugung – wird der Menschheitswunsch nach Frieden auf Erden in Erfüllung gehen, werden die Vereinten Nationen ihrer großen Aufgabe und Verpflichtung gerecht geworden sein!"

1957 Am 4. August eröffnet Außenminister Figl das Internationale Diplomatenseminar auf Schloß Kleßheim in Salzburg.

1958 Ende Februar tritt Außenminister Figl eine dreiwöchige Asienreise an.

Am 16. Juni unterzeichnen Außenminister Figl und Außenminister Brentano den Österreichisch-Deutschen Vermögensvertrag in Bonn. Im Juli führen Bundeskanzler Raab und Außenminister Figl in Moskau erfolgreiche Verhandlungen über die Herabsetzung der Ablöselieferungen an Rußland.

1959 Die konstituierende Sitzung des Nationalrates vom 9. Juni wählt Dipl.-Ing. Figl einstimmig zum Ersten Nationalratspräsidenten. Nach der Rangordnung der Bundesverfassung war er damit zum zweiten Mann des Staates avanciert.

1960 Chruschtschow-Besuch auf dem Figl-Bauernhof in Rust im Juli führt zur berühmten „Maiswette" zwischen den beiden Politikern. Die Brüder Figl widersprechen Chruschtschow, der den österreichischen Kukuruz für zu wenig ertragreich hält, und sie sind auch nicht seiner Meinung, als er erklärt, der russische Mais brächte einen zehnfachen Ertrag. Leopold Figl ist sofort zur Leistungswette bereit, als Preis wird ein kapitales Zuchtschwein ausgehandelt. Josef Figl nimmt die Angelegenheit, bei der es um die Ehre der österreichischen Landwirtschaft geht, sehr ernst. Er fährt eigens nach Ungarn, um dort die Anbau- und Wachstumsbedingungen des russischen Saatgutes zu studieren, und stimmt auch einer ständigen Kontrolle seines „Russischen Feldes" durch einen sowjetischen Agrarfachmann zu.

1961 Der 16. Oktober ist der Stichtag für die Figl-Chruschtschow-Wette. Das kleine Rust erlebt eine noch nie dagewesene Sensation. Hunderte internationale Fotoreporter, Starjournalisten, Fernsehleute sind gekommen. Leopold Figl triumphiert: Das Ergebnis zeigt, daß der russische Mais dem besten österreichischen Kukuruz gleichwertig ist, aber keinen zehnfachen Ertrag besitzt. „Ich habe gewonnen, her mit dem Schwein!" ruft Figl strahlend, und das Lächeln des Siegers wird von allen Seiten fotografiert.

1962 Am 31. Jänner wählt der niederösterreichische Landtag Leopold Figl, der seit November 1959 Landesparteiobmann der Niederösterreichischen ÖVP ist, zum Landeshauptmann von Niederösterreich. In seiner Dankesansprache sagt Figl: „Ich bin ein Kind dieses Landes, in dem ich mit allen Kräften wurzle und dem ich mit aller Liebe verbunden bin. Ich habe vor 1938 gedient, ich habe 1945 als Landeshauptmann dem Land gedient. Jahre der Kanzlerschaft, des Außenministers und Nationalratspräsidenten vergingen. Und jetzt hat mich die Heimat wieder gerufen. Kaum ein Bundesland hat so gelitten wie Niederösterreich, das Kernland Österreichs, seine Bevölkerung ist in erster Linie im Ringen um die Freiheit gestanden. Noch ist viel nachzuholen, noch ist viel gutzumachen. Doch gibt es für mich keine schönere Arbeit, als meinem Heimatland wieder zu dienen."

1965 Nur wenige Tage nach den Staatszeremonien zur Zwanzigjahrfeier der Republik und eine knappe Woche vor dem zehnjährigen Jubiläum des österreichischen Staatsvertrages stirbt jener Mann, dem beim Aufbau des Staates Österreich die größte Last aufgebürdet war, nach kurzer schwerer Krankheit am 9. Mai.
Die innige Verbundenheit des österreichischen Volkes zeigte sich nochmals in der großen Anteilnahme, die sein Tod in allen Schichten der Bevölkerung auslöste. Sein Leichnam war zuerst im niederösterreichischen Landhaus, der letzten Stätte seines politischen Wirkens, aufgebahrt worden, sodann im Wiener Stephansdom vor dem Kaisergrab Friedrich III.

Mit eigener Hand
Anwalt und Vorkämpfer des Bauernstandes
15. August 1945
(Der „Österreichische Bauernbündler")

Staatssekretär Landeshauptmann Ing. Leopold Figl

Bauern Österreichs! Nach sieben Jahren Unterdrückung durch die bauernfremden und bauernfeindlichen Nazi erscheint wieder der „Bauernbündler", der alte Freund und Anwalt der Bauern, als die große einzige Bauernzeitung Österreichs. Als Erbe von fast 80 Jahren Tradition der katholischen und landbündlerischen Bauern ist der „Bauernbündler" Träger einer großen Aufgabe. Er soll und muß Herold der neuen Bauernbewegung sein, die aus bestem alten Bauerngeist geboren, in der Notzeit der Unterdrückung gehärtet, und das ganze Landvolk Österreichs geeint zum Bollwerk österreichischer Wesensart machen wird. Er wird die grüne Fahne des „Österreichischen Bauernbundes" bis ins letzte Dorf tragen, er wird Anwalt und Vorkämpfer der Bauern sein. Und sein Ziel und Stolz wird sein, sowie seine Vorkämpfer auch – Freund der Bauern zu werden.

Gegen die nazistischen Miesmacher
Treue in einem historischen Schicksalsjahr
22. November 1945
(Der „Österreichische Bauernbündler")

Staatssekretär Dipl.-Ing. Leopold Figl, geschäftsführender Präsident des Österreichischen Bauernbundes

Wir bleiben die alten

Bauern Österreichs! Wir stehen wieder einmal an einem Wendepunkt unserer politischen und wirtschaftlichen Entwicklung. Es ist fast genau so wie vor etwa 70 Jahren, als zum erstenmal unsere Bauern mündig geworden sind und sich gegen die Bevormundung durch bevorrechtete Schichten gewehrt haben, um selbst die Vertretung ihrer Interessen in die Hand zu nehmen. Es ist fast genau so wie vor etwa 60 bis 70 Jahren, als die Bauern darangegangen sind – nun bereits unter bäuerlicher Führung –, den Kampf aufzunehmen um die Sicherung von Preis und Absatz ihrer Produkte in der Gesamtwirtschaft, in der sie vorher stiefmütterlich behandelt wurden. Es ist fast genau so wie vor 25 Jahren, als die Bauern in einer machtvollen Kundgebung in Wien aufmarschierten, um den extremen Radikalinskis ein ehernes „Bis hierher und nicht weiter" entgegenzusetzen, als diese versucht haben, Recht und Eigentum zu zerstören und Österreich zu einer ausländischen Kolonie zu machen.

Auch heute stehen wir wieder vor schwersten Entscheidungen. Bauern Österreichs! Es geht auch heute wieder wie damals um eine Entscheidung über euer Schicksal und über das Schicksal Österreichs.

Wir alle haben schwerstes Leid ertragen in diesen sieben Jahren. Die einen im KZ und im Kerker, die anderen unter dem unerhörten Nazidruck daheim, die dritten – unsere braven, treuen Heimkehrer – unter dem unerhörten seelischen Druck, für ein feindliches Regime kämpfen zu müssen. Bauern Österreichs! Denkt an diese schweren Tage und Stunden, denkt daran, wer in diese Zeit mit euch und für euch gekämpft hat.

Eines ist sicher: Alle, die heute gleisnerisch um euch werben, waren es nicht! Sie standen bereits damals, als wir vom Jahre 1934 an gegen den Nazismus gekämpft haben, abseits und freuten sich über jeden Schlag, den uns die Naziterroristen versetzt haben. Sie sagen es auch heute ganz offen und begeifern uns deswegen, weil wir damals allein den Kampf gegen die Nazi führten. Nach 1935 waren es dieselben Leute, die mit Begeisterung für Hitler „Ja" gestimmt haben, als wir im KZ und die übrigen Bauernführer in den Gefängnissen saßen. Und jetzt sind es dieselben Leute, die in der infamsten Weise, nachdem sie die sieben Jahre im Fett gesessen haben, wieder gegen uns losgehen, die wir alles verloren haben und uns deswegen beschimpfen, weil wir die kleinen Leute, die unter dem Zwang und Druck gezwungen waren, irgendeinen Zettel für die Nazi zu unterschreiben, schützen, während sie selbst in der Regierung Staatssekretäre haben, die Nazifunktionäre gewesen sind und nun sich radikaler gebärden als die wirklichen Naziopfer.

Bauern Österreichs! Wir haben für solche Dinge kein Verständnis. Wir sind wirkliche Bauern und stehen auf dem Standpunkt: „Was es wägt, das hat's". Wer wirklich österreichischer Bauer ist, für den gibt es kein Schwanken, für den gibt es nur eine Entscheidung, den alten Österreichischen Bauernbund, der immer für Österreich war und der immer für den Bauernstand eingetreten ist. Darum also laßt euch nicht betören durch die kleinen Bauernfänger. Für uns alle gibt es nur eines: den Österreichischen Bauernbund und mit ihm die Österreichische Volkspartei.

An die Arbeit mit vereinten Kräften

Der Auftrag der ersten freien, direkten, geheimen Wahlen in
der demokratischen Republik 1945

21. Dezember 1945

(Regierungserklärung)

In einem geschichtlichen Augenblick trete ich heute vor Sie als die vom
Vertrauen des gesamten österreichischen Volkes gewählte erste National-
versammlung unseres Landes. Wir alle sind uns der tiefen Bedeutung dieses
Tages bewußt. Vor dem Jahre 1914 war dieser Saal Schauplatz entscheidender politischer Ereignisse gewesen, die in die politische und staatliche
Entwicklung eines Weltreiches tiefe Kerben schlugen. Nur mehr drei
Männer sind es, die aus diesen Tagen in unsere heutige Zeit hereinragen
und, noch immer vom gleichen Vertrauen des Volkes getragen, wiederum
maßgeblich die Geschicke dieses Österreich und dieses Hauses beeinflussen, vorerst unser hochverehrter Herr Bundespräsident Dr. Karl Renner, ferner der neue Präsident dieses Hauses Leopold Kunschak und der
Alterspräsident Karl Seitz. Gestatten Sie, daß ich eingangs meiner Erklärung
diesen drei Pionieren der Demokratie in Österreich als den Garanten unseres Weges aus dem Gestern in das zukunftsfrohe Morgen den Gruß entbiete.

Österreich – befreit vom faschistischen Imperialismus

Österreich ist frei, dank des großen einmaligen Befreiungswerkes, das die
Hauptmächte der Welt vereinte, um diese Welt wieder von dem Einfall der
Barbarei zu erlösen. Unser Heimatland, das erste Opfer des faschistischen
Imperialismus in der Welt, ist so wieder frei und selbständig geworden. Als
erster, auf Grund legaler, unabhängiger demokratischer Wahlen mit der
Führung der Regierung dieses Österreich betrauter Bundeskanzler ist es mir
eine heilige Pflicht und aus tiefinnerlicher Überzeugung kommendes Be-
dürfnis, den alliierten Mächten für ihre große Befreiungstat im Namen
Österreichs zu danken. Diese Befreiung Österreichs begann bereits bei den
großen Alliierten-Beratungen in Jalta, Teheran und vor allem in Moskau.
Die Feststellung der Unabhängigkeit Österreichs in diesen Konferenzen
war die Geburtsstunde des aktiven Widerstandes in Österreich gegen den
Nazismus, eines Widerstandes, der geboren war aus der elementaren Ablehnung eines Systems, das zutiefst dem Wesen Österreichs widerspricht,

und in das Österreich, nach jahrelangem hartem und opferreichem Widerstand, nur durch unerhörten Terror gepreßt wurde.

Dank an die Alliierten

Ich grüße von der Regierungsbank aus, im Wissen darum, daß das ganze österreichische Volk in diesem Augenblick hinter mir steht, die Herren Oberkommmandierenden der vier alliierten Besatzungsmächte und danke den alliierten Mächten für das militärische Befreiungswerk. Ich danke den Herren Generälen, allen Offizieren und allen Mannschaften für das Verständnis, das sie Österreich, das die letzte Phase des Krieges im eigenen Land erleben mußte, und unserer österreichischen Bevölkerung entgegengebracht haben. Ich danke schließlich dem Alliierten Rat in Wien und seinen Organen für die tatkräftige Hilfe und Unterstützung beim politischen, verwaltungstechnischen und wirtschaftlichen Wiederaufbau unseres Staates, die es uns in unwahrscheinlich kurzer Zeit – wenn wir bedenken, daß vor sieben Monaten noch in Österreich die Kanonen donnerten – ermöglichten, Österreichs Bevölkerung zu freien, unabhängigen Wahlen aufzurufen. Die österreichische Bevölkerung hat diesen großen Vertrauensvorschuß der Befreiermächte gewürdigt und durch Wahlen, die ohne Zwischenfall in vorbildlicher Ruhe und Mäßigung auf hohem geistigem und propagandistischem Niveau durchgeführt wurden, bewiesen, daß sie des Vertrauens des Alliierten Rates würdig waren. Die Wahlen wurden direkt und geheim durchgeführt. Sämtliche Besatzungsmächte haben dies damit anerkannt, daß sie dem Ergebnis der Wahl als demokratischer Willensmeinung des Volkes ihre Zustimmung gaben. Das österreichische Volk hat durch seine Entscheidung seinen Mut zur eindeutigen Demokratie unter Beweis gestellt, einer Demokratie, die nicht zügellos Freiheit irgendeiner Mehrheit oder Gruppe bedeutet, sondern organische Einordnung in den Interessenkreis der Gesamtheit. Österreich hat seine politische Reife erwiesen und vor aller Welt dokumentiert, daß es rückhaltlos jedwede Form von faschistischer Ideologie ablehnt. Gleichzeitig aber hat das österreichische Volk ein Bekenntnis abgelegt zur Selbständigkeit und Unabhängigkeit Österreichs und alle volksfremden imperialistischen Ideologien, wie die Anschlußidee usw., ein für allemal abgelehnt und verurteilt.

Die Aufbauarbeit – eine Verpflichtung der neuen Regierung

Ich habe die Ehre, Ihnen heute die auf Grund des Ergebnisses der ersten

Wahlen in die gesetzgebenden Körperschaften Österreichs gebildete neue Regierung vorzustellen.

Die Regierung ist das Ergebnis des Willens aller Parteien, in Konzentration aller aufbauwilligen Kräfte dem Wunsche der Gesamtbevölkerung Rechnung zu tragen und in den nächsten Monaten alle Parteipolitik beiseite zu stellen, im Interesse der Sicherung der dringendsten Lebenserfordernisse des Staates und jedes einzelnen seiner Bürger. Es ist mir ein aufrichtiges Bedürfnis, bei diesem Anlaß den Mitgliedern der Provisorischen Regierung des neuen Österreichs unter der Führung des ersten Staatskanzlers und nunmehrigen Staatsoberhauptes von Österreich, Dr. Karl Renner, zu danken. Wer objektiv und vorurteilslos das Werk der Provisorischen Regierung übersieht, muß in aufrichtiger Bewunderung anerkennen, was hier unter Schwierigkeiten, die einmalig waren, völlig aus dem Nichts, aus Schutt und Trümmern geschaffen wurde. In wenigen Wochen gelang es, einen Verwaltungsapparat zu schaffen, der in bester altösterreichischer Verwaltungstradition bereits wieder funktioniert. Mit Unterstützung der alliierten Mächte gelang es, die oft nahezu unlösbar scheinende notdürftigste Versorgung der Bevölkerung mit Nahrungsmitteln und Rohstoffen sicherzustellen. Wenn unsere Bevölkerung heute immer noch Not leidet und wir alle gerade an diesen Tagen vor Weihnachten es besonders schmerzlich empfinden, daß nirgends eine rechte Weihnachtsstimmung aufkommen kann, müssen wir uns nur an die Zeit vor sieben Monaten erinnern – es scheint uns heute so, als wenn es ebenso viele Jahre gewesen wären –, wo noch der Krieg im Zentrum von Österreich tobte, wo wir uns aus den Kellern nicht hinauswagen konnten und nicht wußten, ob wir am nächsten Tag noch am Leben sein werden. Doktor Karl Renners bleibendes Verdienst wird es sein, vom ersten Tag an mit seinen Mitarbeitern und Regierungsmitgliedern sich in den Dienst des Aufbaues gestellt zu haben. Das Werk, das er geschaffen hat mit seinen Mitarbeitern, ist ein stolzes Stück österreichischen Aufbaugeistes, altösterreichischer Verwaltungskunst und fanatischen österreichischen Arbeitswillens. Sie, meine Herren, werden in den nächsten Wochen Gelegenheit haben, das reiche Gesetzeswerk dieser Provisorischen Regierung in den Ausschüssen zu prüfen. Sie werden daraus Sinn und Geist, Wollen und Wirken, Ergebnisse und Erfolg der Regierung Renner zur Kenntnis nehmen. Die Provisorische Regierung war getragen von der rückhaltlosen Arbeitsgemeinschaft der drei demokratischen Parteien Österreichs, der Sozialistischen Partei, der Kommunistischen Partei und der Österreichischen Volkspartei. Unter Rückstellung aller Parteigegensätze haben sie sich diesem Werk zur Verfügung gestellt. Ich darf daher heute nicht verabsäumen, namens der neuen Regierung auch den Parteileitungen dieser drei Parteien und vor allem den Mitgliedern des Politischen Kabinetts, meinen beiden Herren

Kollegen Dr. Schärf von der SPÖ und Koplenig von der KPÖ, namens
Österreichs zu danken für ihre Arbeit.

Österreichs Märtyrer 1938–1945

Als ich auf Grund des Wahlergebnisses mit der Bildung der Regierung betraut wurde, habe ich mich hiezu im Einvernehmen mit meiner Partei, der
Österreichischen Volkspartei, nur unter der Voraussetzung der Mitarbeit
aller Parteien bereit erklärt, da ich persönlich auf Grund meines eigenen,
harten und leidvollen Erlebnisses unter dem Naziterror den unverrückba-
ren Standpunkt vertrete, daß jede Wählergruppe in Österreich das Recht
hat, durch ihren Vertrauensmann, wenn auch in entsprechender Rücksichtnahme auf den Proporz, an der Verantwortung beteiligt zu werden. Ich bin
überzeugt, daß die Vertreter der alliierten Mächte als die auf Grund ihres
einmaligen Befreiungswerkes für ganz Europa berufenen Hüter der demokratischen Entwicklung auf diesem Kontinent diesem Standpunkt ihre
Anerkennung nicht versagen werden. Wir Österreicher werden niemals unsere große Verpflichtung gegenüber Europa und der Welt vergessen. Wir
werden auch niemals der Tausende und Abertausende Märtyrer vergessen, die als Beitrag Österreichs zu diesem Befreiungswerk bis in die letzten Tage des Kampfes um Wien für das demokratische Österreich gefallen
sind.

Die Einheit eines neuen Österreich

Das Österreich von morgen wird ein neues, ein revolutionäres Österreich
sein. Es wird von Grund auf umgestaltet und weder eine Wiederholung von
1918 noch von 1933 noch eine von 1938 werden. Die gesamte Staatsverwal-
tung muß neu geordnet werden, zuvörderst muß wieder die Einheit von
Verwaltung und die Einheit der Gesetzgebung in Österreich hergestellt
werden. Jeder Wiederaufbau, wie überhaupt jede positive Arbeit in Österreich, ist insolange unmöglich, solange man dieses territorial an sich nicht
große Land, das wirtschaftlich, politisch und verwaltungstechnisch seit
Jahrhunderten organisch ineinander verflochten ist, in vier Zonen teilt. Die
Wiederherstellung der Einheit Österreichs ist eine der vordringlichsten Voraussetzungen für jede Aufbauarbeit in diesem Staate. Die Öffnung der Demarkationslinien ist unerläßlich. Ich möchte deshalb auch bei dieser Gelegenheit mich mit dem dringenden Appell an die alliierten Mächte wenden,
sich bereits in nächster Zeit mit der Frage der Wiederherstellung der ver-

waltungstechnischen, wirtschaftlichen und politischen Einheit Österreichs zu befassen und diese Frage im Interesse Österreichs zu lösen. Bei voller Anerkennung der althistorischen föderativen Konstruktion Österreichs muß künftig eine starke Staatsgewalt, getragen durch das Vertrauen des gewählten Parlaments, den Neuaufbau der österreichischen Verwaltung durchführen. Die Verwaltung im Staate, in den Ländern und in den Gemeinden muß weitgehendst demokratisiert werden. Es darf keinen bürokratischen Staat im Staat mehr geben, sondern Können und Leistung muß die alleinige Richtschnur für die Heranziehung zur Mitarbeit in der Verwaltung sein. Nazi müssen aus der Verwaltung entfernt werden. Nazistischer Geist in der Verwaltung des Staates und aller Selbstverwaltungskörper muß rücksichtslos ausgerottet werden. Dabei kommt es uns nicht auf den kleinen einfachen Mitläufer an, der aus Angst oder unter Zwang ein unverdautes Programm nachplärrte, sondern auf jene Kreise, die oft nicht einmal der NSDAP angehörten, aber viel schlimmer und gefährlicher den imperialistisch-nazistischen Geist, den autoritären Geist einer Sonderklasse vertreten haben. Gerade weil die neue Regierung die Absicht hat, die verführten kleinen Mitläufer nicht zu Märtyrern zu stempeln, gerade darum wird sie mit doppelter und dreifacher Strenge gegen die Verführer selbst, die Kriegsverbrecher, die Illegalen und die Funktionäre einschreiten und vor allem den Geist des Faschismus rücksichtslos bekämpfen und ausrotten.

Mehr Sicherheit!

Zu diesem Behufe ist auch eine weitgehende Reorganisation des gesamten Sicherheitswesens notwendig. Der Sicherheitsapparat muß Diener des Staates und restlos im Dienste der Regierung gegen alle Versuche und Bestrebungen, die demokratische Entwicklung Österreichs zu gefährden, einsatzbereit sein. Alle drei Parteien Österreichs haben das gleiche Interesse daran. Recht muß wieder Recht werden in diesem Österreich, und zwar ein Recht, wie es im demokratischen Europa oberstes Gesetz ist. Die Aufgabe der Justizverwaltung war bis jetzt die Säuberung allen nazistischen Gedankengutes in der Rechtsprechung und damit die Rückkehr zum bewährten österreichischen Recht. Das österreichische Strafrecht, die Strafprozeßordnung, das Jugendgerichtsgesetz, das Tilgungsgesetz ist bereits wieder in Kraft. Auf strafrechtlichen und zivilrechtlichen Gebieten sind alle Vorbereitungen bereits im Zuge, um dem österreichischen Rechtsempfinden Rechnung zu tragen.

Die österreichische Idee für unsere Jugend

Das Hauptaugenmerk wird die neue Regierung der Erziehung der Jugend widmen. Hier darf kein Mittel unversucht bleiben, um die neue Jugend mit gesamteuropäischem, demokratischem Gedankengut zu erfüllen. Hier darf aber auch kein Mittel unversucht bleiben, um die bereits mehr oder minder vom nazistischen Geist verseuchte Jugend wieder zur österreichischen Idee zurückzuführen oder ihr jede weitere staatszersetzende Tätigkeit unmöglich zu machen.

Der wirtschaftliche Wiederaufbau

Ungeheuer schwere Aufgaben, die heute zum Teil noch unlösbar erscheinen und ohne die Hilfe der alliierten Mächte auch unlösbar bleiben, erwachsen der neuen Regierung auf dem Gebiete des Wiederaufbaues der Wirtschaft. Im Sofortprogramm der Regierung wird ihre vordringlichste Aufgabe die Sicherung der Ernährung für diesen Winter sein. Im Bewußtsein meiner Verantwortung für diese Aufgabe muß ich feststellen, daß deren Lösung ohne die tatkräftigste Mithilfe der Alliierten unmöglich ist. Österreich selbst wird die größten Anstrengungen machen, um das größtmögliche Maß an Nahrungsmitteln aus dem eigenen Lande zur Verfügung zu stellen, wobei die Öffnung der Demarkationslinien die unerläßlichste Voraussetzung ist. Trotzdem wird Österreich allein nicht die Lage meistern können, wenn nicht durch ernste Schwierigkeiten neue Radikalismen und politische Extreme in Österreich die Oberhand gewinnen sollen. Ich danke dem Alliierten Rat in Wien namens der gesamten Bevölkerung Österreichs, ohne Unterschied der Partei, für seinen Beschluß, an die UNRRA wegen sofortiger Hilfsmaßnahmen für Österreich heranzutreten. Ganz Österreich hat diesen Beschluß als Erlösung empfunden und wird gerne bis zur Realisierung dieser Hilfe unter Anspannung aller Kräfte versuchen, aus eigener Kraft und mit weitgehenden Einschränkungen über diese Krisenzeit hinwegzukommen. Die maßgebenden Faktoren des UNRRA-Hilfskomitees für Österreich haben bereits mit der Regierung Fühlung genommen.
Neben der Ernährung ist es vor allem die Beheizungsfrage, die der neuen Regierung die größten Sorgen bereitet. Der härteste Teil des Winters steht uns noch bevor. Wir wissen und erkennen die Sorgen der Bevölkerung, vor allem in Wien, und wir werden kein Mittel unversucht lassen, um wenigstens das notwendigste Brennmaterial herbeizuschaffen. Es ist dies vor allem ein Transportproblem. Auch hier sind wir auf die Unterstützung der Alliierten angewiesen. Eng zusammenhängend damit ist die Frage der Beschaffung

von Bekleidung für die Ärmsten unserer Bevölkerung. Die größte und heiligste Aufgabe aber für uns wird es sein, unsere Kinder über diesen Winter hinwegzubringen. Dazu möchte ich jetzt schon unsere ganze Bevölkerung zur Mithilfe auffordern. Die Regierung wird eine großzügige Kinderhilfsaktion einleiten. Wir bedauern es, daß es angesichts der wenigen Tage, die uns von Weihnachten trennen, nicht mehr möglich ist, diese Aktion noch im heurigen Jahre durchzuführen. Ich kann aber versichern, daß die ersten Aktionen der neuen Regierung zu Beginn des Jahres 1946 unseren Kindern gelten, die wir mit Hilfe von Landverschickung, Kinderausspeisung und Auslandsaktionen und nicht zuletzt durch eine umfassende Neuorganisation und Intensivierung der Gesundheitspflege für die Kinder über diesen Winter hinwegbringen müssen. Uns Erwachsenen darf kein Opfer zu groß sein, um das Leben unserer Kinder zu sichern. Wir werden hier jede sich bietende Chance ausnützen, jede Anregung wird aufgegriffen, jede Privatinitiative unterstützt. Österreich hat ungeheure Blutopfer in diesen letzten Jahren gebracht, in Hitlers Kerkern zuerst, auf den Schlachtfeldern dann und schließlich in der Heimat unter dem Bombenhagel. Wir sind ein armes Land geworden, unser einziger Schatz sind unsere Kinder. Hier kann aber nur geholfen werden, wenn alle mithelfen.

Der österreichische Arbeiter

Nahezu ein Drittel der österreichischen Bevölkerung gehört der manuellen Arbeiterschaft an. Diese Arbeiterschaft hat in den ersten Tagen der Befreiung in anerkennenswerter und bewunderungswürdiger Weise, zum Teil initiativ allein und zum Teil in Arbeitsgemeinschaft mit den Arbeitgebern, an der Wiederingangsetzung der Betriebe gearbeitet. Es ist selbstverständlich, daß jede Regierung, die es mit diesem Staate ehrlich meint, dies zur Richtschnur ihres sozialpolitischen Programms macht. Mit der Versklavung des Arbeiters, wie sie das Hitlerregime brachte, muß radikal Schluß gemacht werden. Wir wollen wieder einen zufriedenen Arbeiter, der mit seiner Familie glücklich und zufrieden in einer gesunden Wohnung mit einem ausreichenden Lohneinkommen leben kann. Soziale Gerechtigkeit, gerechte Lohnverhältnisse, gesunde Arbeitsbedingungen und die Sicherung eines ruhigen Lebensabends für unsere Altersrentner und Arbeitsinvaliden muß zu den sozialen Kardinalforderungen jeder österreichischen Regierung gehören. Es ist selbstverständlich, daß die gegenwärtigen wirtschaftlichen Verhältnisse es der neuen Regierung unmöglich machen, hier endgültige Lösungen zu treffen, es ist aber genauso selbstverständlich, daß sie zumindest den Keim legen muß und für künftige Lösungen auf diesem Gebiete schon jetzt versuchen wird, allen Schutt auf diesem Wege wegzuräumen. Hiezu gehören ebenfalls alle nazistischen Ideologien, die gerade auf diesem Gebiet größtes Unheil angerichtet haben.

Sozialpolitik für die Zukunft

Der neuen Regierung ist es klar, daß ihr gerade auf dem Gebiete der sozialen Fürsorge für den Arbeiter die allerschwersten und allergrößten Aufgaben erwachsen, da durch die Nationalsozialisten das ganze große Sozialwerk Österreichs, das einst vorbildlich war für die ganze Welt, zertrümmert wurde. Es ist mein persönliches Bestreben, hier im Wege der Wiedergutmachung für die verschiedenen Institutionen nicht nur der Berufskörperschaften, der Sozialinstitute und Gewerkschaften, sondern auch der einzelnen politischen Parteien in ihrem sozial- und kulturpolitischen Sektor, deren Funktion seit dem Jahre 1934 stillgelegt war, Wiederherstellungs- beziehungsweise Ausgleichsmöglichkeiten zu schaffen, soweit dies im Rahmen der materiellen Möglichkeiten des neuen Staates tragbar ist. Völlige Wiederherstellungen sind unmöglich, das muß und wird jeder ehrlich Meinende am Neuaufbau zugestehen. Auch hier wird sich die ehrliche und vorbehaltlose Zusammenarbeit aller Parteien notwendig erweisen, so wie sie sich im Wahlkampf und in der Konsequenz desselben erfreulicherweise gezeigt hat, um gemeinsame tragbare Grundlagen zu finden.

Neben diesem Sofortprogramm der neuen Regierung, das keine Minute Verzögerung verträgt, muß aber schon jetzt Vorsorge getroffen werden für Planung und Vorbereitung des Aufbaues der Gesamtwirtschaft. Die Struktur der österreichischen Wirtschaft stellt in ihrer Gesamtheit eine organische Einheit dar, sie kann weder aus der Schau einzelner Produktionszweige oder Wirtschaftsgruppen noch von der Warte einzelner Bundesländer aus gelöst werden. Sie ist in ihrem Wesen geworden und gewachsen aus jahrhundertealten wirtschaftspolitischen Gegebenheiten im Lande selbst und aus ebenso alten handelspolitischen Beziehungen und Verknüpfungen mit den Nachbarstaaten und dem übrigen Ausland. Der wirtschaftspolitische Dilettantismus des Naziimperialismus hat diese gewordene Wirtschaft über Nacht zerschlagen, hat künstliche Produktionen aus kriegstechnischen Gründen aufgebläht, hat alte heimische Wirtschaftstradition vernichtet und vor allem überall an die Stelle der Qualität den Bluff gesetzt. Dies gilt für die Produktion genauso wie für die Arbeitnehmerschaft, der an Stelle ihrer alten bewährten sozialpolitischen Einrichtungen der KDF-Schwindel vorgesetzt wurde. So ist bereits während der ganzen Nazizeit schlimmster Raubbau an der Wirtschaftssubstanz in Österreich getrieben worden, wobei ich gar nicht von der direkten Verschleppung österreichischen Gutes ins Nazireich sprechen möchte. Die Entgüterung der Wirtschaft hat in den letzten Monaten einen Höhepunkt erreicht. Wir sind Bettler geworden und müssen von Grund auf neu anfangen in einem Ausmaße, wie es die österreichische Wirtschaftsgeschichte noch niemals erlebt hat.

Ich stamme selbst aus der Wirtschaft, ich habe jahrelang mich mit den wirtschaftspolitischen Fragen der Landwirtschaft theoretisch und praktisch nicht nur in Österreich, sondern im Gesamtrahmen der Weltwirtschaft intensiv befaßt. Ich kenne die Schwierigkeiten jedes Neuaufbaues, aber ich kenne auch die ungeheure Produktionskraft, die in der österreichischen Arbeitsleistung steckt, und wenn ich darum heute hier bekenne, daß ich tief durchdrungen bin von dem Glauben daran, daß es uns gelingen wird, unsere Wirtschaft hochzubringen, dann berechtigt mich hiezu mein Wissen um den Fortschrittsgeist und den eisernen Arbeitswillen der Bauernschaft und die höchstwertige Qualitätsleistung des österreichischen Handwerkers und Arbeiters.

Österreichs Währung

Die Voraussetzung jedes Wirtschaftsaufbaues ist der Abbau jeder wirtschaftsfremden unorganischen Belastung der Wirtschaft und die Sicherung der Währung. Der Verwaltungsapparat muß weitgehend entbürokratisiert werden. In diesem Zusammenhange muß ich auch an die alliierten Mächte appellieren und um eheste Herabsetzung der Besatzungstruppen auf ein für unsere Wirtschaft erträgliches Maß bitten. Das österreichische Volk hat bewiesen, daß es des Vertrauens der Befreier würdig ist.

Zum Wiederaufbau der Währung sind alle Vorkehrungen getroffen. Im Jahre 1938 zählte der österreichische Schilling zu den stabilsten Währungen der Welt. Das Deckungsverhältnis war beispielgebend in Europa. Die nazistische Inflationspolitik in Europa hat ganz besonders auch Österreich verarmt. Die erste Maßnahme der Regierung auf diesem Gebiete muß es sein, die weitere Überflutung Österreichs mit Marknoten zu verhindern, wenn nicht jede vernünftige Wirtschaftsplanung unterbunden werden soll. Die Regierung Doktor Renner hat als eine ihrer letzten Arbeiten das Schillinggesetz geschaffen, das die Konvertierung und Außerkraftsetzung der Marknoten durchführt. Ich weiß, daß die praktische Durchführung vorübergehend Schwierigkeiten brachte und berechtigte Kritik in der Bevölkerung zur Folge hatte. Doch der Schnitt mußte gemacht werden. In seiner Folge muß das valutarische Gleichgewicht wiederhergestellt werden. Auch dazu wird es Opfer seitens der Bevölkerung brauchen. Es ist aber selbstverständlich, daß bei dieser endgültigen Regelung der Währungsfrage die Besitzenden stärker herangezogen werden müssen als die Besitzlosen. Es ist selbstverständlich, daß auch jene Kreise, die, anstatt ihre geringen Spargelder auf ein Sparbüchel einzulegen, sich Immobiliarwerte, Schmuck oder dergleichen angeschafft haben, ihren Beitrag leisten müssen. Und es ist weiters selbstverständlich, daß die Ärmsten, die nichts haben als ihr geringes Einkommen, weitgehendst geschont werden müssen. Die neue Regierung wird gerade dieser Frage in besonderer Weise ihr Augenmerk zuwenden müssen. Das Budget für das Jahr 1946 wird das Hohe Haus in Berücksichtigung der derzeit im Aufbau begriffenen Wirtschaft besonders eingehend beraten müssen.

Meine Partei hat vor den Wahlen erklärt: Wir können nichts versprechen, sondern wir müssen fordern, gerade weil wir es ehrlich mit Österreich meinen. Als neuer Kanzler dieses Staates muß ich diesen Satz wiederholen. Wir müssen Opfer bringen, denn nur dann kann es besser werden. Ich weiß schon, daß dies unpopulär ist, aber wir wollen auch diesmal wieder beweisen, daß es uns nicht um parteipolitische Demagogie, sondern um Österreich geht. Die Opfer, die wir bringen, müssen freilich unter weitgehendster Berücksichtigung der sozialen Lage der einzelnen aufgeteilt werden. Österreich braucht Arbeit, um leben zu können, und kann nur arbeiten, wenn dem einfachen Arbeiter und Bauern der Arbeitsertrag mit dem Gelde bezahlt wird, für das er sich auch etwas kaufen kann.

Sorgen um die Landwirtschaft

Die Stabilisierung der Währung wird uns die Möglichkeit geben, die großen wirtschaftlichen Reformen auf einem festen Boden wieder anfangen zu können. Wenn ich hier wieder die Landwirtschaftsförderung an erster Stelle nenne, so vor allem deswegen, weil diese die Grundlage bildet für die Sicherung unserer Ernährung in der Zukunft. Unsere Bauern brauchen Saatgut, sie brauchen Zuchtvieh, sie brauchen Düngemittel, sie brauchen vor allem Bespannungen und Traktoren und alle sonstigen maschinellen Einrichtungen zur Intensivierung der Produktion. Wir müssen wieder intensiv arbeiten, um das Größtmögliche aus dem Boden herauszubringen. Daneben muß der Absatz völlig neu organisiert werden. Hiezu bedarf es in erster Linie der Regelung der Transportfragen. Ganz Österreich muß wieder ein einheitliches Wirtschaftsgebiet werden. Es darf nicht vorkommen, daß in irgendeinem Gebiet Produktionsüberschüsse bestehen, während anderswo Mangel herrscht. Die vielen Tausende von Joch Ackerboden, die von den Nazis für ihre militärischen Zwecke der Volksernährung entzogen wurden, müssen sofort wieder der Landwirtschaft zur Verfügung gestellt werden. Es wird in diesem Zusammenhang eine der vordringlichsten Aufgaben der Regierung sein, im Rahmen einer gesunden und wirtschaftspolitisch berechtigten tragbaren Bodenreform unseren weichenden Bauernsöhnen und unseren braven Landarbeitern Besitz und Existenz zu schaffen. Unsere einst vorbildliche landwirtschaftliche Sozialversicherung muß im Interesse der Arbeitgeber und Arbeitnehmer in der Landwirtschaft neu aufgebaut werden. Das wertvollste Volksvermögen in Österreich, unser Wald, an dem von den Nazis unverantwortlicher Weise Raubbau getrieben wurde, muß wieder genützt und fachlich einwandfrei bewirtschaftet werden.

Gewerbe, Industrie, Handel und Energiewirtschaft

Fast noch schwieriger liegen die Verhältnisse auf dem Gebiete der Industrie, des Gewerbes und des Handels. Die Industriestätten sind größtenteils zerstört oder durch die Kriegswirtschaft ihrer eigentlichen Produktionsbestimmung entfremdet. In den einzelnen Betrieben entstanden ungeheure Verluste an Anlagewerten, die der Ingangsetzung dieser Betriebe größte Schwierigkeiten entgegenstellen. Daß es gelang, auch auf diesem Gebiete bereits Anfangserfolge zu erzielen, zeigt die Ingangsetzung des Licht- und Kraftstromnetzes in Niederösterreich bereits drei Monate nach der Befreiung dieses Landes, die Instandsetzung der Wiener städtischen Wasserwerke, Straßenbahnlinien usw., ein beispielgebender Beweis für den Aufbauwillen Österreichs. Dies ist nur ein Beispiel für viele. Eine der wesentlichsten Voraussetzungen für den Wiederaufbau der Industrie wird das Fallen der Demarkationslinien und damit der ungehinderte Verkehr zwischen den Rohstoffzentren und den Produktionsstätten sein. Hiebei liegen die Rohstoffverhältnisse in einzelnen Betriebszweigen gar nicht so schlimm, wenn nur die Transport- und einige sonstige Detailfragen gelöst werden.
Besondere Beachtung wird die Regierung dem Wiederaufbau des von den Nazis systematisch zerstörten österreichischen Gewerbes zuwenden. Österreichs Geschmacksgewerbe, die Wiener Mode, sowie das Ledergewerbe, das Kunsthandwerk, Glas und Keramik, volkstümliches Gewerbe in den Alpenländern – Sie verzeihen, wenn ich hier nicht alles anführen kann –, all das genoß einst Weltruf. Wir müssen diesen Ruf in kürzester Zeit wieder zurückerobern. Ich bin überzeugt, daß bei ehrlichem Willen dank der Stärke aller aufbauwilligen Kräfte und in Fortführung der Arbeitsgemeinschaft nicht nur zwischen den drei politischen Parteien, sondern auch – und das möchte ich besonders unterstreichen – der Bereitschaft zu einer Arbeitsgemeinschaft zwischen den Arbeitgebern und Arbeitnehmern in ganz

Österreich – wobei ich besonders an die unerläßliche Mitarbeit des Gewerkschaftsbundes appelliere – es gelingen wird, auch hier viele Fragen, die uns heute noch unlösbar erscheinen, zu erklären und Wege zu einer Lösung zu finden.

Arbeit zu schaffen für jeden einzelnen, muß das Programm der neuen Regierung sein. Es werdenUmschulungen großer Gruppen von Arbeitern notwendig sein, es wird sich die Schaffung neuer Industrien nötig erweisen, und wir werden auch in einer Reihe von Schlüsselunternehmungen, in Anlehnung an das in der Provisorischen Staatsregierung beschlossene Verstaatlichungsgesetz, deren Vergesellschaftung im Interesse des gesamten Staates gelegen ist, zur Verstaatlichung oder Kommunalisierung schreiten.

Die überwiegende Mehrheit der Bevölkerung Österreichs hat sich für die Beibehaltung der Privatinitiative, des Eigentumsbegriffs und des Leistungsprinzips in diesem Staate entschieden. Dies ist ein eindeutiger demokratischer Willensentschluß, er hindert aber nicht, dort, wo die Privatinitiative wirtschafts- und sozialpolitisch versagt, entsprechende Maßnahmen zu ergreifen. Dies wird für die neue Regierung Richtschnur sein.

Vorrang der Wohnungsfrage!

Im Rahmen des Wiederaufbaues kommt der Lösung des Wohnungsproblems die größte und vordringlichste Bedeutung zu. Die Regierung ist sich ihrer Pflicht auf diesem Gebiete nicht nur voll bewußt, sondern sie wird ihr bestes Können und Wollen daransetzen, über die unmittelbar notwendigen Notstandsmaßnahmen hinaus bereits vom ersten Tage an ein ganz großzügiges Wohnbauprogramm zu erstellen, das in erster Linie eine Wiedergutmachungsfrage auf diesem Gebiete ist und wobei sich die Solidarität des gesamten österreichischen Volkes erweisen muß. Wer das Glück hatte, sein Haus unbeschädigt aus den Kriegswirren zu retten, hat die große Verpflichtung, dazu beizutragen, daß dem Nachbarn, dessen Haus zerstört ist, sein Eigentum wieder geschaffen wird. Wer im Besitze einer unbeschädigten oder wenig beschädigten Wohnung ist, muß dazu beitragen, daß dem Nachbarn, der ausgebombt und all seines Gutes beraubt ist, geholfen wird. Wer eine große Wohnung hat, muß stärker beitragen als der, der eine kleine hat. Witwen und Waisen müssen stärker berücksichtigt werden als Familien, wo der Familienerhalter gesund aus dem Kriege heimkam. Kurz, wir sehen nicht nur im Wohnungsproblem, sondern auch in allen Maßnahmen zu seiner Lösung, auch soweit sie kapitalistische Wege gehen müssen – ohne Privatinitiative ist das Problem unlösbar –, eine Angelegenheit von eminenter sozialer Bedeutung.

Die Kriegsgefangenen und unsere Heimkehrer

Darf ich nun noch ein Problem erwähnen, das in den letzten Monaten viel zu wenig berücksichtigt wurde und das mir persönlich als eines der verpflichtendsten erscheint. Es ist das Problem unserer Kriegsgefangenen und Heimkehrer. Die überwiegende Mehrzahl bester und bravster österreichischer Arbeiter, Bauern und Angestellter wurde unter dem Zwang der Hitlerschen Kriegsgesetze einberufen und ausnahmslos an die gefährdetsten Fronten geschickt. Diese Leute mußten vor allem deswegen in den Krieg ziehen, weil sie keine Nazi waren, während die Herren Illegalen und Funktionäre der NSDAP wohl den Mund recht voll nahmen, sich aber gleichzeitig uk. stellen ließen. Diese unsere braven Heimkehrer stehen nun unter schwerstem seelischem Druck. Sie, die immer dieses Regime und den Krieg verurteilt hatten, kommen nun zurück mit der Marke, daß sie für dieses Regime gekämpft haben. Wir wissen, daß alle alliierten Mächte bereits während des Krieges genau den Unterschied gekannt haben zwischen diesen Opfern des Terrors und jenen, die hinter ihnen standen, um sie in die Feuerlinie zu treiben. Ich würde eine selbstverständliche Pflicht versäumen, wenn ich nicht von dieser Stelle aus auch aus diesem Grunde den alliierten Mächten danke für die begünstigte Sonderbehandlung unserer österreichischen Kriegsgefangenen. Für Österreich selbst und für seine Regierung aber ergibt sich daraus eine besondere Verpflichtung. Die alliierten Mächte haben zugesagt, daß sie unsere Kriegsgefangenen in kürzester Zeit in die Heimat entlassen werden. Wir müssen nun alles tun, um diese Frist noch weiter abzukürzen, wir müssen aber auch alles veranlassen, um unseren Heimkehrern wieder den raschesten Einbau in die Wirtschaft, in ihre alten Berufe und ihre alten Arbeitsstätten zu ermöglichen. Unsere besondere Fürsorge muß den Kriegsversehrten gelten, deren Schicksal besonders tragisch ist und die in eine Linie zu stellen sind mit allen übrigen Märtyrern und Opfern des Naziregimes. Daß wir den direkten Opfern des Hitlerregimes, den KZlern, allen jenen, die in den Hitlerkerkern litten, welcher Partei und welcher Konfession sie auch angehört haben mögen, ihren Weg in eine neue, bessere Zukunft in jeder Form erleichtern, brauche ich als langjähriger KZler nicht besonders zu unterstreichen. Daß wir hiebei der Witwen und Waisen unserer Märtyrer nicht vergessen, ist eine heilige Pflicht.

Aktive Außenpolitik und unsere Grenzen

Durch die Anerkennung der ersten im Sinne der Verfassung gebildeten Regierung Österreichs seitens der alliierten Mächte wird Österreich wieder in die Lage versetzt, eine aktive Außenpolitik zu betreiben. Österreich, das in seiner ganzen jahrhundertealten Kultur, westlich orientiert, immer das aufgeschlossene Tor war für die großen wertvollen Beiträge des Ostens, für die gesamte Kultur der Welt, hat eine Schlüsselstellung für Europa. Jede österreichische Regierung muß sich dieser Aufgabe bewußt sein. Für uns aber, die wir in Österreich selbst die enge Zusammenarbeit und in deren Konsequenz den einmaligen Aufbauerfolg unserer demokratischen Konstitution und damit unserer neuen kulturellen und politischen Sendung in Europa durch die vier Oberbefehlshaber der alliierten Armeen erlebt haben, ist das doppelte Verpflichtung.

Die geographische und wirtschaftliche Konstruktion Österreichs bedingt es, daß die Zusammenarbeit dieses Staates nicht nur in wirtschaftspolitischer, sondern vor allem auch in außenpolitischer Beziehung mit allen friedliebenden Nationen der Welt, besonders mit den alliierten Großmächten, herbeigeführt wird. Mit den unmittelbaren Nachbarstaaten, und zwar vor allem der Tschechoslowakei, Ungarn und Jugoslawien, hoffen wir in engste Beziehungen zu kommen. Es wird das vordringlichste Bestreben der österreichischen Regierung in außenpolitischer Beziehung sein, gerade auf diesem Gebiete bereits in allernächster Zeit die Fühlungnahme herzustellen und zu entsprechenden Klärungen und Lösungen zu kommen.

Wir wollen nicht von der Ungerechtigkeit gewisser Grenzziehungen vom Jahre 1918 reden, das haben maßgebende Faktoren der Weltpolitik in den letzten Jahrzehnten wiederholt getan. Eines aber ist für uns kein Politikum, sondern eine Herzenssache, und das ist Südtirol. Die Rückkehr Südtirols nach Österreich ist ein Gebet jedes Österreichers. Als zweites unabdingliches Gesetz unserer Außenpolitik muß ich die Unteilbarkeit unseres Kärntnerlandes in seinen alten Grenzen bezeichnen. Das freie, unabhängige und demokratische Österreich fühlt sich bereits heute auf Grund seiner außenpolitischen Ideologie als ein Teil der „Vereinten Nationen". Es wird sein Bestreben sein, in baldigster Zeit auch die Legitimation hiefür zu haben.

Es ist selbstverständlich, daß meine Regierung die auf Grund ihres großen Befreiungswerkes gegebene Autorität der alliierten Mächte auch außenpolitisch anerkennt. Sie wird bestrebt sein, mit dem Alliierten Rat, dessen Verständnis und Hilfsbereitschaft für Österreich und seine Bevölkerung wir seit seinem ersten Zusammentreten in Wien mit besonderem Dank feststellen konnten, in engster Weise zusammenzuarbeiten. Die österreichische Regierung wird hiebei in loyalster Weise den Intentionen des Alliierten Rates im Interesse der Bevölkerung Österreichs Rechnung tragen.

Österreichischer Geist – österreichische Tradition

Ich habe eingangs meiner Erklärung auf die große Tradition dieses Saales verwiesen und den Senioren dieses Hauses gedankt. Für mich war das auch ein Stück Symbol, und ich möchte meine heutige Erklärung nicht abschließen, ohne namens des – wenn Sie gestatten – jungen, neuen Österreichs unserer großen alten österreichischen Tradition zu gedenken. Dieser österreichische Geist war jahrhundertelang das stärkste Bollwerk gegen alle Versuche imperialistischer Einseitigkeit in diesem Europa. Er war das ausgleichende Moment in Europa. Unser neues Österreich ist ein kleiner Staat, aber er will dieser großen Tradition, die vor allem eine Kulturtradition war, treu bleiben als Hort des Friedens im Zentrum Europas. Wenn wir immer wieder mit allem Fanatismus heimatverwurzelter Treue zu uns selbst betonen, daß wir kein zweiter deutscher Staat sind, daß wir kein Ableger einer anderen Nationalität jemals waren noch werden wollen, sondern daß wir nichts anderes sind als Österreicher, dies aber aus ganzem Herzen und jener Leidenschaft, die jedem Bekenntnis zu seiner Nation innewohnen muß, dann ist dies keine Erfindung von uns, die wir heute die Verantwortung für diesen Staat tragen, sondern die tiefste Erkenntnis aller Menschen, wo immer sie auch stehen mögen in diesem Österreich. Diese Erkenntnis ist gegründet auf unsere alte Kultur, auf unsere kulturelle Mission.

Und so dürfen wir bei allen dringlichsten Erfordernissen des unmittelbaren politischen und wirtschaftlichen Alltags niemals auf unsere einmalige kulturelle Aufgabe vergessen. Hiefür aber bedürfen wir der Mithilfe und Mitarbeit unserer Jugend, gerade der Jugend, die in diesen letzten Jahren dem ganzen Ansturm einer infernalischen Hetzpropaganda ausgesetzt war und die trotzdem in den Widerstandsbewegungen aller Parteien zurückgefunden hat zu sich selbst, zu ihrer Heimat, zu Österreich. Unsere Erziehungsaufgabe auf diesem Gebiete ist ungeheuer groß. Wir müssen unserer Jugend wieder das fehlende Rüstzeug geben, das ihr durch Jahre hindurch vorenthalten wurde: die Schulbildung, die Hochschulerziehung, die Volksaufklärung und die Volksbildung in breitestem Maße muß wieder im rein österreichischen Geiste erfolgen. Die besten Männer, die wir auf diesem Gebiete zur Verfügung haben, sind gerade noch gut genug dafür. Darüber hinaus aber rufe ich jetzt auch unsere österreichische Jugend selbst auf zur Mitarbeit. Namens der neuen Regierung, die sich selbst als die Vertreterin der kommenden Generation in diesem Staate fühlt, rufe ich die Jugend zum Neuaufbau Österreichs. Wir wollen das neue, das junge Österreich, wir wollen euer Österreich bauen. Der Weg ist steil und schwer. Ihr müßt uns als Avantgarde vorangehen!

Die ersten „freien" Weihnachten!

In wenigen Tagen feiern wir Weihnachten, Weihnachten ist für uns ein Hochfest der Familie. Es wird heuer leider kein Weihnachten sein, so wie wir es gerne haben möchten. Auf den Christbäumen, wenn wir welche haben, wird ein schönes Päckchen voll Sorgen hängen. Trotzdem wollen und dürfen wir nicht verzagen, sondern gerade an diesem heurigen Weihnachtsabend, wo zum erstenmal wieder die Kerzen in einem neuen demokratischen Österreich leuchten und alle, die ehrlich mitarbeiten wollen, die gleichen Rechte haben sollen und werden, gerade jetzt in diesen Weihnachtsstunden wollen wir versprechen, daß wir alle zusammen nichts unversucht lassen werden, um bis zu den nächsten Weihnachten wieder so weit zu sein, daß jeder in Österreich ein Stückchen Glück und Zufriedenheit unter dem Weihnachtsbaum vorfindet.

Wenn ich in der heutigen Sitzung des Nationalrates, die die letzte im heurigen Jahr ist, Ihnen, meine Herren Vertrauensmänner des österreichischen Volkes, ein frohes Weihnachten und ein glückliches und zukunftssicheres Neujahr wünsche, so tue ich dies in der Hoffnung und mit der Bitte um Ihre Mitarbeit, damit wir Stück um Stück und Stein um Stein gemeinsam im nächsten Jahr zusammenlegen können für den Neuaufbau unseres geliebten Österreichs.

Dies ist auch mein Wunsch und zugleich auch meine Bitte an das gesamte österreichische Volk. Und nun wollen wir an die Arbeit gehen!

Ich bitte namens der Regierung um das Vertrauen für diese neue schwere, aber ehrliche Zusammenarbeit für unser Österreich.

In einem neuen, freien Österreich
Der Bundeskanzler zur „Bauernweihnacht 1945"
23. Dezember 1945
(Der „Österreichische Bauernbündler")

Weihnachten im neuen Österreich.
Nach sieben Jahren feiern wir unser heiligstes Fest wieder in einem unabhängigen und freien Österreich. Der Krieg ist vorbei! Wir brauchen nicht mehr zu fürchten, daß die Bomben uns unsere Höfe zerstören und Väter, Brüder und Söhne an der Front töten. Es ist die erste Weihnacht im eigenen Staat. Daß es noch kein fröhliches Weihnachten sein kann, ist begreiflich. Zu groß ist noch das Leid, die Trauer und die Not in unseren

Dörfern. Die wenigen Monate Wiederaufbau konnten sie nicht beleben. Trotzdem sind wir um einen Schritt weitergekommen. Wir haben ein eigenes Parlament, eine eigene Regierung und eigene Landesregierungen. Es sind wieder Bauern, die mit Euch und für Euch Bauern Österreichs, ihre ganze Kraft einsetzen und wieder Glück und Zufriedenheit in unsere Bauernhöfe zu bringen. Auch dies ist ein Weihnachtsgeschenk, wenn es auch vorerst nur eine Verheißung ist, denn mit Gotteshilfe soll es im nächsten Jahre Wirklichkeit werden.

Als ein österreichischer Bauernsohn, der zeitlebens und für Euch gearbeitet, gekämpft und gelitten hat, grüße ich Euch und wünsche Euch und ganz Österreich, daß das Weihnachtsfest der Anfang sein möge für einen steilen Aufstieg Österreichs zu einer neuen glücklichen Zukunft.

Mögen uns die Weihnachtsglocken diese Zukunft einläuten! Gesegnete und zukunftsfrohe Weihnachten wünscht

Euer Ing. Figl

Glaubt an dieses Österreich!
Ein leerer Weihnachtstisch
und ein umfassender Weihnachtswunsch
24. Dezember 1945
(Radioansprache)

Ich habe nichts, was ich euch zu Weihnachten geben könnte. Ich kann euch für den Christbaum, wenn ihr überhaupt einen habt, keine Kerzen geben. Ich kann euch keine Gaben für Weihnachten geben, kein Stück Brot, keine Kohle zum Heizen, kein Glas zum Einschneiden der zerbrochenen Fenster. Wir haben nichts. Ich kann euch nur bitten: GLAUBT AN DIESES ÖSTERREICH!

Arbeit und Brot für jeden Österreicher

Ein Neujahrsgruß des Kanzlers
vor fast unlösbaren Problemen der Wirtschaft

Aus der Silvester/Neujahrsansprache 1945/1946

(Österreichischer Rundfunk)

Wir haben schwere Monate hinter uns, wir haben mindestens so schwere Monate vor uns. Wir müssen uns der Tatsache bewußt sein, daß nur der einmütigen Zusammenarbeit aller, die es ehrlich mit diesem Österreich meinen, es gelingen kann, aus dieser größten Wirtschaftskrise aller Zeiten herauszukommen. Ich habe vor einigen Tagen in meiner Regierungserklärung mit ernsten Worten die Situation gezeichnet, aber auch mit demselben Ernst mich zu einem zukunftssicheren positiven Ergebnis unserer Arbeit bekannt, unter der Voraussetzung, daß wir alle gemeinsam Hand anlegen.

Daß die Ernährung hiebei an erster Stelle steht, ist selbstverständlich. Wir müssen alle Anstrengungen machen, um die nächsten Wochen durchzustehen, und ich bin überzeugt, daß uns dies auch gelingen wird. Auf Grund der Zusagen der UdSSR können wir hoffen, daß wir zu Beginn des Frühjahres auch vom Ausland Hilfe bekommen, die es uns ermöglicht, die weiteren Monate bis zur kommenden Ernte durchzuhalten. Um diese kommende Ernte zu einem Ergebnis zu führen, das uns dann weiterhilft, den Übergang zur normalen Ernährungswirtschaft zu finden, dürfen wir kein Mittel ungeschehen lassen. Ich stamme selbst aus der Bauernschaft und appelliere daher gerade heute an meine lieben Bauern in ganz Österreich, auch diesmal wieder, wie schon so oft, sich ihrer ungeheuren Verpflichtung gegenüber der Gesamtbevölkerung bewußt zu sein.

Der Wiederaufbau der Wirtschaft selbst wird nach großen Planungen, über die ich bereits im Jänner dem österreichischen Volk berichten werde, durchgeführt.

Hier ist die Wiederherstellung der Harmonie in der Wirtschaftsstruktur Österreichs, ohne die eine geregelte prosperierende Produktion nicht möglich ist, unser Ziel. Ganz obenauf steht hiebei mein persönlicher Wunsch und mein persönliches höchste Streben: jedem arbeitswilligen Menschen in Österreich einen gesicherten Arbeitsplatz mit einem auskömmlichen Einkommen zu schaffen. In diesen letzten Minuten vor der Jahreswende ist es nicht meine Absicht, Ihnen ein großes Wirtschaftsprogramm zu entwickeln. Was Sie aber auch gerade jetzt am Beginn des neuen Jahres wissen müssen, ist, daß die Regierung die Beschaffung von Arbeit und Brot für jeden einzelnen, der bereit ist, in diesem neuen Staat mitzuarbeiten, als den Kardinalpunkt ihres gesamten Programms ansieht.

Österreich ist Harmonie, Harmonie ist Frieden und Frieden ist Glück. Möge das neue Jahr uns allen des Herrgotts Segen bescheren, damit wir zu dieser Harmonie gelangen. Die kommenden Glockenschläge mögen diesen Segen einleiten und ein Gebet sein des neuen Österreich für unsere Heimat und für jeden einzelnen unserer Mitbürger, der jetzt vor der Uhr steht und in jedem Glockenschlag seine heißen Wünsche um ein glücklicheres und schöneres Morgen für seine Familie einflicht.

Österreicher und Österreicherinnen in der Heimat und in der Ferne! Die österreichische Regierung grüßt euch und wünscht euch ein gottgesegnetes neues Jahr.

Der innere Friede – das Hauptgebot für die Zukunft!

Die Lehren aus dem Jahre 1934

12. Februar 1946

(Gedenkrede im Rahmen einer Feierstunde der ÖVP im Wiener Konzerthaus)

„Nur mehr nach vorwärts schauen!"

Dem Gedenken an die Opfer des Februar 1934.
Die „Stunde der Besinnung", die am 12. Februar von der Bundesleitung der ÖVP im Wiener Konzerthaus zum Gedenken an die Opfer des 12. Februar 1984 abgehalten wurde, gipfelte in einer Gedenkrede des Bundeskanzlers Ing. Figl, die zu einer tiefernsten Mahnung für die Zukunft wurde, nicht mehr nach rückwärts, sondern nur mehr nach vorwärts zu schauen, zu einem Appell an die Parteien Österreichs und an das gesamte österreichische Volk, am Scheidewege österreichischer Geschichte sich abzuwenden vom Gewesenen, das auf beiden Seiten Schuld aufweist, und sich ehrlich zu entscheiden für eine österreichische Zukunft, getragen von Zusammenarbeit, Frieden, Gemeinschaft und Freiheit. Über diese dokumentarische Rede des Bundeskanzlers kann die gesamte österreichische Öffentlichkeit nicht hinweggehen, sie fordert Entscheidung, eine klare, mutige Entscheidung, von der das Wohl und Wehe unserer österreichischen Zukunft abhängt.

Der 12. Februar 1934

Der 12. Februar ist ein Trauertag für ganz Österreich. Heute, wo wir zurückschauen, der Helden und Märtyrer vom 12. Februar gedenken, heute sehen wir die Dinge im tiefsten Inneren vielleicht anders, aber wir müssen und können feststellen, daß wir auch heute das gleiche wiederholen müssen wie damals: Das österreichische Volk, in welchem der beiden Lager es auch stand, hat nichts anderes gewollt als die Freiheit, die Unabhängigkeit und die demokratische Entwicklung seiner Heimat. Alle, auf welcher Seite sie auch kämpften, waren nichts anderes als Österreicher. Niemals dürfen wir 1934 und 1938 in einem Atem nennen. 1934 kämpften zwei Gruppen für Österreich. Es war nur der Weg, der hiezu führen sollte, über den sie uneins waren. 1938 aber kämpften hochverräterische Verbrecher gegen die eigene Heimat.

Wenn wir darum heute der Toten vom 12. Februar 1934 gedenken, ganz gleichgültig, in welchem Lager sie standen, dann gedenken wir ihrer als Helden und Märtyrer für Österreich. Und wir wollen uns geloben, diesen heiligen, fanatischen Willen, den sie für die Freiheit Österreichs diesseits und jenseits der Barrikaden mit ihrem Leben besiegelten, in uns aufzunehmen als Vermächtnis und als Erbe für alle Zukunft. Politik, und vor allem demokratische Politik, heißt Ausgleich, heißt Mäßigung, heißt Suchen nach Verständigung. Und so soll gerade dieser heutige Tag wieder aufs neue bekräftigen, unsere echt österreichische Wesensart, die ja schließlich immer wieder darin bestand, ausgleichen zu wollen. Niemals wieder soll ein fremder Geist, und fremd ist uns Österreichern jeder Geist, der Gewalt predigt, bei uns heimisch werden dürfen. Wer die erste Schuld daran trug, darüber wollen wir heute nicht rechten, das wird und soll einmal die objektive Geschichte feststellen. Was wir aber selbst müssen, und zwar alle, die wahrhaft an dieses neue Österreich von 1945 glauben, die es wollen und die dafür arbeiteten und kämpften, ist eines, gestehen wir ein, daß wir alle gemeinsam Fehler gemacht haben. Es ist niemals eine Schande, einen Fehler einzugestehen, wohl aber ist es eine Feigheit, ihn verschweigen und verleugnen zu wollen. Wir wollen ehrlich und offen zugeben, es sind auf beiden Seiten Fehler geschehen, schwere Fehler, aber sie waren gegeben, sie sind aber auf beiden Seiten entschuldbar deshalb, weil es immer wieder nur der Weg war, der uns trennte, die wir wahrhaft das neue Österreich, das freie und demokratische Österreich, wollten, damals bereits wie heute. Wer das Korneuburger Programm nennt, der darf niemals verschweigen, daß es vorher ein Linzer Programm gab. Also bleiben wir ehrlich und werden wir nicht feige. Wir haben gelernt aus diesem großen, schweren Erlebnis von 1938 bis 1945, daß niemals die Taktik und niemals der Weg, sondern immer nur das Ziel ausschlaggebend sein darf und muß für die Zusammenarbeit aller jener Kräfte, die das gemeinsame Ziel erstreben.

Die Zeit ist noch zu kurz, die uns von den Ereignissen von 1934 trennt, als daß heute bereits alle Gefühlsmomente, welche die Beurteilung dieser Zeit beeinflussen, völlig ausgeschaltet werden könnten. Dies gilt genauso für die Sozialisten wie für uns, und doch möchte ich gerade heute, an diesem Tage und aus diesem Anlaß, wo wir in tiefer Ehrfurcht der Helden und Märtyrer vom 12. Februar 1934 gedenken, als Obmann der Österreichischen Volkspartei, der die Mehrheit des österreichischen Volkes gegenwärtig das Vertrauen geschenkt hat, an das gesamte österreichische Volk den Appell richten: Schauen wir nicht mehr nach rückwärts, sondern nur mehr nach vorwärts. Machen wir vor allem gemeinsam Schluß mit den Schlagworten vom Austromarxismus und Austrofaschismus, die uns heute nichts mehr sagen und die uns auch künftighin hoffentlich niemals mehr etwas sagen werden. Wir haben uns in diesen schweren Tagen des ersten Wiederaufbaues gemeinsam zusammengesetzt, um unser neues Haus zu bauen. Der Sozialist und der christliche Bauer, der Kommunist und der Heimwehrmann, der Schutzbündler und der Freiheitsbündler, ja, sagen wir es nur ganz offen und ehrlich, der Austromarxist und der Austrofaschist vom Jahre 1934. Wir haben nicht gefragt, wo jeder stand, wir haben nur eines gefragt, ob er damals im Jahre 1934 Österreich wollte, ob er inzwischen an diesem Österreich einen Verrat übte, und ob er jetzt wieder dieses Österreich will.

Österreichische Männer und Frauen! Ich glaube in Ihrem Namen und damit im Namen der Österreichischen Volkspartei sagen zu können: Wir wollen es, wir wollen die Zusammenarbeit, wir wollen den inneren Frieden, wir wollen die Gemeinschaft, wir wollen das Recht auf die Freiheit des einzelnen, weil wir Österreich wollen.

Im Kampfe um Österreichs Freiheit
Zum Gedenken an den Widerstand der österreichischen Bauernschaft gegen die Tyrannei Adolf Hitlers
9. März 1946
(Der „Österreichische Bauernbündler")

Es war am 11. März 1938. Im Sofiensaal tagte die 50. Festversammlung des niederösterreichischen Genossenschaftswesens. Während der Tagung wurde ich zum Telefon gerufen und dringend mit Reither zum Kanzler Schuschnigg gebeten, der uns das Ultimatum Hitlers mitteilte. Von dieser

Stunde an begann die Widerstandsbewegung des Österreichischen Bauernbundes. Der Bauernbund, gewachsen aus dem kämpferischen Geist österreichischen Bauerntums für Freiheit, Demokratie und Selbstbestimmung, hat in den vielen Jahrzehnten seines Kampfes immer wieder bewiesen, daß die fanatische Gebundenheit an die Scholle, an das Dorf, an die engere Heimat und schließlich an Österreich die große gemeinsame Linie war, die sämtliche Bauern Österreichs in einer geballten Macht zusammenfaßte. Der Bauernbund hat wiederholt an Krisentagen der Erhaltung der österreichischen Demokratie sein Machtwort gesprochen, und es mußte respektiert werden, denn wenn es ernst wurde, sind hunderttausend Bauernstiefel über die Ringstraße marschiert und haben dem Willen der Bauernschaft Nachdruck verliehen, wenn man die wahre Demokratie vergewaltigen wollte. Die Beziehungen zwischen Bauern und Arbeitern waren in all diesen Jahren immer eng und herzlich. Wir sind nicht kleinlich genug, um einzelnen, die in den letzten Tagen und Wochen aus innerparteilichen Gründen diese Zusammenarbeit sabotierten, etwas nachzutragen. Wir haben Verständnis für solche innerparteiliche Schwierigkeiten. Aber wir verlangen endlich ein offenes Bekenntnis.

Es war am 11. März 1938: In der Kanzlei unseres Bauernbundheimes in Wien saßen wir nach dem Abschied Schuschniggs von Österreich um unseren alten, großen Eichentisch herum, Reither, Steinböck, Haller, P. Deibl und andere – ernst und unter dem tiefen Eindruck der Rede des Kanzlers, die ein Abschied von Österreich schien. Wir haben damals nicht viel gesprochen, wir haben uns nur angesehen. Wir haben auch keine sonstigen Vorbereitungen getroffen, wir haben nichts verbrannt, nichts versteckt, nichts vergraben, denn wir hatten nichts zu verbergen. Als wir dann nach kurzer Zeit auseinandergingen, da drückten wir uns nur die Hand und sagten zueinander: „Bleib g'sund", so wie es österreichischer Bauernbrauch ist. Wir wußten nicht, was mit uns am nächsten Tag geschehen wird, aber eines wußten wir: Wir laufen nicht davon, wir halten durch, was auch geschehen mag.

Am nächsten und übernächsten Tag waren bereits die meisten von uns verhaftet, und zwei Monate später haben die meisten von uns und dazu noch viele andere Bauernbündler, der Reither und der Weber von Niederösterreich, der Gleißner und der Kern von Oberösterreich, der Sylvester von Burgenland, der Graf von Kärnten, der Straub und der Hasieber, Waldhauser und Denk von Kärnten, ein Jungbauernführer aus Tirol, sich wieder getroffen, und zwar in Dachau unter der SS-Knute, nachdem jeder von uns schon vorher schwere persönliche Qualen mitgemacht hatte. Auch in Dachau haben wir uns nur die Hand gedrückt und uns in die Augen geschaut und dabei festgestellt, daß keiner von uns sich geändert hat. Auch hier wußten wir nicht, was mit uns am nächsten Tag geschehen wird, aber eines wußten wir, dieser Irrsinn wird bald ein Ende haben und dann wird, ob mit oder ohne uns, der Bauernbund wieder dastehen, so wie früher in seiner alten Macht und Stärke und wird die Grundlage sein für unser neues künftiges Österreich.

Und dann kamen die vielen Jahre und Monate im Konzentrationslager, in Kerkern und Gefängnissen, und immer wieder trafen wir uns irgendwo und irgendwann, da und dort, und immer wieder drückten wir uns stumm die Hand, schauten uns in die Augen und dachten an den Bauernbund. Als ich dann nach 62 Monaten zum erstenmal nach Hause kam und zum erstenmal wieder hinausgehen konnte in unsere Bauerndörfer, da hatte ich wohl ein bißchen Herzklopfen, aber nur am ersten Tag, denn was ich dann Tag für Tag, Woche um Woche, in der kurzen Zeit meiner Freiheit erlebte, das hat mich nicht nur stolz gemacht, sondern das zeigte mir auch, daß wir Recht gehabt haben mit unserer unerschütterlichen Treue und unserem heiligen Glauben an unsere österreichischen Bauern. Wo ich auch hinkam, da durch die Hintertür in eine Wohnstube, dort auf verstohlenen Pfaden in einen Keller, und anderswo sogar nur in eine Scheune, überall sah ich leuchtende Augen und hatte immer wieder dasselbe Erlebnis: arbeitsdurchfurchte Hände drückten mich, und treue Bauernaugen sagten mir stumm und doch schreiend laut: „Wir sind die alten." Und so ist es geblieben und so war es auch in allen anderen Bundesländern, so erging es Kern in Oberösterreich, Pirchegger und Hollersbacher in der Steiermark, Hasenauer in Salzburg, Muigg in Tirol, Ilg in Vorarlberg, Gruber und Ritscher in Kärnten, Bauer im Burgenland und so weiter. Überall stand unser alter Bauernbund, und dann kam die Befreiung unserer Heimat, dann kam der Neuaufbau, dann kamen die ersten Wahlen, und dann kam schließlich das große Bekenntnis Österreichs zur Österreichischen Volkspartei, der Partei der Kämpfer für Österreich und der Partei der Verwurzelung des bodenständigsten Teiles dieses Landes, der Bauern in Österreich. Es war mein stolzester Tag, als der 25. November den Beweis erbrachte, daß das österreichische Volk in seiner Mehrheit den großen Opfergang von 1938 richtig gewertet hat. Wir, die Männer der Österreichischen Volkspartei, und hier vor allem auch die Männer des Österreichischen Bauernbundes, waren es, die diesen Opfergang gingen und ihn bis zur letzten Minute durchstanden. Die Entscheidung vom 25. November war der Dank Österreichs.

Österreichische Bauernbündler! An diesem heutigen Tage, der für uns ein stolzer Tag ist, denn wir haben unsere demokratische Linie niemals verlassen, an diesem heutigen Tage wollen wir den Herrgott bitten, uns auch künftighin seinen Segen zu geben, damit wir diesen geraden Weg weitergehen können bis zu dem Ziel, daß in Österreich nur mehr zufriedene und glückliche Menschen leben.

Bauernbündler, fest den Pflug in den Acker gedrückt, wir wollen die Wegbereiter sein für Österreichs Ernte.

Ein altes oder ein neues Staatsgebilde?

Die staatsrechtliche Frage nach der Identität Österreichs

12. April 1946

(Parlamentsdebatte – Regierungserklärung zum Verfassungsübergangsgesetz)

Wenn im Alltag von Österreich gesprochen wird, müssen wir uns die Frage vorlegen: Ist das Staatsgebilde, das vor aller Welt den Namen „Österreich" wieder trägt, derselbe Stat, der unter dem gleichen Namen am 13. März 1938 von der Wehrmacht des nationalsozialistischen Deutschen Reiches gewaltsam besetzt und in das Deutsche Reich eingegliedert worden ist, oder ist es ein neues Staatsgebilde, das mit dem am 13. März 1938 bestandenen Staatswesen nichts gemeinsam hat?

Sie alle wissen, daß es nicht in der Macht Österreichs gestanden ist, die Entwicklung im März 1938 aufzuhalten und sich gegen eine Übermacht ohne jede Aussicht auf Erfolg zur Wehr zu setzen, eine Übermacht, gegen die mächtigere Staaten damals nichts unternommen und der gegenüber selbst diese sich mit vollendeten Tatsachen abgefunden haben.

Diese Wiedervereinigung Österreichs mit dem Deutschen Reich, der sogenannte Anschluß, war nicht das Ergebnis eines Staatsvertrages zwischen zwei in ihrer völkerrechtlichen Handlungsfähigkeit unbeschränkten Staaten, auch nicht das Ergebnis entsprechend inhaltsgleicher Gesetzgebungsakte zweier souveräner Staaten, durch die Österreich seine Hoheitsrechte an das Deutsche Reich übertragen und das Deutsche Reich die Übertragung dieser Hoheitsrechte angenommen hätte.

In Wirklichkeit handelte es sich um einen Vorgang, der dem österreichischen Volk von außen aufgezwungen war, nachdem der politische und militärische Druck von außen jede freie Entschließungsmöglichkeit der damaligen Regierung aufgehoben hatte. Österreich wurde damals ohne Legitimation durch einen Rechtstitel, also völkerrechtswidrig, besetzt und seiner Handlungsfähigkeit beraubt. Österreich war also an der Ausübung der Staatsgewalt behindert, ohne daß dadurch seine Staatsgewalt an sich untergegangen wäre und das Staatsgebilde als solches zu bestehen aufgehört hätte.

Mit der Beseitigung der nationalsozialistischen Gewaltherrschaft gewann dann das österreichische Volk seine Handlungsfähigkeit, das österreichische Staatswesen seine Selbständigkeit und Unabhängigkeit wieder. Dies ist in der von allen drei demokratischen Parteien am 27. April 1945 einmütig beschlossenen und vom Alliierten Rat gebilligten Proklamation eindeutig festgestellt. Zu dieser Auffassung haben sich – und dies möchte ich ausdrücklich feststellen – die drei Großmächte Großbritannien, die Vereinigten Staaten von Amerika und die Sowjetunion gemäß der Moskauer Erklärung vom Oktober 1943 bekannt.

Alle drei demokratischen Parteien haben die demokratische Republik Österreich einstimmig am 27. April 1945 als wiederhergestellt erklärt und beschlossen, sie im Geist der Verfassung von 1920 einzurichten. Sie haben den im Jahre 1938 dem österreichischen Volke aufgezwungenen Anschluß als null und nichtig erklärt.

Demgemäß hat das Verfassungs-Überleitungsgesetz vom 1. Mai 1945 das Bundes-Verfassungsgesetz in der Fassung von 1929 nach dem Stande der Gesetzgebung vom 5. März 1933 als wieder in Wirksamkeit stehend erklärt. Wenn der vollen Aktivierung der Verfassung damals die tatsächlichen Zustände im Wege waren, die beim Zusammenbruch der nationalsozialistischen Herrschaft bestanden hatten, und die vorläufige Verfassung gewisse Lücken des verfassungsrechtlichen Lebens, die durch die Lahmlegung des parlamentarischen Lebens infolge der gewaltsamen Annexion durch Hitler-Deutschland und die Kriegsverhältnisse entstanden waren, auszufüllen hatte, so hatte doch diese vorläufige Verfassung nur suppletorischen Charakter. Das Bundes-Verfassungsgesetz in der Fassung von 1929 galt neben ihr und ist auch praktisch angewendet worden.

Die Organe des Staates waren durch den Verfassungsgesetzgeber beauftragt, ihrerseits alles zu tun, um das demokratische, parlamentarische Verfassungsleben auf Grund der Verfassung von 1929 auf raschestem Wege wiederherzustellen.

Ich darf Sie daran erinnern, daß Österreich der erste Staat war, der nach dem Sieg der alliierten Mächte auf Grund der Vereinbarung aller drei demokratischen Parteien eine Regierung nach demokratischen Grundsätzen eingesetzt und freie, geheime Wahlen durchgeführt hat, die den Zusammentritt des Nationalrates und der Landtage auf Grund der Verfassung von 1929 ermöglichten.

Mit dem erstmaligen Zusammentritt dieser frei gewählten Volksvertretungen sind dann die letzten Hemmnisse beseitigt worden, die etwa noch der wieder in Geltung gesetzten Verfassung von 1929, der der Alliierte Rat durch Billigung des Verfassungs-Überleitungsgesetzes vom 1. Mai 1945 seinerseits zugestimmt hatte, entgegengestanden waren.

Angesichts der Tatsache, daß Österreich nur an der Ausübung der Staatsgewalt infolge der Besetzung gehindert war, angesichts des einmütigen Willens aller drei politischen Parteien, die demokratische Republik Österreich wieder im Geist der Verfassung von 1929 eingerichtet zu wissen, und schließlich angesichts des Wunsches der alliierten Mächte, das durch die Provisorische Staatsregierung geschaffene Gesetzgebungswerk und damit auch die wieder in Kraft gesetzte Verfassung von 1929 dem ersten frei gewählten Nationalrat zur Entscheidung vorzulegen, hat das Hohe Haus anläßlich seines erstmaligen Zusammentrittes nach der Befreiung Österreichs einstimmig der von der Provisorischen Staatsregierung am 1. Mai 1945 beschlossenen Rückkehr zur Verfassung von 1929 zugestimmt.

Um so überraschender traf uns nun der zu Beginn der Sitzung verlesene Beschluß des Hohen Alliierten Rates, diesen Beschluß der frei gewählten Volksvertretung nicht zu billigen, von der österreichischen Regierung vielmehr zu verlangen, bis spätestens 1. Juli 1946 eine definitive Verfassung vorzulegen.

Im Hinblick auf die Tatsache, daß der Nationalrat als frei gewählte Volksvertretung den einstimmigen Beschluß gefaßt hat, die von der Provisorischen Staatsregierung auf Grund des Beschlusses der drei demokratischen Parteien wieder in Kraft gesetzte Verfassung von 1929 gutzuheißen, und im Hinblick auf den Umstand, daß auch die Länder ihrerseits ihre Landesverfassungen nach dem Stande der Gesetzgebung vom 5. März 1933, die die Bundesverfassung zur Grundlage haben, wieder in Geltung gesetzt haben, sieht sich die Regierung wohl außerstande, diesen einmütigen Willen des Nationalrates und der Landtage der österreichischen Bundesländer zu übersehen.

Die Verfassung von 1929 bildet vielmehr, wie ich zusammenfassend feststellen kann, auch ohne Rücksicht auf den Beschluß des Nationalrates vom 19. Dezember 1945 einen Bestandteil der geltenden Rechtsordnung im neuen Österreich. Denn die Hemmnisse, die der Anwendung einzelner Bestimmungen der Verfassung noch entgegenstanden waren, sind nach Durchführung der Wahlen mit dem Zusammentritt des Nationalrates und der Landtage weggefallen. Die Verfassung hat deshalb in diesem Zeitpunkt in allen ihren Bestandteilen voll zur Auswirkung kommen können.

Österreich hat also schon derzeit eine definitive Verfassung, und zwar die Verfassung von 1929. Die Nichtgenehmigung des Verfassungs-Übergangsgesetzes 1945 hat allerdings kleine Lücken auf Teilgebieten des verfassungsrechtlichen Lebens zur Folge, die in Form einer Novelle zu dem geltenden Verfassungswerk zu überbrücken sein werden. Die Bundesregierung wird ihrerseits schon in allernächster Zeit eine solche Novelle vorlegen können. Sie beabsichtigt, damit gleichzeitig eine Widerverlautbarung des Verfassungstextes zu verbinden, die die Verfassung nach dem jetzt geltenden Rechtsstande in übersichtlicher Form wiedergeben soll.

Ich bitte das Hohe Haus, diesen Standpunkt der Bundesregierung zur Kenntnis nehmen zu wollen.

1

Leopold Figl im Jahre 1945 – Niederösterreichs erster Landeshauptmann, Öster-
reichs erster Bundeskanzler.

2

*In der Bauernstube zuhause. Neben Leopold Figl seine erste Frau Hilde, links
Hans und Anneliese.*

3

*Leopold Figl begeht am 2. 10. 1952 seinen 50. Geburtstag. Neben ihm seine Mut-
ter Josefa Figl und Frau Hermine Raab. Ganz links Leopold Figls bewährter
Lebensfreund Julius Raab.*

Keine Ernte ohne Aussaat!
Eine politische Ansprache
zum Karfreitag und zur Auferstehung
20. April 1946
(Der „Österreichische Bauernbündler")

Am Ostermorgen pflückt man die sprossende Saat und bringt sie dem Vieh heim . . . ein uralter, heiliger Bauernbrauch. Am Ostermorgen Österreichs wollen wir die erste Saat unserer harten Arbeit unserem österreichischen Volk heimbringen. Keine Ernte, nein, sondern die Saat, um zu zeigen, daß wir geackert und gesät haben. Das aber ist der Anfang alles Erntesegens. Es gibt heute viele, die glauben, daß man ernten kann, ohne zu säen. Wir Bauern wissen dies anders, und darum freue ich mich über das heurige Osterfest, weil ich weiß, daß die Saat gut ist, die wir gelegt haben. Harte Arbeit steht uns bevor, aber wir werden sie erfüllen, denn Ostern, das Fest der Auferstehung, das Fest der sieghaften Hoffnung ist nun da. Der Karfreitag der schwersten Not ist überwunden, wir sind wieder frei und können und dürfen wieder arbeiten. Nun liegt es an uns, die Saat, die gelegt wurde, zu pflegen, damit sie gedeihe zu einer großen und glücklichen Ernte Österreichs, die allen unseren Österreichern Arbeit, Nahrung und damit Zufriedenheit bringen soll. Dies ist mein Osterwunsch an Österreich.

Gerechtigkeit für unser Südtirol!
Ein Appell der Tiroler und aller Österreicher
an das Gewissen der Welt
27. April 1946
(Der „Österreichische Bauernbündler")

Am 9. März 1938 hielt der letzte Bundeskanzler Österreichs, der selbst ein Südtiroler war, seine letzte große politische Rede an Tirol. Es war der letzte Kampfaufruf Österreichs für ein freies, geeintes und unabhängiges Heimatland. Dann kam die Nacht des Nazismus über uns, die mit der Vergewaltigung des Staates begann und mit dem bewußten Verrat an dem endete, was uns Österreichern allein am heiligsten ist, nämlich an Südtirol. Niemals seit 1918, seit die Ungerechtigkeit des Friedensvertrages von Saint-Germain uns Österreichern den Lebensatem einschränkte wie noch nie einem Staat zuvor, hat irgend eine Regierung Österreichs unseren Anspruch auf unser Südtirol aufgegeben. Es war dem barbarischen Usurpator Hitler vorbehalten, nicht nur diesen schwersten und größten Verrat an unserem Lande zu begehen, sondern auch obendrein noch durch die gewaltsame Deportation Tausender und Abertausender von Südtiroler Familien aus ihrer schönen Heimat auch noch unsägliches Leid und Elend über unsere Südtiroler Landsleute zu bringen.

Mein Vorgänger hat hier am 9. März 1938 das Volk aufgerufen: „Mannder, es isch Zeit!" Zum erstenmal wieder seit 1938 sind hier über hunderttausend österreichische demokratische Bauern, Arbeiter und Bürger aus Tirol versammelt, und ganz Österreich, vom Bodensee bis zum Neusiedlersee, von den Karawanken bis zum Böhmerwald, steht heute hinter uns und geht mit uns, wenn ich als der erste Kanzler, der nach acht Jahren wieder vor euch steht, wiederhole: Jawohl, Mannder, es isch Zeit, wir wollen unser Südtirol wieder!

Ich habe in meiner Regierungserklärung am 21. Dezember 1945 erklärt: Wir wollen nicht von der Ungerechtigkeit gewisser Grenzziehungen vom Jahre 1918 reden, das haben maßgebende Faktoren der Weltpolitik in den letzten Jahrzehnten wiederholt getan. Eines aber ist für uns kein Politikum, sondern eine Herzenssache, und das ist Südtirol. Die Rückkehr Südtirols nach Österreich ist das Gebet jedes Österreichers, auf welcher politischen Seite er auch stehen mag.

Ich will nicht leugnen, daß die Wiederheimkehr Südtirols in sein österreichisches Heimatland sowohl für Südtirol selbst wie auch für Österreich auch eine wirtschaftliche Frage ist. Österreich hat gerade mit dem Verlust Südtirols seine wertvollste und wirtschaftlich stärkste Provinz verloren. Südtirol war das Fremdenverkehrsjuwel Tirols und damit Österreichs. Unsere berühmten, von österreichischem Geist und österreichischem Gelde gegründeten Kurorte gingen unter der faschistischen Herrschaft zugrunde. Zur Heimat zurückgekehrt, würden sie wieder der Zielpunkt europäischen Fremdenverkehrs sein. Und schließlich noch: Südtirol ist die Heimat Walthers von der Vogelweide, des größten mittelalterlichen Sängers der österreichischen Freiheit. Im Passeier ist unser großer Freiheitsheld Andreas Hofer geboren. Das Schönste und zutiefst Österreichischste allen Sagengutes ringt sich um Laurins Rosengärtlein, und seit vielen hundert Jahren ist bestes Österreichertum auch auf literarischem und künstlerischem Gebiete aus unserem österreichischen Südtirol entsprungen.

Südtirol ist also unser, nicht seit heute und gestern, nein, seit eh und je, und wird es auch in alle Zeiten bleiben, denn sein Herz ist österreichisch und wird es ewig bleiben.

Das Österreich von 1938 hat niemals auf seinen Anspruch auf Südtirol verzichtet, das Österreich von 1945 hat sofort nach seiner Wiedererrichtung seinen Anspruch auf Südtirol wieder angemeldet. Schon die Widerstandsbewegung hat in ihren ersten Kundgebungen das Wort geprägt: Österreich ruft Südtirol! Namens ganz Österreichs danke ich heute hier diesen ersten Rufern für das Recht. Ich danke Dr. Platzgumer, dem damaligen Landtagspräsidenten, ich danke unserem Minister Dr. Gruber, dem damaligen Landeshauptmann, ich danke dem Vorkämpfer für Südtirol, Dr. Reut-Nicolussi, ich danke aber auch dem Vertreter der SPÖ Dr. Karl Kunz und dem Vertreter der KPÖ Landesrat Roncay. Alle drei politischen Parteien Österreichs waren sich in dieser Frage einig. Eines der ersten offiziellen Memoranden der Provisorischen Regierung an die alliierten Mächte hat eindeutig die Forderung nach der Heimkehr Südtirols beinhaltet.

Gerchtigkeit!

Die Österreichische Volkspartei ist mit der Parole „Gerechtigkeit für Südtirol" in den Wahlkampf gegangen, und ich persönlich habe in meiner Regierungserklärung die Südtiroler Frage als das Spitzenproblem des außenpolitischen Programms der von mir geführten ersten frei gewählten Regierung des neuen Österreich erklärt. Der einmütige Wille des österreichischen Volkes kann und konnte nicht klarer und eindeutiger vor aller Welt dargelegt werden.

Die österreichische Regierung wünscht, daß die Regelung des Südtirolproblems im engsten Einvernehmen mit der demokratischen Mehrheit des italienischen Volkes erfolgt. Sie hat nicht die Absicht, bestehende rechtsgültige Besitzverhältnisse zu ändern. Der bisherige Stromexport aus Südtirol nach Italien muß aufrechterhalten werden. Es ist selbstverständlich, daß auch in der Zukunft jede österreichische beziehungsweise mitteleuropäische Verbundwirtschaft in der Energiefrage auf Südtirols italienische Kraftwerke ausdehnen wird. Der italienischen Minderheit im österreichischen Südtirol wird in kulturellen, wirtschaftlichen und nationalen Wünschen vollkommene demokratische Freiheit garantiert sein. Diese Absichten der österreichischen Regierung sollen den Willen Österreichs dokumentieren, bei der Lösung der Südtirolfrage auch auf die italienischen Interessen weitestgehend Rücksicht zu nehmen und die Rückgliederung Südtirols zum Ausgangspunkt einer dauernden Befriedung des Verhältnisses zwischen Österreich und Italien zu machen.

In kurzer Zeit findet die erste Weltfriedenskonferenz statt. Wir Österreicher hoffen und erwarten, daß diese Konferenz die größte und gewaltigste Dokumentation des Friedenswillens und des Bekenntnisses zur Gerechtigkeit zwischen allen Völkern sein wird, die jemals die Geschichte erlebte. Unsere eigenen Wünsche an die Konferenz sind verhältnismäßig gering, wir wollen nichts anderes, als daß uraltes Recht wieder Wirklichkeit wird. Österreich hat keine imperialistischen Bestrebungen, Österreich ist ein Staat, der den Krieg haßt und ablehnt, Österreich will auch keine strategischen Vorteile, Österreich will nur eines: es will alles das, was zu Österreich gehört, wieder heimkehren sehen.

Und so appelliere ich hier angesichts von mehr als hunderttausend Tirolern und angesichts der Tatsache, daß heute ganz Österreich, welcher Partei auch jeder einzelne angehören mag, auf diese jetzige Kundgebung blickt, an das Gewissen der Welt. Die Gerechtigkeit zwischen den Völkern ist die Voraussetzung für die wahre Freiheit der Völker. Wir wollen nichts anderes als Gerechtigkeit, Gerechtigkeit für alle Völker Europas, Gerechtigkeit für Österreich und damit Gerechtigkeit für Südtirol. Das ist die Grundlage des dauernden Friedens in Europa und in der Welt.

Tiroler, Österreicher! Wir haben vor einigen Tagen die Befreiung Österreichs gefeiert, und wir feiern als katholisches Land eben jetzt die Auferstehung, auch die Auferstehung Österreichs. Wir sind zutiefst überzeugt, daß die ganze Welt sich diesem österlichen Freiheitsgedanken nicht verschließen kann. Wir hoffen, daß in kurzem wieder vereint sein wird das ungeteilte Tiroler Land!

Wer hat wen befreit?
Eine historische Klarstellung über Befreiung und Freiheit der Republik Österreich
8. Mai 1946
(Ansprache im Rahmen der gemeinsamen Festsitzung des National- und Bundesrates)

In den letzten Wochen wurde viel von Befreiung gesprochen, vielleicht sogar allzuviel. Heute haben wir wieder einen Festtag, einen Festtag der Befreiung Österreichs. Ich glaube, es ist langsam an der Zeit, uns über diesen ganzen Problemkomplex Freiheit und Befreiung klar zu sein, vor allem aber darüber klarzuwerden, wer wen und wer was befreit hat.

Wir feiern heute mit Fug und Recht den Jahrestag der Kapitulation des Hitlerfaschismus, der Kapitulation des Imperialismus, der Kapitulation des Terrorismus, der Kapitulation der Barbarei und des Hunnentums. Wir feiern heute den Sieg des Martyriums über das Henkertum, wir feiern den Sieg des Geistes über die Gewalt, den Sieg des Friedenswillens über den Terror, den Sieg der Freiheit über die Sklaverei, den Sieg der Demokratie über die

Diktatur. Es ist selbstverständlich, daß wir an diesem Tag in erster Linie jener Mächte gedenken müssen, die es uns ermöglicht haben, diesen heutigen Tag zu erleben, jener Mächte, die in zäher, unermüdlicher Planung trotz aller Rückschläge und Schwierigkeiten nicht erlahmten im Kampf um die Freiheit Europas und die Freiheit der Welt, im Kampf um Menschenrecht und Menschenwürde! Am heutigen Tage wäre es verfehlt, Namen von Generälen und Politikern zu nennen, am heutigen Tag, glaube ich, dürfen wir praktisch nur fünf Namen nennen, die in die Weltgeschichte eingehen werden als die Freiheitshelden Europas und der Welt von 1945. Dies sind Roosevelt und sein Nachfolger Truman, Churchill und sein Nachfolger Attlee und Generalissimus Stalin. Wenn irgend jemandem, so ist die Welt und künftig einmal auch die Weltgeschichte diesen fünf Männern für alle Zeiten verpflichtet. Der Freiheitstag der Welt ist ein Ehrentag dieser Männer. Namens Österreichs danke ich in diesen Männern allen jenen, die sich um die Befreiung Europas verdient gemacht haben, im besonderen den siegreichen Marschällen, Generälen, Offizieren und ihren siegreichen tapferen Soldaten.

Trotzdem aber möchte ich gerade heute nach dem Danke an unsere militärischen Befreier die Frage aufstellen: Wer hat wen und wer hat was befreit? – Es ist richtig, daß die vier großen alliierten Mächte uns Österreicher militärisch befreiten, und wir Österreicher werden ihnen diese Großtat niemals vergessen und stets danken. Wer hat uns aber wirklich seelisch befreit? Das waren unsere Kämpfer, unsere eigenen Österreicher, die bereits seit dem Jahre 1933 für die österreichische Heimat gekämpft und gelitten haben, ganz gleich, an welchem Ufer sie standen. Als verantwortlicher Regierungschef dieses Staates muß ich gerade heute, gerade an dem ersten Jahrestag unserer Befreiung, wieder vor aller Welt sagen: Wie auch die Ereignisse in Österreich in den letzten zwei Jahrzehnten vor der Vergewaltigung durch Hitler sich gestaltet haben mochten, eines steht unverbrüchlich fest: Alle Österreicher, in welchem Parteilager sie standen, waren in diesen zwei Jahrzehnten nichts anderes als Österreicher. Es ist eine Geschichtsverfälschung, wenn heute irgendwo in der Welt versucht wird, aus dem Hochverrat einiger weniger intransigenter, staatsfeindlicher Elemente eine antieuropäische Gesinnung des österreichischen Volkes konstruieren zu wollen. Österreich war, ist und bleibt Vorkämpfer weltbürgerlicher Gesinnung und fanatischer Gegner jeder Art der Vergewaltigung des Geistes und der Menschlichkeit. Dies muß einmal vor aller Welt gesagt werden, genauso, wie es gesagt werden muß, daß wir Österreicher uns schärfstens dagegen verwahren, daß einzelne verbrecherische Erscheinungen, die zufällig hier geboren wurden und die hoffentlich bald ihrer verdienten Strafe entgegengehen, als Exponenten oder auch nur als Vertreter des österreichischen Volkes gewertet werden. Alle diese Menschen haben das Recht verwirkt, sich Österreicher nennen zu dürfen. Alle diese Menschen sind aus dem österreichischen Volk genau so ausgestoßen, wie aus der Menschheit überhaupt. Wir wahren Österreicher, die wir in Konzentrationslagern und Hitlerkerkern für dieses Österreich und damit für Europa und alle seine Nationen gemeinsam mit unseren Kameraden aus allen Nationen gekämpft und geblutet haben, erwarten von der Welt, daß sie uns denselben Glauben an die Wahrhaftigkeit unserer europäischen Gesinnung zubilligt, die wir auch den anderen Staaten gegenüber kundgeben.

Wer hat wen befreit? – Das ist die Kardinalfrage des künftigen Verhältnisses zwischen den Völkern und Nationen, und sie kann nur mit einer Antwort gelöst werden: Alle haben alle befreit; nämlich alle Gutgesinnten, alle Treugebliebenen haben ebenfalls wieder alle Gutgesinnten befreit, niemanden anderen. Wer abseits stand, wer abseits steht und wer abseits bleiben will, der ist nicht befreit worden und der wird auch nicht befreit werden; den brauchen wir nicht in Österreich, den braucht Europa nicht und den braucht die Welt nicht. Alle wahren Europäer haben Europa befreit. Das war der letzte Sinn des großen Kampfes, um den es in den letzten Jahren ging. Und da liegt nun das tiefste Geheimnis des großen Geschehens in diesen letzten Jahren. Es liegt mir völlig fern, den gigantischen Erfolg des militärischen Sieges der alliierten Mächte verkleinern zu wollen. Wir sind den alliierten Mächten unendlich dankbar für die schweren Opfer, die sie hiebei gebracht haben, aber letzten Endes war es doch nicht nur ein Kampf mit den Waffen, ein Kampf mit den Maschinengewehren, den Panzern und den Flugzeugen; letzten Endes war es ein Kampf der Herzen in diesen letzten Jahren. Das treue, starke Herz hat gesiegt! Überall, wohin wir nun schauen, in Österreich genauso wie in Frankreich, in Belgien und Holland genauso wie in der Tschechoslowakei, in Polen und Ungarn, in Dänemark und Norwegen genauso wie in Jugoslawien und Griechenland – das starke Herz, die unverbrüchliche Treue zum allewigen Menschentum waren es, die den Sieg davontrugen.

Wir wissen alle um das ungeheure Leid jener Märtyrer und Kämpfer für Österreich, die in den Konzentrationslagern und in den Hitlerkerkern waren; wir wissen alle um die schweren Gewissensnöte jener Österreicher, die gegen ihren Willen und unter Zwang und Terror in den Hitlerarmeen immer wieder in die vordersten Fronten getrieben wurden; wir wissen alle um das Elend und furchtbare Erleben all jener Familien, die durch die Kriegsereignisse Väter, Söhne, Brüder, Mütter und Töchter verloren haben. Aber all das ist noch zu wenig, denn den letzten und tiefsten Beitrag zur Befreiung Österreichs hat das gesamte österreichische Volk gebracht, hat der kleine, brave, treue Arbeiter in der Fabrik und der kleine Bauer draußen in irgendeinem Gebirgsdorf gebracht, der unter der ständigen Knute der Gestapo sich nicht rühren durfte, aber trotzdem immer auf nur jede mögliche Weise durch stille Sabotage es verhindert hat, das Kriegspotential der Nazisten zu erhöhen. Den größten und wertvollsten Beitrag für die Befreiung Österreichs haben die Mütter gebracht, die trotz unerhörter Schwierigkeiten ihre letzte Nervenkraft daransetzten, um ihre Familie, die kleine Arbeiterfamilie und die kleine Angestelltenfamilie, über all diese harte Zeit hinwegzubringen, oft mit den gewagtesten Experimenten, aber immer wieder im heiligen Glauben: es muß doch einmal wieder anders werden, es kann nicht so bleiben. Wer hat wen befreit? – Das österreichische Volk hat sich selbst befreit! Was hätte jede militärische Befreiung genützt, wenn nicht das Volk selbst mit heißem Herzen und unerschütterlichem Vertrauen immer wieder seine Freiheit ersehnt, gewollt und erkämpft hätte!

Und nun zur zweiten Frage: Wer hat was befreit? – Im Jahre 1938 war Österreich das erste Land, das von der Tyrannis des Hitlerfaschismus überrannt wurde. Österreich hat bis zur letzten Stunde gekämpft, mit Todesverachtung gekämpft im Wissen darum, daß der Kampf fast aussichtslos war. Es liegt mir persönlich ferne, der künftigen geschichtlichen Wertung dieser Zeit vorzugreifen, eines aber muß ich sagen: Wir Österreicher müssen Europa zumindest einen gewissen Anteil an der Schuld beimessen, daß der Kampf Österreichs in diesen Jahren gegen den Nazifaschismus vergeblich war. Wir Österreicher wußten damals genau, daß wir nicht nur für unser kleines Heimatland kämpfen, wir wußten damals genau, daß mit der Bastion Österreich Europa fallen wird. Es ist auch gefallen. Der 13. März 1938 war der Beginn des Zusammenbruchs von Europa, der 13. März war das Vordatum für Dünkirchen. Wir müssen einmal über alle diese Dinge offen sprechen. Österreich ist nämlich kein Land unter vielen anderen. Ich lehne es ab, die übliche Phraseologie vom Herzen Europas, vom Schnittpunkt zwischen Ost und West, und wie alle diese Dinge heißen mögen, zu gebrauchen. Ich bin ein viel zu nüchterner Politiker, um mit romantischen Phrasen zu argumentieren. Ich verweise aber auf eines: Österreich liegt inmitten von Europa; es kann der Ruhepol Europas sein, es kann aber auch der ewige Unruheherd von Europa werden. Ich habe nichts hinzuzufügen. Wir Österreicher sind Weltbürger, wir wollen den Ruhepol Europas bilden. Es hängt von den übrigen Staaten, die maßgeblich an der Gestaltung der neuen Welt beteiligt sind, ab, ob sie Interesse an einem solchen Ruhepol haben.

Europa und damit Österreich feiert heute den ersten Jahrestag seiner wahren Freiheit. Ich hätte nun die Verpflichtung, Ihnen, meine verehrten Herren Abgeordneten, auch einen Rechenschaftsbericht über die Tätigkeit des freien Österreichs im abgelaufenen Jahr zu erstatten und Ihnen ein Programm über unsere künftige Arbeit zu entwickeln. Ich will mir heute beides ersparen, denn was im abgelaufenen Jahr in Österreich geleistet wurde, haben Sie und hat die österreichische Bevölkerung miterlebt, denn daß wir heute, bereits nach einem Jahr, ein Parlament haben, das durch den freien demokratischen Willen des österreichischen Volkes gewählt wurde, ist der stolzeste Beweis der Reife des souveränen Volkes in Österreich. Daß wir heute bereits sowohl in Wien wie in den Bundesländern die schwersten wirtschaftlichen Schäden zum Teil zur Gänze, zum Teil behelfsmäßig überwunden haben, ist der stolzeste Beweis für den unerhörten Fleiß, das Arbeitskönnen und den Arbeitswillen des österreichischen Arbeiters. Daß wir heute trotz der ungeheuersten Schwierigkeiten immer noch die notdürftigste Ernährung unserer Bevölkerung aus der eigenen Produktion decken können, ist der stolze Beweis für die Produktionskraft und die Treue des österreichischen Bauernstandes.

Ich habe diesen drei Sätzen, die ein Rechenschaftsbericht des österreichischen Volkes und damit ein Bekenntnis des österreichischen Volkes zu sich selbst sind, nichts hinzuzufügen, es seien denn drei Stichworte: Wir Österreicher erhoffen vom Ausland die Anerkennung unserer Treue und unserer Leistung, die Anerkennung durch solidarische Hilfe auch für uns in unserer gegenwärtig schwersten Alltagssorge, unserer Ernährung durch die UNRRA, die Anerkennung der Wiedergutmachung des schwersten territorialen Unrechtes, das uns durch die Zerstückelung uralten Tiroler Bodens geschah, und die Anerkennung unserer vollen staatlichen Souveränität durch Aufnahme in die UNO, die Gemeinschaft der Vereinten Nationen, in deren Rahmen wir als freier, gleichberechtigter und gleichverpflichteter Staat mitarbeiten wollen zur Sicherung des Weltfriedens.

Und unser Arbeitsprogramm? Es besteht in einem Wort, in dem Wort: „Österreich!" Wir Österreicher unter uns brauchen uns über unsere Sorgen und Nöte nichts zu erzählen. Wir wissen, was uns fehlt, wir wissen aber auch, wo wir anpacken müssen. Und mehr braucht es nicht. Wenn jeder Mensch in Österreich weiß, wo er anpacken muß, damit er das, was ihm fehlt, bekommt, dann ist Österreich seiner Sorgen ledig. Darauf allein kommt es an. Und wenn ich darum heute, am Tag der Befreiung Österreichs durch die alliierten Armeen, jetzt nochmals am Schluß unserer Tagung diesen für ihre weltgeschichtliche einmalige Tat, die mit Österreich ganz Europa die Freiheit brachte, namens des gesamten österreichischen Volkes danke, dann möchte ich daran knüpfen die Bitte an die österreichische Bevölkerung: Machen wir Österreicher uns dieser Befreiungstat würdig, würdig dadurch, daß wir selbst frei werden, innerlich frei werden von allen kleinlichen Hemmungen, die vielleicht da und dort Mensch von Mensch trennen. Geloben wir uns heute, daß wir unbeschadet aller parteipolitischen

Richtungen doch in einem einig bleiben wollen und werden, darin nämlich, daß wir alle und für alle Zeiten bleiben: treue, opferbereite und arbeitsame Österreicher!

Die Wurzeln im zeitgeschichtlichen Prozeß nicht vergessen!

Der Bauernbund als Zukunftsidee in den Konzentrationslagern des Dritten Reiches

3. Juni 1946

(Ansprache im Rahmen der Arbeitstagung des nö. Bauernbundes)

Ich freue mich, daß sich heute, nach achtjähriger Pause, die maßgeblichen Mandatare und Funktionäre unseres alten Niederösterreichischen Bauernbundes in dem historischen Saal, der viele und große Kundgebungen unseres Bundes erlebte, zum ersten Male wieder zusammengefunden haben. Ich will hoffen, und ich glaube, ich darf davon überzeugt sein, daß der Geist, der am 10. März 1938, als wir die Mandatare hier in diesem Saale zur Entscheidung aufgerufen hatten und es hieß: Es geht um Sein oder Nichtsein, daß dieser Geist auch heute wieder hier dominiert. Als ich damals von dieser Stelle aus als Direktor des Bauernbundes euch sagte, um was es sich dreht, da sagte ich auch, daß wir Bauernbündler durchhalten wollen und werden, denn sollte der Herrgott es momentan auch anders geschehen lassen, es wird der Tag wieder kommen, wo der Bauernbund in alter Größe erstehen wird. Bauerngeist und Bauernbund müssen durch alle Zeiten hindurch erhalten bleiben.

Wir glaubten damals nicht, daß wir nach zwei Tagen eine harte und schwere Entscheidung zu treffen hätten. Als damals Landeshauptmann Reither und ich vom Genossenschaftsjubiläum im Sophiensaal weggeholt wurden und zum Ballhausplatz zu Bundeskanzler Dr. Schuschnigg fuhren, da ahnten wir freilich, was geschehen war. Abends um acht Uhr war das Spiel zu Ende, Österreich war gewesen. Mit diesem Tage war auch der alte Bauernbund ausradiert, nur das Haus konnten sie nicht wegtragen, aber alles, was in diesem Hause war, ist verschleppt oder vernichtet worden. Der Geist aber, der in diesem Bauernhause geherrscht hat, er ist geblieben, auch in unseren Bauernhäusern draußen ist er geblieben und in den KZs. Mit den ersten Transporten nach Dachau ging auch der Bauernbundgedanke mit, und damit war auch die Geburtsstunde des neuen Bauernbundes gegeben.

59

Wir, die draußen in den KZs waren: Reither, Weber, Graf, Hasiber und ich in Dachau, Rupp in Buchenwalde und alle anderen, wir bauten damals schon wieder den Bauernbund; den Bauernbundgeist hat das Dritte Reich nicht vernichten können. Es wird mir unvergeßlich bleiben, als ich nach fünf Jahren zum ersten Male durch dieses Land fahren konnte und ich in abgeschiedenen Dörfern die ersten Bauern traf – es war gefährlich für mich, vor allem für meinen lieben Freund Raab, der mich in seinem Auto mitführte –, damals spürte ich, der alte Bauernbund lebt. Und als ich eines Tages unter falschem Namen als Straßenbauingenieur in ein Bauerngasthaus im Marchfeld kam, da zeigte mir der Gastwirt einen Bauernbundkalender vom Jahre 1938, schlug die Seite auf, wo mein Jahresbericht von 1938 stand und meinte: Damals ist es uns noch gutgegangen, Herr Ingenieur, als noch diese Zeit war. Da wußte ich, der Bauernbund ist geblieben. Wir haben uns in den wenigen Monaten unserer Freiheit während der Nazizeit bemüht, mit unseren Freunden wieder Kontakt herzustellen und haben festgelegt, wie und zu welchem Zeitpunkt und unter welchen Umständen der Bauernbund wiedererstehen wird. Die endgültige Organisation wurde am Florianitag 1944 festgesetzt, als wir hinausfuhren nach Judenau, um unseren Freund und Bauernführer Reither zu besuchen. Kraus fuhr in einem anderen Waggon als ich und Weber, der mit gefälschtem Marschbefehl in Uniform als Obergefreiter mitkam. Und in Judenau hat uns Reither, als richtiger Bauer mit dem „Führta" angetan, begrüßt. Wir haben uns dann für einige Stunden in den Keller zurückgezogen und dort gemeinsam beraten, wie die Frage gelöst werden soll, wenn der Tag der Freiheit kommt und was wir vor allem zur Vorbereitung der Befreiung beitragen können. Nicht lange danach waren wir alle wieder in alle Winkel zerstreut. Nach harten Monaten sind wir vereinzelt, jeder von einer anderen Richtung her, doch wieder zurückgekehrt.

Russische Offiziere an der Wiege des Bauernbundes

Ich werde es nicht vergessen, als mich am 12. April 1945 russische Offiziere aus dem Keller in die Stadt holten und mir sagten, ich solle sofort den Bauernbund aufbauen. Im Palais Auersperg traf ich viele Freunde. Mir wurde von den damaligen maßgeblichen Faktoren gesagt: Wenn Sie der Figl sind, der den Bauernbund im geheimen schon wieder organisiert hat, dann schauen Sie dazu, daß die Bevölkerung Wiens etwas zu essen bekommt. Der erste Bauernbündler, den ich damals traf, war mein Freund Graf. Wir sind zusammen in die Schenkenstraße gezogen und haben dort als erste in Wien die grüne Fahne des Bauernbundes und die rot-weiß-rote Fahne aufgezogen, die heute noch dort hängen. Das war am 12. April.

Am 13. April fanden sich schon unsere alten Freunde zur Mitarbeit ein: Grünseis, Hartmann, Dr. Weiß, Straßberger – ich kann hier ja nicht alle nennen –, alle waren gekommen. Wir erklärten einfach: Wir sind wieder da, wir sind der Bauernbund, und wir werden die Bauern wieder sammeln und aufrufen zum einigen Zusammenstehen zur Erhaltung ihrer Macht in diesem Staate. Das Bauernbundhaus war in den ersten Tagen und Wochen im April des Jahres 1945 überhaupt die Zentrale von Wien. Wir errichteten das Österreichische Amt für Landwirtschaft und Ernährung, denn Ministerium gab es noch nicht; wir hatten keine Regierung, die Gemeinde Wien noch keine Verwaltung, einzig und allein der Bauernbund in der Schenkenstraße funktionierte. Wir haben dann Lastwagen mit Flugschriften für die Bauern hinausgeschickt mit dem Aufruf, daß sie Vertrauen haben mögen zum alten wiedererstandenen Bauernbund und daß sie sich dazu bekennen sollen. Wir waren in dieser Situation nicht mehr niederösterreichische oder steirische oder burgenländische und Wiener Bauern, wir waren nur mehr österreichische Bauern und bauten den großen einheitlichen und geschlossenen Bauernbund aus dem Wissen heraus, daß nur in der Einigkeit, in der Zusammenballung aller Kräfte der Erfolg gesichert werden kann.
So war auch in den ersten Wochen die Versorgung der Stadt Wien eigentlich die Arbeit des Bauernbundes, beziehungsweise als schon die Gemeinde Wien wieder funktionierte und das Ernährungsamt Wien durch das Amt für Landwirtschaft und Ernährung geführt wurde, standen auch diese unter der Leitung des Bauernbundes. Mit diesen Einrichtungen haben eigentlich wir Bauernbündler auch das erste Ministerium im neuen Österreich gebildet. Als es zur Regierungsbildung kam, da war der Bauernbund, politisch gesehen, so stark, daß man über ihn nicht mehr hinweg konnte. Der Bauernbund wurde dann eingeladen, an der Regierungsbildung teilzunehmen. Schon in der ersten Regierung saßen fünf ausgesprochene Bauernbündler: Buchinger als Staatssekretär für Landwirtschaft, Kraus für Ernährung und dann Schumy, Herglotz und meine Wenigkeit. Die erste Regierung bereits war vom Bauernbundgeist infiziert, und die Bauernbündler haben in dieser Regierung, ich glaube, das darf ich ruhig sagen, auch ihre Pflicht erfüllt.

Bauernbund und Landwirtschaftskammern

Im Verfolg der Regierungsbildung sind wir dann auch darangegangen, durch den Bauernbund die sonstigen agrarischen Organisationen wieder raschestens neu zu beleben. Welche Landwirtschaftskammer ist so rasch im alten Geiste an die Arbeit gegangen als die niederösterreichische, welches Land hat sein Genossenschaftswesen in allen Sparten so rasch aktiviert wie wir.

Die Organisation des Bauernbundes ist weitergewachsen, auch in den Bezirken, die damals noch Front waren. Viele, die heute hier sind und bereits als Funktionäre des Österreichischen Bauernbundes aufgestellt waren, befanden sich zu dieser Zeit noch unter Fremdherrschaft. Trotzdem konnte bereits anfangs Juni des vorigen Jahres die erste Länderkonferenz mit Vertretern aller Bundesländer abgehalten werden. Alle waren hier und bekannten sich zum Österreichischen Bauernbund. Bereits damals waren alle der Überzeugung; sie sind es auch heute noch, und so muß es auch in alle Zukunft bleiben, daß wir als Bauern nur dann etwas sind, wenn wir alle zusammenstehen in einer großen Bewegung, in unserem Österreichischen Bauernbund.

Daß die Gefahren für die Landwirtschaft nicht klein sind, hat Ihnen unser Freund Graf bereits in ausführlicher Weise vor Augen geführt. Mit dem Fortschreiten der Organisation des Bauernbundes mußte natürlich auch eine einheitliche Aufrichtung desselben in den anderen Ländern durchgeführt werden, und wenn heute in den einzelnen Ländern besondere Presseorgane bestehen, so ist dies deshalb der Fall, weil die Verbreitung eines Zentralorganes auf zu große Schwierigkeiten stößt. Die Transportfrage ist noch so unleidlich, daß der Versand eines Zentralorganes oft zehn bis zwölf Tage in Anspruch nehmen würde. Auch die Nachrichtengebung kann noch nicht so einheitlich durchgeführt werden, da ja in den einzelnen Ländern lokale und spezielle Nachrichten in die eigenen Presseorgane aufgenommen werden müssen. Wir haben den „Österreichischen Bauernbündler", der jede Woche erscheint, wir haben den Bauernbundkalender, einen Informationsdienst für die Vertrauensleute und die Agrarische Nachrichtenzentrale. Das Pressewesen war vor dem Jahre 1938 noch nicht so ausgebaut, wie es heute der Fall ist. Hofrat Weber, der auch unserem Präsidium angehört, hat so richtig den Bauernbundgeist in die Tat umgesetzt. Er war in der kritischen Zeit noch nicht zu Hause. Als er aber in Linz hörte, daß Wien frei sei, da sagte er sich: Jetzt ist es Zeit, daß ich nach Wien komme. Einen Kinderwagen vor sich herschiebend, ist er über die Grenze gezogen und auf abenteuerlichen Wegen bereits am 15. Mai 1945 um fünf Uhr früh in Wien eingetroffen und hat um acht Uhr früh des nächsten Tages sich bei mir zum Dienst gemeldet. Er hat dann die Presse der Volkspartei und unseres Bauernbundes neu aufgebaut. Wir aber können sagen, daß dieses Jahr der Sorgen, Mühe und Plage von Erfolg gekrönt war. Wir Bauernbündler sind ihm für sein Wirken besonderen Dank schuldig.

Der Österreichische Bauernbund hat harte Arbeit vollführt. Was unsere Mandatare in der Wahlperiode geleistet haben, ist ein Ruhmesblatt für jeden einzelnen, aber auch für die ganze Organisation. Der Erfolg am 25. Novemnber war nicht nur für die Partei, sondern auch für den Bauernbund, der groß und stark hervorgegangen ist, ein Sieg. Wenn heute die Bundesregierung von einem Bauernbündler geführt wird, so ist das nicht nur für mich eine Verpflichtung (ich bin nur ein Exponent für euch Bauernbündler), sondern es ist auch eine Verpflichtung für euch alle. Diese Verpflichtung gipfelt in unsagbarer Treue zum Bauernbund und zur Partei. Nur wenn wir Vertrauen haben, können wir ganze Arbeit leisten und damit unserem Volke einen wirklichen Dienst erweisen.

Niederösterreichs Bauern feiern!

Wenn heute die Landesgruppe Niederösterreich des „Österreichischen Bauernbundes" ihr 40jähriges Jubiläum feiert, so feiert sie es mit dem stolzen Wissen um ihre Vergangenheit. Es ist aber auch ein stolzes Bekenntnis für die Zukunft. Wir dürfen nicht glauben, daß Jubiläen dazu angetan sind, nur zu feiern. Jubiläen sind Feste, aus denen man wieder Kraft und Mut, Glauben und Vertrauen schöpft für die Zukunft. Und so muß uns auch dieses Jubiläum eine neuerliche Kraftquelle sein für die Arbeit der kommenden Zeit. Diese Arbeit wird nicht leicht sein. Wir alle, die wir heute verantwortlich sind, könnten Ihnen tagelang erzählen, was es für Arbeit kostet, die schwierigsten aktuellen Probleme einer Lösung zuzuführen. Wir Bauernbündler haben ein Interesse daran, daß dieser Staat erhalten bleibt. Wir haben ein Interesse daran, daß in diesem Staate eine gesunde Wirtschaftsführung und Wirtschaftspolitik Platz greift und durchhält. Wir wollen eine geordnete, planvolle, aber auch individuelle Wirtschaftsführung und nichts anderes. Gerade wir mit unserer Weltanschauung und unserer politischen Auffassung haben eine besondere Aufgabe in dieser heutigen Zeit zu erfüllen.

Arbeit und wiederum Arbeit

Wenn unsere Organisation heute auch groß und stark ist, so müssen Sie eines wissen: Nicht weil Sie jetzt Mandatare und Funktionäre sind, ist die Arbeit schon geschehen, nein, heute obliegt jedem Funktionär des Bauernbundes mehr denn je die Verantwortung und die Verpflichtung, diese Organisation und damit die Partei bis ins letzte Dorf, bis ins letzte Haus hinauszutragen, auf dem Lande Mitarbeiter zu werben, damit wir die nächsten Monate, die die Befreiungsmonate sein werden, auch durchhalten können. Dazu, meine lieben Freunde, gehört aber eines: Arbeit und wiederum Arbeit, Kontakt halten mit dem einzelnen Mitglied, das Vertrauen stärken bei dem einzelnen

Mitglied, selber aber als Funktionär mit bestem Beispiel in jeder Richtung vorangehen.

Der Bauernbund hat im ersten Jahre seines Bestandes den Beweis geliefert, daß der alte, treue Bauernbundgeist lebt, und dieser hat in diesem einen Jahre nicht nur im Inland, sondern der ganzen Welt gezeigt, daß dieser Bauernbund in Österreich unerschütterlich dasteht. Daß unser Bauernbund bereits wieder Ansehen im Ausland genießt, beweist das Telegramm des großen und immer noch jungen Schweizer Bauernführers, Prof. Dr. Laur, in dem er seiner Freude Ausdruck gibt, daß der Bauernbund in Österreich bereits wieder steht und schreibt, daß er hofft, bald mit uns zusammenzukommen. Das ist ein Beweis des Vertrauens, das das Ausland Österreichs Bauern zollt. Rechtfertigen wir dieses Vertrauen, schöpfen wir auch aus diesem Jubiläum neue Überzeugung und Kraft.

Bei der Gründung des Bauernbundes hat der größte Bürgermeister von Wien, Dr. Karl Lueger, an die damalige Versammlung das Wort gerichtet, das auch in der Jetztzeit für uns gilt:

„Der Bauernbund ist die Wurzel und der Stamm eines Baumes, der geachtet werden muß von denen, die nur die Blätter und die Äste am Baume sind. Wir sind nicht so eingebildet, zu glauben, daß wir Bauernbündler allein es sind, die diesen Baum erhalten können, aber wir Bauernbündler wollen gerne den Stamm bilden und dafür sorgen, daß sich an diesem Baume noch viele starke Äste bilden, daß das österreichische Volk unter ihm Platz und Schutz finden kann und ein neues, glückliches Österreich mit unserem Österreichischen Bauernbund ersteht."

Österreichs Bauernstand – ein staatspolitischer Faktor in Geschichte und Gegenwart
Ein Rückblick anläßlich der 40-Jahr-Feier des Österreichischen Bauernbundes
4. Juni 1946
(Festansprache im Großen Konzerthaussaal in Wien)

40 Jahre Niederösterreichischer Bauernbund. Dieses Wort verpflichtet uns, einen kurzen Rückblick zu tun. Warum konnte dieser Bauernbund 40 Jahre bestehen? Es muß an diesem Stande doch etwas Besonderes sein, daß seine Einheit durch 40 Jahre in diesem Lande erhalten bleiben konnte.

Seit dem Bestande der Menschheit war der Bauernstand der Nährstand des Volkes, und jedes Volk, das auf den Bauernstand vergaß, ist von den höchsten Höhen der Macht herabgestürzt. Daß Römische Reich im Altertum, das sich nicht nur über die großen europäischen Räume, sondern auch über weite Teile Asiens und Afrikas erstreckte, war groß und stark, weil es zur Zeit seiner Begründung den Pflug und die Ähre als sein Wahrzeichen getragen hat. Aber mit der Größe des Reiches ist auch der Wahn, daß man nur durch Eroberung, nur durch Politik groß werden kann, in diesem Reiche vorherrschend geworden; man hat auf die Grundsäule des Staates, auf den Nährstand, vergessen; man hat den Pflug und die Ähre mit den Kriegswaffen vertauscht und damit den Untergang des großen Römischen Reiches herbeigeführt. Und wie war es bei uns? Unser Volk ist groß und stark geworden, und die Bauernschaft war ursprünglich frei. Später ist der Bauernstand geknechtet worden, und nur kleine Überreste freier Bauern haben sich im Land Tirol erhalten. Der Bauer in diesem Lande ist im Mittelalter versklavt und geknechtet gewesen, und im heurigen Jahre sind es 350 Jahre her, daß Niederösterreichs Bauern den Kampf um ihre Freiheit in den ersten Bauernkriegen in der St. Pöltener und St. Valentiner Gegend begonnen haben. Viele Bauernkriege haben dieses Land und der Bauernstand dieses Landes hinter sich gebracht, aber der Bauernwille, das Wissen des Bauern um die eigene Kraft, das Vertrauen zu sich selber und der unerschütterliche Glaube, daß es nicht der Wille des Herrn sein kann, daß allein die einen herrschen und die anderen die Sklaven sein sollen, dieser Glaube hat unsere Bauern nach jeder Niederlage immer wieder hochgerissen, und sie sind wieder in den Kampf gegangen, und edelstes Bauernblut ist vergossen worden für die kommenden Generationen. Und ein Bauernsohn war es, der im Jahre 1848 mehr als nur die Freiheit des Bauernstandes gebracht hat. Durch die Revolution der 48er Jahre ist nicht nur für die Freiheit des Bauernstandes, sondern für die Freiheit, für die soziale Gerechtigkeit aller arbeitenden Menschen in diesem Staate gekämpft worden. Der Bauer war es, der nicht nur sich selber, sondern das ganze Volk befreite und damit die Wege dafür ebnete, daß wirtschaftliche demokratische Freiheit in diesem Lande entstehen und von diesem Lande aus in die ganze Menschheit gebracht werden konnte.

Bauerngeist und Bauernwille, dieses so fest in der Heimatscholle Verwurzeltsein, das hat die größte soziale Revolution der Gschichte in diesem Raume, in unserem Lande hervorgebracht.

Der Bauer war frei, er brauchte nicht mehr Zehent und Robot zu zahlen, aber der Bauer wußte am Anfang mit dieser Freiheit nichts anzufangen. Und so sehen wir in der Folge das Streben nach Vereinigung; wir sehen, wie die Bauern sich sammeln in Vereinen und in Bünden und wie die Bauern durch ihre Organisationen ins öffentliche Leben treten, wie sie mitbestimmen, aber auch mitverantworten wollen in diesem Staate. Und dann kam die Entwicklung der Bauernbewegung, von der Bauernbewegung Steiningers im Jahre 1866 angefangen über die Viertelsvereine bis zu jener denkwürdigen Tagung im „Grünen Tor" zu Wien im Jahre 1906, nachdem bereits das freie Land Tirol im Jahre 1904 in dieser Entwicklung vorangegangen war. Damals kamen die Bauern zur Erkenntnis, daß nur die Einheit und die Gemeinsamkeit die Früchte zum Reifen bringen können, die bereits im Jahre 1848 an dem Baume gehangen hatten, aber nicht reif werden konnten, weil die Wurzeln und der Stamm des Baumes nicht genügend Saft trieben. In dieser Überzeugung sagte damals der große Dr. Karl Lueger, daß der Bauernstand die Wurzel und der Stamm eines Baumes sind, der von denen geachtet und geehrt werden muß, die die Äste und Blätter an diesem Baume sind.

Der Bauernstand hat die letzten 40 Jahre nicht nur für sich gearbeitet; der Bauernstand war sich vom ersten Tage an seiner Verpflichtung gegenüber der Allgemeinheit, gegenüber dem ganzen Volke bewußt, und wenn der Bauernstand für sich den Anspruch erhoben hat auf Gleichberechtigung in diesem Staate, wenn der Bauernstand Gerechtigkeit für seine Forderungen verlangt, wenn derBauernstand verlangt, daß er mitbestimmen und mitreden darf, dann will der Bauernstand damit nur seine Bereitwilligkeit an den Tag legen, Mitgestalter, aber auch Mitverantworter für diesen Staat und dieses Volk zu sein.

Der Bauernstand hat in all den letzten 40 Jahren niemals eine Standes- und damit eine Klassenpolitik betrieben; der Bauernstand in Österreich hat immer nur Volkspolitik betrieben, in dem Wissen, daß mit dem Wohlergehen des gesamten Volkes auch seine Zukunft und sein Wohlergehen am sichersten garantiert sind.

Was wäre gerade dieses Österreich ohne Bauernstand? Wir haben in den letzten Jahrzehnten verschiedentlich gesehen, wohin dieser Staat und seine Wirtschaft kommen würde, wenn er nicht achten würde auf seinen Bauernstand. Der erste Bauernorganisator in Österreich, Steininger, meinte damals, es solle aus der Nacht der Unterdrückung wieder Licht werden, und stellte als erstes Leitwort im Jahre 1866 die Worte voran: Es werde Licht. Ja, es werde Licht im Bauernstand, es wird Zeit, daß sich die Bauernschaft besinnt in ihrer Zusammengehörigkeit, im gegenseitigen Verstehen und im gegenseitigen Sicheinordnen, und wenn es das Wohl der Gemeinschaft erfordert, auch im gegenseitigen Sichunterordnen in der Gemeinschaft, die allein nur zur wirklichen Freiheit führen kann. Und Steininger rief den Bauern zu: „Bauer, vergiß des Bauern nicht; sei stolz, ein Bauer zu sein, du brauchst dich nicht zu schämen, wenn du auf dem Felde oder im Stalle stehst, deine Arbeit ist die edelste Arbeit, denn deine Arbeit bringt das Brot auch für den

4

Bäuerliches Abendbrot und „Diensttelephon" zuhause.

5

Im Bildungshaus der ÖVP, Schloß Wartholz, Niederösterreich, November 1954. Außenminister Dipl.-Ing. Leopold Figl spricht vor einem Seminar der Österreichischen Jugendbewegung zum Thema „Österreich und die europäische Integration". Neben ihm der Seminarleiter und Internationale Referent der ÖVP-Jugend, Dr. Robert Prantner, Autor dieses Buches.

Königstisch, deine Arbeit ist die stolzeste Arbeit. Bauer, vergiß des Bauern nicht. " Das sind die Kraft und die Macht dieses Standes, die in diesem Staate entstanden sind, und darum konnten wir sagen: Unsere Kraft und unsere Macht liegt in unserem Bauerntum, der Bauernbund ist Schutz und Wehr, für Österreichs Bauern Recht und Ehr. Diese Parole haben wir bis zum heutigen Tage aufrechterhalten. Der Bauernbund hat bereits vor dem Ersten Weltkrieg an der Gestaltung der Geschicke Österreichs Anteil gehabt und auch die Mitverantwortung getragen. Und der Bauernbund war es, der nach dem Ersten Weltkrieg die grüne Fahne, die Fahne der Treue zur Heimat hochgehalten hat, der sich durch die ärgste Not nicht unterkriegen ließ, der mutig, vertrauensstark und mit gläubigem Stolz an die Arbeit gegangen ist und dieses Österreich, die Erste Republik nicht nur erhalten, sondern ausschlaggebend mitgestaltet hat. Es ist kein Zufall, wenn in der ersten Regierung nach dem Jahre 1918 ein Bauernbündler Vizekanzler der Ersten Republik war und wenn heute auch in der ersten Regierung der Zweiten Republik Österreich im politischen Kabinett ein Bauernbündler gesessen ist, so hat der Bauernbund dadurch nicht nur dem Vaterland, aber auch der ganzen Welt den Beweis erbracht, daß der Betreuer dieses Heimatbodens, der Bergbauer in 1400 Meter Höhe und der Flachlandbauer, der Weinhauer und der Forstbauer, daß sie alle sich nur als Betreuer dieses Heimatbodens fühlen und nur einen Willen und ein Bestreben haben, das Bestmöglichste aus dieser Ackererde herauszuholen, um damit dem Volke das tägliche Brot zu sichern. Damit ist der Bauernstand auch der Garant der Ruhe und Sicherheit in unserem Vaterland. Dieser Bauernstand hat sich bis zur letzten Minute mit einem fanatischen Glauben und mit einer Opferbereitschaft sondergleichen für sein Vaterland bis zum 12. März 1938 eingesetzt. Ich werde den Tag niemals vergessen, als wir am 11. März 1938 die Landesbauernräte, unsere Funktionäre und Mandatare im Landhaus zusammenriefen, um ihnen zu sagen: Es geht um Sein oder Nichtsein Österreichs. Und ich werde auch den darauffolgenden Tag nie vergessen, als wir das Fest der vierzigjährigen Wiederkehr der Errichtung der ersten Genossenschaft in Österreich feierten und tausend und abertausend Bauern nach Wien gekommen waren, um der Welt zu dokumentieren, daß Österreichs Bauern zu ihrer Heimat stehen. Und damals wurden wir, Landeshauptmann Reither und ich, von der Versammlung weg in das Bundeskanzleramt geholt und ahnten schon, was geschehen war. Im Bauernbundhaus in der Schenkenstraße, da saßen am Abend desselben Tages unsere braven Bauernbundfunktionäre; sie hörten durch das Radio von schweren Verhandlungen, sie hörten, daß die Volksabstimmung verschoben wurde, bis wir abends um acht Uhr in das Bauernbundhaus kamen und ihnen sagen mußten, was geschehen war. Unsere Bauernbundangestellten waren alle da, und sie ließen den Kopf hängen, sie waren verzagt. Und dann gingen wir aus dem Hause, so wie wir waren, nicht ein Stückchen Papier wurde weggenommen. Wir sagten uns: Der Herrgott wird es schon wieder recht machen. Wir sagten uns: Lebewohl und hoffentlich sehen wir uns wieder. Wir gingen traurig aus dem Haus, und wir waren wohl die letzten, die noch an Österreich geglaubt haben und die mit dem Gelöbnis aus diesem Hause gingen, Österreicher und Bauernbündler bleiben zu wollen.

Wir alle konnten uns nach diesem 11. März nicht mehr sehen, wir sahen uns nur draußen wieder in den KZ-Lagern Deutschlands, und da taten wir Bauernbündler uns sofort zusammen, und wir brauchten uns es erst gar nicht zu sagen, für uns war es klar, daß wir eben die Bauernbündler, die Österreicher bleiben durch alle Not, durch alle Gefahren und wenn es sein muß bis zum Letzten. Wir sagten uns immer wieder: unsere Bauernbündler, die halten durch, weil wir die Überzeugung hatten, daß die Bauernbündler sofort in den ersten Tagen verspüren werden, was es heißt, ein freier Bauer in einem freien Lande gewesen zu sein. Wir waren bis 1938, wenn auch durch eigene Kraft erkämpft und erstritten, aber doch freie Bauern in einem freien Lande, wir wußten, daß unsere Bauern sich in ihrem Glauben und in ihrer Zuversicht, daß dieses Österreich wiederkommen wird, nicht erschüttern lassen.

Es war für uns, die wir nach vielen Jahren zurückkehrten, ein stolzes und ein wirklich einmaliges Erlebnis, zu sehen, daß der alte Bauernbundgeist noch lebt, daß er stärker denn je und alles nur darauf abgestellt ist, mitzuhelfen, die Fremdherrschaft des Nazismus zu brechen, die Freiheit des Landes und damit des Standes wiederzuerringen. Dadurch ward es klar, daß an dem Tag, wo es den alliierten Mächten gelang, den Faschismus, den Hitlerismus restlos niederzuringen, Österreich durch diesen Bauerngeist und durch dieses Wollen als freies Land wieder aufscheinen konnte, daß nicht nur in Wien die erste Fahne Österreichs auf unserem Bauernbundhause in der Schenkenstraße hing, sondern daß auch schon draußen hinter der Front Bauernbundarbeit geleistet und damit die Grundfeste für diese Zweite Republik, für das neue, demokratische Österreich gelegt wurde.

Die Wohlfahrt der Völker und die Freiheit der Menschheit ist verbürgt, wenn man der Bauernschaft die Achtung entgegenbringt, auf die sie als Nährstand, als Brotspender der Menschheit das Recht hat.

Nach sieben schweren Jahren sind wir nach Jahren des Elends, der Gefahren und Nöte dank der eigenen Kraft, aber auch dank der alliierten Mächte wieder ein freies Österreich geworden, und wir können eigentlich heute wieder sagen: Es werde Licht. So wie im vergangenen Jahrhundert ein Bauer rief: Es werde Licht, so sagen auch wir: Es werde Licht in diesem Österreich und in diesem Bauernstande. Das Vertrauen des neuen Staates in den Bauernstand ist ein großes, aber auch das Vertrauen des Auslandes in den österreichischen Bauernstand ist groß, und wir freuen uns, daß heute ein Telegramm des großen Bauernführers der Schweiz, Prof. Ernst Laur, eingelangt ist, worin es heißt:

„Zum vierzigjährigen Jubiläum des Bauernbundes übermittle ich den herzlichsten Glückwunsch. Sie dürfen auf eine große Vergangenheit zurückblicken. Schweres Unrecht hat Ihr Land und ihre leitenden Männer betroffen. Die Zukunft bringt Ihnen hohe Aufgaben. Möge Ihr Wirken für den Aufstieg Österreichs erfolgreich sein."

Rechtfertigen wir dieses Vertrauen! Wir können es aber nur rechtfertigen durch Arbeit, durch Opfer, durch Vertrauen und Zuversicht, weil damit dann die Wohlfahrt, das Glück und die Zufriedenheit unseres Standes und unseres Volkes in Österreich gesichert ist. Darum müßt ihr, liebe Freunde, verstehen, daß wir, die Bauernbündler, die heute in der Regierung sitzen, eine große Verpflichtung haben.

Ich weiß, daß es heute oft hart ist, wenn ihr das durchführen müßt, was die Regierung von euch verlangt. Und ich verstehe wohl, daß euch manchmal einiges unverständlich sein wird, daß ihr sagen werdet, in der Regierung sitzen doch selber Bauern und diese legen uns so harte Lasten auf.

Aber wir müssen eine gesunde Politik machen, eine Politik, die sowohl für euch Bauern, aber auch für die ganze Bevölkerung bestimmt ist. Wir können keine Konjunkturpolitik, keine Politik des Tages machen, obwohl dies vielleicht leichter wäre. Es geht heute darum, unseren alliierten Freunden den Beweis zu erbringen, daß dieses österreichische Volk, und hier im besonderen die Bauern dieses Landes, ein arbeitsames, ein fleißiges, ein treues Volk seiner Heimat ist.

Dies ist die Grundvoraussetzung für alles andere. Wenn wir das Vertrauen der alliierten Mächte erringen, steht der vollständigen Freiheit dieses Landes und unseres Volkes nichts mehr entgegen. Dann werden wir einen Staatsvertrag erhalten, der uns die volle Souveränität des Staates, die volle Freiheit des Parlaments, die Freiheit und die Machtvollkommenheit der Regierung bringen wird. Mit diesem Vertrag werden auch die vier Zonen verschwinden, die Frage der Reparationen und die Frage, was Österreich gehört, geklärt sein. Dann werden wir an die Arbeit gehen können, unsere Zukunft zu gestalten, wenn auch nicht für uns selber, sondern für unsere Kinder und ihre Nachkommen. Dann werden wir die Grundfesten legen können, die keine Zeit und kein Regime mehr erschüttern kann. Dann werden wir eintreten können in die Völkerfamilie der Vereinten Nationen.

Es ist heute hier nur ein Teil unserer 8500 Bauernbundfunktionäre, die 170.000 Bauern vertreten, anwesend.

Wird feiern heute mitsammen dieses Jubiläum. Ein Jubiläum ist vor allem eine Feier, es ist aber auch ein Quell, ein Jungbrunnen, aus dem wir neue Kraft schöpfen, um für unser Vaterland in gemeinsamer Opferbereitschaft und dienender Liebe, im Vertrauen auf unseren Herrgott, zu arbeiten und mitzuhelfen, daß unser Vaterland wieder glücklich werde. Für uns gibt es nur eines: den Bauernbund und Rot-Weiß-Rot – unser Österreich!

Einem freien Österreich entgegen
Ein neues Kontrollabkommen mit den Alliierten – eine Etappe zur ersehnten vollen Souveränität
29. Juni 1946
(Erklärung des Bundeskanzlers im Ministerrat)

In einem außerordentlichen Ministerrat am 29. Juni unterstrich Bundeskanzler Ing. Figl die Bedeutung des neuen Abkommens und bezeichnete es als großen Erfolg auf dem Wege zur Wiedererlangung der vollen Souveränität Österreichs. Aus dem Inhalt des Abkommens, das in seinem Wortlaut noch veröffentlicht werden wird, teilt der Bundeskanzler folgendes mit: In der Präambel beziehen sich die Unterzeichner ausdrücklich auf die von Rußland, Amerika und England unterzeichnete Moskauer Deklaration vom 1. Oktober 1943, der sich auch das nationale Befreiungskomitee Frankreichs am 16. November 1943 angeschlossen hatte. Als Ergebnis der am 25. November 1945 abgehaltenen freien Wahlen in Österreich gibt das neue Kontrollabkommen der österreichischen Bundesregierung mehr Machtbefugnisse.

Nach wir vor wird die Alliierte Kommission aus dem Alliierten Rat und dem Exekutivkomitee sowie den Stäben bestehen. Die Mitglieder des Alliierten Rates werden Hochkommissäre genannt. Die Alliierte Kommission wird nur über die österreichische Regierung oder über andere entsprechende österreichische Behörden handeln, außer um Recht und Ordnung aufrechtzuerhalten für den Fall, daß die österreichischen Behörden dazu nicht imstande sind oder die erhaltenen Anweisungen nicht ausführen, oder wenn die Alliierte Kommission in den ihr ausdrücklich vorbehaltenen Angelegenheiten direkte Maßnahmen ergreift. Solche vorbehaltene Maßnahmen sind, wie der Bundeskanzler ausführte: die Angelegenheiten der Entmilitarisierung und Entwaffnung, des Schutzes und der Sicherheit der alliierten Streitkräfte und der Erfüllung ihrer militärischen Erfordernisse, der Schutz und die Obsorge und Rückführung von Eigentum, das den Regierungen einer der Vereinten Nationen oder deren Staatsbürger gehört, die Verfügung über deutsches Eigentum gemäß den bestehenden Vereinbarungen der Alliierten, die Betreuung und der Abtransport von Kriegsgefangenen und versetzten Personen, die Kontrolle des Ein- und Ausreiseverkehres in Österreich bis zur Errichtung österreichischer Reisekontrollen, endlich die Angelegenheiten der Kriegsverbrecher und der Verbrecher gegen die Menschlichkeit, die von den vier Mächten oder vom Internationalen Gerichtshof gesucht werden.

Alle legislativen Maßnahmen und internationalen Abkommen, die die Bundesregierung abzuschließen wünscht, ausgenommen Abkommen mit einer der vier Mächte, müssen vorher dem Alliierten Rat vorgelegt werden. Im Falle von Verfassungsgesetzen bedarf es der schriftlichen Zustimmung des Alliierten Rates, bevor ein solches Gesetz veröffentlicht werden kann. Im Falle aller anderen legislativen Maßnahmen und internationalen Abkommen darf angenommen werden, daß der Alliierte Rat seine Zustimmung erteilt hat, wenn er binnen 31 Tagen nach Einlangen bei der Alliierten Kommission die österreichische Regierung nicht benachrichtigt, daß er Einspruch erhebt.

Die Beschlüsse des Alliierten Rates müssen einstimmig gefaßt werden.

Freier Personen- und Güterverkehr

Der Alliierte Rat wird die Aufhebung aller noch bestehenden Beschränkungen des Personen- und Güterverkehrs und anderen Verkehrs innerhalb Österreichs verwirklichen, mit Ausnahme solcher Beschränkungen, die vom Alliierten Rat besonders vorgeschrieben werden oder in Grenzgebieten für die Aufrechterhaltung einer wirksamen Kontrolle des internationalen Verkehrs notwendig sind. Die Bundesregierung wird eine Zoll- und Grenzverwaltung einrichten können, um mit der Zeit auch die Zoll- und Reisekontrolle zu übernehmen.

Die österreichische Regierung wird ermächtigt, diplomatische und konsularische Beziehungen mit den Regierungen der Vereinten Nationen aufzunehmen. Die Aufnahme solcher Beziehungen mit anderen Regierungen bleibt noch von der vorherigen Genehmigung des Alliierten Rates abhängig.

Dies ist kurz zusammengefaßt der Inhalt der neuen Regierung.

Bundeskanzler Ing. Figl schloß seine Ausführungen mit folgenden Worten: „Dieses Übereinkommen ist eine konsequente Fortsetzung der Beschlüsse von Moskau, Österreich die volle Freiheit wiederzugeben. Es ist aber auch ein Akt der Anerkennung für die vom österreichischen Volk und seiner Bundesregierung bisher geleistete Arbeit. Für uns stellt es die Verpflichtung dar, noch mehr zu beweisen, daß wir in demokratischem Geist einheitlich daran arbeiten wollen, unser Volk zur vollen Souveränität zu führen. Wir haben noch keinen Grund, himmelhoch zu jauchzen, die nächsten Tage bringen die entscheidenden Sitzungen in Paris, wo die österreichische Frage zur Debatte stehen wird, und in den nächsten Monaten wird sich die Friedenskonferenz mit uns beschäftigen. Wir sind dankbar für das neue Abkommen, wir müssen aber bemerken, daß wir vor acht Tagen eine schwere Enttäuschung erlitten haben, wir werden aber unsere berechtigten Forderungen weiter erheben, um im Sinne der Moskauer Deklaration als erster vergewaltigter Staat in die Friedensverhandlungen einbezogen zu werden, die jetzt mit Mächten im Zuge sind, die den Alliierten den Krieg erklärt haben. Unserem Dank an die Alliierten für das neue Kontrollabkommen fügen wir die Bitte hinzu, uns weiter Vertrauen zu gewähren und unserem Vaterland die volle Freiheit zu geben."

Ein Zwischenbericht zur Südtirolfrage
Nur in Freundschaft Lösungen finden, aber Gerechtigkeit als Grundauflage
3. Juli 1946
(Erklärung im Nationalrat)

Sie haben eben den Bericht des Herrn Außenministers über den Stand der Frage Südtirol gehört. Ich habe diesem Tatsachenbericht nichts hinzuzufügen. Wenn ich trotzdem das Wort nehme, so vor allem, um namens der Regierung die Erklärung abzugeben, daß die Bundesregierung an ihrem Programm, das sie bei Antritt ihrer Regierung abgelegt hat, festhält. Ich erklärte damals, daß die Frage Südtirol für jeden Österreicher eine Herzenssache und die Rückkehr Südtirols nach Österreich ein Gebet jedes Österreichers ist. Ja, die Gerechtigkeit für Südtirol kann nicht durch Entscheidungen, wie sie bisher erfolgt sind, wiederhergestellt werden. Sollen dauernder Friede und damit Glück und Wohlfahrt die Menschen erfreuen, dann muß Gerechtigkeit unter allen Umständen triumphieren.
Wir wollen hoffen, daß das letzte Wort über Südtirol noch nicht gefallen ist. Die kommende große Friedenskonferenz wird bestimmt Gelegenheit nehmen müssen, die Frage Südtirol zu behandeln. Da darf ich heute an das Gewissen der Welt, besonders aber der vier Großmächte, die unserem jungen neuen Österreich schon so viele Beweise ihrer Hilfe und Freundschaft gegeben haben, appellieren, daß in dieser Konferenz dann wirklich nur die Gerechtigkeit siege und sonst nichts.

Ich darf auch appellieren an das demokratische Gewissen Italiens. Die Lösung der Frage Südtirol ist die Grundlage einer dauernden Freundschaft zwischen unseren beiden Völkern.

Dem österreichischen Volke aber habe ich nur eines zu sagen: Wir müssen in unbeirrbarer Zuversicht zu unserer Forderung nach der Heimkehr Südtirols stehen. Wir dürfen uns durch nichts irremachen oder enttäuschen lassen. Unser Glaube an die Gerechtigkeit muß stark und fest, muß ernst und würdig sein, und ich bin überzeugt, daß auch für uns in dieser Frage der Erfolg kommen wird, daß der Tiroler Adler wieder flattern wird über einem geeinten Tirol!

Zur Frage des „deutschen Eigentums"
Eine Magna Charta zu einer sensiblen wirtschafts-politischen Kernfrage der österreichischen Industrie
10. Juli 1946
(Regierungserklärung im Nationalrat)

Am 21. Dezember 1945 habe ich vor diesem Hause anläßlich der Übernahme der Regierung ein feierliches Gelöbnis namens aller frei gewählten Mandatare dieses Hauses und der von ihnen bestellten Regierung abgelegt zur demokratischen Führung eines freien, unabhängigen Österreichs. Meine Regierungserklärung war kurz, aber sie ließ keinen Zweifel darüber, daß wir es ernst meinen. Die Volkspartei, die Sozialisten und die Kommunisten: alle drei in der Konzentrationsregierung vereinten und gegenwärtig einzigen Parteien in Österreich, haben sich rückhaltlos zum demokratischen Wiederaufbau unserer Heimat bekannt. Ich habe es seither vermieden, zu diesem Gesamtproblem in diesem Hause neuerlich Stellung zu nehmen, weil die Wiederholung von Selbstverständlichkeiten allzu leicht zu einer Phrase werden könnte. Wenn ich heute davon abgehe und zum zweiten Male nunmehr in diesem Hause, und zwar anläßlich einer vom Herrn Präsidenten aufgrund eines außergewöhnlichen Anlasses einberufenen außerordentlichen Versammlung dieses Hauses, neuerlich namens aller Parteien dieses Hauses, die in der Regierung vertreten sind, ein feierliches Bekenntnis zur demokratischen Entwicklung und zum demokratischen Wiederaufbau Österreichs ablege, so ist dies kein Zufall, sondern ein neuerliches Willensbekenntnis des österreichischen Volkes in einem Augenblicke, wo es eventuell den Eindruck haben könnte, daß sein Wiederaufbauwerk, das mit viel Schweiß, Opfer und Geduld der arbeitenden Bevölkerung in die

Wege geleitet werden mußte, gefährdet werden könnte, weil man seine Lebensfähigkeit einschränkt. Wir Österreicher wissen, daß wir selbst die Pflicht haben, unsere Heimat wiederaufzubauen, und daß wir darüber hinaus die große heilige Pflicht haben, das Vertrauen, das die Welt durch das Befreiungswerk der alliierten Mächte in uns gesetzt hat, zu rechtfertigen, und wir wissen vor allem, daß wir uns letzten Endes doch bei aller dankenswerten Unterstützung durch die Welt im einzelnen im allgemeinen nur selbst helfen können. Wer in diesen letzten Monaten durch Österreich ging, der konnte sehen, mit welcher zähen Verbissenheit unsere Arbeiter bei all den Schwierigkeiten, die ihnen ernährungsmäßig und auch sonst wirtschaftlich aufgelastet sind, wieder daran sind, den Schutt wegzuräumen und Neues zu schaffen; der wird sehen, wie in Ruinen, die äußerlich kaum mehr Arbeitsstätten gleichen, wieder produziert wird; der wird sehen, wie man aus Schuttabfall wieder neue Häuser baut; der wird sehen, wie die Bauern trotz aller Hemmnisse unermüdlich jedes kleine Fleckchen, wo noch vor kurzem der Krieg darüberrollte und wo noch heute zerschossene Panzer liegen, säuberlich rundherum bebaut und bepflanzt haben; der wird sehen, wie in den Büros wieder Aufbaupläne für heute, morgen und übermorgen konstruiert werden: kurz, der wird sehen, daß dieses österreichische Volk heute bereits wieder in seiner alten, ewigen, urwüchsigen Kraft darangegangen ist, nicht nur einen Staat, nicht nur eine Wirtschaft – nein, wieder eine neue Welt aufzubauen, eine Welt mit neuen Menschen, mit neuen Ideen, aber mit einer alten Tradition, nämlich der großen demokratischen Tradition unseres Vaterlandes Österreich.

Der österreichische Arbeiter und der österreichische Bauer genauso wie der Angestellte, Lehrer, Student und die österreichische Frau, wir alle wissen heute, worum es geht. Es geht vielleicht nicht einmal so sehr um sie selbst; nein, es geht um die Zukunft dieses Staates, es geht um die nächste Generation, die ein Bollwerk der Demokratie in Mitteleuropa sein soll und werden muß, wenn in diesem Europa endlich Frieden sein soll. Und wenn sie heute alle verbissen an diesem Wiederaufbau mitarbeiten, dann tun sie es vor allem wegen dieser nächsten Generation, wegen ihrer Kinder.

Dazu ist freilich eine Voraussetzung notwenig, und das ist der Schutz des Auslandes, der Schutz der Weltmächte davor, daß die Lebensfähigkeit dieses Staates eventuell beschränkt und beschnitten werden könnte. Wir wissen schon, daß wir gegenwärtig von den Weltmächten noch viel brauchen. Wir brauchen eine Überbrückung in der Lebensmittelfrage, und wir dürfen nicht verabsäumen, gerade in diesem Augenblick der UNRRA für ihre uneigennützige, großzügige Hilfe für Österreich den Dank des gesamten österreichischen Volkes auszusprechen. Wir haben den Schutz der alliierten Mächte benötigt, um all die subversiven Elemente, die nach dem Zusammenbruch sich imer noch in diesem Staate herumtrieben, zu entfernen, und wir danken den alliierten Mächten, daß dieses Säuberungswerk nunmehr fast völlig abgeschlossen ist.

Die Sicherung der Lebensfähigkeit

Was wir aber nun noch als letztes brauchen, das ist die Sicherung unserer Lebensfähigkeit, das heißt also unserer wirtschaftlichen Existenzmöglichkeit. Wir wissen, daß wir diesbezüglich nicht in Sorge zu sein brauchen, denn bereits lange vor der Befreiung Österreichs haben sich die alliierten Weltmächte in feierlicher Form für ein freies und unabhängiges Österreich ausgesprochen, nicht zuletzt im Hinblick darauf, daß dieses Österreich nicht nur als erster Staat der Welt vom Nazifaschismus überfallen und vergewaltigt wurde, sondern auch im Hinblick darauf, daß dieses freie, fast tausendjährige Österreich in seinen wesentlichsten und wertvollsten Teilen niemals in diesen sieben Jahren vor dem Faschismus kapituliert hat, sondern in den Konzentrationslagern, in den Gefängnissen und in der Widerstandsbewegung in unentwegter Treue an seiner demokratischen Freiheit festhielt. Wir waren dankbar, haben es aber eigentlich als selbstverständlich gefunden, daß in der Londoner Deklaration vom 5. Jänner 1943 eindeutig festgelegt wurde, daß sämtliche Vermögensübertragungen und Transaktionen, die sich auf wie immer geartete Güter, Rechte und Interessen in den von den Nazi besetzten oder vergewaltigten Gebieten beziehen, für null und nichtig erklärt wurden, denn gerade wir Österreicher haben diese wirtschaftliche Ausplünderung als erster Staat in Europa in einem Ausmaße kennengelernt, wie kaum später ein anderer Staat. Es war für uns eine Genugtuung, in dieser Londoner Deklaration festgestellt zu wissen, daß alle diese Plünderungen, mochte es sich nun um ganz offene Brandschatzungen handeln oder auch um anscheinend legale Transaktionen, selbst wenn sie äußerlich mit Zustimmung des terrorisierten Opfers durchgeführt wurden, in dieser feierlichen Erklärung von London als ungültig erklärt wurden. Was war denn schließlich Österreich als Ganzes? Es war eben auch nichts anderes als ein geraubter Staat, selbst dann, wenn der Raub äußerlich unter dem Terror der Panzer und Maschinengewehre Hitlers die angebliche Zustimmung des hilflosen Opfers gefunden hat.

Die Deklaration der Siegermächte von 1943

Am 1. November 1943 sind die Regierungen der Sowjetunion, Großbritanniens und der Vereinigten Staaten darin übereingekommen, daß Österreich, das erste freie Land, das der Hitlerischen Aggression zum Opfer gefallen ist, von der Naziherrschaft befreit werden muß. Diesem Übereinkommen ist das französische Befreiungskomitee am 18. November 1943 vollinhaltlich beigetreten. Alle alliierten Staaten haben erklärt, daß sie den sogenannten Anschluß Österreichs vom 13. März 1938, der diesem Lande von Deutschland aufgezwungen war, als null und nichtig betrachten, was die überwiegende Mehrheit des österreichischen Volkes, die vom ersten Tag der Vergewaltigung Österreichs an diesen Standpunkt vertreten hat, damals zum ersten Mal wieder aufatmen ließ. Das österreichische Volk wird diesen eindeutigen Beschluß, der gewissermaßen die Geburtsstunde des neuen Österreichs bedeutete, niemals in seiner Geschichte vergessen. In dieser Moskauer Deklaration heißt es dann weiter, daß ein freies und unabhängiges Österreich wiederhergestellt werden soll und dem österreichischen Volk selbst, ebenso wie anderen benachbarten Staaten, vor denen ähnliche Probleme stehen werden, die Möglichkeit gegeben werden muß, diejenige politische und wirtschaftliche Sicherheit zu finden, die die einzige Grundlage eines dauerhaften Friedens ist.

Damit, bin ich jetzt beim Kernproblem angelangt. Es handelt sich für unser neues Österreich darum, die politische Sicherheit für seine Existenz zu untermauern. Die Voraussetzung dafür ist die Sicherung der wirtschaftlichen Existenz, wie es bereits in der Moskauer Deklaration festgelegt ist. Ich möchte bei dieser Gelegenheit feststellen, daß die Besatzungsmächte sich bemüht haben, diese wirtschaftliche Sicherheit des österreichischen Volkes in entsprechender Form zu fördern. Wenn es hie und da zu Differenzen kam, so waren dies meist nur fallweise Alltagsprobleme, die sich selbstverständlicherweise immer wieder aus der Tatsache des nicht ganz einfachen wirtschaftlichen Verkehrs zwischen Besatzungsmacht und besetztem Staate ergeben. In den letzten Tagen ist nun ein Ereignis eingetreten, das über den Rahmen dieses an sich notwendigen ständigen Ausgleichs zwischen diesen beiden Gruppen auch in materieller Hinsicht weit hinausgeht und in das Gefüge der Gesamtwirtschaft Österreichs nicht nur für heute, sondern auch für die Zukunft eingreift.

Das „deutsche Eigentum"

Wenn ich darum heute namens der gesamten Regierung offiziell zu dem letzten Befehl des Herrn Oberkommandierenden der russischen Besatzungsmacht in Österreich Stellung nehme, so tue ich dies im vollen Bewußtsein meiner Verantwortung gegenüber der gesamten Bevölkerung Österreichs. Es gibt gewisse Grenzen, innerhalb deren keine Regierung das Recht hat, Verpflichtungen für das gesamte Volk zu übernehmen. Ich bin mir dieser Grenzen genau bewußt, und ich weiß darum auch genau, daß ich heute nicht namens einer Partei, auch nicht namens der Regierung, sondern namens des gesamten österreichischen Volkes sprechen kann, wenn ich verlange, daß die zur Debatte stehende Streitfrage zwischen der österreichischen Regierung und einer bestimmten Besatzungsmacht so rasch wie möglich geklärt werden muß.

Der Befehl des Herrn russischen Oberkommandierenden stützt sich auf die Potsdamer Beschlüsse. Ich stelle hiezu fest, daß der österreichischen Regierung bis heute der Wortlaut der Potsdamer Beschlüsse offiziell nicht notifiziert wurde. Wir sind also nur in der Lage, aus Zwischenquellen, aus Pressemitteilungen und dergleichen unsere Kenntnisse über den meritorischen Inhalt dieser Beschlüsse zu schöpfen. Daraus geht hervor, daß die alliierten Mächte grundsätzlich berechtigt sind, zugunsten ihrer Reparationsforderungen gegen Deutschland das deutsche Eigentum auch in Österreich heranzuziehen. Selsbt wenn wir uns in dieser Auffassung in einem Irrtum befänden, dann müßte vorerst einmal grundsätzlich der Begriff „deutsches Eigentum" eindeutig geklärt werden. Nach Ansicht der österreichischen Regierung kann als solches Eigentum in Österreich nur angesehen werden, was rechtmäßig bereits vor 1938 erworben wurde. Alles jene deutsche Eigentum, das durch Manipulationen irgendwelcher Art nach 1938, und sei es selbst unter erzwungener Zustimmung des betreffenden früheren österreichischen Eigentümers, vor allem aber auch alles jene Eigentum, das österreichisches Staatsgut war, und jenes Eigentum, das zwangsweise auf Grund politischer oder sonstiger Einflußnahmen der deutschen Besatzungsbehörden dem rechtmäßigen österreichischen Besitzer enteignet wurde, selbst dann, wenn der Anschein der Rechtmäßigkeit der Erwerbung gewahrt wurde, all das kann selbstverständlich niemals als sogenanntes deutsches Eigentum unter den Begriff des Teiles IV (deutsches Eigentum) der Potsdamer Beschlüsse fallen.

Österreichs Investitionen

Daran ändert auch nichts die Tatsache, daß im Laufe der deutschen Besetzung in Österreich – und die sieben Jahre Naziherrschaft in Österreich waren nichts anderes als eine deutsche Besetzung, daran halten wir grundsätzlich fest – in verschiedenen Industrien und Großbetrieben unter deutscher Führung Investitionen gemacht wurden, denn alle diese Investitionen wurden im wesentlichen mit österreichischen Arbeitern, mit österreichischem

Material und sogar meist mit österreichischem Kapital und Steuergeldern durchgeführt. Schon nach den Bestimmungen des allgemeinen bürgerlichen Rechtes gelten Vermögensübertragungen der Art, wie sie in der Nazizeit sowohl hinsichtlich des Staats- wie auch des Privateigentums durchgeführt wurden, ab initio als null und nichtig, ein Grundsatz, dem sich ja, wie ich bereits sagte, die Londoner Konferenz vom 5. Jänner 1943 über zwangsweise Vermögensübertragungen auf vom Feinde besetzten Gebieten eindeutig angeschlossen hat.

Es ist also – ich stelle hiemit ausdrücklich fest, daß wir das Recht der Sowjetunion auf Grund der Potsdamer Beschlüsse in keiner Weise bestreiten wollen – festzustellen: Was ist reichsdeutsches Eigentum? Auf Grund unserer Rechtsauffassung in Österreich verstehen wir unter reichsdeutschem Eigentum jene Liegenschaften, die rechtliches Eigentum physischer reichsdeutscher Angehöriger sind oder durch solche Angehörige unter der Kontrolle juristischer Personen stehen, soweit sie nicht erst nach dem März 1938 durch irgendwelche Manipulationen seitens des Staates, seitens irgendwelcher Behörden oder auch sozusagen freiwillig, das heißt unter dem Zwang der Knute des Hitlerterrors in reichsdeutsches Eigentum übergegangen sind. Praktisch bedeutet dies also, daß wir nur jenes deutsche Eigentum als solches anerkennen, das bereits vor dem März 1938 in den Besitz von deutschen Staatsbürgern übergegangen ist, denn alles, was nachher an Vermögensübertragungen, an Beschlagnahmen, an Enteignungen und an sonstigen Verfügungen hinsichtlich des österreichischen Eigentums vorging, müßte in jedem einzelnen Falle darauf genauestens untersucht werden, ob dieses angebliche Eigentum von seinen neuen deutschen Eigentümern rechtmäßig erworben ist oder nicht. Soweit uns die Potsdamer Beschlüsse bekannt sind, wissen wir, daß unrechtmäßig durch Deutsche erworbener Besitz in Österreich nicht der Beschlagnahme auf Grund der Potsdamer Beschlüsse unterliegt, da diese Güter wieder ipso jure an ihren ursprünglichen Eigentümer, also an den Österreicher oder den Angehörigen der Vereinten Nationen oder an die Neutralen, zurückfallen. Wenn nun insoweit der derzeit depossedierte Eigentümer seinerzeit für die erzwungenen Vermögensübertragungen ein Entgelt erhielt, müßte wohl theoretisch dieses Entgelt dem deutschen Erwerber zufließen, wogegen freilich, und dies ist der Standpunkt der österreichischen Regierung, die Höhe der Anspruchsrechte Österreichs gegen Deutschland zur Deckung seiner eigenen Refundierungsansprüche spricht. Man darf nicht vergessen: Als Österreich vergewaltigt wurde, da waren wir ein zu unserer territorialen Größe verhältnismäßig reiches Land, aber es wurde nicht nur unser Goldbestand, sondern es wurden auch unsere Naturschätze und unsere Lebensmittel in weitestem Maße geplündert. Die österreichische Regierung denkt nicht daran, ihre Ansprüche aus diesem

Titel an das sogenannte Reich aufzugeben, sondern wir werden zu gegebener Zeit auch damit vor die Öffentlichkeit treten, denn alles, was uns damals gestohlen wurde, war in zwanzigjähriger Arbeit von österreichischen Arbeitern, Bauern und Bürgern unter großen Schwierigkeiten und Nöten erarbeitet worden.

Was nun unsere unmittelbare Stellungnahme zu der Forderung des obersten Befehlshabers der russischen Besatzungsmacht anlangt, darf ich folgendes sagen: Seitdem der Text der Potsdamer Beschlüsse, wenn auch nur inoffiziell, bekanntgeworden war, hatte die Provisorische Staatsregierung und später die Bundesregierung sich bemüht, Klarheit über den Begriff „deutsches Eigentum" zu schaffen. Im wesentlichen hat hiebei die Bundesregierung sich an folgende Grundsätze für die Klärung der Frage, was deutsches Eigentum in Österreich ist, gehalten:

Die Grundsätze der Bundesregierung

1. Alle erst während der deutschen Besetzung unter dem Druck der politischen und wirtschaftlichen Durchdringung Österreichs durch das Deutsche Reich erfolgten Vermögensübertragungen sind null und nichtig, weshalb solche Vermögen nicht als deutsches Eigentum im Sinne der Potsdamer Beschlüsse anerkannt werden können.
2. Von denjenigen Vermögenswerten, die schon vor dem 13. März 1938 im deutschen Eigentum, das heißt im Eigentum von juristischen oder natürlichen Personen mit dem ordentlichen Wohnsitz in Deutschland gestanden sind, müssen im Sinne der Moskauer Deklaration Österreich so viele Vermögenswerte überlassen bleiben, als es zur Wiederaufrichtung und Führung seiner Friedenswirtschaft benötigt.
3. Aber auch bei den während der Besatzungszeit Österreichs neu entstandenen sogenannten deutschen Vermögenswerten muß berücksichtigt werden, daß diese zum überwiegenden Teile mit aus Österreich aufgebrachten Steuermitteln, mit österreichischen Rohstoffen und österreichischen Arbeitskräften geschaffen wurden. Außerdem muß auch ein Teil dieser Vermögenschaften Österreichs als Ersatz für zerstörte Objekte erhalten bleiben, um in gewissen Produktionszweigen eine Deckung des Friedensbedarfes in Österreich zu ermöglichen.
4. Nach den Potsdamer Beschlüssen kann als deutsches Eigentum nur angesehen werden, was sich physisch in den einzelnen Zonen befindet.
5. Aus demselben Grunde können Kredit- und Versicherungsgesellschaften nicht als deutsches Eigentum im Sinne der Potsdamer Beschlüsse angesehen werden, da ja das Recht zur Beschlagnahme von der physi-

schen Lage der der Beschlagnahme unterworfenen Vermögenswerte abhängt und eine solche Lokalisierung sich bei den genannten Institutionen von selbst verbietet. Überdies gehören, wirtschaftlich gesehen, Kreditinstitute viel weniger den deutschen Aktionären als den österreichischen Einlegern und Versicherten.

Diese Grundsätze hat die Bundesregierung bei jeder sich bietenden Gelegenheit vertreten und auch im Jänner laufenden Jahres in einem offiziellen Memorandum, das dem Alliierten Rat für Österreich überreicht wurde, ausführlich niedergelegt.

Unter diesen Umständen drängt sich die Frage auf: Was hätte es denn für einen Sinn, einerseits im Sinne der Londoner Erklärung unter Druck vorgenommene Vermögensübertragungen für null und nichtig zu erklären, andererseits aber die auf diese Weise der österreichischen Volkswirtschaft wiedergegebenen Vermögenswerte dieser neuerdings zu entziehen? Und ich frage weiter: Was hätte die Moskauer Erklärung der Großmächte überhaupt für einen Sinn, wenn man zwar auf der einen Seite ein freies, unabhängiges Österreich wiederherstellen will, um ihm auf der anderen Seite die Möglichkeiten zu nehmen, deren es als dauernde Grundlage einer selbständigen Wirtschaft bedarf?

Auch später blieb die Bundesregierung weiterhin bemüht, die Anerkennung dieses Standpunktes im Verhandlungswege zu erreichen. Zuletzt hat die Bundesregierung in einem konkreten Fall, nämlich anläßlich der Beschlagnahme der Donau-Dampfschiffahrtsgesellschaft durch die UdSSR, den sowjetischen Militärbehörden vorgeschlagen, die Frage der Auslegung des Begriffes des deutschen Eigentums durch direkte Verhandlungen zu klären. Dieser Vorschlag wurde von russischer Seite angenommen. Die Verhandlungen finden seit Mitte Mai statt und schreiten befriedigend fort.

Die Potsdamer Erklärung

Die Erklärung des Stellvertreters des Oberbefehlshabers der sowjetischen Besatzungstruppen in Österreich, des Generalmajors Zinjow, einem Vertreter der TASS-Korrespondenz gegenüber scheint nicht den Kern der Sache zu treffen. Auf die Frage, was im Sinne der Potsdamer Erklärung als deutsche Vermögenswerte in Österreich anzusehen wäre, lautete die Antwort:

1. Alle Vermögenswerte auf österreichischem Boden, die deutschen physischen oder juristischen Personen bis zum Jahre 1938 gehört haben.

Diese Auffassung steht jene der Bundesregierung entgegen, wonach auch unbestreitbar deutsches Eigentum dann nicht beschlagnahmt werden soll, wenn es für die österreichische Friedenswirtschaft unentbehrlich ist.

2. Werden von Generalmajor Zinjow als deutsches Eigentum alle jene Vermögenswerte bezeichnet, die während der Besetzung Österreichs von den Deutschen geschaffen wurden.

Auch dieser Auffassung kann die Bundesregierung aus den bereits angeführten Gründen nicht voll und ganz beipflichten, denn das meiste, was die Deutschen während ihrer Besetzung in Österreich geschaffen haben, ist wirtschaftlich auf die Rechnung Österreichs zu setzen.

3. Vermögenswerte, die von Deutschen in Österreich nach 1938 gekauft wurden, wenn ihre früheren Besitzer beim Kauf und Verkauf den Preis erhielten, der dem Wert des entsprechenden Vermögens entspricht.

Auch diese Antwort übersieht die nach der Besetzung in Österreich herrschenden Zustände.

Die Rechtsfrage nach „echtem" deutschen Eigentum

Die deutschen Behörden haben sofort nach der Besetzung die auf Gold beruhende, im Ausland vollwertige Schillingwährung durch ihre Papiermarkwährung ersetzt, die im Auslande zu den offiziellen Kursen überhaupt nicht anzubringen war. Überdies wurde von Berlin ein höchst ungünstiger Umrechnungskurs diktiert. Die deutsche Besetzung gab daher das Signal zur Flucht in Sachwerte. Freiwillige Verkäufe größerer Anlagen fanden damals auch zwischen Österreichern so gut wie nicht mehr statt, und wäre es auch nur, weil die Verkäufer nie wußten, was sie mit der Papiermark anfangen sollten. Die Unlust zu Verkäufen wurde noch durch die Stopppreise erhöht, die im wahren Mißverhältnisse zum inneren Werte der verkauften Anlagen standen. Trotz Vorliegens eines äußerlich in Ordnung erscheinenden Kaufvertrages fehlt den meisten dieser Verträge die wahre Einwilligung zum Verkaufe. Sehr richtig heißt es daher in der obgenannten Londoner Erklärung, daß auch „anscheinend legale Transaktionen, sogar wenn sie äußerlich mit Zustimmung des Opfers durchgeführt worden sind, null und nichtig" sein können.

Es ist absolut richtig, und ich stelle dies ausdrücklich namens der österreichischen Regierung fest, daß jede alliierte Macht das Recht hat, dasjenige echte deutsche Eigentum, das in ihrer Besatzungszone liegt, zu beschlagnahmen. Es ist also selbstverständlich, daß auch die russische Besatzungsmacht das Recht hat, in ihrer Besatzungszone echtes deutsches Eigentum für sich in Anspruch zu nehmen. Nach den Bestimmungen des Potsdamer

Abkommens steht anscheinend der Besatzungsmacht nicht das Recht zu, Eigentum, das sich de facto außerhalb dieser Besatzungszone befindet, im Wege der Übernahme von geschriebenen Besitztiteln für sich in Anspruch zu nehmen. Daraus allein ergibt sich schon, daß eine ganze Reihe von Institutionen, deren wirtschaftliche Tätigkeit über den Bereich einer territorialen Besatzungszone hinausreicht, wo also die physische Lage des Eigentums ungeklärt ist, überhaupt nicht in den Bereich von Maßnahmen einer einzelnen Besatzungsmacht gezogen werden kann. Wenn ich hier ein Beispiel sagen darf, so bin ich der Meinung, daß dies bei Banken und Sparkassen, Versicherungsgesellschaften und überhaupt bei allen jenen Unternehmungen zutrifft, deren wirtschaftliche Auswirkung über den Rahmen der Zone einer einzigen Besatzungsmacht hinausreicht.

Schließlich darf ich noch zum Schluß hier in diesem Zusammenhang darauf verweisen, daß in der Pariser Reparationskonferenz im Dezember 1945, also vor einem halben Jahr, in Auslegung der Potsdamer Beschlüsse festgelegt wurde, daß der frühere Inhaber eines Unternehmens, in unserem Falle also der österreichische Besitzer, nur zu beweisen brauche, daß der bezügliche Besitz oder die bezüglichen Güter vor der Befreiung sein persönliches Eigentum waren. Der neue Inhaber dagegen, also der von der Besatzungsmacht eingesetzte, hat zu beweisen, daß der Besitz oder die betreffenden Güter durch einen regulären Kontrakt erworben wurden, das heißt also praktisch, daß bis zur Vorlage dieses Beweises der alte österreichische Besitzer als der rechtmäßige Eigentümer anzusehen ist.

Dank für das neue Kontrollabkommen

Und nun darf ich zum Schluß noch eines sagen. Dank des Alliierten Rates und der Herren Oberkommandierenden der alliierten Mächte in Wien, denen ich bei dieser ersten offiziellen Gelegenheit, die sich mir bietet, namens der österreichischen Regierung auch offiziell danken möchte, ist das neue, freie und unabhängige Österreich wieder ein ganz gewaltiges Stück im Kampfe um seine endgültige Souveränität weiter gelangt. Das neue Kontrollabkommen für Österreich, das in diesen Tagen abgeschlossen wurde, ist ein ganz neuer und großer Fortschritt Österreichs in seine endgültige Freiheit. Ich fühle mich verpflichtet, gerade heute den alliierten Mächten für diesen neuen Vertrauensbeweis für das österreichische Volk zu danken. Ich weiß, daß die alliierten Mächte genauso wie wir, die österreichische Regierung und die frei gewählten Vertreter des österreichischen Volkes hier in diesem Hause, wissen, daß uns dieser Vertrauensbeweis neue Verpflichtungen auferlegt, Verpflichtungen, die darauf gegründet sind, daß wir selbst mitarbeiten an dem neuen Aufbau und der Existenzmöglichkeit unseres Vaterlandes.

Wir wollen dies auch, und wir werden dies auch tun. Gerade das Kontrollabkommen gibt uns hierzu weitgehende Möglichkeit, denn es schreibt zum Beispiel im Artikel 1 b vor, daß bezüglich der Frage des deutschen Eigentums (Artikel 5) weder die österreichische Regierung noch irgendeine untergeordnete Behörde ohne vorherige schriftliche Zustimmung der Alliierten Kommission Maßnahmen ergreifen darf.

Angesichts der Tatsache, daß für einen politisch und wirtschaftlich unabhängigen Staat entsprechende wirtschaftliche Grundlagen vorhanden sein müssen, angesichts der Tatsache, daß die Londoner Deklaration besagt, daß alle unter Besatzungsdruck vorgenommmenen Vermögensübertragungen als null und nichtig anzusehen sind; angesichts des erwähnten Kontrollabkommens und schließlich angesichts der wiederholten Bemühungen der österreichischen Regierung, im Verhandlungswege eine Klarstellung des Begriffes „deutsches Eigentum" in einer für ein freies und unabhängiges Österreich tragbaren Form zu finden, glaubt die Bundesregierung, von sich aus alles getan zu haben, um diese Frage einer dem Wiederaufbau Österreichs gewährleistenden Regelung zu unterziehen, und nichts außer acht gelassen zu haben, was diesem Ziele dienlich sein könnte. Die Bundesregierung bittet daher das Hohe Haus, die Haltung der Regierung in dieser Frage zu billigen und der von ihr zum Ausdruck gebrachten Rechtsauffassung beizupflichten.

Österreich helfen, nicht blockieren!

Eines möchte ich hier eindeutig feststellen: Österreichs Regierung hat sich ehrlich und aufrichtig bemüht, wieder die Grundmauern zu schaffen für den Neuaufbau dieses Staates. Wir wissen genau, daß wir erst am Anfang sind und daß wir noch vieles leisten müssen. Wir wollen es gerne und mit Freude tun, und zwar nicht allein in unserem eigenen Interesse, nein, wir werden und wollen es tun im Interesse der Befriedung Mitteleuropas und damit ganz Europas. Die Voraussetzung hiefür ist, daß man uns den Hammer, die Schaufel und die Pflugschar nicht wegnimmt. Das ist das einzige, um was wir die alliierten Mächte bitten. Das heißt also: wir bitten um nichts anderes als um das eine: Laßt uns Österreicher arbeiten!

Wirtschaftspolitik
vor einem harten Winter
Engpässe, Bewirtschaftungen, Nöte, Krisen
und der gute Wille
29. Oktober 1946
(Regierungserklärung im Nationalrat)

Wir sind heute in ernstester Stunde und angesichts der vielleicht schwierigsten Situation, in der Österreich jemals war, zu einer Beratung zusammengetreten, um dem gesamten österreichischen Volk gegenüber, das in banger Sorge auf uns sieht und von uns Entscheidungen erwartet, zu der Frage Stellung zu nehmen: Werden wir Österreicher diesen schweren Winter überstehen? Die Not ist unerhört groß, größer als in allen übrigen Staaten Europas. Wir haben Hunger im Land, denn wir haben die niedrigsten Rationen in ganz Europa, Rationen, mit denen auf die Dauer nicht gearbeitet und gelebt werden kann. Wir haben keine Kohle, wir mußten sogar bereits den Zugverkehr einstellen, wir haben zuwenig Energiequellen, Licht und Gas sind weitestgehend gedrosselt, und vor allem eines: wir haben kein Brot! Unsere Bevölkerung hat mit einer Geduld ohnegleichen, mit einer aufopferungsvollen Hingabe an ihren Glauben an dieses Österreich bisher alle diese Härten und Nöte ertragen und mit unablässigem Fleiß und mit einer Zähigkeit ohnegleichen, mit zusammengebissenen Zähnen weitergearbeitet. Wir sind nun dort, wo es nicht mehr weitergeht, und die Regierung hat volles Verständnis dafür, daß jeder Österreicher nun die Regierung ruft und fragt: Was tust du, Regierung, um uns aus dieser Not zu helfen?

Die Versorgungslage

Der Herr Bundesminister Heinl hat Ihnen eben in zusammenfassender Weise eine Darstellung der Möglichkeiten gegeben, die wir selbst noch haben und die bis zum letzten ausgeschöpft werden müssen, um helfend einzugreifen. Ich darf nun als Chef der Regierung grundsätzlich zu diesen Problemen kurz Stellung nehmen. Wie bereits Kollege Heinl sagte, handelt es sich um drei große Fragenkomplexe der Versorgungslage, die ehestens neu geregelt werden müssen, nämlich um die Ernährungsfrage, die Bekleidungsfrage und die Brennstofffrage, Fragen, deren Lösung insbesondere für die arbeitenden Schichten der Bevölkerung gänzlich unzureichend ist und in denen wir derzeit der weiteren Entwicklung mit schwerster Besorgnis entgegensehen müssen. Wir alle wissen, daß die Hauptschuld an dieser Situation die Auswirkungen des von den Nazi verbrecherisch entfesselten Krieges sind. Aber das Wissen darum allein hilft uns nicht über die Krise hinweg, sondern wir müssen alle Erzeugungsgüter der heimischen Produktion nicht nur in ihrer Aufbringung einheitlich und straff erfassen, sondern sie auch einer unbedingt gerechten Verteilung zuführen. Wenn ich hiebei das Schwergewicht auf das Wort „gerecht" lege, so tue ich es im vollen Bewußtsein der Tatsache, daß in erster Linie das arbeitende Volk bei der Verteilung der Versorgungsgüter weitestgehend berücksichtigt und dessen vordringlichster Bedarf gedeckt werden muß.

Wenn ich auf die konkreten Forderungen der Obmännerkonferenz des Österreichischen Gewerkschaftsbundes eingehe, so kann ich dem Hohen Haus mitteilen, daß die Regierung die Wünsche des Gewerkschaftsbundes in vielen Punkten bereits erfüllen konnte. Gestern hat sich das Haus mit der Reform der Lohnsteuer beschäftigt und die Vorlage zum Beschluß erhoben, womit einem berechtigten Wunsch der Arbeiter- und Angestelltenschaft Rechnung getragen wird, und deren Auswirkung sich bereits mit 1. November einstellen wird.

Zur wirksamen Bekämpfung von Saboteuren der Wirtschaft hat der Herr Justizminister gestern einen Gesetzentwurf eingebracht, der die Schaffung von Schnellgerichten vorsieht. Menschen, die aus der Not des Volkes sich persönlich bereichern wollen, müssen auf kürzestem Wege der härtesten Bestrafung zugeführt werden.

Zu dem Bedarfsdeckungsstrafgesetz, das sich nicht ganz der gegenwärtigen Zeit anpassen kann, sind Vorschläge zur Reformierung eingebracht worden. Der Herr Justizminister wird eine Novellierung dieses Gesetzes sofort in die Wege leiten, damit sich das Haus schon in seinen nächsten Sitzungen damit beschäftigen kann.

Ein einheitliches Wirtschaftsgebiet ist gefordert!

Die Regierung wird alles daransetzen, daß das Kontrollabkommen vom 28. Juni, das die Einheit ganz Österreichs vorsieht, von dem Buchstaben des Übereinkommens in die Tat umgesetzt wird. Eine erfolgreiche Lösung ist eine der notwendigsten Voraussetzungen für das einheitliche Wirtschaftsgebiet Österreichs. Uneingeschränkter und ungehinderter Waren- und Personenverkehr, also Wegfall jeder Zoneneinteilung, ist ein absolutes Gebot der Stunde.

Die vom Gewerkschaftsbund geforderte Ausgleichskasse zur Verbilligung der Einfuhr aus den Exporterlösen ist bereits geschaffen, und wie Herr Bundesminister Heinl soeben ausgeführt hat, in Wirksamkeit getreten. Die Mitwirkung der Vertreter der Arbeiterkammer und der übrigen Kammern an der Vorbereitung der Handelsvertragsverhandlungen hat der Ministerrat vor 14 Tagen bereits zum Beschluß erhoben. Ich habe das Außenamt des Bundeskanzleramtes beauftragt, alles vorzubereiten und auf kürzestem Wege durchzuführen, damit die Handelspolitische Kommission wieder ins Leben gerufen wird. Es ist also allen drei Kammern, somit auch der Arbeiterschaft, die Möglichkeit geboten, an den Vorbereitungen der Handelsverträge und allen damit zusammenhängenden Fragen schon im Vorbereitungsstadium teilzunehmen.

In einer gemeinsamen Beratung mit den Vorständen der Gewerkschaftskonferenz haben wir Sofortmaßnahmen ausgearbeitet, die Ihnen zum Teil vorgelegt worden sind und in einigen Punkten noch in den nächsten Sitzungen vorgelegt werden. Das dringlichste Problem ist die Regelung der Ernährungsfrage. Bezüglich der Erfassung und Ablieferung heimischer Agrarprodukte sind über Auftrag des Herrn Landwirtschaftsministers seit Montag früh Kommissionen auf dem Lande tätig, um von Dorf zu Dorf die Ablieferung zu kontrollieren. Diese Kommissionen bestehen aus Vertretern des Getreidewirtschaftsverbandes, des Viehwirtschaftsverbandes und des Kartoffelwirtschaftsverbandes, und diese Organe haben in jeder Bezirkshauptmannschaft mit dem Vertreter des Bezirksernährungsamtes unter Beiziehung von Gendarmen systematisch von Dorf zu Dorf die Ablieferung zu kontrollieren. Diese Kommissionen haben Montag früh in drei Bezirken, und zwar in den Bezirken Tulln, Mistelbach und Korneuburg, ihre Tätigkeit aufgenommen. Ich habe mit dem Herrn Landwirtschaftsminister ausdrücklich vereinbart, daß der Bezirk Tulln, dem ich entstamme, und der Bezirk Mistelbach, der Heimatbezirk des Herrn Landwirtschaftsministers, als die ersten kontrolliert werden. Die ersten Ergebnisse der Kontrollberichte sind heute eingelangt, und es konnte festgestellt werden, daß bei all denen, die ihrer Ablieferungspflicht nicht nachgekommen sind, die entsprechenden Quantitäten sofort sichergestellt und zur Ablieferung gebracht wurden. Diese laufenden Kontrollen gehen von Tag zu Tag systematisch weiter, um alle Gemeinden zur Ablieferung zu verhalten.

Im Zusammenhang damit darf ich aber auch mitteilen, daß die Bundesregierung die Herren Landeshauptleute für den 7. November zu einerBesprechung eingeladen hat, um das vorbereitete Lebensmittelaufbringungsgesetz in die Tat umzusetzen. Dieses Gesetz bedarf noch einer verfassungsrechtlichen Klarstellung, die die Frage der Kompetenz der Landeshauptleute berührt, und daher sind die Landeshauptleute zu der erwähnten Konferenz gebeten worden. Das Haus wird sich bereits in der nächsten Sitzung mit dem Lebensmittelaufbringungsgesetz beschäftigen.

Das Ernährungsproblem

In der Frage der Ernährung möchte ich noch eines feststellen: Ich habe am 15. August in Donawitz in einer Versammlung anläßlich des Anblasens des ersten Hochofens vor Tausenden von Arbeitern erklärt, ich habe die gute Hoffnung, daß die Regierung sehr bald und noch vor dem Winter in der Lage sein wird, die Kaloriensätze zu erhöhen. Es ist dann über diese Erklärung viel gesprochen und geschrieben worden, weil sie nicht unmittelbar danach in die Tat umgesetzt werden konnte, was nicht an der Bundesregierung, sondern an Momenten lag, deren Behebung nicht von unserer Entscheidung abgehangen hat, wie zum Beispiel an dem Mangel an Schiffen infolge Hafenarbeiterstreiks in Übersee. Ich stelle hiezu ausdrücklich fest, daß ich nach wie vor an dieser Erklärung vom August in Donawitz festhalte; wir haben begründete Hoffnung, daß wir in allerkürzester Zeit die Kaloriensätze auf 1550 werden erhöhen können. Damit wird sich die Lebensmittelversorgung noch lange nicht ideal gestalten, aber sie wird sich zumindest einigermaßen an den Standard unserer Nachbarländer angleichen.

Neben der Lebensmittelfrage sind es die Fragen der Sicherung unserer Bekleidung, die Sicherung der Verteilung von Leder, Textilien, Möbeln, Haushaltungsgeräten und vor allem die Brennstoffversorgung, bei denen dringendste Sofortmaßnahmen erforderlich sind. Für die Bewirtschaftung und Verteilung dieser vorgenannten Waren bestehen bereits Bewirtschaftungsstellen, die dem Handelsminister über seine zuständige Abteilung unterstellt sind und sich bei den Handelskammern befinden. Bei jeder dieser Bewirtschaftungsstellen wird nun ein Beirat eingerichtet, der aus Vertretern der Handelskammern, der Landwirtschaftskammern und der Arbeiterkammern besteht. Die Vertretung der Arbeitgeber und Arbeitnehmer wird paritätisch sein. Aufgabe dieses Beirates ist es, sich über alle Maßnahmen zu informieren und sie zu beraten.

Dem Geschäftsführer der die Bewirtschaftung führenden Fachgruppe wird ein Mitglied des Beirates, das von der Arbeiterkammer entsendet ist, derart beigeordnet, daß alle vom Geschäftsführer der Fachgruppe vorgenommenen Verfügungen an seine Zustimmung und Mitzeichnung gebunden sind. Ferner wird ein Bewirtschaftungszentralbeirat geschaffen, der ebenfalls von Vertretern der drei Kammern beschickt wird. Seine Aufgaben sind, für die nötige Koordinierung der Arbeit der im vorigen Punkt genannten Beiräte, Geschäftsführer und Bewirtschaftungsstellen zu sorgen, sich über die Strafpraxis der im Zusammenhang mit den vorgenannten bewirtschafteten Waren zu Strafverfügungen berufenen Stellen zu informieren und auf generelle und individuelle Maßnahmen Anregungen vorzubringen. Die Geschäftsführung dieses Bewirtschaftungszentralbeirates besorgen zwei Geschäftsführer, von denen einer von der Handelskammer und einer von der Arbeiterkammer bestellt wird. Sie sind an kollektive Handlungsweise gebunden. Der Zentralbeirat, die unteren Beiräte und alle Geschäftsführer sowie der gesamte andere Bewirtschaftungsbeirat unterstehen den Weisungen des Bundesministers für Handel und Wiederaufbau.

Es ist aber weiter klar, daß neben diesen aufgezeigten fünf Bewirtschaftungskategorien, Leder, Textilien, Haushaltungsgegenstände, Möbel und Brennmaterial, noch in einigen anderen Punkten Maßnahmen zu ergreifen sind. Vor allem wird es notwendig sein, in der Holzbewirtschaftung, in den Produktivbetrieben und in der Sicherstellung der Warenvorräte, damit sie nicht eine widersprechende Verwendung finden, Maßnahmen zu ergreifen. Die Bundesregierung wird auch in diesen Fragen mit den zuständigen Stellen die bereits begonnenen Verhandlungen fortführen, um sie raschestens zum Abschluß zu bringen und auch diese Frage einer einheitlichen Lösung zuzuführen. In diesem Zusammenhang möchte ich noch erwähnen, daß der bereits geschaffene Planungsbeirat vom Bundesminister für Vermögenssicherung und Wirtschaftsplanung einberufen werden wird, um an der Lösung dieser Fragen maßgeblich mitzuwirken.

Neben allen diesen Wirtschaftsfragen werden die Landeswirtschaftsämter neu geordnet. Sie werden von Verfügungen im Produktionsprozesse bis zum Endprodukt ausgeschaltet. Ihr Aufgabenkreis wird beschränkt auf die Verteilung der Fertigprodukte an den letzten Verbraucher. Den Landeshauptleuten wird empfohlen werden, bei den Landeswirtschaftsämtern einen Beirat zu schaffen, der bei der Verteilung der Letztprodukte dieselben Aufgaben zu besorgen hätte, die den Zentralbeiräten zugeteilt sind.

Die Exportquote

Besonders wichtig ist die Neuordnung der Exportquote, die für jene Waren, für die eine Bewirtschaftung auf Grund des Warenverkehrsgesetzes eingerichtet ist, nur durch die zur Bewirtschaftung zuständigen Stellen festgelegt werden darf.

Aus allen diesen Maßnahmen der Bundesregierung sehen Sie, daß alles darangesetzt wird, um die Sicherstellung jener Warenvorräte, die für die dringendsten Bedürfnisse der Bevölkerung notwendig sind, zu garantieren und deren Verteilung so zu ordnen, daß sowohl die Produzenten wie auch vor allem die werktätige Bevölkerung selbst die Möglichkeit der Kontrolle haben. Heute geht es nicht um Wirtschaftssysteme, heute geht es darum, über diese schwere Krise hinwegzukommen. Und wenn im Rahmen unserer Maßnahmen da und dort Institutionen geschaffen oder Regelungen festgelegt wurden, die im Programm der einen oder anderen Wirtschaftsgruppe grundsätzlich nicht begrüßt werden, so möchte ich von dieser Stelle aus an Sie alle appellieren: Stellen wir gegenwärtig alle diese Fragen zurück, bis wir wieder in der Lage sind, ohne solche einschneidende Maßnahmen Ernährung, Bekleidung und Brennstoffversorgung der Bevölkerung in jenem ausreichenden Maße zur Verfügung zu stellen, daß niemand hungern und frieren muß. Dann können wir ohne weiters uns wieder theoretisch über Wirtschaftssysteme unterhalten. Und dies ist auch mein Appell an die gesamte Bevölkerung Österreichs.

Die Krise bewältigen!

Ich bitte das Hohe Haus um Genehmigung unserer Vorschläge, und ich bitte Sie alle, gleichgültig welcher Partei Sie angehören, sich zu diesem Programm zu bekennen, weil wir hoffen, daß wir damit doch über die schlimmste Krise hinwegkommen werden. Ich sage ausdrücklich: weil wir hoffen. Denn die Voraussetzung dafür, daß dieses Programm Erfolg hat, ist, daß jeder einzelne Österreicher an seiner Verwirklichung mitarbeitet, daß sich jeder einzelne Österreicher seiner ungeheuren Verantwortung für ganz Österreich – und das ist schließlich ja auch sein eigenes Schicksal – bewußt ist und daß jeder einzelne Österreicher rücksichtslos und mit allen Mitteln gemeinsam mit der Regierung und den Behörden alle Durchstechereien dieser gemeinsamen Lebensnotwendigkeiten verhindert und bekämpft. Es darf in diesem Winter nicht vorkommen, daß der eine nichts arbeitet und ißt und der andere schwer arbeitet und hungert. Wir werden rücksichtslos durchgreifen. Die Bevölkerung und vor allem Sie, meine verehrten Damen und Herren des Hohen Hauses, müssen in dieser Frage mit der Regierung gehen. Wir können niemals gegeneinander, sondern immer nur miteinander aus dieser Not herauskommen.
Ich bitte das Hohe Haus, diese meine Erklärung zur Kenntnis zu nehmen.

Zur 950-Jahr-Feier unseres Staatsnamens: „Österreich ohn End!"

Geschichtliche Philosophie und geschichtliche Wirklichkeit

30. Oktober 1946

(Festansprache im Rahmen der Festsitzung des Natioal- und Bundesrates)

Österreich ohn End!" Unter diesem Motto ist vor 950 Jahren Österreich gegründet worden, unter dieser Parole hat es 950 Jahre gelebt, gestritten und gearbeitet. In diesem Gedanken schließen wir heute die Reihe der Festlichkeiten aus Anlaß des Jubiläums. Es mag seltsam klingen, daß wir in diesen Tagen, wo wir eine von uns in keiner Weise verhüllte Krise unseres staatlichen und wirtschaftlichen Lebens durchstehen, wo wir in ernster Weise in öffentlicher Parlamentssitzung der gesamten Weltöffentlichkeit den Ernst der Situation klarlegen, uns heute zu einer Festsitzung versammeln, um unter dem alten Wappenspruch unserer Heimat: „Österreich ohn End", eine Feier zu begehen. Es ist aber gar nicht so seltsam, sondern es ist vielleicht die einzige folgerichtige Konsequenz des Geschehens dieser letzten Wochen, Monate und Jahre, daß wir gerade heute, wo wir am Höhepunkt einer schweren und harten Notzeit uns in den letzten Tagen zusammengesetzt haben, um Hilfe zu finden für unser arbeitendes österreichisches Volk, daß wir gerade heute und in dieser Stunde uns unserer großen geschichtlichen Vergangenheit und unserer Sendung in dieser Vergangenheit wie auch unserer Aufgaben in der Zukunft bewußt werden. Jedes Volk braucht Brot, Kleidung, braucht Raum und braucht vor allem Freiheit! Alles das sind grundlegende Voraussetzungen für seine Funktion im Rahmen der großen Völkergemeinschaft. Alles das kann aber ein Volk nur dann für sich in Anspruch nehmen und nur dann durchsetzen im Rahmen der Völkerfamilie, wenn es sich seiner eigenen Bedeutung, Geschichte und Sendung bewußt ist. Und so wollen wir heute, wenn wir vor der ganzen Welt die Feier des 950jährigen, also fast 1000jährigen Bestandes unserer Heimat begehen, dies tun im vollen selbstbewußten Glauben an uns selber, im bewußten Verantwortungsgefühl, das uns diese Sendung auferlegt, und vor allem aber auch im heiligen Glauben, zu dem uns alle die Generationen, die vor uns für dieses Österreich gekämpft, gestritten, gelitten und gearbeitet haben, verpflichten.

Die österreichische Staatsidee

Es ist in den letzten Wochen viel gesprochen und geschrieben worden über die Werdung und Entwicklung der österreichischen Staatsidee. Ich möchte hier vor dem Hohen Haus nur eines sagen: Der beste, stärkste und stolzeste Beweis für die Existenz dieser österreichischen Staatsidee ist es, daß sich heute hier in diesem Haus die Vertreter der drei politischen Parteien im Beisein unseres Staatsoberhauptes, des Bundespräsidenten, versammelt haben, um ohne Rücksicht auf die verschiedenen Auffassungen über die organische Entwicklung dieses Staates in den letzten tausend Jahren sich gemeinsam zu diesem Staat und seiner Idee zu bekennen und damit zu der Zukunft dieses Staates und den arbeitenden Menschen, die in diesem Staat Garanten sind für sein weiteres Bestehen und seine weitere erfolgreiche Entwicklung. Man kann über Einzelfragen der historischen und vor allem dynastischen, aber auch soziologischen und wirtschaftlichen Entwicklung Österreichs, man kann über Fragen seiner territorialen Gestaltung im Laufe der letzten Jahrhunderte, man kann also kurz gesagt über alle jene Fragen, die jeweils immer nur den politischen Alltag betreffen, verschiedener Meinung sein. Aber eines wird und muß jeder wahre Österreicher, und hier fühle ich mich mit der Meinung des gesamten Hohen Hauses einig, sagen und eines muß auch das gesamte Ausland bestätigen: Österreich wird immer in seiner wechselvollen, manchmal zwiespältigen, aber in ihrem letzten Ziel immer klarsichtigen Politik ein Ort der Völkerversöhnung und damit ein Garant des Völkerfriedens sein. Nicht der Weg, der gegangen wurde, war das Wesentliche, sondern immer wieder und immer nur das Ziel, das letzten Endes dem österreichischen Volk vorschwebte und das letzten Endes auch immer wieder und nur allein die Erhaltung der Selbständigkeit und damit die Erhaltung dieses Staates überhaupt sicherte.

Es sind kaum eineinhalb Jahre her, daß wir jungen, alten Österreicher uns aus Trümmern einer siebenjährigen nazistischen Usurpation wieder unsere Heimat neu aufbauen mußten. Ich sage, wir jungen, alten Österreicher, denn wir sind immer Österreicher geblieben auch in der Zeit, als uns eine uns völlig wesensfremde und wesensfeindliche Tyrannei in Europa vertreten hat, gegen die wir nicht erst seit gestern und vorgestern, sondern gegen die wir bereits seit der Zeit Friedrichs II. von Preußen, des sogenannten Großen, des ersten Vertreters des machiavellistischen Imperialismus, gekämpft haben. Österreich war es damals schon unter Maria Theresia, der größten Herrscherin dieses Landes, das sich aus seinem natürlichen Empfinden, aus dem gesunden Empfinden eines in sich selbst geschlossenen eigenen Volkes gegen diese Expansionswünsche eines machtbesessenen Herrschaftswillens Preußens auflehnte. Und Österreich hat diesen Kampf immer wieder geführt, vorher und nachher. Österreich kämpfte in der babenbergischen Zeit bereits gegen die machtlüsternen Versuche des Feudalismus, Österreich hat dann später unter der Herrschaft der Habsburger als Zentrum Europas den Kampf geführt gegen die Versuche, von allen Seiten dieses Zentrum, dessen Tendenz die Treue war, zu zerstören. Österreich hat immer wieder, wenn sich Imperialismen in Europa bildeten, sofort den Kampf dagegen aufgenommen, zuletzt noch gegen Napoleon, dessen Weltherrschaftspläne gerade durch Österreich zerstört wurden. Und Österreich war der erste Staat in Europa, und zwar nicht mehr das alte, große Österreich, sondern sein Kernland, oder wie wir ganz ehrlich sagen, das eigentliche, richtige Österreich, das seit dem Jahre 1932 und noch früher allein und als erstes den Kampf gegen den größten und verbrecherischesten Imperialismus der Welt, gegen den Hitlerfaschismus, führte.

Geschichtliche Aufgaben und selbständige Zukunft

Aus all diesen geschichtlichen Begebenheiten heraus folgert Österreich nicht nur seine große geschichtliche Aufgabe, sondern auch seine selbständige politische Zukunft in der Welt. Ich will heute hier vor Ihnen, Hohes Haus, nicht über geographische Selbstverständlichkeiten sprechen, nicht darüber sprechen, daß wir im Schnittpunkt dieses Europas eine einmalige verkehrstechnische Aufgabe haben; ich will nicht darüber sprechen, daß wir Österreicher auf Grund der Assimilation verschiedenfältigsten Blutes und nationaler Eigenschaften wie keine andere Nation in diesem Europa dazu berufen sind, zwischen den Nationen Bindeglied, Vermittler und unverbrüchlicher Kitt zu sein. Ich will auch nicht darüber sprechen, daß wir Österreicher durch unseren heiligen Kampf um die Freiheit und um die Wiederbefreiung dieses Europas von dem uns Europäern vollständig fremden und von uns gehaßten imperialistischen Geiste des Terrors unseren Beitrag geleistet haben. Ich will nicht einmal davon sprechen, daß wir Österreicher in diesen eineinhalb Jahren, wo wir nun selbständig wieder arbeiten, uns Tag für Tag und Stunde für Stunde immer wieder nicht nur durch das Wort, sondern auch durch unsere Arbeit, durch die fleißige Arbeit, die unser werktätiges Volk in Österreich unter den schwersten Bedingungen vollbringt, zu der neuen Welt, zu der neuen demokratischen Welt bekannt haben. Nein, ich will nur eines sagen, Hohes Haus: Sprechen wir einmal nicht allein von der politischen Sendung und Aufgabe Österreichs, von seiner territorialen Bedeutung, nein, sprechen wir einmal von den Leistungen dieses Österreichs in den letzten tausend Jahren für die Welt.
Ich habe nicht die Absicht, Ihnen hier einen kulturpolitischen Vortrag zu

halten, aber wir müssen immer wieder und mit allem Nachdruck vor der ganzen Welt aufzeigen, was diese Welt unserer österreichischen Heimat verdankt, angefangen vom goldenen Zeitalter der babenbergischen Kultur, mit Walther von der Vogelweide an der Spitze, über die erste große demokratische Verfassung des Habsburgers Albrecht des Weisen, der durch Anerkennung der Landstände die Demokratie in ganz Europa erstmalig einführte. Weiter über Rudolf IV., der den Föderalismus in diesem Staat schuf und damit die Grundlage modernster staatspolitischer Entwicklung legte, die in Riesenreichen heute in gleicher Weise gehandhabt wird. Weiter über die Gründung der Wiener Universität, der drittältesten Europas, über die Errichtung unseres Stephansdoms, über die Gründung der berühmten Wiener medizinischen Schule bereits im Jahre 1400, über die Zeit, als die Wiener Universität unter König Corvinus Mittelpunkt der astronomisch-mathematischen Forschung und Zentrum der ganzen Welt war, über die Errichtung der ersten Post der Welt unter Maximilian I. und weiter über die wissenschaftlichen großen Taten unserer Österreicher, so des Astronomen Johannes Kepler am österreichischen Hof, und schließlich – ein ununterbrochener Aufstieg zu kultureller Gipfelhöhe – die große Zeit des Barocks in Wien mit Prinz Eugen, nicht dem Marschall, nein, dem großen Kulturpolitiker an der Spitze einer Zeit, die noch heute, Gott sei Dank, zum Teil unzerstört, in den unvergänglichen Meisterwerken der Meister Hildebrand und Fischer von Erlach für die ganze Welt Symbol und Beispiel ist. Österreichs Leistung für die Welt ging aber weiter. Denn dann begann die große Zeit der österreichischen Gelehrten. Es würde zu weit führen, wenn ich nun von der Gründung der ersten Bergakademie Europas unter Maria Theresia bis hinauf zu den großen Führern der Weltwissenschaft Ihnen all jene Männer aufzählen würde, die als Österreicher, als geborene und als bekenntnistreue Österreicher, nicht nur ihrer Heimat Ruhm gebracht, sondern der gesamten Welt durch ihre Leistung ein unerhörtes Geschenk gegeben haben. Wenn sie die Liste der Nobelpreisträger durchsehen, werden Sie immer wieder Österreicher finden, auf allen Gebieten und in jeder einzelnen Disziplin.

Der österreichische Mensch als Weltbürger

Und nun müßte ich eigentlich noch sprechen über jene Leistungen, die uns noch viel näher liegen, denn der Österreicher ist ein musischer Mensch; Kunst, Literatur und vor allem Musik sind uns in einem Maße schöpferisch eigen wie keinem anderen Volk. Was wir auf diesem Gebiete der Welt geschenkt haben, brauche ich wohl in diesem Kreis nicht sonderlich zu betonen. All das zusammen gibt aber immer wieder eines, den österreichischen Menschen. Ja, ich sage es bewußt, wenn auch dieser Ausdruck in den letzten sieben Jahren verpönt und verachtet war, der österreichische Mensch ist und bleibt und soll immer bleiben ein Weltbürger! Es ist gewissermaßen die Quintessenz aller schöpferischen Eigenschaften in Europa, die sich hier in einer Weise zu einer aktivistisch positiven Kraft formte, wie sie anderswo kein Gegenstück findet. Wir sind stolz darauf und wollen auch künftighin dieses Wertvollste, das wir der Welt geben können, bei uns fördern und immer weiter gestalten.

Eines dürfen und wollen wir freilich in diesem Zusammenhang nicht übersehen. Es war und ist die Tragik Österreichs, daß eine irre- und mißgeleitete sogenannte intellektuelle Oberschichte gerade im letzten Jahrhundert es versuchte und auch verstanden hat, das Geschichtsbild dieses Österreichs in einer Form zu verfälschen, die leider auch im Ausland Anlaß zu Mißtrauen gab und geben mußte. Diese Verfälschung der österreichischen historischen Entwicklung ist nicht von einer einzigen Partei ausgegangen, nein, sie hatte in nahezu allen politischen Parteien der früheren Zeit Vertreter, die in wesentlichster Weise gerade unsere akademische Jugend in ihrer geistigen Einstellung beeinflußten und in ihr das Blickfeld auf die wahre Wendung dieses Österreichs und seine Aufgabe verzerrten. Es ist unsere Aufgabe, Hohes Haus, hier gerade in diesem Kreis und an diesem Tage dies offen zu sagen, denn die Jugend Österreichs ist es, auf die es ankommt, ob in den nächsten Jahren in Europa Friede sein wird oder nicht. Immer wieder war es das Herzstück Europas, das maßgeblich die Gestaltung der Politik auf diesem Kontinent nicht direkt, sondern durch die Ausgestaltung seiner geistigen Potenz beeinflußte.

Unsere Jugend steht zur Demokratie in Europa

Hier ist es aber gerade unsere Jugend, und ich freue mich, heute vor aller Welt, vor Ihnen, Hohes Haus, sagen zu können: Unsere heutige Jugend, ganz gleichgültig, ob sie am Schraubstock steht oder in den Laboratorien und Hörsälen der Universität, unsere heutige Jugend bekennt sich zum überwiegenden Teil zu diesem Österreich und damit zu der Demokratie in Europa. Es mag schon sein, daß da und dort noch der eine oder andere Hochschulprofessor nicht am richtigen Platz sitzt – auch diese Fragen werden noch, und zwar rechtzeitig, geklärt werden –, aber viel wichtiger ist es, wo die Jugend sitzt und wo sie steht. Und sie sitzt richtig und sie steht richtig, nämlich dort, wo Österreich „ohn End" ist.

Wir müssen freilich eines der Jugend bieten, und das ist die Sicherung und die Gewähr dafür, daß sie in diesem Österreich auch eine gesunde Zukunftsentwicklung hat. Und damit bin ich bei unseren heutigen Sorgen angelangt. Wir haben Sorgen, wir haben größte und schwerste Sorgen, wir wollen sie nicht leugnen, wir wollen sie auch heute in unserer Feierstunde nicht vergessen, aber wir können diese Sorgen, die uns für die unmittelbare Gegenwart, aber auch für die unmittelbare Zukunft belasten, nur ganz aus der Welt schaffen, wenn man uns die Hände hiefür freimacht.

Österreich hat durch 950 Jahre, zum Teil unfrei, aber immer wieder mit eiserner Energie an der Erhaltung dieses Europas mitgewirkt. Österreich hat damit den Beweis erbracht, daß es sich seiner großen geschichtlichen und politischen Verantwortung bewußt war und bewußt ist. Österreich bedarf aber noch eines hiezu, und das ist die Wiederherstellung seiner vollen Souveränität!

Was heißt Souveränität? Souveränität eines Staates heißt nicht nur eine eigene Regierung haben, heißt nicht nur ein Parlament haben, das Gesetze beschließen darf, heißt noch weniger über kleinere Verwaltungsangelegenheiten bestimmen zu dürfen, Souveränität heißt vor allem Herr im eigenen Hause sein!

Es gibt keine Souveränität, die an Bedingungen geknüpft ist, genau wie es keine Demokratie und Freiheit gibt, die nur bedingt gegeben wird. Entweder wir haben das Vertrauen der Welt und wir glauben, uns dieses Vertrauen verdient zu haben, verdient nicht nur durch unseren Beitrag zur Befreiung Österreichs, verdient nicht nur durch unsere Arbeit in den letzten eineinhalb Jahren für die politische Neugestaltung dieses Österreichs, sondern verdient vor allem durch das Ergebnis der schweren und harten und unter den schwersten Bedingungen durchgeführten werktätigen Aufbauarbeit unserer Arbeiter und Bauern in diesem Staate.

Und so wollen wir auch heute an diesem Festtag, da wir unserer 950jährigen Geschichte gedenken, als ältester Staat in ganz Europa neuerlich an die Weltöffentlichkeit appellieren: Wir danken euch, daß ihr uns befreit habt, und nun krönt euer Werk dadurch, daß ihr uns auch die Freiheit gebt!

Wir haben den Beweis erbracht, daß wir Demokraten sind, unsere Geschichte hat den Beweis erbracht, daß wir Weltbürger sind, und unsere Jugend wird den Beweis erbringen, daß wir Europäer sind. Das österreichische Volk appelliert heute an die ganze Welt anläßlich seines nahezu 1000jährigen Bestandes, diesem Staat die Möglichkeit zu geben, so wie bisher Bollwerk und Hort der demokratischen Freiheit und des Friedens in Europa zu sein. Wir dienen in Liebe und Treue „Österreich ohn End"!

Einig und brüderlich zusammenhalten!

Trotz Ernährungskrise: Hoffnung auf das neue Jahr

31. Dezember 1946

(Rundfunkansprache)

An Wegkreuzungen pflegt man ein klein wenig stillzuhalten, nachdenkend über den Weg, der hinter einem liegt, und mit hoffender Schau auf den Weg vor einem. Wenn ich darum heute als derzeitiger Chef der österreichischen Regierung zu Ihnen, Männer und Frauen von Österreich, spreche, dann muß ich in der nachdenklichen Rückschau Ihnen allen vor allem Dank sagen, Dank sagen für dieses abgelaufene Jahr, das für Sie ein Jahr der größten Opfer, Mühsal und Not war, aber auch ein Jahr der größten Bewährung in der Arbeit für unsere Heimat.

Vor einem Jahr stand ich ebenfalls vor dem Mikrophon, um Sie aufzurufen und um Ihre Mitarbeit zu bitten. Ich weiß, daß das abgelaufene Jahr uns viele Hoffnungen nicht erfüllt hat, die wir an seinem Beginne hegten, aber wir alle wissen auch, daß wir um ein ganz gewaltiges Stück vorwärts gekommen sind, und das danken wir Ihnen, und das danken Sie sich selbst, wo immer Sie auch in diesem Jahr an der Arbeit gestanden sein mögen, am Schraubstock oder am Pflug, im Büro oder in der Gelehrtenstube oder im Haushalt. Sie alle, Männer und Frauen, haben dieses Jahr mitgestaltet, und wenn wir heute zurückdenken, dann müssen wir sagen: Wir können zufrieden sein. Was wir alle mit dazu beitragen konnten, um die Grundmauern zu legen für unsere Heimat, das ist geschehen. Wir sind froh, daß dieses schwere, harte Jahr vorüber ist, aber wir sind auch stolz darauf, daß wir uns seiner nicht zu schämen brauchen.

Und nun gehen wir ins neue Jahr, das noch rätselvoll vor uns liegt, von dem wir nicht wissen, welche neue Beschwerden und Sorgen es uns bringen wird. Eines nur wissen wir, dies aber wissen wir aus innerster Überzeugung und aus Bewährung des abgelaufenen Jahres:

Wir werden auch dieses Jahr bestehen, genau so wie das vorhergegangene. Wenn ich aus unserer Arbeit ein einziges Thema hervorhebe, so ist dies die Frage der Ernährung. Sie wird auch im neuen Jahr die Kardinalfrage jedes österreichischen Regierungsprogramms und das wichtigste Problem jedes einzelnen Haushaltes sein. Es wäre vermessen von mir, Ihnen heute in dieser Richtung große Versprechungen zu machen. Eines aber kann ich sagen, alle verantwortlichen Faktoren in diesem Österreich, die durch Ihr Vertrauen mit der Obsorge für die Ernährung der Bevölkerung betraut worden sind, haben bewiesen, daß sie, wenn auch manchmal mit Verzögerungen, die nicht ihre Schuld waren, kein Mittel unversucht ließen, um dieses Kardinalproblem zu lösen beziehungsweise zumindest immer wieder so weit zu klären, daß wir über das Schlimmste hinwegkamen. Wenn ich Ihnen darum heute sage: Ich glaube, daß wir den Höhepunkt der Krise überstanden haben, dann ist dies das Bekenntnis meines heiligen Willens, auch im neuen Jahr nichts unversucht zu lassen, um diese wichtigste Voraussetzung für die Arbeitsfähigkeit unserer Bevölkerung und damit die Lebensfähigkeit des Staates zu sichern.

Wenn ich heute an die Bevölkerung Österreichs appelliere, sich durch eine gehässige Demagogie nicht irremachen zu lassen, in ihrem Glauben an ein künftiges schöneres und besseres neues Jahr, dann tue ich dies aus der Überzeugung heraus, daß niemals das „Nein", sondern immer nur das „Ja" zur Mitarbeit Erfolge für die Gesamtheit gebracht hat.

Das neue Jahr muß die endgültige Entscheidung über die politische und staatliche Freiheit unseres Heimatlandes bringen. Der Staatsvertrag, den wir uns von den alliierten Befreiermächten als den Erfolg unserer bisherigen Leistung im kommenden Jahr erwarten – und zwar nicht zuletzt auch auf Grund unseres großen Beitrages zur Befreiung Europas –, wird uns endlich wieder normale Verhältnisse im öffentlichen Leben unserer Heimat bringen und damit allein schon wesentliche Erleichterungen für die gesamte Wirtschaft, für die Verwaltung wie auch für jeden einzelnen arbeitenden Menschen in diesem Staate, und wenn ich vor einigen Tagen sagte, daß die Ankündigung der Behandlung der sogenannten österreichischen Frage vor dem Forum der Weltmächte eines der schönsten Weihnachtsgeschenke war, so möchte ich dies heute damit ergänzen, daß ich sage, dies bedeutet unsere größte und wertvollste Neujahrshoffnung.

Und nun darf ich dem gesamten österreichischen Volk aus ganzen Herzen ein begnadetes und gesegnetes neues Jahr auch für jede einzelne Familie wünschen und Sie bitten: Denken Sie stets daran: wir können unser Österreich nur aufbauen und wir können das Schicksal jedes einzelnen Menschen in diesem Lande nur verbessern, wenn wir zusammenhalten, einig und brüderlich im Geiste der demokratischen Freiheit und Menschlichkeit. Wir bitten den Herrgott, daß auch unsere letzten Kriegsgefangenen in diesem Jahr zurückkehren, um an diesem großen gemeinsamen Werk mit uns Hand in Hand mitarbeiten zu können.

In diesem Sinn ein Prosit Neujahr 1947!

Richtlinien für den Staatsvertrag
Österreichs Freiheit – eine Vorbedingung zu einem mitteleuropäischen Frieden

15. Jänner 1947

(Regierungserklärung über Staatsvertragsverhandlungen in London)

In der Regierungserklärung vom Dezember 1945 habe ich als erste und unerläßlichste Voraussetzung für den Wiederaufbau Österreichs und damit für die Sicherung des Friedens in Mitteleuropa die endgültige Wiederherstellung der Freiheit und Selbständigkeit unseres Vaterlandes gefordert. Im Laufe des ersten Jahres der Tätigkeit unserer Regierung haben wir nichts versäumt, um zu diesem Ziele zu kommen, und neben allen sonstigen schwierigen Übergangsarbeiten zur Sicherung von Brot und Arbeit für die werktätige Bevölkerung in Österreich immer wieder darauf hingewiesen, daß all dies nur Stückwerk sein muß, solange wir nicht wieder vollkommen selbständig und frei sind. Die Regierung hat in dieser Zeit aber auch alles vorgekehrt, um für den entscheidenden Moment gerüstet zu sein, damit bei der Verhandlung über die Freiheit Österreichs die österreichischen Interessen wirklich nach jeder Richtung hin gewahrt und gesichert werden. Der Ministerrat hat sich eingehend mit den grundlegenden Problemen beschäftigt und sich auf eine einheitliche Linie festgelegt. Die Landeshauptleute haben dazu Stellung genommen und den Entwurf gutgeheißen.

Wenn nun gestern in London die Konferenz der stellvertretenden Außenminister begonnen hat, auf deren Tagesordnung offiziell auch die sogenannte Österreichfrage steht, so ist dies für uns Österreicher ein besonders bedeutungsvoller Tag. Wenn ich sage, die sogenannte österreichische Frage, so deshalb, weil die Unabhängigkeit, Selbständigkeit und volle Freiheit Österreichs bereits vor dem Niederbruch des Naziregimes von den alliierten Mächten in mehreren Konferenzen festgelegt und garantiert wurde. Im Hinblick auf diese Garantie hat die Widerstandsbewegung in Österreich damals mit besonderer Intensität den inneren Kampf gegen den Nazismus aufgenommen und damit bewiesen, daß Österreich dieser Rückgabe seiner souveränen staatlichen Rechte würdig ist, weil es Mitkämpfer war um die Befreiung ganz Europas.

Darf ich Ihnen ganz kurz die Richtlinien darlegen, die für die Haltung der österreichischen Regierung in der Frage des Abschlusses des Staatsvertrages bei den Verhandlungen in London beziehungsweise später in Moskau maßgebend sein werden.

1. Die Wiederherstellung der Unabhängigkeit Österreichs in den Grenzen des Jahres 1937.

Österreich ist das erste von Hitler-Deutschland überfallene und besetzte Gebiet, das daher ebenso wie die übrigen überfallenen und besetzten Gebiete Europas den Anspruch hat, von den Vereinten Nationen mit besonderer Rücksicht behandelt zu werden.

2. Die Grenzen des Jahres 1937.

Die Feststellung, daß Österreich in den Grenzen des Jahres 1937 wiederhergestellt wird, das heißt, daß kein Gebietsteil von Österreich abgetrennt wird.

3. Die demokratische Verfassung.

Die österreichische Verfassung beruht auf demokratischer Grundlage, die auf dem allgemeinen, gleichen und direkten Wahlrecht gegründet ist. Es ist der einmütige Entschluß des österreichischen Volkes und seiner Regierung, daß der Schutz der Menschenrechte gewahrt bleibe. Zur eigenen Sicherung des Landes sollen alle Kriegsverbrecher der Strafe zugeführt werden sowie alle nationalsozialistischen Organisationen aufgelöst und die Neubildung solcher Organisationen unter allen Umständen verhindert bleiben.

4. Eintritt Österreichs in die Vereinten Nationen.

Es ist die Feststellung anzustreben, daß Österreich nach dem Inkrafttreten des Staatsvertrages alle Voraussetzungen erfüllt hat, um in die Vereinten Nationen aufgenommen zu werden, und die vier alliierten Großmächte ihre Zusicherung geben, die Kandidatur Österreichs zu unterstützen.

5. Die Beendigung der Besetzung und die Zurückziehung der alliierten Streitkräfte.

Dieses Ziel ist wohl eines der wichtigsten, das Österreich anstreben muß.

6. Österreich bezahlt keine Reparationen.

Wir werden auf die ausdrückliche Feststellung hinwirken, daß Österreich als nichtfeindliches Land keine Reparationen zu zahlen hat.

7. Die militärische Klausel.

Es ist anzunehmen, daß in dem Staatsvertrag auch Bestimmungen über die künftigen militärischen Verteidigungskräfte Österreichs enthalten sein werden. Es muß aber abgewartet werden, bis die Vertragspartner ihre Vorschläge über die militärischen Klauseln bekanntgeben, bevor zu ihnen näher Stellung genommen werden kann.

8. Die Kriegsgefangenen und Zivilinternierten.

Eine der schmerzlichsten Erfahrungen des letzten Krieges besteht in der langdauernden Zurückhaltung der kriegsgefangenen und zivilinternierten österreichischen Staatsangehörigen in den einzelnen alliierten Staaten. Wir werden darauf hinwirken, daß diese schwergeprüften Personen baldigst in die Heimat zurückkehren können.

9. Displaced persons.
Die Zahl dieser Personen auf österreichischem Gebiet beträgt noch immer 540.000. Es wird darauf Bedacht genommen werden, daß die durch die Anwesenheit dieser Leute hervorgerufenen Schwierigkeiten beseitigt werden, ohne daß daraus für Österreich eine besondere Bindung für die Zukunft entsteht.

10. Der Grundsatz der Ersatzansprüche gegen Deutschland.
Österreich hat durch die deutsche Aggression so unermeßliche Schäden an Menschen und Gütern erlitten, daß der Ersatz dieser Schäden kaum mit Aussicht auf Erfolg wird geltend gemacht werden können. Daher wird bei den Verhandlungen darauf zu dringen sein, daß Österreich das deutsche Vermögen in Österreich, insoweit es nicht auf Grund der Potsdamer Beschlüsse durch die alliierten und assoziierten Mächte in Anspruch genommen wird, zur wenigstens teilweisen Tilgung seiner Ersatzansprüche zugesprochen werde.

11. Rückstellungsansprüche gegen Deutschland.
Auf jeden Fall wird aber der Anspruch Österreichs auf Rückstellung aller von Deutschland aus Österreich verschleppten Güter schon in London anzumelden sein. Hiezu gehören vor allem der Goldschatz und die Kunstwerke, ferner das rollende Material unserer Staatsbahnen und so weiter.

12. Regelung der gesamten konkreten Beziehungen zwischen Österreich und Deutschland.
Über die unter 10. und 11. genannten Ansprüche hinaus muß eine Neuregelung der gesamten konkreten Beziehungen zwischen Österreich und Deutschland angebahnt werden. Hiezu gehören insbesondere die Fragen der österreichischen Vermögen in Deutschland sowie die finanzielle Auseinandersetzung einschließlich der Frage des österreichischen Besitzes an deutschen Wertpapieren.

13. Nichtigkeit der Vermögensübertragung an Deutschland nach dem März 1938.
Während der deutschen Besetzung wurden viele Österreicher gezwungen, ihre Unternehmen an das Deutsche Reich oder an deutsche Staatsangehörige zu übertragen. Das österreichische Nichtigkeitsgesetz hat alle diese Verträge ausdrücklich als nichtig erklärt. Es wird anzustreben sein, daß diese Regelung der österreichischen Restitutionsgesetzgebung allgemein anerkannt werde.

14. Die Potsdamer Beschlüsse.

Die Bundesregierung ist sich der Bedeutung der Regelung der Frage des deutschen Eigentums in Österreich voll bewußt und wird für eine für die österreichische Wirtschaft tragbare Lösung eintreten.

15. Das österreichische Eigentum im Ausland.

Wir werden darauf hinwirken, daß im Hinblick auf die besondere Stellung Österreichs das österreichische Eigentum im Auslande nicht beschlagnahmt bleiben und liquidiert werden darf.

16. Die Wirtschaftsbeziehungen zwischen Österreich und dem Auslande.

Eine der wichtigsten Aufgaben des Staatsvertrages wird sein, die Grundlagen zu schaffen, damit die österreichische Wirtschaft in entsprechender Weise in die Wirtschaft der anderen Länder eingegliedert werden kann. Dabei wird das Hauptaugenmerk darauf zu richten sein, daß keine differenzierenden Maßnahmen gegen Österreich bestehen bleiben.

Das sind die Hauptfragen. Daneben gibt es noch eine ganze Reihe anderer bedeutsamer Fragen, wie die der Sicherung des freien Verkehrs einschließlich des freien Transitverkehrs mit allen für Österreich wichtigen Ländern, Bestimmungen über das gewerbliche, literarische und künstlerische Eigentum, über das zwischenstaatliche Vertragsregime und so weiter.

Die wichtigste Frage aber, ohne deren restlose Lösung der Staatsvertrag viel, wenn nicht alle praktische Bedeutung verlieren würde, bleibt immerdar: die Wiederherstellung der vollen, uneingeschränkten Souveränität Österreichs sowie die Wiedererlangung der vollen und uneingeschränkten Verfügungsgewalt über alle Wirtschaftskräfte des eigenen Landes!

Dies sind die wichtigsten Fragen, die den Standpunkt Österreichs in diesen schicksalsentscheidenden Verhandlungen sichern. Seit der Befreiung ist unser aller Sehnen und Mühen nur darauf gerichtet gewesen, wieder frei zu sein im eigenen freien Vaterland. Nun sind wir so weit, daß über die Verwirklichung unserer Selbständigkeit und Freiheit in London vorverhandelt wird, und wir wissen, daß die endgültige Fassung unseres Staatsvertrages auf der großen Außenministerkonferenz in Moskau am 10. März entschieden werden wird. In dieser größten und schicksalsschwersten Stunde für Österreich darf ich an Sie, meine Damen und Herren Abgeordneten des österreichischen Volkes, den Appell richten, einmütig zusammenzustehen, wie immer Sie sich auch zu Einzelfragen verhalten mögen, in dieser größten und wichtigsten Lebensfrage für ganz Österreich, in der Frage der Freiheit des Landes Vertrauen und Zuversicht zu haben. Es geht in dieser harten Zeit wirklich um den Bestand eines freien Vaterlandes. Wir wollen alles Trennende zurückstellen und gerade in dieser Zeit den alliierten Mächten beweisen, daß wir so verantwortungsbewußt und so stark im Glauben an die Zukunft unseres Landes sind, daß wir in gemeinsamer Arbeit, in gegenseitigem Vertrauen zusammenstehen und zusammenhalten, um endlich frei zu werden in unserem eigenen Hause. Erst dann werden wir Zeit und Möglichkeit haben, uns dieses Haus so einzurichten, wie wir Österreicher es uns wünschen. Möge das Jahr 1947, das so verheißungsvoll beginnt, uns wirklich die Erfüllung bringen. Und die Erfüllung, sie kann nur sein: ein freies, demokratisches und unabhängiges Vaterland Österreich!

Aus dem tiefen Glauben an die Auferstehung Österreichs
Die Österreichische Volkspartei ist eine neue Partei, ihr Sinn ist ein demokratisch-parlamentarischer Dienst an der Heimat
19. April 1947
(Bericht des Parteiobmannes am 1. Bundesparteitag der ÖVP)

Bericht des Parteiobmannes am ersten Bundesparteitag. In meiner Eröffnungsrede habe ich drei Wegrichtungen gezeigt, den Sinn des Lebens, den Weg und das Ziel, und wenn wir heute einen Bericht unserer Partei geben, so müssen wir auch an diesen drei Grundsätzen festhalten: an dem Sinn der Partei und dem Weg, den diese Partei geht, und dem Ziel, das diese Partei erreichen will.

Der Sinn der Partei ist zutiefst begründet bei jedem einzelnen, Mithelfer, Mitarbeiter, Mitgestalter, Mitformer zu sein an der gesellschaftlichen Neuordnung, an der sozialen Neuordnung, an der Wirtschaftsgesundung und an der kulturellen Entwicklung nach den Grundsätzen des echten und wirklichen Christentums. Wenn wir diesen tiefen Sinn unserer Partei verwirklichen wollen, so brauchen wir uns nur zu erinnern, wann ist denn diese Partei entstanden, und wann haben wir dieser Partei diesen tiefen Sinn gegeben. In der Zeit, als unser Bemühen, unser Kampf für die Erhaltung Österreichs zu Ende war, in den Märztagen des Jahres 1938, an diesem Tag, als wir in die Kerker gewandert sind, war es uns klar, daß wir damit beginnen müssen, der Zeit einen neuen Sinn zu geben, und dieser Sinn und dieses Hoffen war, daß wir aus all dem Elend, aus all der Not herauskommen. Wir hatten den tiefen Glauben: Österreich kommt wieder, und Österreich müssen wir selbst wieder miterkämpfen, miterarbeiten durch unser Bekenntnis, durch unseren unbeirrbaren Glauben und durch unser Zusammenhalten und Zu-

104

sammenstehen. Und daher war es klar, daß an dem Tag, an dem in Wien noch die Kanonen donnerten, all die Menschen, die den Sinn unserer Partei durch die acht Notjahre im eigenen Herzen verspürten, diesen Sinn auch gefunden haben. In den ersten Tagen, am 11. und 12. April, war es in Wien schon bekannt: Es gibt in Österreich eine neue Partei, und diese neue Partei heißt Österreichische Volkspartei.

Wie Stunde „Null" im Schottenstift

Wer erinnert sich nicht an diese ersten Tage, als wir im Schottenhofe beisammen waren, um die Grundgedanken festzulegen! Unser Senior, Freund Kunschak, und alle, bis zu den ganz Jungen, alle zusammen haben dieser Partei zuerst das Gepräge gegeben, sie geformt, sie alle haben nicht nur durch ihre Gedanken, sondern auch durch die Tat mitgearbeitet, denn bei der Bildung der ersten Provisorischen Staatsregierung, die am 27. April die Angelobung leistete, war die Österreichische Volkspartei bereits maßgeblichst beteiligt. Die Volkspartei hat aber damit als neue, junge Partei auch der Welt und dem eigenen Volke bewiesen, daß sie nicht nur reden und arbeiten, sondern auch mitverantworten will, und wir haben dieses Verantworten, glaube ich, wie kaum eine andere Partei in Österreich in die Tat umgesetzt. Denn erinnern wir uns, verehrte Freunde, wer war es denn, der gedrängt hat, als es möglich war, die vier Zonen zu durchbrechen, um zu einem einheitlichen Österreich zu kommen? Wer war es, der die erste Länderkonferenz verlangte? Es war die Volkspartei, weil sie eben eine Partei des österreichischen Volkes ist. Sie mußte dafür sorgen und auch die Verantwortung tragen, daß das ganze Österreich wieder zu einem einheitlichen Staat zusammenkommt. Wer war es, der auf der zweiten Länderkonferenz verlangt hat, daß dieses Volk von Österreich selber entscheiden soll und muß, wer und wie in diesem Staat regieren soll? Es war einzig und allein die Volkspartei, die den Ruf nach Wahlen in Österreich erhoben hat!
Es hat harte Kämpfe gekostet, und es mußten viele Steine aus dem Weg geräumt werden, um in diesem Österreich zu Wahlen zu kommen. Aber, verehrte Freunde, wer hat denn ein Recht, über ein Volk zu regieren, Verordnungen und Gesetze zu erlassen, wenn nicht dieses Volk selber? Wer war denn die Provisorische Staatsregierung? Es waren die verehrten Freunde, die von den Parteivorständen ernannten Regierungsmitglieder. Auch die Landesparteivorstände waren in dieser Zeit nur Provisorien. Es war daher klar, daß, wer Verantwortung trägt, die Legitimation der Verantwortung vom Volke empfangen muß. Dies aber ist in einem demokratischen Staate nur durch Wahlen möglich. Und wenn Sie sich erinnern, als es hieß, am

25. November, am Kathrinitag, wird in Österreich gewählt, da haben wir Österreicher den Weg aufgezeigt, den die Volkspartei gehen will. Und das Ziel, das wir erreichen wollten, war: arbeiten, arbeiten und noch einmal zu arbeiten und für diese Arbeit aber auch die Verantwortung zu tragen. Das Ziel, das wir damit erreichen wollten, ist: ein wirklich freies, ein wirklich gerechtes und ein wirklich gesundes Österreich wiedererstehen zu lassen. Das Volk hat diesen Weg und dieses Ziel für richtig befunden. Es hat mit einer Mehrheit, wie sie kaum früher einmal vorhanden war, einer einzigen Partei ihr Vertrauen geschenkt. Wir haben heute 85 Abgeordnete im Parlament, gegenüber 80 Abgeordneten der beiden anderen Parteien. Damit haben wir aber auch die Verantwortung für die weitere Gestaltung unseres Vaterlandes übernehmen müssen.

Ein schwerer österreichischer Weg

Der Weg, den wir seit November gegangen sind, war hart und schwer. Er wird aber auch noch in der nächsten Zeit hart und schwer sein, bis das Ziel erreicht sein wird. Ich will jetzt nicht die einzelnen Tagessorgen im besonderen aufzeigen, sondern nur in einigen großen Strichen die Hauptgedanken darlegen. Österreich hat heute nicht nur ein frei gewähltes Parlament und eine vom Volke gewählte und anerkannte Regierung, es hat auch nach außen hin Anerkennung gefunden. Die österreichische Idee ist nicht nur bekannt, sie findet ihren Ausdruck auch in der Anerkennung dadurch, daß wir heute beinahe in allen Staaten Europas – mit nur ganz wenigen Ausnahmen – und auch außerhalb Europas unsere offiziellen diplomatischen Vertretungen haben, daß wir Österreicher heute bereits wieder Handelspolitik betreiben können, daß wir schon wieder, zwar nur als befreites Land, immerhin aber doch schon Staatsverträge unterzeichnen können, ja, daß wir, obwohl wir nur ein befreiter, aber noch kein ganz freier Staat sind, doch schon von vielen Staaten Europas und auch von solchen außerhalb Europas als souveräner Staat anerkannt werden.

Es ist schon ein ganz schönes Stück des Erfolges, den wir in den letzten eineinhalb Jahren erreichen konnten. Wenn ein Staat neu gebaut werden muß, so ist eine der Grundbedingungen die staatliche Souveränität, die staatliche Autorität und eine gute Staatswirtschaft. Zur Wirtschaft gehört natürlich eine gesunde Währung, und mit einer gesunden Wirtschaft ist eine gesunde moderne Sozialpolitik möglich, damit wirklich soziale Gerechtigkeit in diesem Staate und in diesem Volke wieder herrschen. Ich will nicht über Wirtschaftspolitik und über Sozialpolitik reden, denn über diese Fragen werden im besonderen unsere Freunde des Präsidiums in ihren Referaten sprechen. Wir sind aber auch auf diesen Gebieten ein ganz schönes Stück nach vorwärts gekommen, und wenn wir noch nicht alles erreicht haben, was wir in dieser Zeit vielleicht hätten erreichen können, so sind die Schwierigkeiten darin begründet, daß wir eben nur ein befreiter und kein freier Staat sind.

Bei der ersten Friedenskonferenz in Paris konnten wir unsere Stimme für unsere Freiheit und Souveränität erheben, unsere Ansprüche, unser Ziel und unser Wollen in die erste große Friedenskonferenz hineintragen. Ich weiß, daß manche damals und auch heute noch nicht ganz zufrieden gewesen sind. Aber Politik heißt eben, das, was möglich ist, im gegebenen Zeitpunkte zu erreichen. Und in Paris war nicht mehr zu erreichen, als eben erreicht wurde. Wir haben uns dann bemüht, die Frage Österreichs endlich einer Lösung zuführen zu können. War es zunächst etwas düster und trübe, im Dezember wurden wir froheren Mutes, als wir hörten, im Jänner begännen die Vorverhandlungen über den Staatsvertrag. Wenn ich, verehrte Freunde, sage „Staatsvertrag", dann dürfen wir auch eines feststellen: Wer war denn der Initiator, daß wir Österreicher keinen Friedens-, sondern einen Staatsvertrag bekommen? Es war die Volkspartei. Denn, verehrte Freunde: Frieden kann man nur mit einem Staat schließen, mit dem man in Feindschaft und im Kampfe gestanden ist. Waren wir irgendwie im Kriege als Staat beteiligt? Wir waren eine vergewaltigte und in den preußischen Terror eingeschaltete Provinz und nichts anderes! Waren wir ein Staat? Hatten wir eine eigene Verwaltung? Hatten wir eine eigene Wirtschaft? Wenn der Staat ausradiert ist, dann kann der Staat nur durch einen Staatsvertrag und niemals durch einen Friedensvertrag wiederhergestellt werden. Es ist dank unserer Arbeit gelungen, daß uns die großen alliierten Mächte einen Staatsvertrag und keinen Friedensvertrag geben, denn damit ist die Verantwortlichkeit im wesentlichen schon gefallen.

Drei Grundsätze für einen Staatsvertrag

So konnten wir auch in London vor den stellvertretenden Außenministern in diesen Gedankengängen unseren Standpunkt darlegen. Ich brauche nicht über die Erfolge und Nichterfolge von London zu sprechen. Sie sind uns allen zu bekannt. Wir blicken gerade jetzt nach Moskau, wo das Schicksal unseres Heimatlandes entschieden werden soll. Ich kann heute auch nichts sagen über die Verhandlungen in Moskau. Die Wogen gehen noch auf und ab. Wir hoffen aber, daß es sich in diesen Tagen entscheidet. Ich glaube sogar, daß noch dieser Parteitag ein Urteil bekommen wird und daß wir sehen können: Wird Moskau uns das erstrebte und ersehnte Ziel bringen, oder wird es um einige Monate später sein. Wir, verehrte Freunde, haben in dieser Hinsicht besondere Verantwortung, denn die zwei Vertreter der österreichischen Regierung, die heute in Moskau sind, sind Vertreter der Volkspartei. Außenminister Gruber und Wirtschaftsminister Krauland, beide repräsentieren Österreich. Es ist aber in diesem Fall so – sagen wir es ganz offen, und deswegen war ja Freund Krauland hier –, daß wir einem Staatsvertrag nur dann zustimmen können, wenn drei Grundsätze geklärt sind: Der erste Grundsatz heißt: Österreich muß in den Grenzen vom 31. Dezember 1937 wiederhergestellt werden! Der zweite Grundsatz heißt: Wir können diesen Staatsvertrag nur unterzeichnen und ihm unsere Zustimmung geben, wenn wirklich die uneingeschränkte Souveränität dieses Staates garantiert wird! Eine Souveränität, die uns mit irgendeiner Einschränkung gegeben werden sollte, wird von uns abgelehnt! Denn es gibt keine Souveränität mit Einschränkungen, entweder ist man frei oder man ist nicht frei. Und wir wollen ganz frei sein! Und der dritte Grundsatz ist, daß man uns auch die Existenzmöglichkeit gibt. Das heißt, daß die Wirtschaft in diesem Staat wirklich von Österreich geführt wird, für Österreich arbeitet und für sonst niemand! Diese drei Grundgedanken, verehrte Freunde, müssen der tiefste Inhalt des neuen Staatsvertrages sein. Und darum werden wir nicht nervös, wenn es nicht morgen ist. Wir sind überzeugt, daß, wenn wir durchhalten – und in der Politik geht es um nichts anderes als um Durchhalten und um Festbleiben –, die Endphase sich doch zum Sieg und Vorteil dieses Staates und seines Volkes auswirken wird. Diese Verantwortung ist hart und schwer. Aber es ist so, wie ich gestern sagte: Wir Volksparteiler müssen eben den schwersten Stein auf unsere Achsel nehmen und den Weg gehen zum erstrebten und ersehnten Ziel.

Damit habe ich ganz kurz nur auch den Weg und das Ziel unseres bisherigen Arbeitens gezeichnet. Werte Freunde! Ich könnte jetzt natürlich noch auf die Details, die täglichen Sorgen, Arbeiten, Nöte und Schwierigkeiten eingehen, aber Sie haben schon so vieles von mir gehört, und es stehen heute noch so viele Punkte auf der Tagesordnung, daß ich Ihnen nicht mehr viel Zeit wegnehmen will. Die Volkspartei muß aber eines wissen: Österreich kann und wird nur dann wirklich frei und wirklich gesund bleiben können, wenn das Volk in diesem Staat in einer großen Partei zusammenhält und damit die Front genau zeichnet: Hier Österreichertum, hier wirkliche Freiheit, hier grundsätzlich christliche Wirtschafts- und Sozialpolitik, da die Linksfront des Marxismus, des Sozialismus und des Kommunismus!

Ehrliche, schwere Arbeit im Dienste des Volkes

Wir haben erlebt, was Diktatur heißt: Wir haben erlebt, was es heißt, unfrei sein, und jetzt, da wir in diesen harten Notjahren dieses Ersehnte und Erstrebte erreicht haben, jetzt sollten wir vielleicht, nur weil es hart ist, schwach werden oder vielleicht eifersüchtig einer auf den anderen werden? Wir tragen eine harte und schwere Verantwortung nicht nur für heute, sondern auch für morgen und übermorgen, für die ganze Geschichte. Dieses Volk hat in der ersten Wahl entschieden, hat an diese Sammlung aller aufbauwilligen ehrlichen Österreicher geglaubt, hat seine ganze Hoffnung in diese Gemeinschaft der Volkspartei hineingelegt, und jetzt, wo wir vor dem erstrebten Ziel sind, jetzt gilt erst recht für uns die Verpflichtung, die wir damals mit der Verantwortung übernommen haben, nicht nur für heute, sondern für die Zukunft, daß dieses Österreich christlich und frei bleibt. Die anderen Parteien, sie bemühen sich krampfhaft, rücksichtslos und brutal, ihre Idee in die Tat umzusetzen, um alles, was nur irgendwie möglich ist, gegen unser Wollen, gegen unsere Arbeit aufzuzeigen und Gegenteiliges, wenn es auch die ärgste Verleumdung ist, ins Volk zu streuen, um es irre zu machen an unserem ehrlichen Wollen. Verehrte Freunde, daher die Verpflichtung für jeden einzelnen Funktionär, für jeden Anhänger dieser Partei: ein wirklich ehrlicher Arbeiter im Dienste des Volkes zu sein. Wir, die wir die Partei, vom Ortsgruppenobmann bis herauf, repräsentieren, müssen Beispiel sein für das Volk in unserer Arbeit und in unserem persönlichen Leben. Die Partei muß sauber sein, und nur dann, wenn das Volk sieht, daß hier wirklich Ehrlichkeit und Sauberkeit herrschen, dann können wir vor dem eigenen Volk, vor unserer Zukunft und vor uns selbst, vor unserem eigenen Gewissen bestehen und unsere Funktionen ausüben. Der, der mit seinem Gewissen selbst nicht im reinen ist, kann kein Repräsentant in diesem Volke sein.

Von der Moral in der ÖVP

Dem Kampf und den Bemühungen, unsere Landsleute, die noch in der Gefangenschaft schmachten, in die Heimat zurückzubekommen, waren bis heute kein hundertprozentiger Erfolg beschieden, aber – Gott sei Dank –, in vielen Staaten sind diese unsere Bestrebungen erfolgreich beendet. Wir hoffen und appellieren namens unserer Partei an jene Staaten, in denen noch heute, zwei Jahre nach Beendigung des Krieges, Österreicher als Kriegsgefangene zurückbehalten werden, man möge sie endlich der Heimat zurückgeben! Wir appellieren an diese Staaten, daß man endlich den Frauen die

Männer, den Kindern die Väter und den Eltern die Kinder zurückgibt. Um die Gefangenenrückkehr, verehrte Freunde, haben sich der Kanzler, die ÖVP-Minister und der Staatssekretär ehrlich bemüht. Nur eines haben wir nicht getan, nämlich, daß wir damit Parteipolitik betrieben haben, weil wir in jedem Landsmann, der in der Fremde ist, eben nur den Österreicher und nicht den Parteimann sehen. Wenn ein Heimkehrer zurückkehrt in der Sehnsucht, in der Heimat mitzuarbeiten, wo soll denn dieser Heimkehrer Vertrauen gewinnen, wenn er nicht an Beispielen und an der Tat sieht, welche Partei ehrlich für dieses Volk arbeitet, wenn er nicht sieht, daß jeder einzelne Funktionär die Verantwortung hat. Davon hängt es auch ab, verehrte Freunde, ob der Heimkehrer durch unser Beispiel den Glauben und das Vertrauen zu unserer Partei gewinnen kann und damit sich in die aufbauwilligen, in die ehrlichen, freiheitsliebenden, sozial gerecht und christlich denkenden Österreicher einreiht, oder ob er in der Verzweiflung, weil er hier nicht die Reinheit und nicht die ehrliche Arbeit findet, dann zu den destruktiven Elementen übergeht und in seiner Enttäuschung anstatt aufbauend zerstörend wirkt. Wie soll unsere Jugend, die acht Jahre geknechtet war, die über die vier Seiten des Quadrates, in dem sie eingepfercht war, nicht hinausgesehen hatte, die nicht wußte, was Österreich ist und was die Welt ist, wie soll diese Jugend nun wirklich zu Österreichern erzogen werden, wie soll sich diese Jugend in die Front der staatserhaltenden und für die Freiheit des Staates und für das Wohl des Volkes arbeitenden Partei einordnen, wenn sie nicht sieht, in dieser Partei werde ich nicht nur wirklich gehört, in dieser Bewegung darf ich nicht nur arbeiten, da darf ich auch mitverantworten; ich kann mich daher in diese Partei einreihen, in ihr ist wirkliche Ehrlichkeit, Sauberkeit und Reinheit vorhanden.

Große Verantwortung lastet auf unserer Partei. Darum möge sich jeder dieser Verantwortung bewußt sein, denn eines ist klar: Wenn heute Österreich nach links rutschen würde, die Schuld daran trügen wir, jeder einzelne von uns. Und da frage ich euch, Parteifreunde, wer will sich mitschuldig machen an dem Untergang dieses befreiten – und wir hoffen – bald freien Vaterlandes, oder wer will in dieser entscheidenden Stunde mitverantworten, daß wir nicht frei werden? Das ist unser Ziel und unser Weg, den wir gehen müssen, wenn wir den Sinn unserer Parteiidee richtig verstanden haben.

Eine junge Partei für die Zukunft

Unsere Partei ist jung. Es gibt natürlich noch manches, das geordnet und in feste Formen gebunden werden muß. Dazu haben wir morgen den ganzen Tag Möglichkeit genug. Morgen werden in allen Fragen, in Fragen der Po-

litik, der Wirtschaft, der Landwirtschaft, der Sozialpolitik, der Kommunal-
politik, der Kulturpolitik und der Außenpolitik, in allen Fragen des staatlichen und wirtschaftlichen Lebens die Ausschüsse Beratungen abhalten. Jedes Land und jeder Berufsstand ist in den Ausschüssen vertreten. Wenn ihr,
verehrte Freunde, morgen in den Ausschüssen arbeitet, dann sagt auch offen
eure Kritik an der bisherigen Führung. Diese Kritik aber muß positiv sein.
Macht, wenn etwas nicht richtig ist, bessere Vorschläge, zeigt einen besseren
Weg! Wenn wir dann in den Ausschüssen alles durchgearbeitet haben, werden wir am Montag das Ergebnis dieser Ausschußberatungen in der Plenarsitzung verwerten, die Erfahrungen der Beratungen sammeln und dann in
dem Wissen den Weg aufzeigen, den die Parteiführung, die wir am Montag
zum ersten Male auch auf demokratische Art wählen wollen, gehen soll.
Darum genug für heute! Nur noch das eine Wort: Die Partei und jeder einzelne von uns trägt die Verantwortung für die Zukunft. Wer aber wirklich
Verantwortung tragen will, der arbeite und sei sauber.

Die ÖVP – eine Integrationspartei
für Österreich
Demokratie, Generationenproblem,
politische Ausgewogenheit
21. April 1947
(Schlußansprache des wiedergewählten Parteiobmannes der ÖVP)

Ich glaube, zuerst persönlich und auch im Namen meiner Freunde für das
Vertrauen, das Sie uns durch unsere Wahl entgegengebracht haben, herzlichst danken zu müssen. Wir haben uns immer bemüht, unser Bestes für
die Partei und durch die Partei für unser österreichisches Volk zu leisten.
Wir stehen heute in entscheidenden Tagen, da wir als größte Partei auch die
Verantwortung für die Zukunft dieses Staates tragen. Für die Entscheidungen, die in den nächsten Tagen oder Monaten getroffen werden, die Verantwortung zu tragen, ist nicht leicht. Wenn wir uns aber trotz der Schwere
entschlossen haben, so vor allem durch Ihr einstimmiges Bekenntnis des
Vertrauens. Denn in der Partei kann man nicht Parteiführer sein, ohne zu
wissen, daß die Partei und vor allem die Funktionäre wirklich ehrliche und
verstehende Mitarbeiter sind.
Darum, verehrte Freunde, neben dem Dank die Bitte, die ehrliche und aufrichtige Bitte zur Mitarbeit, eine Mitarbeit, die vor allem in den demokra-

tischen Grundsätzen verankert ist. Das Wissen um die Freiheit des Einzelnen, um das Recht des Einzelnen, aber auch um die Verpflichtung, sich ein-
und – wenn es notwendig ist – unterzuordnen zum Wohle aller. Denn nur
so können wir die Demokratie nicht nur in der Partei, sondern auch durch
die Partei im Staate weiterführen, und das wollen wir ja. In dem Wissen, daß
mit einem Schlag noch kein Baum gefällt ist und auch ein erst befreites demokratisches Österreich in zwei Jahren noch nicht wirkliche, durch Jahrzehnte erschaffene Demokratie in Reinkultur verwirklichen kann, können
wir dem Ziel wahrer Demokratie nur durch ehrliche und wirkliche Zusammenarbeit innerhalb der Partei näher kommen.

Die ÖVP – demokratisch aufgebaut

Die Partei ist demokratisch aufgebaut. Die Partei ist als demokratische Partei eine Volkspartei. In ihr sind alle Berufe und alle Stände vertreten. Vom
kleinen Bauern, vom kleinen Arbeiter, vom kleinen Angestellten und kleinen Handwerker bis zum höchsten Beamten und zum größten Unternehmer, soweit man von Großunternehmertum in diesem Staate überhaupt reden kann. Es sind der Besitzende, Große, Kleine, Mittlere und der Ärmste
beisammen, und alle zusammen bilden eine Gemeinschaft des Vertrauens
und Verstehens und der gegenseitigen Verpflichtung. Dies wollen wir auch
in aller Zukunft halten. Ich will nicht – und das erwarten Sie von mir heute
auch nicht – noch einmal eine große programmatische Rede halten, denn
unser Programm und unser Wollen, glaube ich, haben Sie schon früher gekannt, denn sonst wären Sie ja nicht zu dieser Partei gestoßen. Und den
Ausdruck haben wir in diesen vier Tagen Parteitag gefunden.
In dieser Stunde, in der Sie uns neuerlich das Vertrauen zum Ausdruck gebracht haben, wollen wir nun eines sagen: Wir wollen uns mit all unseren
Kräften bemühen, die Volkspartei nicht nur in dieser Stärke zu erhalten,
sondern sie zu festigen und sie zu einer Gemeinschaft von Österreichern
ausbauen, die niemand mehr auseinanderreißen kann. Wenn wir in dieser
Partei das ganze Volk, wirtschaftlich gesehen, in uns vereinigen und ausgleichen können, so müssen wir uns, wie ich am Freitag bei der Eröffnung schon
sagte, auch bemühen, diese drei Generationen in unserer Partei aneinander-
zukitten und zu festigen, damit sie, und das gilt besonders für die Jugend,
wirklich herangezogen werden und wissen, daß sie Mitarbeiter sein müssen,
auf die aber auch dann die Verantwortung und Verpflichtung übergeht.
So wie wir die Jugend zur Mitarbeit und Mitverantwortung aufrufen,
so grüßen wir auch im besonderen unsere Heimkehrer, und es wird unsere heiligste Verpflichtung auch für die Zukunft sein, so lange unnachgiebig

112

bei unseren Forderungen zu sein, bis der letzte Österreicher in der Heimat ist.

Drei Generationen in einem Boot

Wenn nun so das gesamte Volk vereinigt ist, die drei Generationen, die ganz Jungen, das „Mittelalter" und die Älteren – denn Alte haben wir nicht, denn wenn sie auch graue Haare haben, so fühlen sie sich doch mit der neuen Zeit immer verbunden und wollen ihre ganze Kraft und ihre große Erfahrung im politischen Leben uns zur Verfügung stellen –, so soll in dieser wirklich lebendigen Volkspartei das Wort gelten: Der Alten Rat und der Jungen Tat – sie vereinige sich zu großen Erfolgen!
Meine verehrten Freunde! Die Volkspartei hat zu Beginn des Wahlkampfes ihre Parolen und ihr Ziel klar verkündet. Wir wollen auch für die Zukunft nichts anderes: die Freiheit des Landes und mit der Freiheit des Landes sozialen Frieden, soziale Gerechtigkeit, Sicherung des Eigentums und christliche Moral- und Sittengesetze in diesem Vaterland verankern. Wir haben uns auch in der Bundesregierung bisher bemüht, diese Verpflichtung, die sich aus diesem Programm ergibt, zu erfüllen. Und wenn ich zur Staatspolitik, verehrte Freunde, nur noch ein Wort sagen darf: Wir haben bis jetzt es nicht anders getan und werden es auch in aller Zukunft nicht anders tun: Nicht Ost- und nicht Westpolitik, sondern wir machen Politik für Österreich! Wir wollen die Freiheit und Selbständigkeit, die Freundschaft und damit den Frieden der ganzen Menschheit. Verehrte Freunde! Diese kurzen Worte und das eine Gelöbnis: „Der Figl ändert sich auch in der Zukunft nicht, ganz gleich, wo er hingestellt wird. Er bleibt der Figl mit sauberen Händen und reinem Gewissen, das heißt, alles für die Partei und für Österreich."

Verpflichtung und Verantwortung

Und so darf ich auch meine Freunde des Parteipräsidiums herzlichst grüßen und ihnen danken dafür, daß sie mit mir zusammen die Verpflichtung und Verantwortung übernommen haben, daß wir im gegenseitigen Vertrauen und im gegenseitigen Verstehen, in ernster Zusammenarbeit nur einem einzigen Ziele dienen wollen. Wir alle, verehrte Freunde, haben aber, glaube ich, heute noch eine Pflicht: Das ist, allen denen, die für das Gelingen dieses Parteitages wochenlang gearbeitet und in den letzten Tagen Tag und Nacht gearbeitet haben, den Dank der Parteileitung auszusprechen, und ich glaube, ich darf im Namen aller Delegierten ihnen den Dank des Parteitages übermitteln. Dieser Dank gilt den einzelnen Hauptreferenten, er gilt aber auch dem gesamten Personal, von Hofrat Burda angefangen bis zum Torwart. Ihnen allen aufrichtigsten, herzlichsten Dank. Wir danken aber auch unseren Vertrauensmännern, denn alle die, verehrte Freunde, die draußen vor dem Haus und vor jeder Tür mit ihren Armbinden stehen, sind kein Personal dieses Unternehmens. Es sind Vertrauensmänner unserer Partei aus den Wiener Bezirken. Diesen braven Vertrauensmännern und -frauen unseren herzlichsten und aufrichtigsten Dank. Wenn also die Vertrauensleute der Partei, die Angestellten der Partei und die Parteiführung so zusammenhalten, verehrte Freunde, wo kann es da noch schiefgehen? Aber trotz alledem darüber hinaus muß ich noch einmal Dank sagen, und zwar dem technischen Personal dieses Hauses, den braven Beleuchtern und Dienern und allen, die in diesem Hause notwendigerweise beschäftigt sind. Und so wollen wir, mit dem Vertrauen des 1. Bundesparteitages ausgestattet, an die Arbeit gehen. An die Arbeit, die für uns mit Gott für Volk und unser Österreich sein soll.

In Moskau ohne Österreich
Ein dornenvoller Weg zum Staatsvertrag –
Die vier Grundfragen des Wiederaufbaues im Lande
7. Mai 1947
(Regierungserklärung über Staatsvertragsverhandlungen in Moskau)

In schicksalsschwerer Stunde ist heute das Parlament wieder zusammengetreten. Schicksalsschwer vor allem deswegen, weil die frei gewählte Volksvertretung dieses Staates und die von ihr bestimmte Regierung dem österreichischen Volk Rechenschaft geben muß und will über die politischen Ereignisse der letzten Wochen, der Wochen, die zutiefst in das Geschick unserer Heimat als Gesamtheit wie auch in das Schicksal jedes einzelnen Bürgers dieses Landes eingreifen. Ganz Österreich, unbeschadet der Parteizugehörigkeit seiner einzelnen Bürger, ist von der Konferenz von Moskau – enttäuscht. Ohne Sentiments, ohne Anklage stellen wir dies nüchtern fest.
Als ich vor beinahe anderthalb Jahren die Regierung übernahm, habe ich erklärt, daß wir Österreicher niemals unsere großen Verpflichtungen gegenüber der Welt vergessen werden. Ich habe weiter erklärt, daß Recht wieder Recht werden muß in diesem Österreich. Darf ich heute hinzufügen, daß

Recht wieder Recht werden muß in ganz Europa und in der ganzen Welt. Das Ergebnis der letzten Verhandlungen über Österreichs Souveränität in London und in Moskau ermutigt uns nicht, diesen Glauben beizubehalten. Wer aufmerksam im Lande herumhorcht, muß diese schwere Entmutigung unseres braven, arbeitsfreudigen und freiheitsliebenden Volkes immer wieder verspüren. Warum wird gerade uns Österreichern die Freiheit vorenthalten, die man bereitwilligst anderen Staaten, die oft viel weniger Schweres durchgemacht haben als wir, zubilligt?

Müssen wir denn immer wieder auf die geschichtliche Wahrheit des Geschehens der letzten Jahre hinweisen, müssen wir immer wiederholen, was eindeutig bereits in den historischen Annalen klar erwiesen ist? Wer war der erste Staat in Europa, der entschlossen gegen den Nazismus den Kampf aufgenommen hat? Es war unser Österreich! Wer war der erste Staat in diesem Europa, der unter Bruch jedes internationalen Rechtes vom Nazifaschismus überfallen und vergewaltigt wurde? Es war unser Österreich! Wer war der erste Staat in diesem Europa, dessen Vorkämpfer und beste Söhne in die Konzentrationslager Hitlers verschleppt wurden? Es war unser Österreich! Wer war der erste Staat in diesem Europa, der bis aufs letzte wirtschaftlich und materiell ausgeplündert wurde von den ausgehungerten Nazisten? Es war unser Österreich! Wer war der Staat in diesem Europa, dessen Söhne als erste gegen ihren Willen in Uniformen gepreßt und gegen ihre Überzeugung in den Krieg getrieben wurden? Es war unser Österreich! Wer war der Staat in Europa, auf dessen Boden das sadistische Haßgefühl nazistischer Weltverbrecher den Endkampf um den Weltfrieden austragen ließ? Es war unser Österreich! Und wer ist der Staat, der trotz alledem, trotzdem er das erste Opfer des Nazifaschismus war, heute wohl befreit, aber immer noch nicht frei ist? Es ist unser Österreich!

Optimismus und Gläubigkeit

Wir Österreicher sind Optimisten. Vielleicht ist dies das Geheimnis unseres Wesens. Sicher hängt dies mit unserer tiefen Gläubigkeit zusammen, nämlich unserem Glauben an die Gerechtigkeit in der Welt. Ob dieser Glaube nun, so wie dies beim größten Teil unserer Bevölkerung der Fall ist, religiös verwurzelt ist oder ob er in anderen weltanschaulichen Grundsätzen verankert ist, wir glauben, daß Recht auch Recht bleiben muß in der Weltpolitik! Und wenn darum heute das österreichische Parlament vor der ganzen Welt in demonstrativer Form neuerlich seinen Glauben an die Weltgerechtigkeit bezeugt, so ist dies für uns keine Phrase, sondern es ist dies nicht nur für uns, sondern vielleicht für sehr zahlreiche andere Nationen in dieser Welt der Prüfstein dafür, ob es sich gelohnt hat und ob es sich weiter lohnt, für den Neuaufbau der Welt im Sinne der wahren Demokratie zu arbeiten. Es handelt sich doch letzten Endes heute gar nicht mehr um Österreich, sondern es handelt sich um viel mehr, es handelt sich um den letzten Sinn der demokratischen friedlichen Entwicklung auf dieser Welt.

Österreich ist ein kleiner Staat unter vielen anderen kleinen Staaten. Österreich ist sich dessen bewußt und weiß, daß es in dem großen Konzert der Nationen nur eine kleine Geige spielen kann; aber vergessen wir eines nicht: Auch das größte Orchester kann versagen, wenn auch nur die kleinste Geige ausfällt oder Mißtöne bringt. Die großen Dirigenten in der Welt sollen und dürfen dies niemals vergessen.

Was wird nun sein? Stellen wir vor allem einige ganz nüchterne Tatsachen fest. Österreich wurde vor zwei Jahren befreit; von vier Seiten gleichzeitig. Österreich war am Bettelstab. Fast am Tage der Befreiung aber schon gingen unsere österreichischen Arbeiter, Bauern und Gewerbetreibenden wieder daran, ihre Heimat aufzubauen. Ich möchte bei dieser Gelegenheit gerne und mit Dank den Anteil aller vier Mächte an dieser Aufbauarbeit feststellen. Wir hatten gar nichts: wir hatten nichts zu essen, wir hatten keine Bekleidung, wir hatten kein Rohmaterial für unsere Fabriken, wir hatten nicht einmal Arbeiter, weil sie in Kriegsgefangenschaft waren und zum Teil noch heute sind; und wenn auch der Staatsvertrag noch nicht abgeschlossen ist, so glauben wir, wenn die Menschenrechte gewahrt bleiben sollen, daß man zwei Jahre nach Kriegsende die Kriegsgefangenen endlich heimkehren lassen könnte.

Wir hatten alle nur eines, den heiligen Glauben an unser Österreich! So haben wir zwei Jahre lang bis heute gekämpft, um wieder in die Höhe zu kommen. Unverdrossen, unter den größten Schwierigkeiten stehen unsere Arbeiter an der Maschine. Niemand anderer weiß es besser als ich, daß die Kaloriensätze viel zu gering sind, niemand anderer weiß es besser als ich, daß unsere Hausfrauen Tag für Tag nicht wissen, wie sie ihre Familie ernähren sollen. Aber es hat bis heute keine Arbeitssabotage gegeben, und es gibt auch – und das muß ich zur Ehre unserer Bauern sagen – keine Lieferungssabotage. Jeder hilft und will dem anderen helfen. Mit dem Kleinen werden wir fertig werden.

Alle Parteien arbeiten zusammen

Die Tatsache, daß in diesem Österreich alle politischen Parteien, sosehr sie sich auch in allen programmatischen und taktischen Fragen voneinander

116

6

„*Österreich ist frei!*" *Der wohl bedeutendste Augenblick im politischen Leben Leopold Figls. Am 15. Mai 1955 präsentiert der österreichische Außenminister auf
dem Balkon des Wiener Belvederes der jubelnden Bevölkerung den unterzeichneten Staatsvertrag. Neben ihm Vizekanzler Adolf Schärf und der sowjetische
Außenminister Wjatscheslaw Molotow.*

7

April 1959. Leopold Figl präsidiert die Plenarversammlung des Europarates in Strassburg. Ganz links Österreichs Botschafter Dr. Hans Reichmann, wie Figl Widerstandskämpfer gegen Hitler.

8

Hoher Staatsbesuch am 4. 10. 1964 in der Wachau. Landeshauptmann von NÖ. Leopold Figl begleitet Ihre Majestäten König Bumiphol und Königin Sirikit von Thailand. Ganz links im Bild NÖ. Landeshauptmannstv. Komm.Rat Rudolf Hirsch und Hilde Figl in Wachauer Tracht.

unterscheiden, nun bereits zwei Jahre zusammenarbeiten, um den Neubau dieses Staates zu ermöglichen, ist der stärkste Beweis für den Optimismus dieses österreichischen Volkes, der dem Wissen um seine große Sendung im Rahmen der Völkergemeinschaft entspringt, nämlich um seine Sendung, völkerverbindend und völkerversöhnend und damit auch klassenversöhnend zu sein.

Eines freilich muß ich hier feststellen. Niemals wird in diesem Österreich die Straße dirigieren, sondern immer nur der arbeitende, werktätige Mensch! Man soll ja nicht annehmen, daß irgendwelche kleine und kleinste Demonstrationen, die meist gar nicht von Österreichern organisiert sind, uns auch nur im geringsten von unserer Linie abbringen werden. Mit Marschieren und Gejohle auf der Straße kann man nicht Lebensmittel herbeischaffen. Mit Plakaten und sonstigen Propagandamitteln kann man die Arbeit nicht ankurbeln, sondern nur die Arbeit selbst ist es, die Faust des Arbeiters und die Faust des Bauern, die eine an der Werkbank, die andere am Pflug, die es uns ermöglichen, wieder in die Höhe zu kommen.

Wir werden unbeirrt um alle Versuche, diese Arbeit zu sabotieren und Unruhen zu erzeugen, unseren Weg – und das ist der Weg der Pflicht – weitergehen. Man möge doch nicht glauben, daß wir durch kindische Mätzchen von Saboteuren und Querulanten uns auch nur im geringsten beeinflussen lassen werden. Diese Saboteure und Querulanten mögen ruhig unten auf der Straße schreien. Wir werden mit allen braven Österreichern, die ehrlich dieses Österreich als freies, demokratisches Land wollen, in den Werkstätten und auf den Äckern weiterarbeiten.

Wir werden dies auch jetzt und vielleicht mit noch größerer Intensität tun, nachdem wir durch Moskau enttäuscht worden sind. Bereits in allernächster Zeit wird die Bundesregierung im Einvernehmen mit dem Parlament und den politischen Parteien ein großes Aktionsprogramm dem österreichischen Volk vorlegen, ein Aktionsprogramm, dessen Inhalt vor allem die endgültige Klärung des Lohn- und Preisproblems und der Währungsfrage sein wird.

Vier Grundfragen der Aufbauarbeit

Wir wissen selbstverständlich auch genau, daß jede Wiederaufbauarbeit in Österreich gebunden ist an vier Grundfragen, nämlich

1. an das Problem der Erhaltung und Sicherung einer gesunden und arbeitsfähigen Arbeiterschaft; und dazu brauchen wir Lebensmittel, und zwar in weit verstärktem Maße als bisher;
2. an die Sicherung der Arbeitsmöglichkeiten in der Industrie; und dazu

brauchen wir in erster Linie Kohle als das wichtigste Energiemittel, das uns fehlt;

3. an die Erhaltung, die Sicherung und den Neuaufbau unserer Landwirtschaft; und dazu brauchen wir Sämereien, Zuchtvieh und vor allem landwirtschaftliche Arbeiter;

4. Vorsorge zu treffen, daß wirklicher sozialer Friede, soziale Gerechtigkeit für alle Menschen in diesem Lande gesichert werden. Wir müssen dazu kommen, daß die sozialen Fragen so gelöst werden, daß jeder Bürger in diesem Staate für die Tage des Alters gesichert ist.

Wir werden all die schweren Probleme, die uns bevorstehen, lösen, wenn wir ehrlich und anständig gemeinsam an die Arbeit gehen. Wer heute, wo immer er stehe, sich dieser Pflicht nicht bewußt ist, ist nicht nur ein Saboteur an dem werktätigen, arbeitenden Volk in Österreich, er ist ein Hochverräter unseres Vaterlandes!

Ich pflege niemals große, tönende Worte zu sagen; ich tue dies am allerwenigsten hier vor Ihnen, Hohes Haus. Eines muß und möchte ich Ihnen aber sagen: Man kann mit einer Regierung einverstanden sein, man kann auch gegen sie sein. Es handelt sich niemals um Personen. Um was es sich aber bei uns allen handelt und handeln muß, das ist das arbeitende Volk in Österreich, ganz gleichgültig, ob es in der Werkstatt, im Kontor oder auf dem Acker arbeitet. Und hiefür bitte ich das Hohe Haus, hinter der Regierung zu stehen und ihre Bestrebungen in diesem Sinne zu unterstützen.

Und nun noch ein Letztes. Seit zwei Jahren spreche ich es immer wieder aus und muß es auch heute wiederholen: Österreich hat seinen Beitrag für die Befreiung der Welt vom Nazifaschismus gebracht. Zu all den früheren Beweisen kommt nun auch das zweijährige Aufbauwerk des österreichischen Volkes dazu. Es ist darum verständlich, daß wir uns ein klein wenig wundern, daß man dies in der Welt noch immer nicht ganz einsieht.

Während des großen Krieges um die Befreiung der Welt haben die Großen dieser Welt wiederholt Österreichs Freiheitskampf anerkannt. In London zuerst und dann in Jalta, dann in Teheran und dann in Moskau wurden feierliche Erklärungen abgegeben. Über Österreich wurden Flugblätter abgeworfen; so weise ich nur auf das letzte vom Oktober 1943 hin, das ich im Original vorzeige, wo die Vertreter der USA, Großbritanniens und der Sowjetunion feierlich erklärten, daß der sogenannte Anschluß Österreichs an Deutschland null und nichtig ist und dem österreichischen Volk die Möglichkeit gegeben werden soll, jene politische und wirtschaftliche Sicherheit zu finden, die die einzige Grundlage eines dauernden Friedens ist. Dieser offiziellen Deklaration über Österreich sind eine ganze Reihe anderer vorausgegangen und ähnliche nachgefolgt.

Namens der österreichischen Regierung und des österreichischen Volkes appelliere ich heute an das Weltgewissen:
Bekennt euch zu eurer Unterschrift! Bekennt euch zur Magna Charta der Gerechtigkeit in der Welt!

Es geht um Gerechtigkeit in der Welt!

Es geht diesmal nicht um Österreich allein, es geht darum, ob die kleinen Nationen in der Welt weiter glauben sollen an eine politische Gerechtigkeit in der Welt. Darf dieser Glaube, dieser heilige Glaube der einzelnen kleinen Völker durch kleinliche wirtschaftsimperialistische oder sonstige Fragen gestört werden? Wollen wir wirklich aus diesem großen Chaos der Weltpolitik und Weltwirtschaft nichts gelernt haben als nur das eine, unter anderen Titeln und anderen Formen die gleichen Ideologien weiter zu vertreten? Es mag vermessen sein, daß ein so kleiner und bescheidener Staat wie Österreich diese Frage aufwirft. Wenn wir dies heute tun, so tun wir es in voller Verantwortung nicht nur für unser eigenes Heimatland, sondern auch in Sorge um den Weltfrieden, den wir ja nie beeinflussen können, der uns aber nur dann gesichert erscheint, wenn das Prinzip der Gerechtigkeit und vor allem des Vertrauens wieder das Primat erhält bei allen offiziellen und inoffiziellen Beratungen der Großen in dieser Welt.
Österreich wendet sich heute an das Weltgewissen, ohne Klagen und ohne Vorwürfe. Österreich weiß, daß es unter all den großen Weltproblemen nur ein kleines Problem ist, vielleicht eines der kleinsten. Österreich hat Vertrauen, hat Vertrauen vor allem zum guten Willen der gesamten friedliebenden Menschheit, ganz gleich, in welchen Staaten diese arbeitenden Menschen leben und wirken.
Und wenn ich darum heute namens des österreichischen Volkes an die Welt appelliere, den Ruf Österreichs zu hören, so tue ich es im vollen Bewußtsein, daß ich damit auch im Sinne der Wünsche und des Hoffens vieler anderer kleiner Staaten spreche, die gleich uns mit Vertrauen und Gläubigkeit auf die Großen Vier in dieser Welt blicken. Noch niemals gab es eine solche Chance, den Weltfrieden zu verankern und damit Zufriedenheit und Glück allen einzelnen Völkern zu bringen wie heute. Wir glauben, daß diesmal die Chance nicht versäumt werden darf! Und wir glauben, daß für uns bald der Tag kommt, an dem wir sagen können: Das befreite Österreich ist ein befreites Vaterland!

Solidarismus auf allen Ebenen

Vom Berufsstand der Landwirte
bis weit über Österreichs Grenzen

18. März 1948

(Rede am 1. Landesbauerntag in Niederösterreich)

Wenn ich heute hier das Wort nehme, so tu ich es vor allem als niederösterreichischer Bauernbündler, der ich immer war und als solcher ich mich auch heute verpflichtet und verantwortlich fühle.

Vor hundert Jahren sind die Bauern frei geworden, vor zehn Jahren ist das österreichische Volk versklavt worden, und heute, nach hundert Jahren beziehungsweise nach zehn Jahren, sind wir noch immer nicht freie Herren in einem freien Vaterlande. Jedem von uns muß doch auch jetzt die Überzeugung aufkommen, daß, wenn es vor hundert Jahren möglich war, den Bauernstand zu befreien, es heute, wenn wir zusammenhalten und opferbereiter denn je arbeiten, möglich sein muß, auch diese heutige schwere Zeit zu meistern.

Ich weiß, daß euch heute viele und harte Sorgen beschweren. Ich möchte aber nur eines sagen: Bauern, versteht die Zeit und seid euch klar, daß wir manches, was wir vielleicht vor einigen Monaten stärker betont haben, heute angesichts der Verhältnisse zurückstellen müssen im Interesse der Erhaltung des Vaterlandes, im Wissen darum, daß mit dem Kampf und mit dem Siege durch die Erhaltung Österreichs auch die wirtschaftliche und politische Zukunft des Bauernstandes gesichert ist. Die Bundesregierung steht in diesem Kampfe an vorderster Stelle, sie weiß, daß dieser Kampf um die Erringung eines freien Österreichs zum Erfolg führen muß, wenn auch die Bauern mittun. Darum seid euch bewußt der Verantwortung, die ihr zu tragen habt. Die Regierung wird sich bemühen, alles zu tun, um auch eure wirtschaftlichen Bedürfnisse zu erfüllen, weil der Nährstand eines Landes die gesunde Grundlage bilden kann, auf der die Wirtschaft des Staates aufgebaut werden muß. Der Bauer aber muß sich darüber klar sein, daß er die Verpflichtung hat, zu sorgen, daß die Konsumenten auch wirklich existieren können und daß wir Bauern den wahren Solidarismus in die Tat umsetzen müssen, das heißt gemeinsam verantworten, sich mit den anderen zu verstehen und mit dieser Gemeinsamkeit auch jedem einzelnen des Volkes sein Recht zu geben.

Wir leben in einer harten und schweren Zeit. Die ganze Welt ringt um die Entscheidung von Freiheit und Frieden, um wahre Demokratie, nicht um eine sogenannte Volksdemokratie. Wir Österreicher sind Nachbarn von drei Volksdemokratien seit vierzehn Tagen, und wir wissen, was Volksdemokratie heißt. Wir müssen zusammenrücken und müssen eine klare Scheidung treffen zwischen jenen, die bestrebt sind, die Totengräber dieses Volkes zu werden. Wer sich nicht eindeutig zum Bauernbund und zur Österreichischen Volkspartei bekennt, ist kein Freund von uns und mit dem hat kein ehrlicher Bauer nur eine Sekunde beisammenzustehen oder ein Wort zu reden. Mit Totengräbern der Heimat kann kein wahrer Bauer irgend etwas zu tun haben. Es ist für uns klar, daß wer mit den Kommunisten irgendwie versucht zusammenzuarbeiten, sich selbst aus den Reihen der ehrlichen Österreicher ausstößt. Daraus ergibt sich eine gewisse Zusammenarbeit mit allen anderen, die es ehrlich meinen mit der Demokratie. In London bemüht man sich heute, mit den Verhandlungen wieder in Fluß zu kommen. Unser Außenminister hat klare Richtlinien mitbekommen, unter welchen Bedingungen wir den Vertrag zu unterzeichnen entschlossen sind. Nur wenn die wirkliche Freiheit des Staates garantiert ist und wenn wir selber imstande sein können, unsere Grenzen selbst zu verteidigen und die wirtschaftlichen Bedingungen so erstellt sind, daß wir wirklich existieren und leben können, werden wir den Staatsvertrag unterzeichnen. Darum steht dieser heutige Bauerntag unter einem bedeutungsvollen Zeichen. Bauern, erfüllt auch in dieser entscheidungsvollen Zeit eure Pflicht in dem Wissen: „Dem Mutigen gehört die Welt, und ihm hilft auch der Herrgott." Darum heute die Reihen noch enger geschlossen und stärker denn je zusammenstehen im Kampfe um die Erhaltung des Bauernstandes und des Vaterlandes in dem Wissen: „Der Bauernbund ist Schutz und Wehr für Österreichs Bauern Recht und Ehr."

Gleichgewicht zwischen dem Westen und dem Osten

Der Marshallplan – eine konstruktive Idee für ein neues Europa

25. April 1948

(Ansprache anläßlich des Landesparteitages der Tiroler Volkspartei)

Ich habe erklärt, daß unsere Politik darauf abziele, daß Österreich sich zwischen dem Osten und dem Westen zu halten hat. Es werden manche vielleicht einwenden, daß dazu im Widerspruch unsere Teilnahme am Marshallplan steht. Dieser Widerspruch ist aber rasch aufgeklärt. Als wir uns zur Teilnahme an diesem Plan, zu dem sich auch die Staaten, die jetzt nicht mitmachen wollen, entschlossen hatten, entschieden, waren wir überzeugt, daß wir damit nicht nur eine Verpflichtung gegenüber dem österreichischen Volk, sondern auch gegenüber Europa erfüllt haben. Wir erblicken in dem Marshallplan kein politisches Instrument, sondern das Bestreben, Europa zum Wohle der gesamten Menschheit wirtschaftlich wieder aufzurichten. Es wäre von uns verantwortungslos gewesen, hätten wir diesen Entschluß nicht gefaßt und wären wir abseits gestanden, da alle Nationen, mit denen wir kulturell und wirtschaftlich eng verbunden sind, an diesem umfassendsten Wiederaufbauplan, den die Menschheitsgeschichte kennt, teilnehmen. Dieser Plan ist eine große, konstruktive Idee für die Zukunft Europas. Alle die, die diesen Plan kritisieren, haben uns noch nicht verraten, wie es anders zu machen ist, sie haben dieser Idee keine andere brauchbare Idee entgegengesetzt. Wenn man uns zum Beispiel erklärt, wir könnten unsere Lebensmittelimporte auch aus dem Osten tätigen, so kann ich nur eine ganze Reihe von Handelsvertragsverhandlungen als Gegenbeweis bringen. Es gibt kaum einen Oststaat, bei dem wir nicht angefragt haben, ob Lebensmittel im Kompensationswege zu erhalten sind. Überall wurde uns dies verneint. Verschiedentlich wurden uns bescheidene Quantitäten angeboten, aber zahlbar in Dollars, außerdem zu teureren Preisen. Aber mit Lebensmitteln allein ist uns noch nicht geholfen. Wir können nicht unsere letzte Substanz verzehren. Wir können nicht auf die Dauer unsere wertvollen Eisen- und Stahlwaren, unser Holz und Papier gegen Sauerkraut eintauschen. Wir müssen daran denken, Rohstoffe und Maschinen zu bekommen, um unsere Industrie in Gang zu setzen. Gerade diesem Bestreben kommt der Marshallplan weitestgehend entgegen. Auch die Initiatoren des Marshallplanes sind der Ansicht, daß nämlich die Produktion in Gang gebracht werden muß, daß wir damit in die Lage versetzt werden, unsere Konsumgüter aus der laufenden Produktion selbst zu bezahlen.

Österreich – benachteiligt unter den Staaten nach dem Zweiten Weltkrieg

Österreich, ein geographischer Koordinatenschnittpunkt –
Von der Wirtschaftsstabilität an der Donau
und deren Umfeld

15. August 1948

(Rede vor der Tagung des Österreichischen Bauernbundes in Klagenfurt)

Seit 1945 vergeht keine Konferenz in den Hauptstädten der Welt, auf der nicht über Österreich gesprochen und damit seine Wichtigkeit für den Ost-West-Verkehr, aber auch für die politische und wirtschaftliche Entwicklung des europäischen Kontinents anerkannt wird. Es wird über uns mehr geredet, als uns angenehm ist, und es wäre für die allgemeine Befriedung wirksamer, daß für unsere politische und wirtschaftliche Freiheit ebensoviel in die Tat umgesetzt wie gesprochen wird.

Die geographische Lage im Schnittpunkt Europas bedingt es, daß Österreich auch weiterhin bei den Debatten über die Zukunft Europas nicht übergangen werden kann. Wir sind uns dieser Bedeutung bewußt, und Österreich wird auch in seiner künftigen Politik diese Stellung verteidigen und im Einklang mit seinem ureigensten Interesse verfolgen. Den größten Beitrag zur Behauptung dieser Stellung hat Österreich in den Jahren seit dem letzten Krieg geleistet. Es hat in der Mitte Europas eine Politik geführt, die imstande war, dem Lande den wirtschaftlichen Aufstieg zu bringen, den sozialen Frieden zu erhalten und der Welt zu zeigen, daß auch ein kleiner Staat in der Lage ist, sich aus schwerer Not emporzuarbeiten und der vollen Unabhängigkeit, die es anstrebt, sich würdig zu erweisen.

Freilich, die Arbeit ist uns in den letzten drei Jahren nicht leichtgemacht worden. Nicht genug daran, daß das Land seit 1938 ein ständiges Objekt fremder Interessen geworden ist und wertvolle Substanz verloren hat, haben es der Krieg und seine Folgen vieler Rohstoffe, Maschinen, Transportmittel und anderer Einrichtungen beraubt. Wir sind auch nicht Herr über unsere Naturschätze und können vielfach nicht in eigener Vollmacht über die Produkte unserer schweren Arbeit verfügen.

Andere Länder, die im Besitze ihrer damaligen vollen Souveränität den Alliierten den Krieg erklärt haben und gegen sie kämpften, haben schon lange ihre Friedensverträge. Sie stehen heute sogar vielfach in den Reihen jener, die glauben, als Ankläger gegen Österreich auftreten zu müssen, um ihre eigenen Fehler auszubessern. Ist das nicht eine Groteske in der neuen Geschichte? Trotzdem können wir stolz sein auf die bisherige Entwicklung. Unser kleines Land, das von manchen Neidern umgeben ist, hat seine stabile Währung, kennt keine politischen Unruhen und verfügt über das hohe Gut des sozialen Friedens. Die großen politischen Bewegungen im Lande haben ihre parteimäßigen Belange zurückgestellt und sich ein Ziel gesteckt – Österreich! Das sind Beispiele politischer Reife, demokratischer Gesinnung und opferfreudiger Vaterlandsliebe, die auch in der Welt ihre Anerkennung finden.

Wenn auch der innenpolitische Friede manchmal auf eine harte Probe gestellt wird, so wollen wir von der Österreichischen Volkspartei niemals vergessen, daß es um unser aller Leben, daß es um Österreich geht.

Die innere Zusammenarbeit hat eine für viele Staaten vorbildliche soziale Gesetzgebung ermöglicht. Es ist auch keine Übertreibung, wenn wir von einer wachsenden Konsolidierung der Wirtschaft sprechen. Die Aufwärtsentwicklung ist im Gange.

Auch für die kommenden Monate können wir nach den bisherigen Ergebnissen eine weitere Steigerung in der landwirtschaftlichen und gewerblichindustriellen Produktion erwarten. Es wird uns heuer kein Katastrophenwinter überraschen, denn dank der stark angewachsenen Förderung im Inlande und der Einfuhr von Kohle sind die Lager unserer Industrie und Verkehrsbetriebe bevorratet. Wir werden auch im Winter in der Lage sein, durch die angesammelten Vorräte die Kohle so zu verteilen, daß auch die Bevölkerung Brennmaterial erhält und eine bessere Hausbrandversorgung gesichert wird.

Unsere Wirtschaft ist auf dem Wege zu einem neuen ökonomischen Gleichgewicht. Die Produktion meldet Erfolge, die uns alle aufhorchen lassen. Ein halbes Jahr nach der Währungsreform haben wir bereits Rekordleistungen zu verzeichnen. So ist die Roheisenerzeugung auf 171 Prozent und die Rohstahlproduktion auf 109 Prozent gegenüber 1937 gestiegen, die Aluminiumerzeugung beträgt bereits mehr als das Sechseinhalbfache des letzten Friedensjahres. Auch unser Außenhandel steigt in erfreulicher Weise. Bereits Ende Mai dieses Jahres haben wir Exporte in der Höhe von mehr als 163 Millionen Schilling durchgeführt. Mit fast allen Staaten betreiben wir Außenhandel.

Es besteht kein Zweifel darüber, daß noch mehr geleistet werden könnte, wenn wir als freier Staat souverän schalten und walten könnten. Wenn man uns auf unserer demokratischen Grundlage arbeiten läßt, werden wir der Welt beweisen, daß Österreich in der Lage ist, sich durch seinen Fleiß und durch sein Können selbst zu erhalten. Vorausgesetzt natürlich, daß wir über alle die Güter verfügen können, die seit Jahrhunderten im österreichischen Boden schlummern, von unseren Bauern und Arbeitern gehoben und veredelt werden. Wie lange unsere Sorgen um die wirtschaftliche Gesundung und die Hebung des Lebensstandards unseres Volkes noch dauern werden, hängt heute nicht so sehr von uns selbst, sondern von der weltpolitischen Entwicklung ab.

Wir blicken gerade in diesen Tagen mit stärkstem Interesse nach Moskau, wo sich die Vertreter der großen Mächte wieder einmal bemühen, eine gemeinsame Plattform für die Befriedung der Welt zu finden. Wir geben uns der Hoffnung hin, daß diese Bemühungen Erfolg haben, weil nur dann der Weg zur Vereinigung auch der österreichischen Frage frei werden kann. Wir wollen daran erinnern, daß die Befriedung Österreichs eine Voraussetzung dafür ist, wenigstens eine ruhige Insel in Mitteleuropa zu schaffen.

Unbeirrt um die krisenhaften Brennpunkte, die sich am politischen Horizont zeigen, wie etwa in Berlin, setzen wir unsere Arbeit am Wiederaufbau fort. Natürlich gibt es abweichende Meinungen über den Weg, der zum gemeinsamen Ziel für Österreichs Wohlfahrt führt. Das ist in einer Demokratie selbstverständlich.

Aber noch immer ist es gelungen, einen gemeinsamen Nenner zu finden, und die schwierigsten Probleme konnten in der Regierung und in der Volksvertretung gelöst werden.

Ein paar hundert Kilometer von hier entfernt wird augenblicklich über den bedeutendsten Handelsweg der mitteleuropäischen Staaten, über die Donau, beraten. Auf dem Teil des Stromes, der durch unser Land führt, hat sich die Donauschiffahrt zu jener Vielfalt emporentwickelt, die diesen Verkehrsweg heute so begehrt – und leider auch umstritten macht. Die Donau ist im wahrsten Sinne des Wortes ein österreichischer Strom. Trotzdem läßt man Österreich nicht einmal als gleichberechtigten Partner an der Belgrader Konferenz teilnehmen, obwohl sich diese Tagung die Aufgabe gestellt hat, die Donau in erster Linie den Donaustaaten als ihre wichtigste Handelsstraße zuzusprechen.

Viel Arbeit wartet noch auf uns, bis wir unsere endgültige Freiheit und die Sicherung unserer Grenzen verbrieft haben werden. Das heutige Treffen ist eine Kundgebung aller heimattreuen Österreicher. Wenn wir alle, der Bauer, der Arbeiter, der Beamte, der Wirtschafter und der Freischaffende, so zusammenstehen, wie es diese Kundgebung zeigt, dann braucht uns um das Schicksal des Vaterlandes nicht bange zu sein, und wir werden das gemeinsame Ziel erreichen: Freiheit, Friede und Wohlstand für unser Österreich!

Das kleine Leben ist das Problem

Alltägliche Sorgen im volkswirtschaftlichen Bereich und die Dolchstöße aus dem Hinterhalt

11. September 1948

(Bericht über die innen- und außenpolitische Lage vor dem nö. Landesbauernrat)

Es werden jetzt Konferenzen in Moskau abgehalten und der Versuch gemacht, die Berliner Krise zu beenden und dadurch eine Entspannung der internationalen Lage herbeizuführen. Daß Österreich an diesen Konferenzen und deren Ausgang interessiert ist, ist klar, denn eine allgemeine Entspannung der internationalen Situation muß sich auch auf Österreich auswirken, weil uns dies die Hoffnung gibt, daß dann auch die österreichische Frage wieder in Fluß und zu einem Abschluß kommt. Damit würden wir nicht nur die politische Freiheit und Souveränität erhalten, sondern auch die Konsolidierung unserer wirtschaftlichen Verhältnisse erfolgreich weiterführen können. Trotz allem Entgegenkommen ist es auf die Dauer untragbar, von vier Elementen besetzt zu sein. Wenn uns auch ein Element sehr unterstützt, so ist es in der Gesamtheit doch eine Belastung des Staatshaushaltes und der Bevölkerung, sei es auch nur durch die Beschlagnahme von Wohnungen und Gebäuden. Wir haben nur eine Sehnsucht – endlich befreit zu werden, damit wir über unser eigenes Kapital und über unsere eigenen Schätze endgültig verfügen könnten. Was wir dazu tun können, werden wir tun und von unserem Ziel nicht abgehen.

Die innenpolitische Lage ist wieder etwas bewegt durch die Lohn- und Preisfrage, die, im vorigen Jahre gelöst, durch die Währungsreform untermauert und durch die Lösung der Agrarpreisfrage gesichert, nun eine Korrektur verlangt, um die richtige Relation zwischen Löhnen und Preisen herzustellen und damit die Währung endgültig zu sichern. Daß dabei natürlich nicht von rein wirtschaftlichem Standpunkt aus gearbeitet wird, sieht man aus der Presse. Die Kommunisten versuchen durch überspitzte Forderungen die Konsolidierung zu zerstören, die Wirtschaft in Unordnung zu bringen, um im trüben fischen zu können. Dem kann nur ein hartes und starkes Bekenntnis zur wirtschaftlichen Notwendigkeit und zur Tragfähigkeit der Wirtschaft entgegengesetzt werden. Wir stellen dabei Staatspolitik vor Parteidoktrin und werden unseren Weg auch weitergehen, ob es allen paßt oder nicht, weil wir der Überzeugung sind, daß unser Weg der richtige ist. Wenn die Lohn- und Preisregelung wirklich nach den Möglichkeiten, Bedürfnissen und der Tragfähigkeit der Wirtschaft entschieden wird und damit eine Beruhigung eintritt, dann brauchen wir keine Sorge zu haben, daß wir über den bevorstehenden Winter hinwegkommen. Wir haben heuer Heizmaterial, haben unsere Fabriken in Betrieb, Rohmaterial und Kohle ist vorhanden, ebenso auch Strom und für die städtische Bevölkerung das notwendige Gas, haben einen Großteil der Waren aus der Bewirtschaftung herausgenommen, und schließlich hat sich auch die Ernährung gebessert. Gerade die Bauernschaft weiß, was sie dazu beigetragen hat, und es ist nun ihre Aufgabe, auch von der heurigen Ernte den Ertrag abzuliefern und damit einen weiteren Beitrag zur Beruhigung der Verhältnisse beizutragen.

Wenn wir aus all dem, was heute geschieht, die richtigen Schlüsse ziehen, dann ist mir nicht bange, daß wir nicht nur die nächste Zeit überstehen, sondern auch bald zu dem Tag kommen werden, wo wir wieder in einem freien Vaterland leben können. Darum dürfen wir auch in alle Zukunft nicht mutlos und nicht ängstlich werden, sondern müssen stark sein in dem Vertrauen auf unser Wissen, daß wir durch Einigkeit und gegenseitige Vertrauen bisher alle Schwierigkeiten gemeistert haben und alle zukünftigen Schwierigkeiten meistern werden zum Segen des österreichischen Volkes.

Die Kommunisten und der Marshallplan
Östliche Propaganda als Flugsand
im Getriebe des Aufbaus
23. September 1948
(Rede anläßlich eines Besuchs in Vöcklabruck)

Trotz aller Behinderungen, die uns eine vollkommen ungerechtfertigte Besetzung noch immer auferlegt, hat der Wiederaufbau unseres Landes im heurigen Jahr einen großen Fortschritt gemacht. Das Leben ist für jeden einzelnen für uns leichter geworden. Es ist dies so, auch wenn es die kommunistische Propaganda nicht wahrhaben will. In letzter Zeit wurde übrigens die kommunistische Propaganda etwas abgeändert. Man bestreitet nicht, daß es noch rascher gehen könnte, wenn Österreich mehr seine Wirtschaftsbeziehungen mit dem Osten ausbauen und auf die Teilnahme am Marshallplan verzichten würde.

Dagegen ist es sicher, daß Österreich die ihm auf Grund der Marshallplanlieferungen zugesagten Sendungen pünktlichst erhält, daß wir ohne diese Hilfe den Anschluß an die neue Ernte nie gefunden hätten, daß die schwersten Hungerunruhen eingetreten wären. Aber gerade das wäre den Kommunisten vielleicht nicht so unangenehm gewesen.

Ein Jahr OEEC und Wien dabei

Österreich und die Organisation für die europäische wirtschaftliche Zusammenarbeit

April 1949

(Rundfunkgespräch nach der Pariser ERP-Konferenz über OEEC)

Um dem europäischen Wiederaufbau nach dem Kriege eine feste Grundlage und eine zielsichere Richtung zu geben, wurde am 16. April 1948 in Paris eine Organisation der europäischen wirtschaftlichen Zusammenarbeit (OEEC) geschaffen, die eine möglichst zweckmäßige Verwendung der Hilfslieferungen, die Erschließung und Ausnützung der in den einzelnen Staaten und Überseegebiete vorhandenen Rohstoffe und damit eine möglichst umfangreiche Produktionssteigerung gewährleisten soll. Es ist insbesondere das Ziel der OEEC, über das Ende der Marshallplanhilfe hinaus, die wirtschaftliche Koordinierung der europäischen Staaten zu erhalten und unter Ausnützung aller wirtschaftlichen Kräfte den Bedarf der einzelnen Staaten zu decken sowie ihre Konkurrenzfähigkeit auf dem Weltmarkt sicherzustellen.

In den Aufgabenkreis der OEEC fällt auch die Verwaltung und Verrechnung der von der ECA zur Verfügung gestellten Dollarbeträge, mit denen in den Teilnehmerstaaten der OEEC, aber auch in Staaten, die dieser Organisation nicht angehören, Rohstoffe eingekauft werden sollen.

Es ist für Österreich wirtschaftlich von größter Bedeutung, daß es der OEEC schon seit ihrer Errichtung angehört, und es ist eine bemerkenswerte internationale Anerkennung seiner einstweilen am eigenen und am europäischen Wiederaufbau geleisteten Arbeit, wenn in einer in diesen Tagen in Paris stattgefundenen Konferenz der 19 ERP-Staaten ein Vertreter Österreichs zum Vizevorsitzenden der OEEC gewählt wurde.

Martyrium und Opferzeit überwunden

Der „Faktor Religion" beim Aufwärtsstreben Österreichs

Ostern 1949

(Der „Österreichische Bauernbündler")

Österreichs Auferstehung

Wenn ich heuer zu Ostern meinen niederösterreichischen Bauern, aus deren Kreis ich selbst stamme und zu denen ich mich stolz bekenne, ein gesegnetes Ostern entbiete, so möchte ich dies mit drei Gedanken tun: Erstens im tiefen heiligen Gedenken an das große Martyrium Österreichs in den Jahren 1938 bis 1945, wo alle, die den Namen und das heilige Erbe Österreichs im Herzen trugen, bitteres Leid erdulden und mit ansehen mußten.

Zweitens im Erinnern an die harte „Opferzeit" des Neuaufbaues dieses Staates; der nach Terror und Krieg, nach Zerstörung und Vernichtung auf den übriggebliebenen Trümmern einer schönen Vergangenheit durchgeführt werden muß.

Und drittens? – Nun ist Ostern, nicht nur für jeden einzelnen von uns, sondern Ostern auch für Österreich. Unsere Heimat hat Martyrium und Opferzeit überwunden unter schweren Opfern – aber es kann nun stolz die Auferstehung feiern, auch wenn sie noch manche Schatten verdüstern. Daß auch diese letzten Schatten verschwinden mögen, soll unser heuriges Ostergebet an den Herrgott sein. Sie werden verschwinden, wenn der Herrgott uns hilft und wenn wir alle, ganz gleich, wo wir stehen, ob Bauer oder Arbeiter, ob Handwerker oder Angstellter, unserer heiligen Osterpflicht Genüge tun, nämlich das Alleluja nicht als Siegesgesang, sondern als neues Gelöbnis zur Weiterarbeit auffassen.

In diesem Sinne grüßt Euch

Euer Figl

Subsidiarität international
Das „österreichische Wunder" ist ein Beweis der eigenen wirtschaftlichen Kraft
1. Mai 1949
(Radiorede im Österreichischen Rundfunk)

Wenn dieses „österreichische Wunder", wie es im Auslande genannt wird, auch nicht allein durch unsere eigene Kraft zur Wirklichkeit wurde, wenn, wie jedermann in Österreich mit Dankbarkeit zugeben wird – natürlich mit gewissen Ausnahmen –, ein wirtschaftlicher Aufschwung von so imponierender Art nur durch die Mithilfe ausländischer Stellen, vor allem durch den großzügigen Marshallplan möglich gewesen ist, so ist dieses „österreichische Wunder" doch ein schlagender Beweis dafür, wieviel wirtschaftliche Kraft in unserer Heimat steckt und wieviel wirtschaftlicher Geist in unserer arbeitenden Bevölkerung lebendig und wirksam ist.

Die Durststrecke hält an
Ein trauriges Vierjahresjubiläum erfolgloser Bemühungen um den Staatsvertrag
22. Juni 1949
(Regierungserklärung im Nationalrat über den Stand der Staatsvertragsverhandlungen)

Als ich am 21. Dezember 1945 namens der neuen, durch die allgemeinen und freien Wahlen des österreichischen Volkes hervorgegangenen Bundesregierung das Regierungsprogramm verkündete, gipfelte dieses in unserem höchsten Ziel, der Forderung nach Freiheit und Selbständigkeit unserer Heimat. Wir wußten, daß dieses Ziel nur unter Mühen und durch angestrengteste Arbeit zu erreichen war. Wir hätten damals allerdings nicht gedacht, daß zur Erreichung dieses Zieles ein so langer Zeitraum notwendig sein werde. Das österreichische Volk machte sich mit vorbildlichem Fleiß an die Arbeit, und bald war erkennbar, daß der Wiederaufbau stetig vorangetrieben werden konnte. Unser Staatswesen wurde in Ordnung gebracht, und es gelang, eine Gemeinschaft zu schaffen, in der der soziale Friede gesichert ist. In der ganzen Welt wurde die politische Reife des österreichischen Volkes anerkannt. Es gab niemanden, der an seiner Fähigkeit, seine Geschicke selbst zu lenken, gezweifelt hätte. Die Vorbedingungen für den Abschluß eines Staatsvertrages waren also gegeben. Wenn es erst jetzt dazu gekommen ist, dann sicherlich nicht aus unserem Verschulden. Österreich wurde wieder einmal das Opfer widriger außenpolitischer Konstellationen. Es war daher verständlich, daß unser Volk, das sich so sehr um seine Heimat bemühte und mit unbezwingbarem Willen um seine Freiheit kämpfte, ungeduldig wurde, da ihm sein Recht auf Freiheit verweigert wurde. Dieses Hohe Haus hat sich zu wiederholten Malen zum Sprecher des gesamten österreichischen Volkes gemacht und hat an das Weltgewissen appelliert, um Gerechtigkeit für die Heimat zu erreichen. Ich erinnere Sie unter anderem an die machtvollen Kundgebungen dieses Hohen Hauses am 15. Jänner 1947, 7. Mai 1947 und 11. Mai 1949.

Vier Jahre sind vergangen

Mehr als vier Jahre sind seit Kriegsschluß vergangen, und gestern waren es dreieinhalb Jahre, seit ich namens der ersten österreichischen Bundesregierung der Zweiten Republik die Regierungserklärung abgegeben habe. Seither haben sich eine ganze Anzahl von Konferenzen ergebnislos mit dem österreichischen Staatsvertrag beschäftigt.

Zunächst befaßte sich im Jänner und Februar 1947 die Konferenz der stellvertretenden Außenminister in London mit dem österreichischen Staatsvertrag, im März und April die Außenministerkonferenz in Moskau, vom 12. Mai bis 12. Oktober 1947 tagte die Viermächtekommission in Wien. Dann folgte im November und Dezember 1947 und nach einer Unterbrechung vom Februar bis Mai 1948 die Außenministerkonferenz in London. Nach fast einjähriger Pause traten wieder die stellvertretenden Außenminister vom Februar bis Mai in London zusammen, und jetzt in Paris legten die Außenminister der vier Großmächte den Grundstein zum österreichischen Staatsvertrag.

Aber der Glaube des österreichischen Volkes an die Weltgerechtigkeit ging nicht verloren. Es hat mit Zuversicht immer wieder Arbeit und Mühe auf sich genommen, Demütigungen über sich ergehen lassen, es hat Opfer über Opfer gebracht in seiner Liebe und seinem Glauben an die Heimat und in der Gewißheit, daß es eines Tages doch wieder ein freies Österreich wird geben müssen. Das österreichische Volk hat durch seine leidvolle Geschichte der letzten zwölf Jahre erkannt, daß es im Dasein eines Volkes nichts Höheres und Wertvolleres geben kann als die Freiheit. Dieses Bewußtsein hat die Haltung unseres Volkes in all den letzten Jahren bestimmend beeinflußt.

Wenn daher vorgestern die Außenminister der vier Weltmächte sich über die Grundsätze des österreichischen Staatsvertrages geeinigt haben, so ist das in erster Linie dem österreichischen Volk zu danken. Wir freuen uns aufrichtigen Herzens über den Fortschritt, der in Paris erzielt wurde, und wir danken den Außenministern für diese Tat des Friedens und der Gerechtigkeit. Diese Einigung wird nicht nur für das österreichische Volk segensreiche Auswirkungen haben, sie wird auch einen wertvollen Beitrag zur Befriedung der ganzen Menschheit darstellen. Ich will an dieser Stelle aber auch dem österreichischen Außenminister danken für seine unermüdliche und zähe Arbeit und für seine kluge Verhandlungstaktik, die letzten Endes doch zum Erfolg geführt haben.

Aber fester Boden unter den Füßen

Noch ist unser Ziel nicht erreicht. Aber wir fühlen doch wieder festen Boden unter den Füßen. Wir wissen, daß der Tag der endgültigen Befreiung nahe gerückt ist.

Die Außenminister haben sich in Paris über die Grundgedanken des österreichischen Staatsvertrages geeinigt. Von besonderer Wichtigkeit ist für uns die Tatsache, daß die österreichischen Grenzen unverändert bleiben. Unsere feste Haltung in dieser Frage, unser Entschluß, keinen Quadratmeter Boden abzutreten, hat dadurch seine Belohnung und Bestätigung gefunden. Die Bestimmung, daß in dem Vertrag Rechte für die slowenischen und kroatischen Minderheiten enthalten sein sollen, liegt ganz im Sinne unserer Auffassung von Freiheit und Demokratie. Österreich hat übrigens bisher seinen Minderheiten stets Schutz gewährt und diesem Schutz eine weitgehende rechtliche Grundlage gegeben. Auch in der Frage der Reparationen wurde dem österreichischen Standpunkt vollkommen Rechnung getragen. Österreich war kein kriegführender Staat und kann daher nicht verpflichtet werden, Reparationen zu bezahlen. Die Bezahlung von 150 Millionen Dollar an die Sowjetunion als Ablöse für das sogenannte „deutsche Eigentum" bedeutet für uns sicherlich ein schweres Opfer, es ist damit aber ein schwieriges Problem rechtlich in einfacher Weise gelöst.

Wesentlich ist, daß das Übereinkommen aber auch für das weitere Verfahren einen Termin fixiert. Die Außenminister haben ihren Stellvertretern den Auftrag gegeben, bis zum 1. September einen vollständigen Vertragsentwurf fertigzustellen. Am 30. Juni bereits werden die stellvertretenden Außenminister mit ihrer Arbeit beginnen. Es werden sich dann die Parlamente der vier Großmächte mit diesem Entwurf beschäftigen, und auch das Hohe Haus wird Gelegenheit haben, namens des österreichischen Volkes dazu Stellung zu nehmen.

9

Deutschlands Kanzler Konrad Adenauer 1957 auf Staatsbesuch in Österreich.
Links im Bilde Finanzminister Reinhard Kamitz und Frau Hilde Figl

10

Österreichische Regierungsdelegation am 27. 4. 1957 in Moskau. Moskaus legen-
därer „Wirtschaftskapitän" und stellv. Ministerpräsident Anastas Iwanowitsch
Mikojan neben Bundeskanzler Julius Raab, Österreichs „Staatsvertrags-Botschaf-
ter" Norbert Bischof und Außenminister Leopold Figl.

11

Diplomatenausflug nach Niederösterreich am 24. 6. 1963. Neben Gastgeber Leopold Figl der Doyen des Dipl. Corps und Apostolische Nuntius, Erzbischof Opilio Rossi, später Kurienkardinal und dauernder Freund Österreichs

12

Im Jahre 1962 begegnet Leopold Figl Deutschlands Außenminister Gerhard Schröder. Unter den vielen Ehrenzeichen, die dem österreichischen Staatsmann verlieben worden waren, bevorzugte er neben einer dem Anlaß entsprechenden Dekoration immer das Ordenskreuz des Souveränen Malteser-Ritter-Ordens, dem der Katholik aus Rust im Tullnerfeld höchstrangig angehörte.

Hoffnung auf den Staatsvertrag ungebrochen

Wir wollen hoffen, daß dieser Staatsvertrag uns möglichst bald zu einem wirklich freien und selbständigen Staat machen wird. Wir wollen dann als freies und unabhängiges Volk unseren eigenen Weg gehen, frei und unabhängig wollen wir in die Reihen der Vereinten Nationen eintreten und mitarbeiten am Friedenswerk, zu dessen Durchführung wir die Menschheit für verpflichtet halten. Wir wollen auf wirtschaftlichem und kulturellem Gebiet unser Eigenleben behalten und keine Bindung eingehen, die unsere freie Entschlußkraft hemmt.

Es erfüllt mich mit tiefer Genugtuung, daß ich heute zu Ihnen aus diesem für Österreich freudigen Anlaß sprechen darf, jetzt, da unser Ziel in naher Sicht ist. Wir alle wissen, daß mit der Unterzeichnung des Staatsvertrages und mit der endgültigen Befreiung unserer Heimat nicht automatisch die sieben fetten Jahre für uns anbrechen werden; es wird viel Arbeit und viel Mühe kosten, bis unser Land alle Folgen des letzten Krieges überwunden haben wird. Aber als freies Volk werden wir mit doppeltem Eifer an der Wiederaufrichtung unserer Heimat arbeiten. Wir werden gerne arbeiten und uns gerne mühen für unsere Heimat, für ein freies Österreich, in welchem nun, hoffentlich recht bald, nur mehr die rot-weiß-roten Fahnen der Freiheit für Österreich flattern werden.

Österreichs Jugend – sei wachsam und verteidigungswillig!
Ein Appell an die junge Generation für ein künftiges Bundesheer und zum aktiven Einsatz für Heimat und Vaterland
3. Juli 1949
(Ansprache vor der Österreichischen Jugendbewegung in Bad Vöslau)

Seit zwei Tagen verhandeln in London die stellvertretenden Außenminister der vier Großmächte über die Endredigierung des Staatsvertrages. Die in diesen zwei Tagen geleistete Arbeit hat in der Frage der österreichischen Grenzen unserem Standpunkt Rechnung getragen.

Unsere grundsätzliche Forderung, keinen Quadratmeter Boden abzutreten, wurde somit anerkannt, damit aber auch die Tatsache, daß Österreich ein vom Nationalsozialismus überfallenes und kein kriegführendes Land gewesen ist. Was die Frage „deutsches Eigentum" betrifft, werden wir in den nächsten Jahren harte Arbeit leisten und schwere Opfer bringen müssen, denn die 150 Millionen Dollar, die wir als Ablöse zu bezahlen haben, sind keine kleine Summe. Aber wir wissen dann, daß wir alle Arbeit für Österreich leisten und alle Opfer nur für uns selbst, für unser wieder freies Österreich bringen, das wir uns in vierjährigem Ringen dann endlich erkämpft haben werden. Wenn dann nach dem 1. September der Staatsvertrag fertiggestellt und von den Großmächten unterschrieben sein wird, geht er an die vier Parlamente und an den österreichischen Nationalrat zur Ratifikation. 90 Tage später müssen die ausländischen Soldaten das Land verlassen und ihre Fahnen eingezogen haben. Es wird dann nur mehr die rot-weiß-rote Fahne über Österreich wehen dürfen, und die Glocken vom Neusiedler- bis zum Bodensee und von der Thaya bis zu den Karawanken werden den wirklichen Frieden für unser wirklich freies Österreich einläuten.

Ich weiß, daß das manchen Leuten nicht paßt. Es ist ihnen ein Dorn im Auge, daß wir wieder festen Boden unter den Füßen zu spüren bekommen. Als ich sagte, daß Österreich, wenn es uns wieder selbst gehört, ein Bundesheer aufstellen wird, haben sie aufgeschrien. Österreichs Regierung läßt sich aber nicht beirren, sie hat die Verpflichtung, die Freiheit dieses Landes und seine Grenzen nach dem Abzug der ausländischen Soldaten zu schützen und zu sichern. Wir müssen dafür sorgen, daß uns die frisch gewonnene Freiheit nicht wieder verlorengeht, daß Ruhe und Ordnung im Innern des Landes gewährleistet bleiben, daß jeder Staatsbürger, so wie es ihm verfassungsmäßig zusteht, den Schutz seines Eigentums genießt und daß die Grenzen unseres Vaterlandes geschützt werden. Zur Erfüllung aller dieser Aufgaben wird es notwendig sein, neben unserer braven Gendarmerie und Polizei ein Bundesheer aufzustellen, was uns übrigens bereits 1947 von den vier Großmächten zugestanden wurde. Wenn man aber in einem Staat für Ordnung und Ruhe vorsorgt, so paßt das den Ruhestörern aus sehr durchsichtigen Gründen nicht. Sie möchten lieber die Unruhe und das Chaos, um dann mit Gewalt die „Ordnung" nach ihren Prinzipien herstellen zu können. Dazu gibt sich aber Österreichs Volk und seine Jugend nicht her. Ist es nicht ein Witz der Politik dieser Herrschaften, wenn sie sich mit der hervorragenden militärischen Organisation der Staaten brüsten, in denen ihre Ideen an der Macht sind, wenn sie die allgemeine Wehrpflicht für Frauen bis 45 Jahre einführen und auf der anderen Seite im eigenen Land gegen ein kleines Heer schreien? Es geht ihnen in Wirklichkeit gar nicht um das Bundesheer. Sie haben Angst, daß das österreichische Volk in seinem Bekenntnis zum Vaterland immer härter und stärker wird und sie damit immer mehr an Boden verlieren. Der Wahltag wird für die Kommunisten und ihre Politik ein Zahltag werden, an dem sie erkennen werden, daß ihr Kreis nicht größer, sondern kleiner geworden ist.

Schauen wir nach Ungarn, dort begann sich der große antimarxistische Block der Kleinen Landwirte, die bei den ersten Wahlen 1945 über 54 Prozent der Wählerstimmen erhalten hatte, zu spalten. Auch dort begann es mit den Zweifeln in die demokratische Zuverlässigkeit einzelner Persönlichkeiten dieser Partei. Als man dann schwach wurde und einzelne fallenließ, tat man den ersten Schritt in den Abgrund. Ein Jahr später begann sich die Landwirtepartei in vier Splitterparteien aufzuspalten, bei den darauffolgenden Wahlen gingen die Kleinen Landwirte ihrer Mehrheit verlustig, der Sozialdemokrat Szakatits führte den linken Flügel seiner Partei zu den Kommunisten, und wenige Monate später war der Marsch in die Volksdemokratie vollendet. Und wo sind die Gründer der ungarischen Splitterparteien heute? Sie sind entweder liquidiert oder aber mußten ins Ausland flüchten, und das ungarische Volk hat die Zeche zu bezahlen. Der Fall Mindszenty ist ein Fanal dafür, welches Unheil über ein Volk durch Eifersüchteleien und Uneinigkeit einiger Männer kommen kann.

Deshalb Jugend und mit dir, du ganzes österreichisches Volk, sei wachsam! Erkenne, worum es in den kommenden entscheidenden Monaten geht. Das Tor der Freiheit hat sich für Österreich geöffnet, sorgen wir dafür, daß es nicht von der anderen Seite wieder zufällt und wir in Diktatur und Knechtschaft versinken. Vier Jahre haben wir gearbeitet, geopfert und an die Zukunft der Heimat geglaubt. Die heurigen Wahlen sind vielleicht noch entscheidender als jene im November 1945. Im Herbst dieses Jahres entscheidet sich nicht nur Österreichs Schicksal, sondern auch Europas Zukunft. Europa steht und fällt mit Österreich!

Die Frauen tragen die schwersten Lasten
Die Leiden der vergangenen Jahre
haben Österreichs Frauen und Mütter bewältigt
3. Juli 1949
(Ansprache anläßlich einer Wallfahrt nach Maria Taferl)

Ich erinnere euch, liebe Frauen und Mütter, die ihr den Schutz und die Hilfe der Gottesmutter auf eure Familien herabgefleht habt, ich erinnere euch an die Leiden und Schwierigkeiten besonderer Art, die uns die vergangenen Jahre nach Ende des Krieges beschert haben. Ihr und vor allem ihr allein wart es, die diese Probleme bewältigt und die schweren Leiden gemeistert habt. Das Ruhmeslied der österreichischen Frau soll endlich einmal gesungen werden!

Ich fordere euch eindringlich auf, alles zu unternehmen, damit niemals wieder ein solches terroristisches Regime wie das des Nationalsozialismus mit seinen Greuel und Verbrechen errichtet werden kann. Tretet stets ein für unseren heiligen römisch-katholischen Glauben und für unser Vaterland Österreich!

Es ist auch an der Zeit, endlich einmal die Rolle der Frau in Staat und Gesellschaft zu würdigen. Euch kommt die Aufgabe zu, wenn die Köpfe heiß aneinandergeraten, ausgleichend und beruhigend zu wirken. Das ist eine Sendung in der Politik, die niemand besser bewerkstelligen könnte.

Seid mit dabei, wenn es gilt, für Glaube, Heimat, Volk und Vaterland zu kämpfen, zu arbeiten, zu opfern und dem Ziele der endgültigen Freiheit näher zu kommen!

Aus der Verzweiflung in eine neue Hoffnung!
Die fleißigen Hände aller Berufsstände haben das Unwahrscheinliche der Aufbauarbeit bewältigt
28. Oktober 1949
(Ansprache anläßlich der Festwochen der Vereinten Nationen)

Dem gleichen Geist einer Hilfsbereitschaft, dem gleichen Willen, die zerstörte Welt wieder dort aufzubauen, wo sie durch den Krieg am stärksten gelitten hat, die wirtschaftliche Produktion wieder in vollen Gang zu bringen, den Lebensstandard der Menschen wieder zu heben, den sozialen und damit auch den Weltfrieden zu sichern, entsprang der Marshallplan, ohne den es Österreich auch bei Anspannung aller seiner eigenen Kräfte nicht gelungen wäre, jenen Zustand einer wirtschaftlichen Wiederbelebung, einer schon fast erreichten Vollbeschäftigung in der Industrie und im Gewerbe und einer immer stärkeren landwirtschaftlichen Produktion zu erreichen, der im Ausland als das „österreichische Wunder" bezeichnet wird. Es sind Millionen fleißige Hände unserer Arbeiter und Bauern, unserer Gewerbetreibenden und Kaufleute, es ist die Organisationsgabe unserer Unternehmer, das Können unserer Techniker, die aufopfernde Hingabe unserer Angestellten- und Beamtenschaft, die an diesen Erfolgen maßgebenden Anteil haben. Und es war die politische Reife des österreichischen Volkes zuzuschreiben, daß es die Vorteile des Marshallplanes erkannt hat und sich durch keine politische Agitation, durch keinen verantwortungslosen Radikalismus von seiner Überzeugung abbringen ließ, mit Hilfe dieses großzügigen Planes sein Leben neu aufbauen und sich wieder als vollwertiges Glied in die Reihe der europäischen Nationen einordnen zu können. Was das österreichische Volk auf allen Gebieten in den letzten vier Jahren, aus dem anfänglichen Zustand einer beispiellosen Zerstörung seiner materiellen Mittel eines völlig lahmgelegten kulturellen Lebens und einer an Verzweiflung grenzenden Hoffnungslosigkeit geleistet hat, das wird sicherlich dazu beitragen, das Urteil der Welt über den angeblich leichtfertigen österreichischen Menschen, über das sogenannte Phäakenvölkchen an der Donau einer gründlichen Korrektur zu unterziehen.

Leopold Figls zweites Kabinett
Eine Deklaration
rund um die österreichische Fahne Rot-Weiß-Rot
9. November 1949
(Regierungserklärung des Bundeskanzlers vor dem Nationalrat)

Am 21. Dezember 1945 hatte ich die Ehre, dem aus den Wahlen vom 25. November desselben Jahres hervorgegangenen Nationalrat die neue österreichische Regierung vorzustellen und das Regierungsprogramm bekanntzugeben. Vier Jahre harter Arbeit am Wiederaufbau Österreichs liegen nun hinter uns, und wer die damaligen Zustände der Kriegszerstörungen, der Unordnung und Stagnation auf allen Lebensgebieten, insbesondere aber der Schwierigkeiten in der Lebensmittelversorgung, des Mangels an den notwendigsten Gebrauchsgegenständen und des Wohnungselends mit den heutigen Verhältnissen vorurteilslos vergleicht, der wird doch anerkennen müssen, daß das damals verkündete Regierungsprogramm zum großen Teil in die Tat umgesetzt und damit der Lebensstandard des österreichischen Volkes wesentlich gehoben wurde. Regierung und Nationalrat konnten auf der Grundlage des Zusammenwirkens der beiden großen Parteien eine Politik verfolgen, die das Staatsinteresse und das Gesamtwohl des österreichischen Volkes zur Richtschnur ihres Handelns machte und die durch das Ergebnis der Wahlen vom 9. Oktober dieses Jahres ihre Anerkennung gefunden hat.
Auf Grund dieser Wahlen hat mich der Herr Bundespräsident am 17. Oktober dieses Jahres mit der Bildung einer neuen Regierung betraut, die ich die Ehre habe, heute dem Hohen Hause vorzustellen.

Das erste Wort, das sich mir als Chef der Bundesregierung aufdrängt, ist das Wort aufrichtigen Dankes an die österreichische Wählerschaft. Nach einem Wahlkampf, der sich in urbanen Formen abgespielt hat, erfüllte der österreichische Wähler nach ruhiger Überlegung und tiefgreifender Erwägung der die Öffentlichkeit interessierenden Angelegenheiten seine erste Bürgerpflicht. Die enorme Wahlbeteiligung beweist, daß der Österreicher damit nicht nur einer verfassungsmäßigen Formalität genügen, sondern seinen Anteil an der politischen Entwicklung des Landes, an der Mitwirkung der Willensgestaltung selbst aktiv ausüben wollte. Wir wollen die vorbildliche demokratische Reife unseres Volkes, die bei der Wahl am 9. Oktober zum Ausdruck kam, als ein Unterpfand fruchtbarer Arbeit in der kommenden Legislaturperiode betrachten.

Das Befreiungswerk und die Folgen

Als ich am 21. Dezember 1945 vor dem ersten Nationalrat die Regierungserklärung abgab, leitete ich diese mit einem Dank an die alliierten Mächte für das Befreiungswerk ein, das sie an Österreich geleistet hatten. Zu diesem Dank fühlen wir uns auch heute noch verpflichtet, und wir erweitern ihn für alle die Hilfsaktionen, die es uns ermöglicht haben, den Wiederaufbau vor allem unseres wirtschaftlichen Lebens zu intensivieren und zu beschleunigen und damit die Lebenshaltung unserer Bevölkerung zu bessern. Tiefste Enttäuschung aber erfüllt uns darüber, daß Österreich heute, viereinhalb Jahre nach Beendigung des Krieges, noch immer die ungeheure finanzielle und moralische Belastung einer vierfachen militärischen Besetzung zu ertragen hat, ein Zustand, der mit innenpolitischen Verhältnissen Österreichs in gar keiner Weise gerechtfertigt werden kann, den die österreichische Bevölkerung nur mit größter Verbitterung hinnimmt und der mit den international anerkannten Grundsätzen der Menschenrechte in einem krassen Widerspruch steht. Österreich hat in den vergangenen vier Jahren alles getan, was 1945 von ihm zur Wiedererlangung seiner Unabhängigkeit und Freiheit verlangt wurde. Es hat vor allem die Forderung erfüllt, sein staatliches Leben nach den Grundsätzen der Demokratie zu regeln, und der demokratische Wille seiner Bevölkerung wäre auch jederzeit stark genug und bereit, Bestrebungen politischer Gruppen zu verhindern, die die demokratische Freiheit dazu benützen wollten, um diktatorischen Systemen Geltung zu verschaffen. Österreich hat sich überdies in jeder Weise bereit gezeigt, im Interesse der Erhaltung des Weltfriedens mit den übrigen Völkern zusammenzuarbeiten, innerhalb seiner Grenzen den sozialen Frieden zu sichern und damit ein Element der Ordnung und Ruhe im europäischen Raum zu bilden. Wir glauben deshalb ein Recht darauf zu haben, von jeder Bevormundung durch andere Mächte endlich befreit zu werden und so zu leben, wie es allein dem Willen des österreichischen Volkes, dargestellt durch seine verfassungsmäßigen Vertretungen und seine Regierung, entspricht. Und es entspricht sicher auch dem Willen des österreichischen Volkes, wenn ich an die Spitze meiner heutigen Regierungserklärung die aus berechtigter Ungeduld kommende Forderung an die alliierten Mächte stelle, dem unwürdigen und ungerechten Zustand unserer beschränkten Freiheit und Souveränität durch den Abschluß eines für Österreich tragbaren Staatsvertrages ein Ende zu setzen. Wir verbinden diese Forderung mit einem dringlichen Appell an die übrige Welt, Österreich in seinen Bestrebungen um Freiheit und Unabhängigkeit zu unterstützen. Die österreichische Regierung wird keine Gelegenheit ungenützt lassen, um dieses Kardinalproblem unserer staatlichen Existenz einer befriedigenden Lösung zuzuführen.

Österreich und die UNO

Wenn dieses Ziel einmal erreicht ist, dann ist der Weg frei für Österreich, als gleichberechtigtes und vollwertiges Mitglied in die Reihen der Vereinten Nationen aufgenommen zu werden. Österreich hat zu wiederholten Malen seine Bereitschaft erklärt, die politischen Grundsätze der Vereinten Nationen striktest einzuhalten, die Freiheit und Souveränität seines Landes zu wahren und Frieden und Freundschaft mit allen Staaten der Erde, und besonders mit unseren Nachbarn, zu suchen. Wenn ich mich vor kurzem am Tage der Vereinten Nationen mit dem Appell an das Gewissen der Weltöffentlichkeit mit der Forderung wandte, dem einer demokratischen Welt unwürdigen und mit der Deklaration der Menschenrechte in krassem Widerspruch stehenden Zustand der militärischen Besetzung Österreichs ein Ende zu bereiten, so habe ich aus dem Beifall der Zuhörer und aus dem großen Widerhall, den gerade dieser Satz in der Öffentlichkeit gefunden hat, mit Berechtigung den Schluß ziehen können, daß das ganze österreichische Volk meine Ansicht teilt und gewillt ist, diesen Weg zu gehen. Es ist klar, daß Österreich auch an den Arbeiten des Europarates, dem es besondere Bedeutung beimißt, sich aktiv beteiligen wird.
Eine unabhängige Außenpolitik kann aber nur von einem Staat geführt werden, dessen Wirtschaft stark, der innerlich geeint ist und der in sozialen Fragen modernes Empfinden und Verständnis besitzt. Unsere Wirtschaft hat durch den Krieg und durch Vor- und Nachkriegswirkungen schwer gelitten. Wir befinden uns im Stadium des Wiederaufbaues, der nach einem harten und mühevollen Beginn, der von unserer Bevölkerung schwere Op-

fer gefordert hat, besonders in den beiden letzten Jahren große Fortschritte erzielen konnte. Die Regierung, die ich heute die Ehre habe, dem Hohen Haus vorzustellen, ist sich der großen Verantwortung und ernsten Verpflichtung bewußt, das Tempo dieses erfolgreich begonnenen Wiederaufbaues nicht nur zu halten, sondern noch zu steigern. Die Grundlagen dieses Wiederaufbaues müssen aber stabil und fundiert sei, und dazu gehört vor allem eine sparsame Verwaltung. Die Regierung ist sich dessen bewußt, daß sie die Pflicht hat, vor allem auf dem Gebiete ihrer eigenen Verwaltung Einsparungen durchzuführen. Wir haben uns entschlossen, schon bei der Bildung dieser neuen Regierung mit gutem Beispiel voranzugehen; es wurden vier Ministerposten weniger besetzt und drei Bundesministerien aufgelöst. Die neue Regierung ist sich aber dessen bewußt, daß damit die zutreffenden Sparmaßnahmen noch nicht erschöpft sind.

Der Staatshaushalt

Was die Staatsausgaben betrifft, so kann heute kein Zweifel mehr darüber bestehen, daß der aufgeblähte Verwaltungsapparat einen allzu großen Teil der Staatseinnahmen konsumiert. Wir stehen daher auch vor der Aufgabe einer Verwaltungsreform, und zwar durch den Abbau von Ämtern sowohl hinsichtlich überflüssiger Parallelführungen von Aktenwegen als auch gänzlicher Auflassung beziehungsweise Zusammenziehung von Ämtern. Die Durchführung einer umfassenden Verwaltungsreform, die beträchtliche Einsparungen mit sich bringen muß, soll die Ausgeglichenheit des Staatshaushaltes auf längere Sicht sicherstellen; eine klare und vereinfachte Verwaltung ist auch der beste Schutz gegen Korruption. Ich fühle mich an dieser Stelle verpflichtet, der aufopfernden Tätigkeit der öffentlichen Beamtenschaft zu gedenken, die in den vergangenen vier Jahren den österreichischen Verwaltungsapparat neu aufbauen mußte und diese riesige Arbeit unter den denkbar ungünstigsten Verhältnissen und vielfach unter persönlichen Entbehrungen geleistet hat. Es ist nicht zuletzt ein Ziel der Verwaltungsreform, die schon seit langem dringend gewordene materielle Besserstellung der öffentlichen Beamtenschaft endlich zu erreichen. Es soll diese Reform aber auch so durchgeführt werden, daß persönliche Opfer der Beamtenschaft oder Mehrbedrohung ihrer wirtschaftlichen Existenz vermieden werden. Kurze Zeit vor den Wahlen hat eine Reihe von Staaten die Relation ihrer Währungen zum Dollar geändert. Für die aus dem Amt geschiedene Bundesregierung ergab sich die Frage, ob Österreich ebenfalls diesen Weg beschreiten solle. Abgesehen von der Notwendigkeit, diese Entwicklung noch durch einige Zeit zu beobachten, war es klar, daß eine aus dem Amt scheidende Regierung keinen so schwerwiegenden Beschluß, der die neue Regierung gebunden hätte, mehr fassen konnte. Es wird Aufgabe der neuen Regierung sein, die durch die in den verschiedenen Staaten durchgeführte Abwertung geschaffene Lage zu prüfen und raschest zu einem Entschluß zu kommen, da ein längeres Zögern eine schwere Schädigung für unsere Wirtschaft bedeuten würde. Die Festsetzung einer geeigneten Relation zwischen Schilling und Dollar hat mit der Kaufkraft des Schillings im Inlande nichts zu tun, hier tritt keine veränderte Bewertung ein. Sie wird aber dazu beitragen, die Beunruhigung, die von destruktiven Elementen unter der Bevölkerung zu verbreiten versucht wurde, zu vertreiben und wieder eine normale Wirtschaftsabwicklung im Lande herbeizuführen.

Eine wirtschaftsfreundliche Steuerpolitik

Ein weiteres wesentliches Erfordernis zur Sicherung unserer Wirtschaft ist die Vereinfachung der steuerlichen Gesetzgebung. Es geht nicht an, daß die Steuern auf einem Ausmaß fixiert bleiben, das produktionshemmend wirkt beziehungsweise die Lebenshaltung unverhältnismäßig verteuern muß. Insbesondere wird die direkte steuerliche Belastung so zu gestalten sein, daß sie kein Hindernis für die Entwicklung unserer Wirtschaft bedeutet. Die durch eine allfällige Ermäßigung automatisch eintretende Produktionsvermehrung würde auch den Ertrag an indirekten Steuern steigern, so daß der Ausfall an direkten Steuern zum Teil wettgemacht werden würde.
Es ist selbstverständlich, daß wir auch dem Außenhandel, diesem tragenden Pfeiler der Gesamtwirtschaft, die gebührende Förderung zuteil werden lassen und alle Möglichkeiten seiner Ausweitung, besonders in der Richtung der Ausfuhr, wahrnehmen werden. Österreich kann und darf nicht eine rein autarke Wirtschaftspolitik betreiben. In diesem Sinne wird auch der Außenhandel von allen nicht unbedingt erforderlichen Einschränkungen freizumachen sein. Wir müssen vielmehr trachten, möglichst mit allen Staaten der Welt ohne Rücksichtnahme auf ihre innere politische Struktur Handel zu treiben. Österreich wird auch überall dort tätig mitwirken, wo auf internationalen Konferenzen die Erleichterung des Güteraustausches behandelt wird.

Fremdenverkehr und Energiepolitik

Ebensosehr werden wir uns die Ausgestaltung des Fremdenverkehrs angelegen sein lassen und der Modernisierung unserer Fremdenverkehrsbetriebe unser besonderes Augenmerk zuwenden, da gerade der Fremdenverkehr in der österreichischen Zahlungsbilanz immer von ganz besonderer Bedeutung war.

Es ist klar, daß auch der Ausbau unserer Wasserkräfte möglichst rasch fortschreiten muß. Die weiße Kohle ist einer der größten natürlichen Reichtümer Österreichs; elektrischer Strom kann schon in den nächsten Jahren zu einem Exportartikel von größter Bedeutung werden. In gleichem Ausmaße mit dem Ausbau der Wasserkräfte wird auch die Elektrifizierung der Bundesbahnen fortgeführt werden und damit eine Verringerung des Kohlenimports erfolgen, eine Entwicklung, die sich auch auf unsere Außenhandelsbilanz günstig auswirken wird. Die Kriegsschäden im Eisenbahnverkehr sind, abgesehen von einzelnen Bahnhöfen, so ziemlich beseitigt. Auch die Ausgestaltung des Straßennetzes hat befriedigende Fortschritte gemacht, sie muß aber weiter fortgeführt werden, da ein gutes Straßennetz auch eine wichtige Voraussetzung für den Fremdenverkehr im Reiseland Österreich bildet. Auch die noch aus der nationalsozialistischen Ära stammenden Verkehrsgesetze müssen wieder ausgeschaltet und durch gutes österreichisches Recht ersetzt werden.

Kinderreiche Familien und Existenzgründungen

Hand in Hand mit der durch die Bereinigung der Währungsfrage und der Steuerreform geschaffenen Wirtschaftssicherung hat die neue Regierung ihr Hauptaugenmerk darauf zu richten, daß alle Bürger dieses Staates Arbeit und Verdienst finden. Wir müssen uns bemühen, durch Vollbeschäftigung die Existenzsicherung aller arbeitenden Menschen Österreichs zu finden. Dazu gehört auch die Erleichterung der Existenzgründung von Selbständigen auf dem Gebiete der gewerblichen Wirtschaft, das heißt mit anderen Worten, daß eine Reform der gewerberechtlichen Vorschriften, insbesondere auch hinsichtlich des Untersagungsgesetzes, notwendig wird. Wir müssen aber auch gerade für die selbständigen Gewerbetreibenden und insbesondere für solche mit kinderreichen Familien vorsorgen, damit ihre Lebensexistenz gesichert wird und ihnen, wenn sie sich in bedrängter Lage befinden, Hilfe gewährt werden kann. Wir wollen aus den Gewerbetreibenden keine Rentenbezieher des Staates machen, es sollen aber auch jene, die nach einem arbeitsreichen Leben im Alter unverschuldet in Not geraten sind, nicht schutz- und hilflos bleiben.

Um die Leistungsfähigkeit unserer Arbeiterschaft auf ihrem bisherigen hohen Niveau zu erhalten, werden wir auch die berufliche Ausbildung der arbeitenden Jugend fördern und sichern, um so unserer Wirtschaft neue tüchtige Fachkräfte zu gewinnen.

Eine wichtige Forderung sozialer Gerechtigkeit ist der Schutz des Konsumenten, den sich die neue Regierung zur Aufgabe machen muß. Ungerechtfertigte Preissteigerungen werden ebenso zu bekämpfen sein wie die Auswüchse des Kartellwesens. Ebenso wird der funktionslose Zwischenhandel auszuschalten sein. Wenn diese Aufgaben konsequent durchgeführt werden, dann werden wir in der Lage sein, das Preisgefüge stabil zu erhalten und gleichzeitig die Preise in eine gesunde Relation zu den Löhnen zu bringen.

Das aus der nationalsozialistischen Ära stammende und den damaligen Kriegsbedürfnissen dienende sogenannte Reichsleistungsgesetz ist längst überholt und muß aufgehoben werden. In jenen Bereichen, in denen in der Not der Zeit begründete Eingriffe in das Eigentum und dessen Verfügung noch immer unausweichlich sind, wird es Sache der zuständigen Ressorts sein, die hiezu unbedingt notwendige und auf die Zeit des Notstandes begrenzte gesetzliche Regelung herbeizuführen.

Wohnraumbeschaffung

Die neue Regierung wird auch der Förderung der Wohnraumbeschaffung ihr besonderes Augenmerk schenken. Schon durch ein vom früheren Nationalrat beschlossenes Gesetz wurde die Idee des Wohnungs- oder Stockwerkseigentums verwirklicht. Zur praktischen Anwendung sind aber noch manche Ergänzungen notwendig, um allen Schichten der Bevölkerung Gelegenheit zu geben, die von diesem Gesetz gegebenen Möglichkeiten auszunützen. Die Regierung wird sich bemühen, im Wege des Wohnhaus-Wiederaufbaufonds die Mittel für diesen auch volkswirtschaftlich eminent wichtigen Zweck zur Verfügung zu stellen.

Es wird unbedingt Vorsorge zu treffen sein, daß dem Fonds auch im kommenden Jahr Mittel in mindestens gleicher Höhe wie im heurigen Jahr zufließen. Ebenso wird die Darlehensaktion für die Hausratsbeschaffung fortzusetzen und auszubauen sein.

Wenn wir vom wirtschaftlichen Wiederaufbau sprechen, müssen wir jener großzügigen und in der Geschichte der Weltwirtschaft einzig dastehenden Hilfsaktion danken, die unter dem Namen Marshallplan von den USA inauguriert und durchgeführt wurde. Alle Österreicher, auch diejenigen unter ihnen, die aus politischen Motiven heraus glaubten, gegen diesen Plan Stellung nehmen zu müssen, haben in augenscheinlicher und fühlbarster Weise die wirtschaftsfördernde Wirkung dieser Aktion feststellen können, und ich erachte es als meine Pflicht, von dieser Stelle aus neuerlich unserer Dankbarkeit für diese werktätige Unterstütztung Österreichs Ausdruck zu geben.

Ergänzend hiezu muß selbstverständlich von unserer Gesamtwirtschaft alles darangesetzt werden, um durch intensive Steigerung unserer Produktivität bis zum Ablauf des Marshallplans unsere internationale Wettbewerbsfähigkeit weitestgehend zu sichern und den Rückstand, den wir heute gegenüber dem westeuropäischen Durchschnitt aufweisen, tunlichst zu verringern.

Heimatverbundenheit und Staatstreue des Bauernstandes

Ein besonders wichtiger Faktor des österreichischen Volkes ist der Bauernstand, dessen Heimatverbundenheit und Staatstreue die Regierung stets zu schätzen wissen wird. Der österreichische Bauer hat am Wiederaufbau tatkräftig mitgewirkt, und unsere Pflicht wird es sein, ihm so zu helfen, daß auch weiterhin jede kleinste Fläche des Bodens ausgenützt werden kann. Wir wollen den bestehenden Bauernbesitz durch ein Gesetz über bäuerliche Besitzfestigung schützen und im Wege einer gesunden Bodenreform durch Schaffung eines Bodenschutzgesetzes und Förderung von Meliorationen die landwirtschaftliche Produktivität heben. Um dem Bauern eine erhöhte Produktion zu sichern, ist eine stärkere Mechanisierung seiner Betriebsmittel notwendig.

Der Wiederaufbau der durch den Krieg zerstörten Landwirtschaft ist durch den landwirtschaftlichen Wiederaufbaufonds bedeutend vorwärtsgekommen. Vieles ist aber noch zu leisten, um alle Schäden zu beseitigen, und es bedarf aller Anstrengungen, um die hiezu nötigen Mittel aufzubringen. Um den Bauern eine gesunde Wirtschaftsführung zu sichern, werden wir bestrebt sein, beständige Abnehmerpreise für die Landwirtschaft zu erstellen, und wir werden uns bemühen, auch beim Absatz der landwirtschaftlichen Produkte einen wirtschaftlich unproduktiven Zwischenhandel nach Möglichkeit auszuschalten, der uns in Gestalt der Großverteiler durch das Dritte Reich beschert wurde. Mit der Bauernfrage im engsten Zusammenhang steht die Frage der Landarbeiterschaft. Den Landarbeitern müssen die sozialen Rechte gesichert werden. Die Gesetzgebung wird aber auch dafür Sorge tragen müssen, daß der Landwirtschaft die notwendigen Arbeitskräfte zur Verfügung stehen. Der Forstwirtschaft, die uns einen der wichtigsten Exportartikel liefert, muß die Bringung des Holzes durch Erschließung des Hinterlandes, Wegebau, Bereitstellung von Zugmaschinen usw. ermöglicht werden; durch Neuforstungen muß aber auch dafür Sorge getragen werden, daß Österreich über diesen Exportartikel auch in Zukunft verfügen kann.

Sozialpolitik und Lebensstandard

Eine gesunde Gesamtwirtschaft Österreichs bedingt eine gesunde Sozialpolitik. Es steht daher die Hebung des Lebensstandards der arbeitenden Bevölkerung mit einer Hebung der wirtschaftlichen Produktion in einem unlösbaren Zusammenhang. Die Lebenshaltung der Menschen soll nicht nur möglichst hoch, sie muß auch gegen alle Wechselfälle des wirtschaftlichen Lebens gesichert sein. Wir werden deshalb dem weiteren Ausbau unserer Sozialpolitik größte Aufmerksamkeit schenken, wobei das oberste Ziel in der Sicherung des Arbeitsplatzes bestehen soll. Dieses Problem ist heute der zentrale Nervenpunkt der sozialen Frage. Mit seiner Lösung würden wir einen Fortschritt erzielen, der für die weitere gesellschaftliche Entwicklung von ungeheurer Bedeutung wäre und eine politische Bewegung zum Abschluß brächte, die seit mehr als hundert Jahren das soziale Leben aller Staaten immer wieder in gefahrvolle Situationen bringt. Ich bin davon überzeugt, daß durch ein zielbewußtes Zusammenwirken aller in der Wirtschaft tätigen Gruppen von Wirtschafts- und Arbeiterkammern sowie Gewerkschaften die Grundlagen geschaffen werden könnten, um auf dem Wege der Gesetzgebung dem Recht auf Arbeit jeden illusorischen Charakter zu nehmen und es für jeden arbeitswilligen Menschen zu realisieren. Darüber hinaus aber soll der Arbeiterschaft auch die Möglichkeit geboten werden, nicht nur mit einem gerechten Lohn Anteil an den Früchten der wirtschaftlichen Produktion zu haben, sondern durch die Errichtung von Werks- beziehungsweise Arbeitsgenossenschaften, wo sich diese als zweckmäßig erweisen, auch am Kapital mitzupartizipieren. Solche Einrichtungen sind nicht, wie von mancher Seite behauptet wird, ein Rückfall in eine überwundene, im Gegenteil, sie sind eine modifizierte durchaus moderne Wirtschaftsform mit einer auf eine breitere Basis gestellten Kapital- und Gewinnverteilung. Allerdings stehen der Errichtung solcher Genossenschaften gegenwärtig noch viele Hindernisse in unseren Rechtsverhältnissen gegenüber. Das Interesse in der Arbeiterschaft für diese Art von Vergesellschaftung erfordert es, daß wir alle Hemmnisse, die sich der Entwicklung dieser Institution entgegenstellen, aus dem Weg räumen.

Familienpolitik und Jugenderziehung

Damit soll zugleich ein anderes Ziel erreicht werden: der Schutz des Familienlebens, der nicht zuletzt durch ein menschenwürdiges Wohnen gewährleistet ist. Förderung eines geordneten Familienlebens, Vorsorgen bei erhöhter Kinderzahl, Vorsorgen für das Alter aller Menschen, Schutz des kei-

menden Lebens durch soziale Fürsorge für die Mütter, Bewahrung unserer
Jugend vor Schmutz und Schund und deren Erziehung im demokratischen
österreichischen Geiste zu selbstbewußten, aber von jeder nationalistischen
Überheblichkeit freien Österreichern, die mit der Ehrfurcht vor der großen
geschichtlichen Tradition unseres Vaterlandes den Geist des sozialen Fortschrittes verbinden, das zu erreichen, wird eine der vornehmsten Aufgaben
der neuen Regierung sein. Daher werden dem neuen Nationalrat auch auf
dem Gebiete von Schule, Erziehung und Volksbildung bedeutsame Aufgaben gesetzgeberischer Natur gestellt werden.

Demokratisches Schulwesen

Die gesetzlichen Grundlagen des Volksschulwesens und der Lehrerbildung
erfordern eine Erneuerung im Geiste der Zeit und unserer österreichischen
Demokratie, ebenso die Gesetzgebung über das mittlere Schulwesen mit
Einschluß der berufsbildenden Schulen. Beträchtliche Vorarbeit und einge-
hende öffentliche Erörterung dieser Fragen haben den Boden vorbereitet,
und es kann und soll der Hoffnung Ausdruck gegeben werden, daß es der
neuen Regierung in vertrauensvoller Zusammenarbeit mit dem neuen Nationalrat gelingen wird, ein Schul- und Erziehungsgesetz zu schaffen, das
der schon in den Grundgesetzen verankerten sittlich-religiösen Erziehung
Rechnung trägt und damit auch von der Zustimmung und dem Willen der
überwältigenden Mehrheit unseres Volkes getragen sein wird.
Die erneuerte Schulbildung, die durch ein modernes Volksbildungsgesetz
ergänzt werden soll, muß allen Teilen des Volkes im gleichen Maße zugänglich sein. Daher wird der Förderung begabter Schüler, gleichgültig, aus welchem Milieu sie stammen, erhöhte Aufmerksamkeit zuzuwenden sein. Um
unsere schulentlassene Jugend vor gewissenlosen Einflüssen auf das jugend-
liche Triebleben zu schützen, wird sich der Nationalrat mit einer Gesetzes-
vorlage befassen müssen, die es den Behörden ermöglicht, solchen Einflüssen entgegenzutreten. Am besten wird dies wohl durch eine großzügige
Förderung des Jugendsports erreicht werden können.
Auf dem Gebiete des Hochschulwesens wird die Regierung für die Gewin-
nung wissenschaftlich bedeutender Lehrkräfte sowie für den Ausbau unserer Forschungsinstitute besondere Sorge tragen.

Kunst und Wissenschaft

Mit einer Besserung der wirtschaftlichen Verhältnisse wird auch wieder das kulturelle Bedürfnis der Bevölkerung stärker erwachen, und dem Staate wird es dann auch wieder möglich sein, die Einrichtungen der Kunst und der Wissenschaft in höherem Maße als bisher zu fördern und damit auch den geistig schaffenden Menschen eine bessere Existenzgrundlage zu bieten. Von besonderer politischer und kultureller Bedeutung ist die Beschickung internationaler künstlerischer Wettbewerbe im Ausland, insbesondere auf den Gebieten der Musik, der bildenden Künste und des Films, vor allem aber die Förderung des österreichischen Rundfunkwesens, die nur durch eine Rückgabe der österreichischen Sendergruppen und deren Befreiung von der alliierten Kontrolle erreicht werden kann. Diese Forderung, die schon die frühere Regierung erhoben hat, wird auch von der neuen Bundesregierung mit aller Energie vertreten werden. Nach Rückgabe der Sender in unsere Hand wird die erste Aufgabe eine neue Ordnung des Rundfunkwesens im gesamtösterreichischen Sinne bei weitgehender Wahrung des föderalistischen Prinzips sein.

Rechtspolitik mit Vorrang

Auf dem Gebiete der Justiz wird es die Hauptaufgabe der Regierung sein, die Gleichheit aller Staatsbürger vor dem Rechte wiederherzustellen. Es darf keine Bürger mit verschiedenen Rechten geben. Die Ausnahmsgesetzgebung wird im Interesse dieses Zieles sobald als möglich beseitigt werden müssen. Eine Voraussetzung dazu ist allerdings das unbedingte Bekenntnis eines jeden Staatsbürgers zu Österreich und zur Demokratie.

Exekutive und künftiges Bundesheer

Ich würde mich eines großen Versäumnisses schuldig machen, wenn ich nicht auch der Organe unseres Sicherheitswesens gedenken würde, denen wir es zu verdanken haben, daß die Kriminalität gesunken und eine weitaus größere Sicherheit wiederhergestellt ist. Dieser Erfolg, mit einer überaus mangelhaften Bewaffnung errungen und mit zahlreichen Opfern erkauft, verpflichtet uns, für eine bessere Ausrüstung unserer Exekutive Sorge zu tragen. In diesem Zusammenhang muß auch darauf verwiesen werden, daß wir an Ausrüstungsfragen ein beträchtliches Interesse haben. Wird doch mit dem Inkrafttreten des Staatsvertrages die Aufstellung eines kleinen Bundesheeres aktuell. Daher kann es nur von Vorteil sein, wenn wir in der Bewaffnung bereits Erfahrungen gesammelt haben. Die Frage eines Bundesheeres ist heute kein Streitpunkt mehr. In einem Lande, das von Staaten umgeben ist, die stehende Heere von ungewöhnlichem Ausmaß unterhalten und in einer Rüstungspsychose leben, die sich auch die letzten Erfahrungen der technischen und chemischen Entwicklung zu eigen machen, wäre es ein leichtsinniges Verbrechen, das eigene Volk und das eigene Land schutzlos den möglichen Gefahren auszusetzen.

Österreich als Gastland Heimatvertriebener

An dieser Stelle will ich auch jener vielen Tausenden Menschen gedenken, die, aus ihrer Heimat vertrieben, sich gegenwärtig in Österreich aufhalten, hier Schutz und Hilfe suchen und auch finden. Österreich ist sich seiner Pflicht diesen unglücklichen Menschen gegenüber durchaus bewußt und will auch weiterhin alles tun, was deren Los erleichtern kann. Jedoch sind unsere Kräfte und Mittel beschränkt: Unsere Bemühungen müssen durch umfassende Hilfsaktionen internationalen Charakters ergänzt werden, um den Heimatvertriebenen jene sicheren Grundlagen zu schaffen, auf denen sie sich ein neues Leben wieder aufbauen können.

Viereinhalb Jahre lang hat der Österreicher für die Erhaltung und den Wiederaufbau seiner Heimat die härtesten Opfer gebracht. Er ist sich durchaus seiner eigenen Kraft und Stärke bewußt geworden. Er spekuliert heute nicht auf Blockbildung und Anlehnung an fremde Mächte, er will sein Heimatland als freien und selbständigen Staat sehen und will, daß sein Staat in die Gemeinschaft der Vereinten Nationen eintrete, um dort mit hohem Verantwortungsgefühl seine Pflicht zu erfüllen.

Wir rufen alle Österreicher zur weiteren Mitarbeit am Neubau unserer Heimat auf. Durch die Zusammenarbeit der beiden großen Parteien haben wir selbst das Beispiel eines Zusammenwirkens im Interesse des Staates gegeben. Ich bin davon überzeugt, daß sich diese aus der Notwendigkeit geborene Koalition für das österreichische Volk auch weiterhin als fruchtbar erweisen wird und daß sie im vollen Maße das Vertrauen des Volkes genießt.

Zutiefst beseelt von unserer Liebe und Treue zu unserem Heimatland, gilt auch für die neue Bundesregierung nur ein oberster Grundsatz, das Ziel und das Motto: Alles für unser Österreich!

Wasserkraft und Energiepolitik im Interesse der europäischen Wirtschaft
Die Schätze unseres Landes als Motor der heimischen und internationalen Aufwärtsentwicklung
15. Dezember 1949
(Ansprache zur Inbetriebnahme der Hochspannungsleitung Kaprun–Ernsthofen)

Die furchtbaren Zerstörungen durch den letzten Krieg und die daraus entstandene wirtschaftliche Not der Nachkriegszeit haben in allen Staaten zu einer besseren Erfassung der vorhandenen Naturschätze und Naturkräfte geführt, um diese nicht nur zum eigenen Vorteil, sondern im Interesse der gesamteuropäischen Wirtschaft zu fruktifizieren. Es ist eine der wirtschaftsfördernden Wirkungen des Marshallplanes, daß die an diesem großzügigen Hilfswerk beteiligten europäischen Staaten ihre wirtschaftlichen Maßnahmen aufeinander abstimmen und auf diese Weise ein gesunder und natürlicher Ausgleich zwischen Mangel und Überfluß an Rohstoffen und Produktionsgütern in die Wege geleitet wird.

Bei dieser Koordinierung der wirtschaftlichen Hilfsquellen und Kräfte der am ERP beteiligten Staaten ist Österreich die Aufgabe zugefallen, seine reichen, vor allem alpinen Wasserkräfte entsprechend zu nützen, große Wasserkraftwerke zu bauen und damit zu einem europäischen Zentrum der elektrischen Energiewirtschaft zu werden, von dem aus elektrischer Strom auch über unsere Grenzen hinaus exportiert werden kann ...

... Ich muß bei dieser Gelegenheit auch wieder dankbarst der Hilfe gedenken, die der österreichischen Wirtschaft durch das Europäische Wiederaufbauprogramm zuteil geworden ist. Ohne die Flüssigmachung namhafter Beträge aus dem ERP-Sonderkonto wäre die erfolgreiche Durchführung der kostspieligen Arbeiten an der Hochspannungsleitung nicht möglich gewesen. An die 50 Millionen Schilling wurden aus diesem Konto zur Finanzierung der Arbeiten aufgewendet, ein gewaltiges Kapital, das zum Aufbau der österreichischen Wirtschaft, zur Erhaltung der Arbeitsmöglichkeiten für zahlreiche Arbeiter und damit zum Wohle der Allgemeinheit investiert wurde. Österreich allein, nur auf seine eigenen Kapitalien angewiesen, hätte so große Summen in einer Zeit seiner größten wirtschaftlichen Schwäche niemals aufbringen können. Das muß immer wieder hervorgehoben und gegen diejenigen gesagt werden, die aus rein politischen Gründen und ohne jegliche Rücksichtnahme auf die Arbeiterschaft gegen den Marshallplan Stellung nehmen. Das Beste, das von Staats wegen für die Arbeiterschaft überhaupt getan werden kann und was von dieser auch immer als das Beste anerkannt wird, ist nicht eine Unterstützung im Falle von Arbeitslosigkeit, sondern die Beschaffung und Sicherung von Arbeitsmöglichkeiten. Diese Möglichkeiten waren hier beim Bau der Hochspannungsleitung gegeben, und sie sind der reichen finanziellen Unterstützung aus dem ERP-Sonderkonto vornehmlich zu danken. Es ist nicht nur ein hervorragendes technisches Werk, das hier vollbracht wurde, sondern auch ein soziales, und wir hoffen, daß wir es im gleichen Maße fortsetzen können, zunächst noch mit fremder Hilfe, dann aber, auf Grund der mit dieser Unterstützung errungenen wirtschaftlichen Gesundung, aus eigenen Kräften ...

Freiheit durch Einigkeit!
Die Zusammenarbeit von ÖVP und SPÖ
als Garant des Fortschritts
22. Dezember 1949
(Weihnachtsbotschaft)

Vier Jahre sind vergangen, seit die Bundesregierung in annähernd gleicher Zusammensetzung die Geschäfte unseres Heimatlandes führt. Schon aus dieser Tatsache mag man ersehen, daß die Regierung mit den Auffassungen des österreichischen Volkes konform geht, daß sie das Spiegelbild der Volksmeinung darstellt. Die demokratische Entwicklung in der Zweiten Republik hat einen beachtlichen Grad der Konsolidierung erreicht, der von den Stimmen der Welt als vorbildlich bezeichnet wird. Das österreichische Volk hat in den abgelaufenen vier Jahren eine verantwortungsbereite Staatsgesinnung gezeigt, die es der Regierung ermöglicht hat, der großen Schwierigkeiten Herr zu werden, die verschiedentlich aufgetaucht sind. Es war die Aufgabe der Regierung, bei den großen Entscheidungen, die an uns alle herangetreten sind, in Kontakt mit der Volksmeinung zu bleiben und keinen volksfremden Ideologien nachzugehen.
Die Durchführung der Aufbauarbeit ist nicht immer leicht gewesen. Zu den natürlichen Hemmungen materieller Art sind Österreich Prüfungen auferlegt worden, die außerhalb eines normalen Entwicklungsganges liegen. Das österreichische Volk kann nicht dafür verantwortlich gemacht werden, daß sein Land noch immer der Unabhängigkeit entbehrt, daß Regierung und Parlament durch willkürliche Einwirkungen daran gehindert werden, souveräne Entschlüsse zu fassen, die im Interesse von Volk und Land erforderlich wären. Dabei hat Österreich wahrlich alle demokratischen Voraussetzungen für eigene Verantwortung und für eine uneingeschränkte Selbstver-

waltung erfüllt. In vollkommen freien und unbeeinflußten Wahlen nach einem modernen, fortschrittlichen Wahlrecht hat das Bundesvolk klar und deutlich seinem Willen Ausdruck gegeben, von wem und wie es regiert werden will. Die Tatsache, daß die gegenwärtige Regierung bereits die zweite Legislaturperiode im Amte ist, kann als Befähigungsnachweis für die Verwaltung eines aufgeschlossenen, zivilisierten Landes gelten. Innenpolitisch gesehen sind demnach alle Voraussetzungen für die volle Selbständigkeit und Unabhängigkeit Österreichs gegeben. Die Bundesregierung wird auch keine Gelegenheit unbenützt lassen, nach der vollen Freiheit zu streben; sie wird nach wie vor alles daransetzen, um das Instrument eines Staatsvertrages zu erhalten, der die Lebensmöglichkeit Österreichs sichert.

Volk, Parlament und Regierung als Einheit

Dazu wird es notwendig sein, daß sich Volk, Parlament und Regierung weiter als Einheit fühlen. Bei aller Verschiedenheit der persönlichen Ansichten, die bei einem demokratischen Volk eine Selbstverständlichkeit darstellen, muß das Gesamtinteresse die Grundlage jeder Arbeit, jeder Entscheidung sein. Ich kann es daher auf das wärmste begrüßen, daß die Interessengegensätze deutlich an Schärfe verloren haben und daß der Klassenkampf seine programmatische Bedeutung einzubüßen beginnt. Wir übersehen nicht, daß es noch immer gewisse Vorurteile zu überwinden gibt, wir wissen aber auch, daß es ein Erfordernis der Demokratie ist, die Meinung des anderen gelten zu lassen, auch wenn sie der eigenen Parteiansicht manchmal widerstreitet. Der Österreichischen Volkspartei, die nun schon im fünften Jahr die Hauptlast der Verantwortung in diesem Staate trägt, fällt es nicht schwer, den Erfordernissen der Staatspolitik auch weiterhin die erste Stelle einzuräumen. Die Koalition der beiden großen Parteien ist darauf aufgebaut, die wichtigen Ziele des Wiederaufbaues Österreichs in gemeinsamer Arbeit zu verfolgen und die Aussicht auf parteipolitische Vorteile zurückzustellen. Diese Tatsache, die in der Vergangenheit im großen und ganzen eingehalten werden konnte, muß auch das unverrückbare Ziel der Handlungen von Regierung und Volksvertretung in der Zukunft bleiben. Nur auf diesem Wege war es bisher möglich, die ungeheuren Schwierigkeiten zu meistern, die uns unvernünftige und böswillige Kräfte zugedacht haben. Österreich kann nur im engsten Zusammenwirken aller positiven Kräfte aufgebaut und zu einem vorbildlichen Staatswesen entwickelt werden; würde die Staatsgesinnung fehlen, so kämen wir über ein unzulängliches Provisorium nicht hinaus. Ich weiß, daß es manchmal schwere Opfer sind, die dem österreichischen Volk von Regierung und Parlament auferlegt werden müssen. Diese Opfer können nur getragen werden in dem Bewußtsein, daß sie Volk und Staat aufwärts, in eine lichtere Zukunft führen, in der wir in Freiheit und einem bescheidenen Wohlstand unseren Teil zur Gesundung der zivilisierten Welt beitragen können.

Große Koalition bezeugt den Willen zum inneren Frieden

Ich bin mir dessen bewußt, daß dieses Ziel friedlich erkämpft werden muß, auf verschiedenen Gebieten sind es Unzulänglichkeiten, die überwunden werden müssen, schwere Arbeit steht noch bevor. In dem doppelten Bewußtsein, daß wir als altes Kulturvolk auch durch Tradition verpflichtet sind, unser eigenes Haus gesund und wohnlich einzurichten, auf der anderen Seite aber auch der Aufgabe zu dienen haben, für die Konsolidierung Europas, dessen Kern wir sind, und für den Frieden in der Welt zu arbeiten, wollen wir mit entschlossenem Mut in das neue Jahr treten, in der sicheren Hoffnung, daß es uns der eigenen und der Gesundung der Welt einen entscheidenden Schritt näher bringen wird. Den Willen zum Frieden im Innern des Landes und zur Mitarbeit im internationalen Geschehen wollen wir in den weihnachtlichen Tagen der Versöhnung und der werktätigen Liebe in uns festigen. Dann werden auch die Versuche ermüden, Österreich zum dauernden Spielball unklarer, friedensstörender Einwirkungen zu machen. Mit gutem Gewissen kann ich das österreichische Volk aufrufen, den vor uns liegenden Zeitabschnitt in einigem Zusammenwirken zu nützen. Am Ende steht die Freiheit, und sie ist des Schweißes aller aufrechten Österreicher wert.

In diesem Sinne wünsche ich allen Österreichern gesegnete Weihnachten und Glück für 1950 in einem freien Österreich.

Die ERP-Hilfe für Österreich

Zwei Jahre Marshallplan und der wirtschaftliche Aufschwung

6. April 1950

(Rundfunkansprache)

Es war ein historischer Augenblick, als der amerikanische Außenminister Marshall in seiner Rede vor der Harvard University im Sommer 1947 als erster die Erkenntnis formulierte, daß der Wiederaufbau Europas nur durch die enge Zusammenarbeit der europäischen Staaten und eine großzügige amerikanische Hilfe möglich sein werde.

Wenn wir heute auf zwei Jahre praktischer Verwirklichung der damals ausgesprochenen Gedanken zurückblicken und gleichsam auf halbem Weg eine Zwischenbilanz des bereits Vollbrachten ziehen, so brauchen wir uns in Österreich unserer Arbeit nicht zu schämen. Damals, Anfang 1948, waren wir aus eigenen Kräften und mit Unterstützung der verschiedenen seit Kriegsende durchgeführten Hilfsaktionen gerade noch imstande, den Lebensstandard der österreichischen Bevölkerung auf der unteren Grenze des Erträglichen und das Wirtschaftsleben notdürftig in Gang zu halten. Als dringendste Aufgabe mußten deshalb die jahrelange Unterernährung und damit die verminderte Arbeitskraft der österreichischen Bevölkerung gesteuert und die Kriegsschäden der Wirtschaft und des Verkehrsnetzes beseitigt sowie durch eine geregelte Energieversorgung die Voraussetzung für ein erfolgreiches Fortschreiten des österreichischen Wiederaufbaues geschaffen werden. Über diese Sofortmaßnahmen hinaus bot der Marshallplan die Möglichkeit, durch ein großzügiges Investitionsprogramm innerhalb von vier Jahren die Voraussetzungen dafür zu schaffen, daß wir im Jahre 1952 auf eigenen Füßen stehen und unsere wirtschaftliche Unabhängigkeit sichern können.

Dementsprechend war auch das erste Jahr der ERP-Hilfe noch hauptsächlich dem Ziel gewidmet, die Versorgung der Bevölkerung mit den wichtigsten Gütern sicherzustellen. Bereits damals war die österreichische Regierung bestrebt, durch eine möglichst rasche Steigerung sowohl der landwirtschaftlichen als auch der industriellen Produktion Mittel für jene Modernisierungen und Rationalisierungen unserer Wirtschaft freizumachen, die allein die Gewähr dafür bieten, daß wir auch in Zukunft auf dem Weltmarkt konkurrenzfähig bleiben und die notwendigen Rohstoffe, Lebensmittel und Maschinen mit dem Erlös unserer eigenen Arbeit und unserer eigenen Ausfuhren bezahlen können.

Die österreichische Produktion hat mit Hilfe des European Recovery Program's in den letzten zwei Jahren auf dem industriellen Sektor die Erzeugungsziffern des Jahres 1937 nicht nur erreicht, sondern in vielen Fällen sogar weit überschritten. Auch die österreichische Landwirtschaft konnte durch umfangreiche Einfuhren von Saatgut, Kunstdünger und Maschinen im Durchschnitt wieder ziemlich nahe an den Stand ihrer Vorkriegsproduktion herankommen. Gleichzeitig gelang es auch, die Vollbeschäftigung und damit die soziale Sicherstellung der arbeitenden Menschen in Österreich im wesentlichen aufrechtzuerhalten.

Welche Bedeutung im Rahmen des wirtschaftlichen Wiederaufbaues Österreichs dabei der ERP-Hilfe zukommt, zeigt die Tatsache, daß in den vergangenen zwei Jahren allein an direkten Hilfslieferungen Lebensmittel, Rohstoffe, Maschinen und viele sonstige dringend notwendige Bedarfsgüter im Werte von mehr als 280 Millionen Dollar in Österreich eingetroffen sind. Davon wurden rund 180 Millionen für die Landwirtschaft aufgewandt.

Von den Schillingerlösen für diese Lieferungen, deren Verwendung immer wieder den Hauptangriffspunkt gegen die österreichische Wirtschaftspolitik und die Ziele und Zwecke des European Recovery Program's bildet, wurden im gleichen Zeitraum mehr als dreieinhalb Milliarden Schilling für die Sicherung unserer Währung, für die Wiederherstellung unserer Verkehrsanlagen, den Ausbau der Wasserkräfte und die Erweiterung unserer Fabriken verwendet und dadurch für viele Hunderttausende Arbeit und Brot geschaffen.

Es ist mir deshalb anläßlich dieses zweiten Jahrestages ein Bedürfnis, im Namen der österreichischen Regierung und der österreichischen Bevölkerung nicht nur dem amerikanischen Volk unseren Dank für die großzügige Hilfe auszusprechen, sondern auch dem Leiter der EGA-Mission in Österreich, Mister Clyde N. King, und seinen Mitarbeitern für das Verständnis und die Aufgeschlossenheit zu danken, mit der sie den österreichischen Problemen gegenüberstehen und sie in gemeinsamer Arbeit mit uns zu lösen versuchen.

In den letzten zwei Jahren konnten wir den Grundstein für eine konsolidierte und gesicherte Entwicklung der österreichischen Wirtschaft legen. Der Ausbau unserer Schlüsselindustrien, der bereits unmittelbar nach Beginn des Marshallplanes in die Wege geleitet wurde, macht gute Fortschritte und wird aller Voraussicht nach bis zum Jahre 1952 so weit vollendet sein, daß die Voraussetzungen für einen erfolgreichen Wettbewerb auf den Weltmärkten sichergestellt sein werden. Diese Tatsache wird es uns erlauben, in den nächsten zwei Jahren unsere Aufmerksamkeit besonders jenen Zweigen in der Industrie und vor allem auch des Gewerbes zuzuwenden, die seit jeher den größten Anteil am österreichischen Export hatten. Denn trotz der vielen bereits gelösten Probleme sind die Aufgaben, denen wir uns noch gegenübersehen werden, nach wie vor von entscheidender Bedeutung. Der Ausgleich der Zahlungsbilanz, die Teilnahme Österreichs an jener Wirtschaftsgemeinschaft von 250 Millionen Menschen, die am Ende des European Recovery Program's stehen soll. Die Aufrechterhaltung der Vollbeschäftigung, die Behebung der Wohnungsnot und die Verbesserung des Lebensstandards der breiten Masse sind nur einige der Kardinalprobleme, die noch der Lösung harren.

Ich glaube daher, daß es der beste Dank für die bis jetzt geleistete Hilfe ist, in unseren Anstrengungen fortzufahren, um das Ziel der wirtschaftlichen Gesundung Österreichs möglichst rasch zu erreichen. Damit werden wir als ein freies Land in einer größeren Gemeinschaft freier europäischer Staaten einer gesicherten Entwicklung entgegengehen.

Erneuerung ist das Gebot
Investitionen für eine Modernisierung unserer Wirtschaft
29. April 1950
(Ansprache zur Eröffnung der Grazer Messe)

Wir haben allen Grund, uns über diesen wirtschaftlichen Aufstieg zu freuen, der dem Fleiß der Arbeiter und Angestellten, der Initiative der Unternehmer und der Kaufmannschaft, aber auch der Stabilisierung unserer Währung zu danken ist. Wir dürfen aber eines Umstandes nicht vergessen, der an diesem Aufstieg wesentlich mitgewirkt hat, dessen Einfluß aber zeitlich begrenzt ist. Ich meine die Hilfen, die Österreich aus dem Marshallplan erhalten hat und die mit dem Jahre 1952 ihr Ende finden sollen. Wir müssen alles unternehmen, um dem Sinn und Zweck dieses Planes gerecht zu werden. Wir müssen durch wohlüberlegte Investitionen unsere gesamte Produktion auf jene moderne Grundlage stellen, daß wir unter Verhinderung jedes wirtschaftlichen Vakuums 1952 in der Lage sind, mit unseren Erzeugnissen auf den Weltmärkten qualitativ und preismäßig bestehen zu können. Zu diesem Zwecke wurde die unter Minister Taucher stehende Stelle geschaffen, deren Aufgabe es ist, die Mittel zu den Investitionen ökonomisch richtig zu verteilen. Es kommt aber nicht nur auf eine zweckmäßige Verteilung an, sondern auch auf eine möglichst produktive Verwendung. In dieser Beziehung glaube ich dem technischen und kaufmännischen Können, aber auch dem Verantwortungsbewußtsein der in der Wirtschaft tätigen Männer vertrauen zu können. Dann wird der in der ersten Phase der

Verwirklichung des Marshallplanes zum Anlaufen gebrachte wirtschaftliche Motor auch nach 1952 mit voller Tourenzahl weiterlaufen. Was zur Erreichung dieses Zustandes von seiten des Staates durch den Abschluß möglichst günstiger Handelsverträge, aber auch durch eine vereinfachte Gebarung bei Geschäftsabschlüssen mit dem Ausland geschehen kann, wird gewiß Sorge der entsprechenden staatlichen Stellen sein, die sicher auch bereit sein werden, diesbezügliche Vorschläge im Wege der zuständigen Kammern und Körperschaften in Erwägung zu ziehen ...

Sie säen Haß und Zwiespalt
Die „Friedensarbeit" der KPÖ am Röntgenschirm
Herbst 1950
(Rede im Rahmen einer Kundgebung der Österreichischen Volkspartei)

Sie sind auch immer bemüht, zwischen der österreichischen Bevölkerung und der sowjetrussischen Besatzungsmacht Mißtrauen zu säen, und sie sind es, die zwischen uns und unseren östlichen Nachbarn immer mehr Schranken zur Verhinderung eines versöhnlichen Nebeneinanderlebens aufrichten. Da sie im Marshallplan den sicheren Weg erkannt haben, der zur Befriedigung nicht nur Österreichs, sondern Europas führen muß, bekämpfen sie diesen Plan in der wütendsten Weise.

Das ist die Friedensarbeit der Kommunistischen Partei Österreichs! Es ist eine Arbeit gegen den Frieden! ...

Moskaus fünfte Kolonne probt den Umsturz
Zu den Oktoberereignissen des Jahres 1950
12. Oktober 1950
(Erklärung des Bundeskanzlers)

Die Ereignisse der beiden letzten Wochen haben im In- und Auslande stärkste Beachtung und nachhaltigen Widerhall hervorgerufen. Die Bundesregierung sieht sich daher veranlaßt, Ihnen einen ausführlichen Bericht über diese Vorfälle und ihre Vorgeschichte zu geben.

Die österreichische Bevölkerung ist mit Recht stolz auf den Fortschritt, den der Wiederaufbau unserer Wirtschaft in den letzten Jahren genommen hat. Es war aber jedem Einsichtigen klar, daß dieser Wiederaufbau noch nicht beendet ist, und es hat sich im Laufe des heurigen Frühjahres gezeigt, daß ein neuer wichtiger Schritt getan werden mußte, um nicht das bisherige Werk zu gefährden. Wir alle wußten, daß für eine Reihe von Konsumgütern staatliche Subventionen bezahlt wurden, die früher oder später eingestellt werden mußten. Wir konnten diese Subventionen nur leisten, weil wir die Mittel hiezu aus der Marshallplanhilfe bekamen. Nun ist das Ziel der Marshallplanhilfe, durch Investitionen die Produktion zu steigern und die Voraussetzung für ein reibungsloses Funktionieren der Wirtschaft nach Ablauf dieser Hilfe zu sichern. Es ist aber nicht der Zweck dieser Hilfe, die Konsumgüter zu verbilligen. Um es deutlicher auszudrücken, der Zweck der Hilfe ist, der österreichischen Wirtschaft Maschinen, E-Werke, Rohstoffe zur Verfügung zu stellen, den Fremdenverkehr zu fördern usw., nicht aber, daß wir diese Hilfe veressen. Es ist Ansichtssache, ob der Abbau der Subventionen hätte früher erfolgen sollen oder ob jetzt der richtige Zeitpunkt war. Auf keinen Fall aber hätten wir länger zuwarten können. Die Marshallplanhilfe endet 1952, und bis dorthin muß die österreichische Wirtschaft auf eigenen Füßen stehen. Dies wäre nicht möglich gewesen, wenn wir weiterhin Jahr für Jahr Hunderte von Millionen für Subventionen bezahlt hätten. Wir haben vom Juli 1948 bis 1. Oktober 1950 zweieinhalb Milliarden Schilling an Subventionen geleistet. Ein Weiterschleppen dieses Zustandes hätte unweigerlich zur Inflation und damit zu empfindlichen Störungen unseres Wirtschaftsaufbaues geführt. Eine verantwortungsbewußte Regierung mußte daher rechtzeitig im Interesse des gesamten österreichischen Volkes entsprechende Maßnahmen zur Sicherung unserer Wirtschaft treffen.

Das Lohn- und Preisabkommen

Es wurde der Bundesregierung der Vorwurf gemacht, daß sie die Aufhebung der Subventionen und die Notwendigkeit eines neuen Lohn- und Preisabkommens nicht rechtzeitig dem österreichischen Volk in klarer Weise auseinandergesetzt und es so auf die Notwendigkeit der Maßnahmen psychologisch vorbereitet hat. Ich will darauf ganz offen antworten. Zunächst haben sich die Verhandlungen ziemlich lang hingezogen. Man hat gemeinsam mit den Kammern und dem Gewerkschaftsbund diese Frage sehr gründlich studiert. Es war kaum möglich, irgendwelche genaueren Daten bekanntzugeben, bevor nicht diese Beratungen ein klares Ergebnis gezeitigt haben. Von diesem Moment an haben Politiker und Wirtschaftler das

Ihre dazu beigetragen, um die Maßnahmen der Regierung verständlich zu machen. Es war aber kaum möglich, umstrittene Fragen vorher in der Öffentlichkeit zu erörtern, da dies letzten Endes zu einer Verwirrung in der Bevölkerung und damit zu Angstkäufen, Produktionseinschränkungen usw. geführt hätte. Man hätte sehr schwer von der Notwendigkeit der Aufhebung der Subventionen sprechen können, da verschiedene Kreise noch für eine Fortführung der Subventionspolitik eintraten. Man hätte auch sehr schwer von der Notwendigkeit des Lohn- und Preisabkommens sprechen können, da andere Kreise wieder dieses neue Abkommen vermeiden wollten.

Eines war aber klar: Die Kommunisten sahen in diesem Abkommen eine Möglichkeit, Unruhe und Verwirrung zu stiften. Sie haben vom ersten Augenblick an darauf losgesteuert, diese notwendigen Maßnahmen für ihre politischen Zwecke zu mißbrauchen. Lange bevor sich Regierung, Kammern und Gewerkschaftsbund über die neuen Preise und Löhne einigten, begann das Zentralorgan der Kommunistischen Partei damit, durch übertriebene Meldungen das arbeitende Volk aufzuhetzen.

Kommunisten und Sowjets im Verbund

Daß natürlich auch die „Russische Stunde" der RAVAG zu dieser Propaganda mißbraucht wurde, wird zwar kaum einen Österreicher verwundern, dieses Vorgehen stellt aber doch einen unerhörten Mißbrauch dieses Senders dar, der unter der Bezeichnung „österreichischer Sender" kommunistische Kominformpropaganda verbreiten mußte. Man empfindet es auch als selbstverständlich, daß über höheren Befehl sich an der kommunistischen Propaganda auch die Ablegerparteien der Herren Scharf und Slavik beteiligen mußten. Die Kommunisten behaupteten, daß sich des ganzen arbeitenden Volkes über das neue Lohn- und Preisabkommen eine große Erregung bemächtigt hätte. Dabei ist ihnen aber ein taktischer Fehler passiert. Die kommunistische Parteileitung hat nämlich diese Erregung zu einem Zeitpunkt losbrechen lassen, als der Inhalt des neuen Lohn- und Preisabkommens noch gar nicht bekannt war. Dieses Abkommen wurde erst in der Sitzung des Ministerrates am 26. September beschlossen und in den frühen Nachmittagsstunden dieses Tages veröffentlicht. Aber merkwürdigerweise war die Erregung über dieses Abkommen schon in den frühen Morgenstunden so groß, daß einige Fabriken ihre Arbeit einstellten. Und merkwürdigerweise waren dies fast ausschließlich USIA-Betriebe oder zumindest Betriebe, die in einem gewissen Sektor von Wien liegen.
Es kam dann zu der Demonstration vor dem Bundeskanzleramt, bei der uns

auch Herr Nationalrat Fischer mit einer Rede beehrte. Ich habe mir diese Demonstration vom Anfang bis zum Ende vom Fenster meines Arbeitszimmers aus angesehen. Man würde den Arbeitern und Beamten in den USIA-Betrieben schwer Unrecht tun, und sie würden das sicherlich als grobe Beleidigung auffassen, wenn man sagen würde, daß sie alle dem Kommando der Kommunistischen Partei völlig freudig gefolgt wären. Wir wissen, daß man in Floridsdorf 5000 Arbeiter auf dem Sammelplatz zusammengetrieben hatte. Als sie beim Schottentor ankamen, waren es nur mehr 1500. Ähnlich waren auch die Zahlenverhältnisse bei den Zügen aus den anderen Bezirken. Wir sind die letzten, die einen Arbeiter deswegen verurteilen, weil er in einem USIA-Betrieb arbeitet. Wir schätzen die Anhänglichkeit der Arbeiter an ihre Arbeitsstätten, und wir wissen, daß die überwiegende Mehrzahl in diesen Betrieben nur den Tag herbeihofft, wo sie wieder frei und ohne Furcht einen österreichischen Betrieb unter österreichischer Leitung betreten können. Die Stoßtrupps allerdings haben funktioniert und Herrn Fischer und den übrigen Rednern eine wohldressierte Claque abgegeben. Schon am ersten Tag war es klar, daß sich die Kommunisten zumindest die indirekte Hilfe untergeordneter Besatzungsstellen gesichert hatten. So wurde von diesen Stellen der Einsatz von Polizei- und Gendarmeriekräften verboten, Fahrzeuge wurden zur Verfügung gestellt, ja einzelne Kommandanten mengten sich dadurch direkt ein, daß sie zum Streik aufforderten und ermunterten. Am 2. Oktober fuhr ein Jeep mit einem sowjetischen Kennzeichen herum und streute Flugblätter mit der Überschrift „Der Raubpakt gegen das Volk". Ich könnte eine Menge von Beispielen nennen, wie schon am ersten Tag einzelne untergeordnete örtliche Stellen den Kommunisten alle Hilfe angedeihen ließen.

„Streik" oder Terror?

Die Kommunisten haben zunächst nur zum Streik aufgefordert. Wir haben aber schon am Dienstag, dem 26. September, gesehen, daß diese Aktion von langer Hand sorgfältig vorbereitet worden war. Noch bevor sie überhaupt wissen konnten, wie viele und welche Betriebe sich ihrer Streikparole anschließen würden, schritten sie zu Gewaltaktionen. Sie versuchten zunächst den Eisenbahn- und Postverkehr lahmzulegen. Die Eisenbahnlinien wurden an verschiedenen Stellen dadurch unterbrochen, daß man Fahrzeuge über die Schienen stellte, zum Teil auch Schienen abmontierte. Durch entsprechende Befehle der örtlichen Besatzungsorgane wurde ein Einschreiten der Gendarmerie verhindert. Außerdem wurde in einigen Gebieten das Telefon- und Telegrafennetz vorübergehend lahmgelegt. In einem Teil von

Wien wurde der Straßenbahnverkehr ebenfalls behindert. Es ist interessant, das Verhalten der Kommunisten schon an diesem Tage zu beobachten. Sie, die heute über Terror schreien, haben nämlich selber mit dem Terror begonnen. Von den Eisenbahnern, den Postangestellten und den Wiener Straßenbahnern wollte nämlich niemand streiken, trotzdem haben sie diese Arbeiter und Angestellten an der Ausübung ihres Dienstes verhindert, ja, sie haben ihnen zum Teil die Arbeit unmöglich gemacht. Was ist das anderes als Terror und Gewalt! Terror und Gewalt sind aber Methoden, die man in einem demokratischen Staatswesen nicht zulassen kann. Wir wissen genau, was Leuten in den Volksdemokratien blühen würde, die derartige Aktionen gegen das dortige Regime unternehmen würden. Bei uns aber sitzen die Anführer dieser Aktionen auch heute ungestört hier im Nationalrat! Ein größeres Maß an demokratischer Freiheit gibt es wohl, glaube ich, in keinem anderen Land.

Da es den Kommunisten klar war, daß sie mit Gewalt auf dieser Basis ihr Ziel nicht erreichen könnten, inszenierten sie für Samstag, den 30. September, das Marionettentheater der sogenannten „Gesamtösterreichischen Betriebsrätekonferenz". Man hätte besser den Titel wählen sollen „Konferenz der Kominform-Befehlsempfänger". Dort wurde für den 3. Oktober der Generalstreik beschlossen, falls die Regierung nicht die Forderungen dieser „Gesamtösterreichischen Betriebsrätekonferenz" erfülle. Und nun begann eine fieberhafte Vorbereitung seitens der Kommunisten für den 3. Oktober.

Daß sie mit ihrer Presse und ihren Helfershelfern alles daransetzten, um ihre Gefolgsleute aufzuputschen, die große Mehrheit des österreichischen Volkes aber einzuschüchtern, ist mit unseren Auffassungen von Demokratie unvereinbar. Eine Minderheit hat nicht das Recht, über die Mehrheit zu regieren. Aber anscheinend ist es das Bestreben unserer Kommunistenführer, sich als kleine Minderheit so wie in anderen Staaten ans Ruder zu setzen und sich mit allen Mitteln dort zu halten.

Kommunisten manipulieren die RAVAG

Geradezu empörend war es aber, was sich die Kommunisten in der RAVAG leisteten. Seitens des kommunistischen Nachrichtenredakteurs wurden Meldungen einfach unterschlagen, erfundene Meldungen durchgegeben, kurz durch Nachrichtenfälschungen alles getan, was Unruhe und Unsicherheit stiften konnte. In gröbster Weise wurden die Sendungen der „Russischen Stunde" für einen Eingriff in innerösterreichische Verhältnisse mißbraucht. Wer in diesen Tagen die wüsten Beschimpfungen der Mehrheit der österreichischen Bevölkerung, die sich von den kommunistischen Terrormethoden distanzierte, mit anhören mußte, der war auf das tiefste empört. Diese Hetze gegen Regierung und Volk durch einen Sender, der sich wie zum Hohn noch immer als österreichischer Sender bezeichnen muß, hat dazu geführt, daß die Bevölkerung heute mit Abscheu jene Sendungen abdreht, die von einer anderen Macht geleitet und gelenkt werden. Die Aktion der Kommunistischen Partei war Monate vorher sorgfältig und bis in alle Einzelheiten vorbereitet worden. Terrorgruppen wurden ausgebildet und ihnen bestimmte Aufgaben zugewiesen. Wer die Berichte des Streikkomitees von Oberösterreich vom 5. Oktober und die Betriebsrätekonferenz der Kommunistischen Partei von vorgestern kennt, der weiß, welche Parolen für die nächste Zeit wieder ausgegeben wurden.

Die „Kominform"-Befehlsempfänger

Wie nicht anders zu erwarten war, beschloß der Ministerrat am 3. Oktober, auf die Forderungen der sogenannten „Gesamtösterreichischen Betriebsrätekonferenz" nicht einzugehen. Es war klar, daß ein anderer Beschluß nicht gefaßt werden konnte. Nicht allein deswegen, weil man dem kommunistischen Terror nicht nachgeben konnte und wollte, sondern vor allem deswegen, weil das neue Lohn- und Preisabkommen den Bedürfnissen gemäß abgeschlossen worden und eine Abänderung vollkommen ausgeschlossen war. Darüber war man sich auch auf kommunistischer Seite vollkommen im klaren, und man hatte alle Vorbereitungen für den beabsichtigten Generalstreik getroffen. Mittlerweile war aber ein gewaltiger Stimmungsumschwung in der Bevölkerung eingetreten. Auch Kreise, die an und für sich von dem neuen Lohn- und Preisabkommen nicht entzückt waren, verurteilten mit Abscheu die kommunistischen Parolen, da sie genau erkannten, daß das Tun und Treiben der Kommunisten nur das eine Ziel hatte, die österreichische Wirtschaft und damit den Wiederaufbau zu zerstören und zu vernichten, um so die Voraussetzungen für die Machtergreifung des Kommunismus in Österreich zu schaffen. Die Kommunisten wußten, daß sie für ihre Streikparolen nur mit einer sehr kleinen Anhängerschaft rechnen konnten. Deshalb mußten mit Gewalt diejenigen an der Arbeit gehindert werden, die sie nicht freiwillig niederlegten. Am 3. Oktober schlossen sich sehr wenige Betriebe den USIA-Unternehmungen an. Es war auch für uns sehr interessant, daß in einer ganzen Reihe von USIA-Betrieben mit großer Mehrheit gegen den Streik gestimmt wurde. Wir können dem Mut dieser Arbeiterschaft, die sogar in diesen Betrieben gegen die Kommunisten auftrat, nicht genug Anerkennung zollen.
Aus der großen Reihe von Beispielen will ich nur die Grünbacher Kohlen-

gruben erwähnen, wo die Tore geschlossen wurden, um die Arbeiter an der Arbeit zu hindern. Hatte man eine Woche vorher durch Sitzstreik und quergestellte Fahrzeuge den Eisenbahnverkehr behindert, so wurde diesmal zur nackten Gewalt gegriffen. Insbesondere im Wiener Neustädter Gebiet wurden die Kommunisten in den Rax-Werken zusammengezogen, und von dort gingen Rollkommandos aus, um die Fabriken, die der Streikparole nicht Folge geleistet hatten, zu stürmen. Es kam verschiedentlich zu heftigen Zusammenstößen zwischen den Kommunisten und der nichtkommunistischen Arbeiterschaft, bei denen es Verletzte gab. Die Rollkommandos waren mit Hiebwaffen ausgerüstet und machten davon gegen die Arbeiter reichlich Gebrauch. Der infame Anschlag kommunistischer Betriebsräte in Donawitz gegen die Hochöfen bedeutete wohl den Höhepunkt des hochverräterischen Treibens an Österreichs Wirtschaft.

Österreichs Demokraten im Abwehrkampf

Ich frage nun das Hohe Haus: Was ist das anderes als nackter, brutaler Terror? Und weil sich die anständigen Arbeiter nicht wehrlos von den kommunistischen Banden den Schädel einschlagen ließen und sich wehrten, werden sie jetzt dafür von den Kommunisten selbst des Terrors bezichtigt. Eine infamere Verdrehung der Tatsachen hat sich in Österreich außer dem Naziregime wohl noch niemand geleistet.

Als im Laufe des 4. Oktobers alle diese Terrormaßnahmen bekanntwurden, bemächtigte sich aller Schichten der österreichischen Bevölkerung eine ungeheure Erregung. Man wußte, daß die Polizei in der einen Zone durch die Besatzungsmacht am Einschreiten behindert war. Man war entschlossen, zur Selbsthilfe zu greifen und sich gegen das Terrorpack der Kommunisten zu wehren. Arbeiter und Bauern, Gewerbetreibende und Beamte waren eines Sinnes. Der Terror dieser paar tausend Söldlinge ausländischer Interessen durfte nicht länger geduldet werden. Meine Herren von der Kommunistischen Partei, lassen Sie es sich gesagt sein, Sie haben gut daran getan, den Streik am Donnerstag bedingungslos abzubrechen. Sie wußten sehr genau, daß Ihre Banden am nächsten Tag von der empörten österreichischen Bevölkerung von den Straßen vertrieben worden wären. Das österreichische Volk wollte in Ruhe seiner Arbeit nachgehen und sich nicht durch einige Radaubrüder terrorisieren lassen.

Auch in den Tagen vom 3. bis 5. Oktober griffen bedauerlicherweise Organe der Besatzungsmacht aktiv in die Ereignisse ein. Bürgermeister, Bezirkshauptmänner, Leiter von Post und Telegrafenämtern, Vorstände von Eisenbahnhöfen wurden zu den jeweiligen russischen Kommandanten geholt und dort unter stärksten Druck gesetzt. Man versuchte sie zu beeinflussen, mit dem Streik mitzumachen beziehungsweise verbot ihnen die Heranziehung von Polizei- oder Gendarmeriekräften. Im 21. und 27. Polizeibezirk hat die Kommandantur verboten, den Aufruf der Bundesregierung in den Kommissariatsgebäuden und Wachzimmern anzuschlagen. Im 2., 20. und 27. Polizeibezirk untersagte die sowjetische Ortskommandantur die Weitergabe des Erlasses des Bundesministeriums für Inneres über „Verhalten und Mitwirkung von Bediensteten der Polizei und Gendarmerie bei Aktionen gegen Maßnahmen der Bundesregierung". Ebenso wurde von den sowjetischen Dienststellen die Beschlagnahme der Zeitungen „Volksstimme" und „Der neue Vorwärts" in der russischen Zone verboten. Besatzungsorgane verhinderten das Betreten der Druckereiräume des Globus-Verlages durch Polizeiorgane, als sie die Beschlagnahme der „Volksstimme" durchführen wollten.

Die Sowjets gegen Österreich

Am 5. Oktober trugen russische Soldaten aus dem Schweizer Garten Bänke auf die Straßenbahngleise, setzten sich darauf und verhinderten so den Verkehr. In Korneuburg beauftragte der russische Stadtkommandant den Gendarmerieposten, sämtliche ausländischen Kraftfahrzeuge, mit Ausnahme natürlich der russischen, anzuhalten und samt Insassen zur Kommandantur nach Korneuburg zu bringen. Diese Maßnahmen wurden auch im Stockerauer Bezirk befohlen. In Krems wurden 30 Gendarmen von der Militärkommandantur damit beauftragt, in den Wäldern von Donaudorf nach angeblichen Banditen zu suchen, so daß die Bezirkshauptmannschaft und die ganze Stadt Krems ohne einen einzigen Gendarmen war.
Den Höhepunkt der Einmischung in österreichische Angelegenheiten bildete aber das Verhalten der Militärkommandantur Wiener Neustadt in der Nacht vom 4. auf den 5. Oktober. Dieser Zwischenfall bildete den Gegenstand einer Protestnote an den Alliierten Rat. Die Note selbst wurde mit einer Sachverhaltsdarstellung des Bundesministeriums für Inneres veröffentlicht, so daß ich annehmen kann, daß dieser Vorfall den Mitgliedern des Hohen Hauses hinlänglich bekannt ist. Wir haben in diesem Zusammenhang auch an die vier Außenminister Telegramme gesendet mit der Bitte, unverzüglich jene Maßnahmen zu treffen, die der österreichischen Bundesregierung die Möglichkeit gewährleisten, ihre verfassungsmäßigen Pflichten zu erfüllen. Die Bundesregierung appellierte damit eindringlich an die Außenminister der vier Großmächte, von Sowjetrußland, Nordamerika, England und Frankreich, sie in ihren Bemühungen, die Ordnung und Ruhe im

Land aufrechtzuerhalten, zu unterstützen. Hierauf sind von seiten der Vereinigten Staaten von Amerika, vom britischen und vom französischen Außenamt bereits zufriedenstellende Erklärungen erfolgt, während sich mit der Note an den Alliierten Rat zunächst das Exekutivkomitee befaßte, das die Note an den Alliierten Rat selbst weitergeleitet hat.

Druck gegen ÖGB, Zensur von Demokraten im Radio

In der RAVAG dauert der Druck der Besatzungsmacht weiter an. So wurden am 9. Oktober zwei für die Stunde der Gewerkschaften bestimmte Vorträge von Bundesrat Flöttl und Fritz Klenner verboten. Am 7. Oktober wurde der Vortrag „Man steht am Fenster" von Professor Ostry mit der Begründung verboten, er wäre zu spät zur Zensur eingereicht worden. Tatsache ist, daß dieser Vortrag genau zur gleichen Stunde eingereicht wurde, wie dies seit nunmehr fünf Jahren allwöchentlich der Fall ist. Ich werde diesen neuerlichen Vorfall zum Gegenstand eines Protestes an den sowjetischen Hochkommissar machen.

So lagen und liegen die Dinge in den letzten zwei Wochen.

Ich glaube, daß ich mit diesen meinen Ausführungen das Hohe Haus hinlänglich über den Gewaltakt unterrichtet habe, den die Kommunistische Partei gegen das österreichische Volk und seine Wirtschaft unternommen hat. Die überwiegende Mehrheit des österreichischen Volkes hat sich mit Abscheu von diesen Elementen abgewandt. Die Aktion der Kommunisten hat letzten Endes nur ein Ergebnis gezeitigt: Ohne Unterschied der Partei steht das österreichische Volk heute einiger und geschlossener da, es ist fester denn je entschlossen, sich gegen kommunistische Gewaltakte zur Wehr zu setzen. Das österreichische Volk hat diesmal in seiner Gesamtheit gehandelt, und daher verdient es, gleichgültig welcher Partei der einzelne angehört, ob Arbeiter oder Bauer, ob Angestellter oder Unternehmer, und vor allem die Exekutive, die Anerkennung und den Dank des gesamten Volkes, aber auch die Anerkennung der gesamten wahrhaft demokratischen Welt. Die kommunistischen Drahtzieher aber müssen aus den Ereignissen der letzten Wochen eine Lehre ziehen: Man spielt nicht ungestraft mit dem Feuer, man kann sich dabei leicht auch gehörig die Finger verbrennen. Es nützt auch die Unterstützung von auswärts nichts, wenn ein Volk entschlossen ist, seine Freiheit zu verteidigen. Wir Österreicher, wir werden unser Vaterland, unsere demokratischen Einrichtungen verteidigen, und wir bleiben Österreicher, weil Österreich frei bleiben muß!

Die beiden Staatsmänner des Jahres 1945, deren Name überdauern wird: der Sozialdemokrat Karl Renner und der Christdemokrat Leopold Figl.

14

*1956 im Schloß Schönbrunn. Bundespräsident General Theodor Körner und
Leopold Figl waren Freunde. Respektvoll sprach der Bauernsohn aus Nieder-
österreich stets über den großen Menschen, dessen Leben den Bogen aus der
Monarchie in die Republik überwölbt.*

15

*Markterhebung von Sigmundsherberg, NÖ., am 27. 5. 1962. Erinnerungen an
1945? Leopold Figl mit seinem ersten Vizekanzler, dem späteren Bundespräsidenten Adolf Schärf. Es ist offenkundig: Schärf mochte Figl und Figl schätzte
Schärf.*

Schmerzliche Enttäuschung zum Jahreswechsel
Kein Pessimismus und keine Schönfärberei, sondern Kampf gegen die Unfreiheit
31. Dezember 1950
(Silvesteransprache im amerikanischen Sender Rot-Weiß-Rot)

Es ist gut, daß wenigstens einmal im Ablauf von 365 Tagen jeder sich Zeit nimmt, kurz innezuhalten und einmal zu überlegen, was er eigenlich in dem letzten Jahr getan hat, ebenso aber auch zu überlegen, was er im nächsten Jahr tun will und tun wird.

Wenn wir heute das Jahr 1950 überschauen, dann geht es uns so wie immer, wenn wir Bilanz ziehen: Im ersten Überblick sehen wir nur die enttäuschte Hoffnung und die nicht erfüllten Wünsche. Je genauer wir aber hinsehen, um so mehr Tatsachen und Erfolge sehen wir, die wir auf die positive Seite schreiben können. Es ist nun eben so, daß wir Menschen das Gute und das Positive als selbstverständlich nehmen, daß wir glauben, es müsse so sein, und daß wir immer nur daran denken, daß es vielleicht einmal besser war oder vielleicht irgendwann besser sein könnte, daß wir aber nie dem Gedanken Raum geben, daß es vor gar nicht so langer Zeit noch viel schlechter war, daß es in vielen Teilen der Erde auch heute noch viel schlechter ist und daß es eines Tages etwa gar auch hier wieder schlechter sein könnte!

Nichts aber wäre falscher und gefährlicher, als sich in die Traumgebilde nicht erfüllter oder unerfüllbarer Wünsche zu verstricken und darüber den klaren Blick für die realen Möglichkeiten zu verlieren. All zu leicht führt ein solcher Weg zum Pessimismus, zum voreiligen Verzicht auf alle erreichbaren Erfolge! Genau so wäre es aber auch falsch, in unverantwortlicher Schönfärberei durch propagandistisches Hinausposaunen der positiven Erfolge über die Tatsache der Nichterfüllung gewisser Wünsche hinwegtäuschen zu wollen.

Ich gebe es offen zu, daß eine der größten Erwartungen, die wir Österreicher an das Jahr 1950 knüpften, nicht in Erfüllung gegangen ist: Ich stehe nicht an, vor dem österreichischen Volk und der gesamten Welt zu erklären, daß die Fortdauer der Unfreiheit unseres Landes eine schmerzliche Enttäuschung für uns Österreicher ist. Sie wird dadurch wohl gemildert, aber nicht getilgt, daß die Existenz eines kleinen Staates im grellen Scheinwerferlicht der großen Weltpolitik neben mancherlei Schattenseiten auch viele und beachtliche Vorteile bringt, etwa die bevorzugte Behandlung bei der wirtschaftlichen, finanziellen und politischen Unterstützung dieses Staates oder eine gewisse Garantie gegenseitiger Einflußnahme und Bedrohung. Aber wo viel Licht ist, ist auch viel Schatten, und dieser Schatten heißt hier in Österreich noch immer Unfreiheit, Fortdauer der Besetzung, Objekt in der politischen Konzeption anderer.

Wir dürfen unsere Augen und Ohren in diesem Augenblick aber auch davor nicht verschließen, daß es heute wieder Teile der Erde gibt, wo der Krieg über ein kleines Land geht und der grausame Tod nicht fragt, wer schuldig und wer unschuldig ist.

Es wäre aber falsch, über dem Versagen anderer und über fremden Fehlern die eigene Leistung zu vergessen. Ich meine die Leistung des gesamten österreichischen Volkes in dem abgelaufenen Jahr 1950, ganz gleich, in welcher Eigenschaft, bei welcher Tätigkeit und in welchem Teile unseres Vaterlandes jeder einzelne seine Arbeit vollbracht hat.

In dieser Stunde des Jahreswechsels danke ich jedem einzelnen Österreicher und jeder einzelnen Österreicherin für ihre positive Arbeit im abgelaufenen Jahr. Denn nur durch die unermüdliche Mitarbeit und vernünftige Zusammenarbeit des gesamten Volkes war es möglich, unser Land auf dem seit 1945 so erfolgreich beschrittenen Weg des Wiederaufstieges weiter zu führen und unserem Ziele näher zu bringen: den Frieden im Lande zu erhalten und jedem einzelnen den größtmöglichen Anteil an den Reichtümern und den Schätzen unseres Landes zu geben.

Und wenn die zwölf Schläge der Silvesternacht jetzt den Beginn des neuen Jahres verkünden, dann sei dies mein Wunsch an das österreichische Volk und gleichzeitig der Wunsch des österreichischen Volkes an die Welt: Laßt uns in Vernunft, in Eintracht und Frieden weiterhin im Interesse aller zusammenarbeiten!

Laßt uns unermüdlich bemüht sein, die Interessen innerhalb unseres Volkes und darüber hinaus innerhalb der Völker der Welt so gerecht wie möglich auszugleichen, damit jeder sein gerütteltes Maß an Gütern dieser Erde ebenso zugeteilt erhalte wie an den unbedingt notwendigen Lasten und Bürden! Und laßt uns alle zusammen mit Gottes Hilfe Tag und Nacht unermüdlich tätig sein, daß das kostbarste Gut dieser Erde, der Friede, erhalten und gerettet bleibe. Wenn die Glocken von den Kirchtürmen unseres Landes den Jahreswechsel 1950/51 verkünden, dann künde ihr Geläute unserem Lande und der ganzen Welt den Neujahrswunsch 1951: Friede jedem einzelnen, Friede und Freiheit dem Lande Österreich, Friede und nochmals Friede der Welt!

Der verzögerte Staatsvertrag und die Mühen um Österreichs Wirtschaft

Die 258. Sitzung der Alliierten blieb ohne Einigung, Bewährungsproben im Inneren wurden bestanden

1. Januar 1951

(Radioansprache im Österreichischen Rundfunk)

Als ich am Silvesterabend des vorigen Jahres auf dem gleichen Wege des Radios zu euch sprach, um Rückschau auf das Vergangene und Vorschau auf das neue Jahr zu halten, da habe ich am Beginn meiner Ausführungen dem tiefen Bedauern darüber Ausdruck gegeben, daß wir noch immer keinen Staatsvertrag haben. Seither ist nun wieder ein Jahr vergangen, und noch immer wehen da und dort auf öffentlichen Gebäuden die Flaggen der vier Besatzungsmächte zum Zeichen dafür, daß uns fünf Jahre nach Kriegsende noch immer die volle Souveränität unseres Staates vorenthalten wird, aber auch als sichtbarer Ausdruck für die Nichterfüllung des feierlichen Versprechens, das uns im Jahre 1945 zur baldigen Wiedererlangung unserer Freiheit gegeben wurde.

Das groteske Schauspiel

Vor wenigen Tagen erst, am 15. Dezember, hat in London die 258. Sitzung der Bevollmächtigten zum Abschluß des Staatsvertrages stattgefunden, und wieder wurde uns und der Welt das schon zur Groteske gewandelte Schauspiel geboten, daß nach 1 1/2 stündigen unfruchtbaren Debatten die weitere Beratung auf den März 1951 verschoben wurde. Die Argumente, die zu dieser neuerlichen Vertagung geführt haben, liegen so völlig außerhalb des durch den Staatsvertrag zu lösenden Fragenkomplexes, daß die wahren Hintergründe der abermaligen Verschleppung der Verhandlungen für jeden klar zutage liegen, der sich in dieser Zeit einer hemmungslosen politischen Propaganda seinen gesunden Menschenverstand noch halbwegs bewahrt hat.

Es wäre jedenfalls ein aussichtsloses Beginnen, uns etwa einreden zu wollen, daß wir selbst an der Verzögerung des Vertrages schuld wären. Österreich hat alles erfüllt, das von ihm als Voraussetzung für seine Freiheit und Unabhängigkeit gefordert wurde. Wir haben vor allem unseren Staat auf den Grundsätzen der Demokratie neu aufgebaut, auf den Prinzipien jener Demokratie allerdings, die die Wahrung der persönlichen Freiheit als oberstes

Ziel auf ihre Fahnen geschrieben hat. Unser Land ist ferner entwaffnet und entmilitarisiert, daß es selbst unserer Polizei und Gendarmerie nur schwer möglich ist, sich gegen das Verbrechertum der Städte und Landstraßen mit Erfolg zur Wehr zu setzen. Mit dieser in der gegenwärtigen Welt ohne Beispiel dastehenden Wehrlosigkeit verbindet sich eine friedliche Gesinnung des österreichischen Volkes, die keinerlei Manifestationen bedarf, um sich vor der Welt glaubhaft zu machen.

Nichts, aber schon gar nichts ist von unserer Seite unerfüllt geblieben, was man von uns gefordert hat, damit wir wieder in die Gemeinschaft der Völker als gleichberechtigtes Glied aufgenommen werden. Und so ist das Recht durchaus und allein auf unserer Seite, und wir wollen uns, trotz aller bisherigen Enttäuschungen, noch immer der Hoffnung hingeben, daß sich eines Tages dieses Recht gegen die vordringlichen Ansprüche einer Politik der Macht durchsetzen wird.

Wenn uns nun der sehnliche Wunsch nach der Wiedererlangung unserer vollen staatlichen Selbständigkeit auch im abgelaufenen Jahr unerfüllt geblieben ist, so haben wir uns doch nicht entmutigen lassen, unser staatliches und wirtschaftliches Leben wieder in die Bahnen geordneter Verhältnisse zu bringen.

Unsere Lebensverhältnisse

Ich will in dieser Beziehung vor allem auf die durchaus ernste und verantwortungsbewußte Arbeit unserer gesetzgebenden Körperschaften, des Nationalrates, des Bundesrates und der einzelnen Landtage, hinweisen, von denen die gesetzlichen Grundlagen zur Herstellung einer dauernden und gerechten Ordnung in unseren Lebensverhältnissen geschaffen werden. Gerade in den letzten Wochen hat sich bei den Beratungen über das Budget die Sachlichkeit gezeigt, mit der heute in Österreich über so fundamental wichtige Angelegenheiten verhandelt wird. Wenn der Tätigkeit des Nationalrates mitunter der Vorwurf der Volksfremdheit gemacht wird, so glaube ich, daß gerade dieser Vorwurf heute unberechtigter ist als je. Denn es ist eine Tatsache, daß dem Beschluß vieler Gesetze Beratungen mit jenen Körperschaften vorangehen, die auf Grund ihrer sozialen Funktionen und personellen Zusammensetzung mit allen Schichten des Volkes in Fühlung stehen und dessen Wünsche genau kennen. Wenn ferner davon gesprochen wird, daß die beiden Koalitionsparteien über dieses oder jenes Problem nur unter sich verhandeln und dann mit einem fertigen Produkt vor die Öffentlichkeit treten, so ist dazu zu sagen, daß wir ja in einer mittelbaren Demokratie leben, daß diese beiden Parteien im Auftrage von 85 Prozent der österreichischen

Bevölkerung handeln und daß sachliche Beratungen mit dem Bestreben, zu einem befriedigenden Kompromiß zu gelangen, bei weitem fruchtbarer sind, als jene Methode des demagogischen Hinausredens zum offenen Fenster, das die früheren Parlamente so sehr in Mißkredit gebracht hat. Das Verhandeln am Konferenztisch gehört zum Wesen der Demokratie und einer Koalitionsregierung.

Auf wirtschaftlichem Gebiete hat das Jahr 1950 eine weitere Aufwärtsentwicklung gebracht. Mit Hilfe des Marshallplanes ist es uns möglich gewesen, eine zielbewußte Modernisierung unserer Industrieeinrichtungen durch entsprechende Investitionen durchzuführen, damit wir mit einem gesteigerten Export auf den Weltmärkten wieder konkurrieren können. Durch den weiteren Ausbau unserer großen Wasserkraftwerke soll die Grundlage für eine österreichische Energiewirtschaft von europäischer Bedeutung geschaffen werden. Durch eine weitgehende Mechanisierung in den landwirtschaftlichen Arbeitsmethoden wollen wir den Ertrag unseres Bodens so steigern, daß wir uns in unserer Lebensmittelversorgung von Einfuhren allmählich unabhängig machen.

Währung und Finanzen

Auf finanzpolitischem Gebiet war es unsere Sorge, den Staatshaushalt von untragbaren Belastungen möglichst zu befreien. Verschiedene staatliche Subventionen mußten endlich abgebaut werden. Ebenso war es im Interesse unseres Exports notwendig, unsere Währung in das richtige Verhältnis zum Dollarkurs zu bringen. Es müssen aber die Preise auf einem entsprechenden Niveau gehalten werden. Es kann unter keinen Umständen geduldet werden, daß unsoziale Elemente die Lasten unserer Zeit auf andere abzuwälzen versuchen, und es kann auch nicht anerkannt werden, daß wirtschaftlich stärkere Schichten es schon als ein Opfer betrachten, wenn sie ihren ohnedies höheren Lebensstandard etwas herabsetzen müssen. Wir wollen eine Politik der gerechten Verteilung der Lasten verfolgen, um zu jenem sozialen Zustand fortzuschreiten, in dem jeder den seiner Arbeit zukommenden Anteil am Sozialprodukt gesichert erhält. Diesem Ziele dient auch die sozialpolitische Gesetzgebung, die in Österreich seit jeher vorbildlich war und der wir auch in Zukunft größte Aufmerksamkeit zuwenden werden. Ich bin mir durchaus bewußt, daß die von den verantwortlichen Stellen geleistete Arbeit mit allen Mängeln menschlicher Unvollkommenheit behaftet ist, und ich bin auch jeder sachlichen Kritik zugänglich, jedoch glaube ich, auf drei entscheidende Punkte hinweisen zu müssen:

Ein Schwerpunkte-Memo

1. Ein Vergleich unserer derzeitigen Lebensverhältnisse mit den katastrophalen Zuständen von 1945 müßte jeden gerecht Denkenden zu dem Urteil veranlassen, daß sich während der letzten fünf Jahre in Österreich eine geradezu erstaunliche Wandlung von einem vollständigen Chaos in eine Neuordnung vollzogen hat.

2. Gerade diese Wandlung scheint es aber zu sein, daß viele Menschen heute schon wieder vergessen haben, in welch namenloser Not sie sich im Jahre 1945 befanden, und manchen unentwegten Kritikern an unseren derzeitigen Verhältnissen dürfte es auch bereits aus dem Gedächtnis entschwunden sein, daß nicht wir einen sechsjährigen Krieg mit allen den entsetzlichen Folgen herbeigeführt haben. Uns ist vielmehr die undankbare und vielfach unpopuläre Aufgabe zugefallen, wieder gutzumachen, was andere zerstört haben. Und

3. gibt es andererseits viele Menschen, die unter dem Eindruck der wesentlich gebesserten Lebensverhältnisse den Blick für die noch immer bestehende harte Notwendigkeit eines Einsatzes aller unserer Kräfte verloren haben. Ihnen muß man sagen, daß Österreich noch viel schwere Arbeit wird leisten müssen, bis es endlich alle Schwierigkeiten wird überwunden haben. Aufbauen ist eben immer schwieriger als zerstören.

Ich bin aber davon überzeugt, daß das politisch so reif gewordene österreichische Volk mit seinem Fleiß und seinen Begabungen das Werk des Wiederaufbaues schließlich meistern wird. Voraussetzung ist, daß es in dieser Arbeit nicht von unverantwortlichen Elementen gestört wird und daß der Friede in der Welt erhalten bleibt. Nichts wollen wir mehr als friedliche Zusammenarbeit mit allen Völkern, gleichgültig, in welcher Richtung der Windrose sie leben.

Und so glaube ich, allen Österreichern aus dem Herzen zu sprechen, wenn ich unsere Wünsche und Hoffnungen nur in den einen Wunsch zusammenfasse: Der Herrgott erhalte uns den Frieden! Ihm durch ehrliche Zusammenarbeit aller, durch Gerechtigkeit und Liebe zu unserem Nächsten zu dienen, ist der beste Vorsatz, den wir an der Schwelle des neuen Jahres fassen können.

Für Recht und Freiheit!

Die Vereinigten Staaten von Europa sind unser Ziel

2. März 1951

(Abschiedsrede als Bundesparteiobmann der ÖVP)

Als ich am 20. Mai 1949 auf dem zweiten Bundesparteitag in Wien meinen Bericht als Bundesparteiobmann erstattete, gab ich gleich anfangs meiner tiefen Enttäuschung darüber Ausdruck, daß unser Land noch immer in den Fesseln einer vierfachen militärischen Besetzung liegt. Seither sind wieder zwei Jahre vergangen, ohne daß sich an diesem beschämenden Zustand Wesentliches geändert hätte. Es bleibt der Zustand bestehen, daß wir noch immer nicht Herr im eigenen Lande sind, daß fast sechs Jahre nach Kriegsende mitten in Europa auf dem Boden eines kleinen, wehrlosen Volkes und zum Teil auf dessen Kosten Geplänkel des sogenannten kalten Krieges ausgefochten werden.

Wir wollen uns von jeder Parteinahme freihalten. Wir wollen nichts anderes, als unsere staatliche Freiheit und Unabhängigkeit zurückerhalten und unser Leben nach eigenen politischen und wirtschaftlichen Prinzipien einrichten. Wenn diese Prinzipien eher jenen der westlichen Lebensformen gleichen, so ist es eine große Ungerechtigkeit, uns daraus den Vorwurf einer einseitigen Orientierung zu machen. Eine geschichtliche Entwicklung und die traditionell gewordene Denkweise eines Volkes lassen sich nun einmal nicht aus der Welt schaffen, und es ist eben eine Tatsache der historischen Entwicklung und der Tradition, daß das österreichische Volk als ein wesentlich mitbestimmender Faktor an dem Werden der abendländischen Kultur und Zivilisation in seinem Denken und Handeln diesem Kulturkreis angehört und damit auch seine Freiheit liebt, die Freiheit auf allen Gebieten menschlichen Denkens und Schaffens, von der Wirtschaft angefangen bis in die Bereiche der Wissenschaft, der Kunst und der Religion. Wer diese Freiheit antasten will, wer den Versuch unternimmt, das österreichische Volk der Willkür und der Gewalt eines seinem Denken fremden politischen Systems zu unterwerfen, der muß damit rechnen, auf heftigsten Widerstand zu stoßen. Das aber, meine lieben Parteifreunde, ist nicht ein Akt der Feindseligkeit, sondern ein selbstverständlicher Akt der Notwehr. Wir haben nichts gegen den legalen Import von Waren und Gütern aller Art in unser Land, sei es vom Westen oder Osten her. Jedoch wehren wir uns gegen Import politischer Ideologien, für die wir absolut keine Verwendung haben, wenn sie auch noch so angepriesen werden.

Die Last, die wir durch die militärische Besetzung unseres Landes zu tragen haben, ist groß, in materieller und seelischer Beziehung. Wenn aber damit gerechnet werden sollte, daß wir schließlich unter dem andauernden Druck dieser Last doch noch zusammenbrechen und zu Kreuze kriechen werden, daß man uns mürbe machen kann, dann soll von diesem Forum unseres Bundesparteitages aus der ganzen Welt die Versicherung gegeben werden, daß nur rohe, brutale und nackte Gewalt imstande sein könnte, unser völlig entwaffnetes Volk zu bezwingen.

Es ist eine Selbstverständlichkeit, daß wir den Staatsvertrag wollen. Wir haben auch alles getan, was von uns Österreichern als Voraussetzung für den Abschluß eines solchen Vertrages verlangt wurde. Aber eines wollen wir nicht: einen Vertrag, der uns an Stelle von Freiheit und Unabhängigkeit eine politische Diktatur bringen würde. Das österreichische Volk will endlich Ruhe haben von allen politischen Heilslehren, die seinem natürlichen geistigen und charakterlichen Wesen fremd sind. Mögen diese Lehren jenseits unserer Grenzen ruhig praktiziert werden. Wir wollen uns darum so lange nicht kümmern, so lange man nicht versucht, auch uns damit zu beglücken. Jedes Volk soll nach seiner Art leben können. Das ist unser Grundsatz, der einzige, der aggressive Absichten ausschließt und den Frieden der Welt verbürgt. Wenn wir es auch nicht verhindern können, daß wir im Spannungsfeld der weltpolitischen Auseinandersetzungen liegen, so wollen wir doch selbst nichts tun, was diese Spannungen vergrößern könnte. Wir wollen unser Leben nicht auf dem Prinzip eines Gegeneinander der Staaten und Nationen aufbauen, sondern auf dem Grundsatz des Miteinander. Würden auch alle vier Besatzungsmächte nach diesem Grundsatz handeln, dann könnte der Staatsvertrag bei seinem gegenwärtigen Stande in wenigen Stunden fertiggestellt werden, und es wäre damit eine Friedenshandlung gesetzt, die alles aufwiegen würde, was in der letzten Zeit an Friedensaktionen aufgeboten wurde.

Einstweilen könnte sich aber die Friedensgesinnung noch auf eine andere Weise dokumentieren, zum Beispiel damit, daß auch die letzten Kriegsgefangenen in ihre Heimat entlassen werden und daß aber auch jene anderen unglücklichen Menschen wieder ihren Angehörigen zurückgegeben werden, die auf ihrem Heimatboden, der Macht eines Stärkeren preisgegeben, eingefangen und über die Grenzen unseres Landes gebracht wurden. Nichts hat sich so sehr als ein typisches Beispiel völliger Rechtlosigkeit des einzelnen und willkürlicher Gewaltanwendung im Bewußtsein des österreichischen Volkes festgesetzt, als diese Verhaftungen von Zivilisten, über deren Schicksal auch die höchsten Stellen unseres Staates im unklaren gelassen wurden. Es ist uns aus der Mentalität unseres europäischen, unseres österreichischen Denkens unbegreiflich, wie das alles geschehen konnte.

Wenn ich diese Angelegenheiten besonders herausgestellt habe, so deshalb, weil ich weiß, daß die größte Sorge unseres Volkes die Frage bildet, wie wie wir aus solchen Verhältnissen wieder herauskommen werden. Es ist die Frage nach dem Morgen und Übermorgen unseres Landes und damit eines jeden einzelnen von uns. Horcht man in das Volk hinein, so hört man wohl über die Schwierigkeiten und Nöte des täglichen Lebens klagen, über zu hohe Preise und zu niedrige Löhne und Gehälter, über die Wohnungsnot und mannigfache andere Dinge, die uns das Leben schwermachen, über allem aber – und das sei zur Ehre des österreichischen Volkes gesagt – stehen die anderen Fragen: Wann wird dieses Österreich wieder allein den Österreichern gehören? Wann werden wir befreit sein von der Angst, noch einmal Opfer eines Gewaltaktes zu werden? Wann werden wir wieder freie Menschen sein, die über den Tag hinaus imstande sind, die Steine zu setzen zu einem Weg in das Morgen und Übermorgen einer schöneren, friedlicheren, gesicherten Zukunft? Um diese Fragen geht es den Österreichern vor allem, um die persönliche Mitbestimmung ihres Schicksals, um die Befreiung von der Angst, dieses Schicksal fremden Gewalten überantwortet zu sehen.

So wie beim einzelnen ein gesunder Körper nur bei einer gesunden Seele bestehen kann, so kann sich auch der Organismus eines Volkes nur dann gesund erhalten, wenn die seelischen Voraussetzungen dazu gegeben sind. Ich sehe daher eine der wichtigsten Aufgaben, die die Österreichische Volkspartei als die Hauptverantwortliche in unserem Staat in der nächsten Zukunft zu leisten hat, darin, unsere Bevölkerung von der Angst zu erlösen, daß sie dem unentrinnbaren Schicksal einer neuen Gewaltherrschaft anheimgegeben sei. Wir müssen unserer Bevölkerung immer wieder zum Bewußtsein bringen, daß ihre Zukunft ausschließlich in ihre Hand gegeben ist, indem sie sich mit ganzer Konsequenz gegen diejenigen wehrt, die ihre Widerstandskraft aushöhlen wollen. So wie die gegnerische Propaganda keine Stunde und keine Gelegenheit vorübergehen läßt, um ihre Giftpfeile loszuschießen, so müssen auch wir stündlich bereit stehen zur Gegenaktion. Die Gefahr, politisch überrannt zu werden, liegt nicht so sehr an der Stärke des Gegners als an der Schwäche des Überfallenen. Wenn es heute in den kommunistischen Parteien Europas bereits gewaltig kriselt, so ist diese Tatsache darauf zurückzuführen, daß sich die andere Welt auf ihre Kraft besonnen hat und zur Gegenwehr angetreten ist.

[. . .]

Es ist unsere unerschütterliche Überzeugung, daß eine allgemeine Besserung der Lebensverhältnisse nicht durch umwälzende Änderungen von Wirtschaftssystemen zu erreichen ist, sondern durch eine Besserung in der sittlichen Haltung der Menschen, durch ihre Erziehung zum Verantwortungsbewußtsein der Gemeinschaft gegenüber. Diese Erziehung zu leisten, betrachte ich als eine der Hauptaufgaben unserer Partei. Sie ist quasi die

Gegenaktion gegen jede andere politische Erziehung, bei der die sittlichen Werte des Menschen völlig in den Hintergrund treten und die Wirtschaft allein als der einzige Regulator aller menschlichen Verhältnisse und Bindungen gilt. Wir müssen den Menschen zur Verantwortung, zum ethischen Prinzip wieder erziehen. [...]

Ich will auch auf das Nationalsozialistenproblem hinweisen, das rein staatspolitisch wohl als bereinigt betrachtet werden kann, das aber für manche ehemalige Nationalsozialisten noch immer einer endgültigen Lösung bedarf. Wir werden auch weiterhin bemüht sein, diese Frage einer gerechten Lösung zuzuführen. Man möge nicht den Schlagworten glauben. Wenn man heute damit krebsen geht, daß ich die § 27-Ansuchen zurückweise, so kann ich sagen: Ich habe bis jetzt in der Funktion des Bundespräsidenten bis auf zwei Anträge, die nicht genügend begründet waren, alle amnestiert.

Was das Problem der Volksdeutschen betrifft, so wurde gerade in den letzten Tagen ein wesentlicher Fortschritt erzielt, von dem ich hoffe, daß er schließlich zu einem Zustand führen wird, der sowohl den Wünschen der Volksdeutschen als auch den Interessen unseres Staates entspricht. Wir werden uns aufrichtig freuen, wenn sich diese große Gruppe von tüchtigen und braven Menschen eines Tages wird sagen können: „Nun haben wir in Österreich wieder eine Heimat gefunden!"

In dem Quartett der vier politischen Parteien Österreichs im Parlament kommt der Österreichischen Volkspartei jene maßgebende Stimme zu, die selbst wieder einen vielstimmigen Akkord darstellt. Es vereinigen sich in ihr die Stimme aller Schichten unseres österreichischen Volkes. Sie ist ein getreues Abbild unserer gesellschaftlichen Ordnung, und in ihr wird sich immer mehr jene Idee realisieren, die wir der destruktiven Idee des Klassenkampfes entgegenstellen: die Idee des Solidarismus. Wenn dieser Gedanke heute noch nicht in allen Köpfen zum Inhalt eines festen politischen Bewußtseins geworden ist, morgen und übermorgen wird er es sein. Wir hoffen dabei besonders auf unsere Jugend. Sie wird und muß es sein, die sich dieser Idee bemächtigt und für ihre Verwirklichung kämpft. Unsere Jugend muß den Beweis liefern, daß Kampf auch andere Ziele haben kann, als die Menschen aus Klassen- oder Rassenwahn gegeneinander aufzuwiegeln und in Kriege zu verwickeln. Ich baue auf unsere Jugendbewegung, deren Tätigkeit innerhalb unserer Partei die größte Beachtung zugewendet werden soll.

Ich baue aber auch auf unsere Frauen, deren mütterlichem Sinn nichts näherliegen kann als ein politisches Konzept, in dem familiäres Zusammenwirken auf die große Gemeinschaft des ganzen Volkes ausgedehnt werden soll. Es ist unserer Frauenbewegung auch sonst höchste Anerkennung zu zollen. Sie zeichnet sich dadurch aus, daß sie nicht in den Spuren einer radikalen Emanzipation und unnatürlichen Gleichstellerei mit dem Manne wandelt, sondern in Erkenntnis der natürlichen Berufung der Frau sich darauf beschränkt, ihre Rechte innerhalb des familiären beruflichen Wirkungskreises zur Geltung zu bringen und überall dort in Erscheinung zu treten, wo die Frau ein durchaus natürliches Mitspracherecht besitzt. Das ist heute auch bei vielen öffentlichen Angelegenheiten der Fall, so daß die Frauen auch in den Verhandlungssälen der gesetzgebenden Körperschaften ihren Platz eingenommen haben. Im besonderen will ich darauf hinweisen, wieviel soziale Hilfsbereitschaft in unserer Frauenbewegung vorhanden ist, von deren Realisierung sehr häufig nur wenig in die Öffentlichkeit dringt und für die ich unseren Frauen hiemit den wärmsten Dank unserer Partei zum Ausdruck bringe.

Arbeiter- und Angestelltenbund, Bauern- und Wirtschaftsbund, Jugend- und Frauenbewegung sind die durch die Idee einer umfassenden Solidarität zusammenwirkenden Glieder unserer Partei, die in ihrer Gesamtheit das feste Fundament unseres Staates bilden. Nichts kann uns in dem Glauben an eine glückliche Zukunft eines freien und unabhängigen Österreichs wankend machen. Wir werden in diesem Glauben stark bleiben und eines Tages die Früchte unserer Beharrlichkeit ernten können.

Auf dem Wege dahin werden wir in allernächster Zeit eine Kraftprobe abzulegen haben: bei der Wahl des neuen Bundespräsidenten. Wir hoffen, daß sich dieser Wahlakt in jenen Formen abspielen wird, die der Würde und der Verantwortung des künftigen Staatsoberhauptes entsprechen, und wir hoffen zuversichtlich, daß es uns gelingen wird, dem Kandidaten der Österreichischen Volkspartei, dem Kandidaten der Österreicher, der patriotischen Österreicher, die Mehrheit der Stimmen zu bringen. Diesen Punkt haben wir am Sonntag in der Plenarsitzung noch zu behandeln.

Aber, meine verehrten Parteifreunde, meine heutigen Ausführungen wären mangelhaft, wenn sie nicht auch ein offenes Bekenntnis unserer Partei zu jener Idee enthielten, die in allen Staaten immer stärker in den Vordergrund des allgemeinen Interesses rückt: Es ist dies die Idee eines geeinten Europas. Die desolaten wirtschaftlichen Verhältnisse der Nachkriegszeit in allen europäischen Ländern haben dazu beigetragen, daß diese Idee zunächst auf wirtschaftlichem Gebiet zu realisieren versucht wurde. Der Marshallplan ist es vor allem gewesen, der zu einer wirtschaftlichen Zusammenarbeit von 16 europäischen Staaten, darunter auch Österreich, geführt hat. Es folgte der Schumanplan und ähnliche Maßnahmen wie Europa-Union usw. Alle diese Konstellationen weisen letzten Endes auf die Notendigkeit auch eines politischen Zusammenschlusses der europäischen Staaten hin. Was der Souveränitätsglaube der einzelnen Nationen bisher verhindert hat, das wird durch die Nöte der Zeit nun allmählich verwirklicht werden: ein geeintes Europa, dessen Souveränität über die Hoheitsansprüche der einzelnen Nationen gesetzt werden soll. Die Vereinigten Staaten von Europa sind das Ziel, das nach Überwindung aller historischen Gebundenheiten erreicht werden soll. Der Weg dahin ist noch von zahlreichen Hürden verstellt, und doch will es uns scheinen, daß diese Idee einer europäischen Einigung durch den harten Zwang einer geschichtlichen Entwicklung immer mehr ihres ursprünglich utopischen Charakters entkleidet wird und in das Stadium der Realisierung tritt.

Damit wurde in Europa – soweit es sich um das Europa der demokratischen Freiheit handelt – eine Ordnung geschaffen mit einem wirtschaftlichen Potential, das die Lösung jener zahlreichen ökonomischen und sozialen Probleme ermöglichen würde, die von den einzelnen nationalen Wirtschaften bisher nicht gelöst werden konnten.

Aber auch noch einem anderen Ziel würden wir durch ein geeintes Europa wesentlich näher kommen: dem Ziel einer höheren Sicherung des Weltfriedens. Dieses Zieles wegen allein schon wollen wir uns als Österreichische Volkspartei an die Seite aller derer stellen, die um das geeinte Europa kämpfen, aus dem in weiterer Folge ein Weltbund geeinter Staaten auf den Grundlagen von Freiheit und gesetzlichen Rechtes hervorgehen soll.

Wenn heute das Ausland bewundernd auf den Wiederaufbau in Österreich blickt, dann können wir mit Stolz sagen, daß die Österreichische Volkspartei als größte Partei im Staate auch den größten Anteil an diesen Erfolgen hat. Diesen Erfolg hätte natürlich nie die Parteiführung allein erzielen können. In dieser Unmasse von Arbeit waren alle die Hunderttausende von Mitgliedern und Freunden unserer Partei beteiligt, durch deren Vertrauen wir an die Spitze des Staates gestellt wurden. Keinem von uns, die wir an verantwortlichen Staats- oder Parteistellen stehen, wäre es möglich, erfolgreich zu wirken ohne die tatkräftige Mitarbeit der zahllosen Funktionäre, Mitglieder und Freunde unserer Partei. Denn nur dann, wenn die Zusammenarbeit von der Bundesparteileitung; bis zur kleinsten Ortsgruppe bis zur kleinsten Zelle hinab klaglos funktioniert, kann unsere Partei ihre bisherige Stärke bewahren und ihre Funktionen und Positionen weiter ausbauen.

Die Österreichische Volkspartei ist eine Partei mit der breiteren Basis. Sie hat für alle Platz, die sich zu Österreich bekennen. Ich kann sie daher auch die demokratischste Partei von allen nennen, und jeder, der bei uns mitarbeitet, kann für sich von Erfolg in Anspruch nehmen, was Österreichs Wiederaufbauwerk darstellt.

Wir müssen aber auch Ordnung in den eigenen Reihen halten, und wir werden es auch tun. Dort, wo etwas unsauber ist, dort, wo Korruption oder Protektionswirtschaft eintritt, dort werden wir nichts decken. Dort müssen wir auch in Zukunft unnachsichtig durchgreifen, und wir werden keinen decken, der gegen die hohen ethnischen Grundsätze unserer Partei verstößt.

Wir sind nur dann würdig, das höchste Ziel, das wir alle haben, die Freiheit unserer Heimat, zu erreichen, wenn wir wie bisher fanatisch an die Zukunft unseres Vaterlandes glauben, wenn wir von der Richtigkeit des Weges, den unsere Partei geht, absolut überzeugt sind, und wenn wir alle unsere Kräfte einsetzen für eine positive Arbeit für unseren Staat und unsere Partei. Wenn wir in diesem Sinne handeln, dann braucht uns um die Zukunft nicht bange zu sein. Und wenn dann heute oder morgen in den Kommissionen und Ausschüssen gearbeitet wird, dann, liebe Parteifreunde, in dem fanatischen Glauben an unsere Heimat, in der fanatischen Verantwortung für unsere alte Parole: alles für unsere österreichische Heimat!

Die viermillionste Tonne
Ein immenses Hilfswerk im Rahmen des ERP –
Dank an die USA
24. Mai 1951
(Rede in Wien)

Dieses Ereignis, das wie kaum ein anderes die Bedeutung der ERP-Hilfe für Österreich in den letzten Jahren beweist, erscheint mir der geeignete Augenblick, in einem kurzen Rückblick aufzuzeigen, was der Marshallplan für Österreich bedeutet und was unter seinen Auspizien und mit seiner Hilfe in den letzten Jahren geleistet wurde. Als wir vor nunmehr fünf Jahren darangingen, aus dem Chaos eines totalen Zusammenbruches die ersten Grundlagen für die Errichtung eines freien und selbständigen Österreichs zu schaffen, hatten wir als Hypothek auf die Zukunft eine vollkommen zusammengebrochene Wirtschaft und Kriegsschäden in der Höhe von ungefähr 50 Milliarden Schilling zu übernehmen. Die ersten Hilfsaktionen, die unmittelbar nach Kriegsende anliefen, mußten daher naturgemäß fast ausschließlich der Linderung der ärgsten Not, der Beseitigung der Kriegsschäden und der Ingangbringung der Wirtschaft dienen. Die große Wende war wie überall in Europa auch in Österreich im Frühjahr 1948 das Inkrafttreten des Marshallplanes. Damit wurden die Voraussetzungen für die Durchführung eines langfristigen umfangreichen Wiederaufbauprogramms geschaffen, das Österreich sowohl den Einbau in eine größere europäische Wirtschaftsgemeinschaft als auch die Wiederherstellung seiner wirtschaftlichen Selbständigkeit und Unabhängigkeit bis zum Jahre 1952 gewährleisten soll. Mit dem Eintreffen der viermillionsten Tonne ERP-Güter verbindet sich die Vorstellung von dem immensen Aufbauwerk, das in Österreich durch die Hilfe des amerikanischen Volkes in den letzten Jahren möglich gemacht wurde. Im Rahmen der gesamten ERP-Lieferungen nach Europa stellen diese vier Millionen Tonnen Güter einen Wert von mehr als 340 Millionen Dollar dar, zu denen dann noch die mehr als vier Milliarden Schilling kommen, die aus den Erlöskonten für diese Waren der österreichischen Regierung und Wirtschaft für die Wiederaufbauarbeiten, Investitionen und die Modernisierungen unseres gesamten Produktionsapparates zur Verfügung gestellt wurden. Gleichzeitig war es auch zu einem entscheidenden Teil die ERP-Hilfe, die es Österreich ermöglichte, den drückenden Mangel an Nahrungsmitteln und Konsumgütern zu überwinden und von den Prinzipien der Kriege und Zwangswirtschaft wieder langsam zu geordneten wirtschaftlichen Verhältnissen zurückzukehren. Ich darf jedoch bei dieser Gelegenheit auch das Bestreben der österreichischen Bundesregierung und des gesamten österreichischen Volkes aufzeigen, aus den zur Verfügung stehenden Hilfslieferungen nicht nur eine momentane Überbrückung der schwierigen wirtschaftlichen Nachkriegssituationen zu erreichen, sondern darüber hinaus auch alles zu tun, um gemäß den eingegangenen Verpflichtungen ein festes Fundament für die Zukunft zu bauen.

Mit Hilfe dieser vier Millionen Tonnen ERP-Güter und ihrer Schillinggegenwerte ist es uns in den letzten zwei Jahren gelungen, unsere Produktion um ein Viertel über den Vorkriegsstand zu erhöhen und nach dem totalen Zusammenbruch unserer gesamten Wirtschaft und Außenhandelsbeziehungen im Jahre 1945 im vergangenen Jahr bereits die Hälfte der von uns benötigten Rohstoffe, Lebensmittel und Investitionsgüter aus eigenen Kräften und durch eigene Exporte zu bezahlen. Trotzdem können wir diese Erfolge der letzten Jahre nur als einen ermutigenden Beginn werten, der noch eine Reihe von entscheidenden und schwierigen Problemen offenläßt. Die Tatsache, daß wir bereits die Hälfte der gesamten Marshallplanperiode überschritten haben, wird uns in den kommenden zwei Jahren zwingen, noch mehr als bisher den Ausgleich der Zahlungsbilanz zum Kernproblem unserer gesamten Wirtschaftspolitik zu machen und unsere zukünftige Arbeit hauptsächlich auf ihre Lösung auszurichten.

Von entscheidender Bedeutung ist dabei neben weiteren Fortschritten in der industriellen Produktion vor allem eine möglichst umfangreiche Produktionssteigerung in der Landwirtschaft, die, wie die Erfahrung der letzten Jahre gezeigt hat, unsere größte und wichtigste Möglichkeit zur Ersparung von Devisen und Importen ist. Was hier in den letzten Jahren durch eine Erhöhung der Lebensmittelproduktion knapp unter die Grenze des Vorkriegsstandes erreicht werden konnte, soll und muß in den nächsten zwei Jahren nicht wesentlich ausgebaut werden.

Wir haben an derselben Stelle vor etwa über einem Jahr die millionste Tonne ERP-Güter, die über den Hafen von Triest nach Österreich kam, in die Obhut der Bundesregierung genommen. Man kann es als symbolisch für die Entwicklung der österreichischen Wirtschaft in den letzten zwei Jahren ansehen, daß an Stelle der Lebensmittel jener millionsten Tonne heute die viermillionste Tonne in einer Ladung von Maschinen, also Investitionsgütern besteht. Dies ist vor allem symbolisch dafür, daß die österreichische Wirtschaftspolitik in fortlaufendem Maß bestrebt ist, die zur Verfügung stehenden Mittel immer stärker statt für Lebensmittel und andere Konsumgüter für die Einfuhr der notwendigen Investitionsgüter und Rohstoffe zu verwenden. Wenn ich vorhin vom Ausgleich der Zahlungsbilanz als der Kernfrage der österreichischen Wirtschaftspolitik sprach, so erscheint es mir notwendig, die Wege kurz aufzuzeigen, die uns in den nächsten Jahren möglichst nahe an dieses Ziel heranbringen sollen.

Das Zentralbüro für ERP-Angelegenheiten ist zurzeit gemeinsam mit der ECA-Mission damit beschäftigt, im Rahmen eines großen Dreijahresprogramms die Investitionspolitik bis zum Jahre 1952 sowie vor allem die aus ERP-Mitteln finanzierten Maßnahmen auszuarbeiten und endgültig festzulegen. Diese Arbeiten haben bisher ergeben, daß der österreichischen Wirtschaft bis zum Jahre 1952 ungefähr 6 Milliarden Schilling für Investitionen und Modernisierungen sowie die entsprechenden Dollarbeträge zufließen werden. Diese Summe, von der nach den bisherigen Verhandlungen bereits im Laufe des heurigen Jahres 2,6 Milliarden in den Kreislauf des Wirtschaftslebens gepumpt werden sollen, wird nicht nur dazu beitragen, durch einen entsprechenden Ausbau unserer Schlüsselindustrie und Wasserkräfte die Versorgung mit der notwendigen Energie und den wichtigsten Rohstoffen sicherzustellen, sondern sie wird darüber hinaus zu einem entscheidenden Teil dazu verwendet werden, unsere Export- und Finalindustrien durch Milliardeninvestitionen auf jenen Stand zu bringen, der ihre Konkurrenz- und Exportfähigkeit auf dem Weltmarkt sichert und gewährleistet. Von den wichtigsten Vorhaben dieses gewaltigen Investitionsprogramms möchte ich vor allem neben der Schwerindustrie die Papierindustrie, die Textilindustrie und die chemische Industrie nennen, die im Rahmen der bereits fertiggestellten Investitionsprogramme namhafte Beträge für Investitionen erhalten werden. Die im Laufe des heurigen Jahres im Rahmen des sogenannten Überbrückungsprogramms bereits freigegebenen Beträge sichern die Fortführung jener Projekte, deren Notwendigkeit bereits jetzt vor Vollendung des gesamten Dreijahresprogramms feststeht.

Die weitere Belebung und Verstärkung unseres Außenhandels wird vom fortschreitenden Verschwinden der verschiedenen Hemmnisse und Kontrollmaßnahmen sowie der allmählichen elastischen Anpassung unserer

Währung an die Situation auf den Weltmärkten abhängen. Dazu werden dann noch die von Österreich und den anderen 17 ERP-Teilnehmerstaaten durchgeführten und noch durchzuführenden Maßnahmen zum Abbau der Handelsschranken und zur Liberalisierung des zwischenstaatlichen Wirtschaftsverkehrs kommen.

Ich glaube, im Namen der österreichischen Bundesregierung und des gesamten österreichischen Volkes zu sprechen, wenn ich anläßlich dieser Übergabe der viermillionsten Tonne ERP-Güter an Österreich der amerikanischen Regierung und dem amerikanischen Volke den tiefsten Dank für die bis jetzt geleistete Hilfe ausspreche und versichere, daß wir alles in unserer Macht Stehende tun werden, um das gemeinsame Ziel, das dem Marshallplan und seiner Arbeit in Österreich zugrunde liegt, nämlich die wirtschaftliche Unabhängigkeit und Freiheit unserer Heimat im Rahmen einer größeren europäischen Wirtschaftsgemeinschaft, zu erreichen. So übernehme ich hiemit die viermillionste Tonne ERP-Güter in die Obhut der österreichischen Bundesregierung.

16

Am 2. 10. 1962 beging Leopold Figl seinen 60. Geburtstag. Julius Raab als erster unter den Gratulanten. Eine Lebensfreundschaft hatte sie verbunden.

17

„Martinifeier" der Burgenländer in Wien, 16. 11. 1962. In bester Stimmung: Bundespräsident Franz Jonas mit Innenminister Josef („Beppo") Afritsch (erste Reihe links) und Leopold Figl

18

*1962. Bundeskanzler Alfons Gorbach und Leopold Figl waren gute Freunde.
Eine Partie „Schnapsen" zur Entspannung. Der „Neu-Kanzler" sieht dabei dem
„Alt-Kanzler" auf die Finger...*

19

*16. 7. 1962: Leopold Figl mit dem späteren Kanzler Josef Klaus. Das „Problem"
dürfte ein grundsätzliches sein...*

Ein Jahr nach dem Rücktritt als Parteiführer
Spannungen in der Innenpolitik erschweren einen synchronisierten Kampf um Österreichs Ziele
28. Januar 1952
(Rede am Bundesparteitag der ÖVP)

Hatte ich noch auf dem letzten Bundesparteitag die Verpflichtung, einen Bericht als Bundesparteiobmann und als Bundeskanzler zu geben, so fällt mir heute die für mich wesentlich angenehmere Aufgabe zu, bloß einen Bericht als Chef der Bundesregierung abzugeben. Allerdings als Regierungschef, der für die oberste Stelle in der Bundesregierung von Ihnen, meine Damen und Herren, als Vertreter der österreichischen Volkspartei vorgeschlagen wurde. Schon diese Einleitung soll Ihnen zeigen, wie ich selbst zu der im Sommer vergangenen Jahres durchgeführten Trennung der Staats- und Parteifunktionen stehe. Ich empfinde diese Maßnahme als eine äußerst glückliche, denn sie ermöglicht es mir, mich ausschließlich den Regierungsgeschäften zu widmen, und sie gibt meinem lieben Freund Julius Raab die Gelegenheit, die Parteigeschäfte so zu führen, wie es im Interesse der ÖVP liegt. Die Vereinigung beider Funktionen in einer Person hat manchmal Situationen ergeben, bei denen entweder der Parteiobmann oder der Regierungschef zu kurz kamen. Ich will dies in aller Offenheit aussprechen, muß aber freilich auch sagen, daß in den ersten Jahren nach Kriegsende die Vereinigung dieser beiden Funktionen manche Vorteile hatte. Die Zeiten haben sich aber seither normalisiert, und so konnten wir die Trennung, die uns nur Vorteile brachte, durchführen.

Es ist aber zweifellos, daß wir uns in Hinkunft mehr als bisher auf unsere eigene Kraft verlasssen müssen. Wir müssen auf unsere eigene Stärke bauen und unsere eigenen Hilfskräfte mobilisieren und sie entsprechend einsetzen. Ich meine da Hilfskräfte moralischer und wirtschaftlicher Art. Die Preissenkungsaktion war ein schönes Beispiel dafür, daß unsere Bevölkerung vernünftigen Argumenten zugänglich ist, sich in gesunder Moral in den Dienst der Gesamtheit zu stellen bereit ist und damit wirtschaftliche Erfolge von einem Ausmaß erzielen kann, das wir heute noch nicht abschätzen können. Es ist nicht zu viel gesagt, wenn ich behaupte, daß diese Preissenkungsaktion die drohenden Wolken einer Inflation verscheucht hat. Wir müssen auf diesem Weg weiterschreiten, und ich kann sagen, da die Anzeichen dafür, daß unsere Bevölkerung dazu gewillt ist, sehr günstig sind. Die Einschränkung des Kreditvolumens und die Erhöhung des Einlagezinsfußes bei unseren Banken und Sparkassen hat günstige Auswirkungen gezeitigt. Unsere Bevölkerung hat verstanden, daß wir nun genötigt sein werden, die Investitionen in Industrie und Landwirtschaft fortzusetzen, sie aber zum größeren Teil aus eigenen Mitteln vornehmen müssen.

Unsere Arbeiterschaft wird daher auch verstehen, daß es in ihrem eigenen Interesse liegt, die Arbeitsintensität und damit den Ertrag ihrer Arbeit zu erhöhen. Wenn ich den in der letzten Zeit so häufig gebrauchten Ausdruck von der Erhöhung der Produktivität anwende, so ist darunter nicht nur eine Steigerung der Arbeitsergiebigkeit durch eine weitere technische Vervollkommnung unserer Betriebe zu verstehen, sondern auch eine Hebung der individuellen Leistung jedes einzelnen.

Diese Erkenntnis wäre jedenfalls für den Arbeiter viel aufschlußreicher und für die Sicherung seiner wirtschaftlichen und sozialen Stellung wichtiger als die politischen Schlagworte von der Ausbeutung und von der notwendigen klassenkämpferischen Einstellung, mit der man zwar Wählerfang betreiben kann, aber die Wirtschaft nicht um einen Zoll weiterbringt. Wir müssen auf dem von der österreichischen Volkspartei beschrittenen Weg unbeirrt weitergehen, alle in der Wirtschaft tätigen Kräfte zur Einsicht bringen, daß nur ein Miteinander den reibungslosen Ablauf des wirtschaftlichen Geschehens garantieren kann. Wir müssen das aus einer früheren Zeit der ökonomischen Entwicklung und unsozialer Produktionsverhältnisse stammende gegenseitige Mißtrauen zwischen Arbeitgebern und Arbeitnehmern beseitigen. Der Arbeitgeber muß sich bewußt sein, daß er ohne den Fleiß und ohne das Können des Arbeiters nicht existieren kann, aber auch dann nicht existieren kann, wenn dem Arbeiter als Konsumenten die Kaufkraft seines Lohnes fehlt, und der Arbeiter muß wissen, daß vom Fleiß und von der Initiative seines Arbeitgebers der Bestand und die Fruchtbarkeit des Betriebes abhängt.

Die innerpolitischen Angelegenheiten unseres Staates stehen in einem unlösbaren Zusammenhang mit der Lage, in der wir uns durch die andauernde militärische Besetzung des Landes befinden. Es ist richtig, daß der österreichische Staatsvertrag durch die großen Ereignisse der Weltpolitik ein wenig aus dem Brennpunkt des Interesses gerückt ist. Augenblicklich sind die Ereignisse in Korea vordringlicher. Der Ausbruch dieses Kampfes war es, der die ganze Welt neuerlich erschütterte und vor allem für uns auf wirtschaftlichem Gebiete Rückwirkungen mit sich brachte, die in den letzten einhalb Jahren eine Reihe von Schwierigkeiten verursachten. Die Ereignisse in Persien und Ägypten, Vietnam und Tunis haben weiter das Interesse der Großmächte auf sich gelenkt, so daß man sich erst in letzter Zeit neuerlich mit Österreich befaßte. Man hat versucht, die Probe auf das Exempel zu machen und zu untersuchen, ob die Friedensbeteuerungen ehrlich gemeint sind. Gerade beim österreichischen Staatsvertrag wäre es sehr einfach gewesen, dies unter Beweis zu stellen. Die letzten Ereignisse aber scheinen darauf hinzudeuten, daß von sowjetrussischer Seite gegenwärtig nicht die Absicht besteht, dem Abschluß dieses Vertrages zuzustimmen.

Wir werden den Staatsvertrag bei Gott nicht geschenkt bekommen. Es ist Ihnen bekannt, daß wir als Ablöse für das deutsche Eigentum 150 Millionen Dollar werden bezahlen müssen, es ist Ihnen auch bekannt, daß die Sowjetunion für 30 Jahre Konzessionen auf Ölfelder, die 60 Prozent unserer Förderung ausmachen, erhalten soll, und auch die Bestimmungen, die die Schurfrechte und Ölraffinerien betreffen, sind Ihnen bekannt, ebenso wie die Bestimmungen, die die Donaudampfschiffahrts-Gesellschaft betreffen. Die Befreiung Österreichs war eines der Kriegsziele der Alliierten. Wir haben bisher für diese Befreiung schon schwer bezahlen müssen, und der Staatsvertrag ist mit einer weiteren schweren wirtschaftlichen Belastung verbunden. Und trotzdem können wir nicht einmal dieses unser Recht erhalten. Was nützt es da, wenn drei Hochkommissäre im Alliierten Rat eine Resolution vorschlagen, die die Empfehlungen an alle vier Regierungen beinhaltet, den Staatsvertrag unverzüglich abzuschließen, da die Ziele der Besetzung erreicht wurden. Wie so oft konnte auch in dieser Frage im Alliierten Rat keine Einigung erzielt werden.

Es wird Aufgabe der österreichischen Regierung sein, die Mittel und Wege zu finden, wie dennoch dem unerträglichen Zustand unserer Freiheitsberaubung ein Ende gesetzt werden kann. Einstweilen wollen wir mit Zusammenfassung aller rechtlich denkenden Österreicher das Werk unseres Wiederaufbaues fortsetzen. Und wir wollen hart bleiben gegen alle Versuche, uns irgendein System der Willkür und Gewalt aufzunötigen. Wir werden unseren Glauben an den schließlichen Sieg der Gerechtigkeit nicht aufgeben. Wir glauben an ein künftiges freies Österreich, das willens ist, sich in die Reihen der übrigen freien europäischen Nation zu stellen und im Rahmen eines geeinten Europas die ihm zukommenden Aufgaben zu erfüllen. Die Österreichische Volkspartei sieht ihr politisches Ideal in einer Gemeinschaft, in der sich soziale Gerechtigkeit mit einem Höchstmaß von Freiheit paart. Nur der Grundgedanke des Solidarismus, der die Politik unserer Partei beherrscht, wird auch imstande sein, das Verständnis von Volk zu Volk, von Staat zu Staat zu verbürgen, und nur dieser Gedanke ist fähig, die natürlichen Gegensätze der Menschen zu überwinden und sie über alle Grenzen hinweg zu einer kulturellen und wirtschaftlichen Gemeinschaft zu verbinden. Diesem Grundgedanken wollen wir unter allen Umständen die Treue halten. Dann braucht uns auch um unser Österreich nicht bange zu sein.

Wir Österreicher haben aus der Vergangenheit gelernt. Wir bekennen uns

stolz zu unserem Heimatland in seiner gegenwärtigen Form, und wir leiten
daraus eine hohe Verpflichtung für die Zukunft unseres Volkes ab. Gerade
an uns liegt es, diese Zukunft, den Weg, den das österreichische Volk morgen
und übermorgen gehen wird, zu sichern. Nach diesem Parteitag der Österreichischen Volkspartei, der größten Partei unserer Heimat, werden wir
wieder mit Mut und Zuversicht an die Arbeit gehen, an die Arbeit, die stets
unter der Parole steht: alles für Österreich!

Österreich – das einzige Land Europas mit vier Besatzungsmächten

Keine Einigung der USA, des Vereinigten Königreiches, Frankreich und der Sowjetunion über den Staatsvertrag

2. April 1952
(Regierungserklärung vor dem Österreichischen Nationalrat)

Der von den Regierungen der drei westlichen Besatzungsmächte in
Österreich ausgearbeitete und der sowjetrussischen Regierung über-
reichte Vorschlag zur Beendigung der militärischen Besetzung Österreichs
hat in der Angelegenheit des österreichischen Staatsvertrages eine Wendung
gebracht, zu der der Nationalrat in seiner heutigen Sitzung Stellung nehmen
will.

Schon anläßlich der ersten Regierungsbildung im Jahre 1945 habe ich in der
Regierungserklärung vor dem Nationalrat als oberstes Ziel unserer Politik
die Erreichung der vollen Souveränität und Freiheit Österreichs dargelegt.
Die von den Besatzungsmächten an dieses Ziel geknüpften Bedingungen
sind einstweilen von Regierung und Volk in vollstem Maß erfüllt worden.
Österreich hat sich von allen Einflüssen der ihm aufgezwungenen politischen Denkart der Jahre 1938 bis 1945 freigemacht und ordnet heute seine
öffentlichen Angelegenheiten durchaus im Geiste der Demokratie.

Zweimal bereits hat sich das österreichische Volk seine oberste gesetzgebende Körperschaft im Wege freier, demokratischer Wahlen bestellt und im
Vorjahr in gleicher Weise auch sein Staatsoberhaupt gewählt. Mit beispiel-
haftem Fleiß und unermüdlicher Arbeit war dieses Volk bemüht, seine
durch den Krieg völlig zerstörte Wirtschaft wiederaufzubauen und daneben
auch seinen kulturellen Aufgaben gerecht zu werden. Mit einer bewun-
dernswerten, von aller Welt anerkannten Disziplin hat das österreichische
Volk durch sieben schwerste Jahre alle Entbehrungen getragen und inmitten

eines politisch aufgewühlten Europas im Inneren seines Landes Ruhe und Ordnung bewahrt. Nichts ist dieses Volk schuldig geblieben, was von ihm zur Wiedererlangung seiner vollen Freiheit und Unabhängigkeit verlangt wurde. Und doch ist ihm heute noch immer die demütigende Rolle auferlegt, wie ein Vasallenvolk leben zu müssen, dem man es nicht zugestehen will, seinen Angelegenheiten unabhängig von fremden Einflüssen nach eigenem Willen zu regeln.

Während eine Reihe von Staaten, die aus eigenem Entschluß an der Seite des nationalsozialistischen Deutschlands am Kriege gegen die Alliierten teilgenommen haben, bereits längst ihre Friedensverträge erhielten, muß das im Jahre 1938 als erstes der nationalsozialistischen Macht zum Opfer gefallene Land noch immer darauf warten, als freier Staat anerkannt zu werden. Österreich ist das einzige Land in Europa, in dem noch immer die Fahnen und Embleme der vier Besatzungsmächte als Zeichen seiner Unfreiheit und Abhängigkeit wehen.

In 258 Staatsvertragsverhandlungen ist es bisher nicht gelungen, eine Einigung zwischen den Verhandlungspartnern zu erzielen. Es wird allseits anerkannt, daß die Differenzen minimal waren, als man die Verhandlungen abbrach. Man hätte sich in einer halben Stunde über die noch ausständigen Artikel einigen können, wenn von allen Seiten der gute Wille vorhanden gewesen wäre. Das österreichische Volk hat diese Einigung heiß ersehnt, obwohl es sich dessen bewußt war, daß damit schwere finanzielle Opfer verbunden sein würden. Aber unglücklicherweise war dieser Wille zur Einigung nicht überall vorhanden. Wir hofften auf Befreiung. Die Staatsmänner, die damals die Geschicke der vier Großmächte leiteten und die die Besetzung Österreichs ruhig hinnahmen, waren der Meinung, ihr Bestes zu tun, wenn sich auch nachher herausstellte, daß gerade durch ihr Verhalten der Weltbrand nur noch mehr entfacht wurde und das Menschenmorden ins Gigantische wuchs.

Aber warum soll Österreich diese Irrtümer büßen? Warum sollen wir, die ersten Opfer, am längsten leiden? Ist es nicht ein Hohn auf jede Gerechtigkeit, wenn das Verbrechen Hitlers an Österreich durch die, die sich die Befreier von diesem Tun nennen, verewigt wird? Ich will jetzt keine Staaten nennen, die an der Seite Hitlers marschiert sind und schon längst ihre Freiheit erhalten haben. Wir neiden niemandem seine Freiheit, wir wünschen sie der ganzen Welt, aber wir beanspruchen sie mit vollem Recht auch für uns.

Von dieser Tribüne des Parlamentes aus rufe ich in die Welt: Macht dem schmachvollen Zustand in Österreich ein Ende, befreit dieses kleine, arbeitsame und lebensmutige österreichische Volk von seiner Knechtung und gebt ihm seine Freiheit! Hier, auf österreichischem Boden, ist die einmalige

Gelegenheit gegeben, den vielfachen Demonstrationen für den Frieden eine Tat des Friedens folgen zu lassen. Vollbringt sie, ihr Großen der Welt, diese Tat, und Österreich wird in seiner künftigen Politik beweisen, daß es nichts anderes will, als mit allen Völkern, die guten Willens sind, in Freundschaft und in Frieden leben.

Keine Einigung
über den Staatshaushalt 1953
Regierungsrücktritt, Regierungsneubestellung –
Budgetkrise ist keine Staatskrise
28. Oktober 1952
(Regierungserklärung anläßlich des Amtsantritts)

In einer Zeit voll wirtschaftlicher Schwierigkeiten, verursacht zum Teil durch die allgemeine Weltlage, zum guten Teil aber auch durch die Lasten, die uns die fortdauernde Besetzung auferlegt, konnte sich die Bundesregierung über den Budgetvoranschlag für das Jahr 1953 nicht einigen. Unser Bestreben, die Stabilität der Wirtschaft und damit die Erhaltung des Lebensstandards des österreichischen Volkes zu sichern, erfordert unbedingt ein ausgeglichenes Budget. Die Besetzung verursacht aber die Ihnen allen wohlbekannten Einbußen am Steueraufkommen, sie verursacht auf der anderen Seite aber auch zusätzliche Ausgaben.
Die beiden Koalitionsparteien konnten sich trotz langwieriger Verhandlungen über die Grundsätze, nach denen das Budget für 1953 zu erstellen ist, nicht einigen. Die Bundesregierung hat daher die sich aus der Verfassung ergebende Konsequenz gezogen und den Herrn Bundespräsidenten gebeten, sie ihres Amtes zu entheben. Der Herr Bundespräsident hat in Erkenntnis der innen- und außenpolitischen Lage Österreichs seine Entscheidung aufgeschoben und an die Mitglieder der Bundesregierung den Appell gerichtet, doch noch den Versuch zu einer Einigung zu unternehmen. Die Bundesregierung war sich ihrer Verantwortung für die Allgemeinheit bewußt, sie war sich dessen bewußt, daß sie Vorsorge treffen müsse, um die Weiterführung eines geordneten Staatshaushaltes nach dem 1. Jänner 1953 zu sichern, da sonst die Weiterführung der begonnenen Arbeiten, die Bezahlung der Gehälter an die Beamten, Angestellten und Arbeiter, die Beiträge des Bundes an Länder und Gemeinden usw. in Frage gestellt wären.
In Verfolg des Appells des Herrn Bundespräsidenten hat die Bundesregie-

rung und haben die beiden Koalitionsparteien die Verhandlungen fortgesetzt, die nunmehr zu einer Einigung dahingehend führten, daß dem Hohen Haus der Vorschlag unterbreitet wird, die Ansätze des Nachtragsbudgets für das Jahr 1952 zunächst als Budgetprovisorium für die ersten fünf Monate des Jahres 1953 zu beschließen. Mit der Annahme dieses Antrages wäre die Kontinuität des Staatshaushaltes gesichert.

Der Herr Bundespräsident, den ich gemeinsam mit dem Herrn Vizekanzler heute morgen über diesen Stand unterrichtet habe, hat die Demission der Bundesregierung nunmehr angenommen und mich mit der Neubildung der Bundesregierung betraut. Ich habe dem Herrn Bundespräsidenten vorgeschlagen, die Bundesregierung in der gegenwärtigen Zusammensetzung wiederzubetrauen. Auf Grund dieses Vorschlages hat der Herr Bundespräsident die neue Bundesregierung in ihrer bisherigen Zusammensetzung ernannt. Nach Durchführung der von der Bundesverfassung vorgeschriebenen formellen Erledigung ist daher die Bundesregierung ab heute in der bisherigen Zusammensetzung wieder im Amte. Diese Regierung wird sich so wie bisher bemühen, die Stabilität der Wirtschaft zu sichern und für die Freiheit Österreichs einzutreten.

Die differierenden Auffassungen der beiden Koalitionsparteien, die bei den Budgetberatungen aufgeschienen sind, mit den daraus sich ergebenden Ereignissen der letzten Tage haben aber klar gezeigt, daß ein Appell an das österreichische Volk unerläßlich geworden ist. Da dem Hohen Hause bereits Initiativanträge von Abgeordneten zum Nationalrat auf vorzeitige Auflösung des Hauses vorliegen, empfiehlt die Bundesregierung, ohne der Entscheidung des Hohen Hauses vorgreifen zu wollen, den Wahltermin möglichst frühzeitig festzusetzen. Die Bundesregierung ist der Ansicht, daß diese Neuwahlen möglichst rasch durchzuführen wären und daß daher unverzüglich all die in der Verfassung festgelegten gesetzlichen Vorbereitungen zur Durchführung der Neuwahlen zu treffen wären.

Das österreichische Volk hat die Ereignisse der letzten Tage mit gespannter Aufmerksamkeit und großer Anteilnahme verfolgt. Das Hohe Haus und die Mitglieder der Bundesregierung sind sich ihrer Verantwortung in der schwierigen Lage voll bewußt. Ich appelliere an das österreichische Volk, die Ruhe und Disziplin, die es in den letzten Tagen bewahrt hat, auch während des nun zu erwartenden Wahlkampfes zu bewahren. Österreich muß einen neuerlichen Beweis der demokratischen Reife seiner Bevölkerung erbringen. Es ist dies gerade jetzt, da die österreichische Frage die Weltöffentlichkeit neuerlich beschäftigen wird, besonders notwendig. Wir wollen der Welt beweisen, daß Österreichs Regierung, seine Volksvertretung und sein Volk einmütig nur ein Ziel verfolgen: die Wiedererringung der vollen Freiheit und Unabhängigkeit Österreichs!

Unabhängigkeit und Wohlfahrt des österreichischen Volkes

Der erste Kommentar nach der Nominierung
zum Bundesminister für Auswärtige Angelegenheiten

25. November 1953
(Kurzerklärung vor Presse und Rundfunk)

Bundeskanzler Ing. Julius Raab nominierte dem österreichischen Staatsoberhaupt seinen Kandidaten als Außenminister nach Ing. Dr. Karl Gruber: Leopold Figl.

Dieser erklärte nach seiner Berufung:

„Wenn ich nach der Angelobung das Außenamt übernehme, werde ich keine andere Politik machen als Politik für die Freiheit und die Unabhängigkeit des österreichischen Staates und für die Wohlfahrt, Ruhe und Sicherheit des österreichischen Volkes in der Zukunft."

Im Auswärtigen Ressort: keine Parteipolitik, sondern Staatspolitik

Erster Hoffnungsschimmer für den Abschluß
eines österreichischen Staatsvertrages

26. November 1953
(Öffentliche Erklärung nach der Ernennung zum Außenminister)

Unbeirrbar für Österreichs Freiheit

Die Außenpolitik in Österreich kann nur eine Politik für Österreich sein, daß heißt, eine Politik für das künftige Schicksal des österreichischen Volkes. Es kann daher in der Außenpolitik keine Parteipolitik, sondern nur eine österreichische Staatspolitik geben. Österreich kämpft seit über acht Jahren um seine Freiheit und seine Unabhängigkeit. Ich kenne alle Phasen dieses Kampfes, und ich werde auch als Außenminister nur das eine oberste Ziel kennen, mich dieser Pflicht, für Österreich die Freiheit zu erringen, mit meinen ganzen Kräften zu widmen.

Ich werde daher als Außenminister mit dem Chef der Bundesregierung, Bundeskanzler Raab, mit dem mich eine jahrzehntelange unzertrennliche

Freundschaft verbindet, gemeinsam dieses Ziel weiter verfolgen. Mit Mut und mit Klarheit, mit Eindeutigkeit und mit Selbstvertrauen wollen wir mit dem österreichischen Volk die Zukunft des Landes schmieden, im Glauben an Österreich und seine geschichtliche Mission. So wie bisher werde ich dieser Aufgabe und meinem Vaterlande in selbstloser Treue auch in Zukunft dienen.

Wenn in den letzten Tagen von den drei Westmächten in Moskau gleichlautende Noten überreicht wurden, in denen der sogenannte Kurzvertrag in aller Form zurückgezogen wurde und in denen die drei Regierungen sich bereit erklären, in der Frage des Staatsvertrages jeden sowjetischen Vorschlag zu prüfen beziehungsweise auf diplomatischem Wege weiter zu verhandeln, so wurde damit der Weg frei, auf dem wir uns seit acht Jahren unermüdlich zur österreichischen Freiheit vorwärtskämpfen. Nach der Beseitigung aller formellen Hindernisse kommt es jetzt einzig und allein auf den guten Willen aller beteiligten Großmächte an. Ich bin überzeugt, daß jede der vier Großmächte alles Interesse hat, ihren guten Willen, ihren Willen zur Entspannung und zum Weltfrieden dadurch zu dokumentieren, daß sie zu ihrem Wort steht und das seit Jahren fortgesetzte Unrecht am österreichischen Volk beendet.

Berlin – ein Hoffnungsschimmer und eine große Enttäuschung

Als Vertreter Österreichs erstmals am Verhandlungstisch der Großen –
Dank auch an Staatssekretär Dr. Bruno Kreisky

24. Februar 1954

(Bericht über Berliner Konferenz vor dem Nationalrat)

Für die Bedeutung, die auf der Berliner Konferenz der österreichischen Frage von allen Beteiligten eingeräumt wurde, sprach von Anfang an die Tatsache, daß die Behandlung des österreichischen Staatsvertrages in den Ausführungen der vier Außenminister vom Augenblick des Beginnes der Konferenz an beachtlichen Raum einnahm. Dies kam schon in den Eröffnungsreden der vier Außenminister am ersten und zweiten Konferenztag zum Ausdruck.

So nannte Außenminister Bidault in seiner ersten Ansprache am 25. Jänner 1954 bereits den österreichischen Staatsvertrag neben einem deutschen Friedensvertrag als einen der beiden Hauptpfeiler einer europäischen Regelung, wandte sich energisch dagegen, das Los Österreichs auf dieser Konferenz mit irgendeiner anderen Frage zu verbinden, und mahnte seine Ministerkollegen, daß es ein erschreckendes Vorzeichen für andere schwerere Aufgaben zur Wahrung des Friedens wäre, wenn man in der Frage Österreichs zu keiner Einigung käme.

Außenminister Eden erklärte in seiner Eröffnungsansprache ausdrücklich, daß kein ersichtlicher Grund bestehe, warum man auf der Berliner Konferenz nicht zu einer Einigung über den österreichischen Staatsvertrag gelangen sollte, dessen Lösung im Vergleich zum Deutschlandproblem einfach sei.

Schließlich erklärte auch Außenminister Molotow, die Erörterung der Österreichfrage auf der Berliner Konferenz für zweckmäßig und sagte wörtlich: „Die Interessen der Festigung des Friedens in Europa und die Notwendigkeit der Sicherung der nationalen Rechte des österreichischen Volkes fordern die baldigste Wiederherstellung eines freien und unabhängigen Österreich und die Regelung der Österreichfrage." Gleichzeitig schlug Außenminister Molotow eine Tagesordnung vor, deren erster Punkt sich mit der Entspannung internationaler Beziehungen und der Einberufung einer Fünfmächtekonferenz befaßt, die sich im zweiten Abschnitt dem deutschen Friedensvertrag und der europäischen Sicherheit widmen sollte und die als letzten Punkt die Verhandlungen über den österreichischen Staatsvertrag aufwies.

Der Außenminister der USA, Dulles, befaßte sich ebenfalls in seiner Eröffnungsansprache mit dem österreichischen Staatsvertrag und stellte fest, daß die Sowjetunion bis heute schon viel mehr an Entschädigungen von Österreich empfangen habe, als sie ursprünglich gefordert hatte; man sollte daher dieses Problem so schnell als möglich erledigen. Dulles kam ferner darauf zu sprechen, daß Macht große Verantwortung mit sich bringe und daß die vier Mächte heute als Besatzungsmächte sowohl in Deutschland wie in Österreich eine Verantwortung trügen, die sie im Urteil der Weltgeschichte schuldig machen würden, falls sie diese Macht und Verantwortung nicht im guten Sinne ausübten.

Erster positiver Beschluß

Nach diesen Erklärungen der vier Außenminister kam der erste positive Beschluß der Berliner Konferenz dadurch zustande, daß die drei anderen Minister den Tagesordnungsvorschlag des Außenministers Molotow unverändert annahmen. „Sie ist nicht die Tagesordnung", erklärte Außenminister Dulles, „die wir vorschlagen würden, aber sie ist eine Tagesordnung, die wir im Interesse des Weiterkommens unserer Arbeit hinnehmen werden."

Mit dem dritten Sitzungstag, dem 27. Jänner 1954, begann die eigentliche Diskussion der Konferenzpunkte, wobei die ersten zwei Tage ausschließlich den Fragen einer Fünfmächtekonferenz beziehungsweise der internationalen Entspannung gewidmet waren. Der Übergang zur Diskussion des deutschen Friedensvertrages wurde von Außenminister Molotow mit der Feststellung eingeleitet, daß es ihm bekannt sei, daß Frankreich, Großbritannien und die USA mit der Teilnahme von Vertretern Österreichs an der Erörterung der Österreichfrage auf der Berliner Konferenz einverstanden seien. Er verband damit die Feststellung, daß auch die sowjetische Delegation der Ansicht sei, daß an der Erörterung der Österreichfrage Vertreter Österreichs teilnehmen müßten – leiteten aber aus dieser Feststellung die Konsequenz ab, daß nach seiner Meinung daher auch an der Behandlung der Deutschlandfrage deutsche Vertreter teilnehmen müßten.

Die Debatte über die Vorschläge Edens und Molotows zur Deutschlandfrage sowie verschiedene Zusatz- und Abänderungsvorschläge, vor allem zu den Fragen einer gesamtdeutschen Regierung und gesamtdeutschen Wahlen, dauerte bis einschließlich 10. Februar. Sie war am 8. Februar durch eine Geheimsitzung der vier Außenminister über die Frage einer Fünfmächtekonferenz unterbrochen worden. In dieser Geheimsitzung wurden auch Verfahrensfragen im Zusammenhang mit der Eröffnung der Debatte über den österreichischen Staatsvertrag behandelt, und die vier Außenminister kamen überein, daß die Diskussion über den österreichischen Staatsvertrag nicht später als am 12. Februar 1954 begonnen werden solle. Gleichzeitig wurde der Vorsitzende dieser Sitzung, Außenminister Bidault, beauftragt, die österreichische Bundesregierung von diesem Beschluß zu benachrichtigen. Die schriftliche Einladung zur Teilnahme österreichischer Vertreter an der Diskussion des Staatsvertrages wurde noch in der gleichen Nacht von Außenminister Bidault der österreichischen Vordelegation, die bereits seit dem 21. Jänner in Berlin arbeitete, übermittelt.

Österreicher treffen am 9. Februar ein

Wie ja bekannt ist, begab sich daraufhin die österreichische Regierungsdelegation am 9. Februar nach Berlin. Die nächsten beiden Tage gaben der Delegation vor allem Gelegenheit zu persönlicher Kontaktaufnahme und zu persönlichen Gesprächen mit den vier Außenministern. Die Zeit wurde weiters dafür benutzt, um mit den Mitgliedern der Vordelegation den bisherigen Konferenzablauf, die Atmosphäre und die Stimmung sowie alle notwendigen Besonderheiten und Details abzusprechen. Schließlich war es soweit, daß die österreichische Regierungsdelegation in den Nachmittagsstunden des 12. Februar sich in das Gebäude des Alliierten Kontrollrates in Berlin begeben konnte, um dort erstmals in der Geschichte des Staatsvertrages als gleichberechtigter Verhandlungspartner mit den Delegationen der vier Großmächte über die Frage des österreichischen Staatsvertrages zu diskutieren.

Ich möchte es an dieser Stelle nicht unterlassen, festzustellen, daß die absolute Gleichberechtigung der österreichischen Regierungsdelegation nicht nur am Verhandlungstisch, sondern auch in vielen Details zum Ausdruck kam. So verfügte zum Beispiel die österreichische Delegation im Konferenzgebäude genauso über eigene Arbeitsräume wie die vier anderen Delegationen, und der österreichischen Delegation waren am Verhandlungstisch genauso fünf Plätze eingeräumt, wie sie jeder der vier anderen Großmächte zugestanden waren. Im Sinne der bei internationalen Konferenzen üblichen Usance unterließ es auch der vorsitzende Außenminister niemals, die österreichische Delegation zu fragen, ob sie eine Erklärung abzugeben habe und als Sprecher der Delegation wurde mir vom Vorsitzenden jedesmal das Wort erteilt, wenn ich darum ersuchte. Ich halte es für höchst bedeutungsvoll, alle diese Einzelheiten genau festzuhalten und zu registrieren, denn ich glaube, daß sie für die kommende Haltung der österreichischen Außenpolitik nicht ohne Bedeutung sein können. Ich glaube vor allem nicht, daß Vertreter einer Besatzungsmacht, deren Außenminister mit dem Außenminister und Staatssekretär des besetzten Landes auf der Basis der Gleichberechtigung und Ebenbürtigkeit an einem Tische politische Fragen erörtert haben, in Zukunft versuchen werden können, auf lokaler Basis und in lokalen Machtbereichen allzuviel und allzu laut mit Besatzungsbefehlen und ähnlichen Orders zu manipulieren. Ich möchte hier festhalten, daß auch Außenminister Molotow durch seine Erklärungen vor der Berliner Konferenz keinen Zweifel daran ließ, daß es heute für keine der vier Besatzungsmächte mehr ein moralisches Recht gibt, wegen österreichischer Probleme ihre Truppen in Österreich zu belassen. Ich werde auf diesen Punkt noch später genauer zurückkommen.

Nachdem in jener denkwürdigen 17. Sitzung der Berliner Konferenz vom 12. Februar 1954 Außenminister Bidault als Vorsitzender die österreichische Delegation begrüßt hatte und Worte der hohen Anerkennung für unser Land und unser Volk gesprochen hatte, konnte ich in einer längeren Erklärung den österreichischen Standpunkt zur Frage des Staatsvertrages vortragen. Im Sinne des Auftrages der Bundesregierung beschränkte ich mich darauf, nach einem kurzen politischen Rückblick bis zum gewaltsamen Ende der österreichischen Souveränität vor nunmehr bald 16 Jahren den staatlichen und wirtschaftlichen Aufbau in der Nachkriegszeit zu skizzieren und die bisherigen Verhandlungen über den Staatsvertrag kurz zu beleuchten. Ich kam dabei zu folgender Feststellung:

„Durch den immer noch nicht erfolgten Abschluß des Staatsvertrages ist nun der groteske Zustand eingetreten, daß jenes Land, das als erstes der nazistischen Aggression zum Opfer fiel, heute als letztes auf die Wiederherstellung seiner vollen Freiheit und Souveränität warten muß, und dies aus Gründen, für die es selbst nicht die geringste Verantwortung trägt. Während die ehemaligen Feindstaaten der Alliierten schon längst ihre Friedensverträge erhielten – und wir gönnen jedem Staat die möglichst rasche Rückkehr zu normalen Verhältnissen –, ist Österreich, das zum Zeitpunkt der Kriegserklärung jeglicher Handlungsfähigkeit beraubt war, heute noch immer besetzt."

In der weiteren Erklärung der österreichischen Delegation wurde sodann festgestellt, daß Österreich wohl bereit ist, für die volle Freiheit und Souveränität Opfer und Lasten zu tragen, daß diese Lasten aber im Einklang mit der wirtschaftlichen und finanziellen Leistungsfähigkeit unseres Landes stehen müssen. Ich verwies vor allem darauf, daß Artikel 35 des im Jahre 1949 vereinbarten Entwurfes zum Staatsvertrag besondere Härten enthielte und daß nach den bereits erlittenen Einbußen und Opfern die Entrichtung einer

Ablösesumme für die deutschen Vermögenwerte in der bisher vorgesehenen Höhe und die Verpflichtung, diese Summe in Dollar und nicht durch Lieferung österreichischer Waren abzudecken, als zu hart und unbillig empfunden werde. Auch die im gleichen Artikel vorgesehene Regelung bezüglich der österreichischen Erdölvorkommen mußte ich als unvereinbar mit der vollen wirtschaftlichen Souveränität unseres Landes bezeichnen. Ich beantragte daher im Namen der Bundesregierung, die wirtschaftlichen Bestimmungen des Staatsvertragsentwurfes und besonders des Artikels 35 vor allem in Anbetracht der Tatsache, daß Österreich seit der im Jahre 1949 über diesen Vertragsentwurf erzielten Einigung weitere außerordentliche Opfer bringen müßte, einer wohlwollenden und generösen Prüfung zu unterziehen.

Appell Figls an die Großmächte

Nach einer neuerlichen Bekräftigung des Wunsches nach voller Freiheit und Souveränität schloß ich mit folgendem Appell:
„Geben Sie, meine Herren, Österreich den Staatsvertrag, und Sie werden damit nicht nur sieben Millionen Österreichern die ihnen schon längst gebührende Freiheit geben, sondern darüber hinaus zur Festigung des Friedens, zur Minderung der Spannung in den internationalen Beziehungen und zur wirklichen Gewährleistung der Sicherheit in Europa beitragen."
Noch in der gleichen Sitzung nahmen sämtliche vier Außenminister zu den Erklärungen der österreichischen Delegation Stellung. Aus den Darlegungen des Ministers Eden möchte ich nur den einen Satz zitieren: „Die österreichische Frage ist eine Angelegenheit für sich, und ihre Lösung braucht nicht auf die Lösung irgendeines anderen Problems zu warten." Außenminister Eden schlug am Ende seiner Rede vor, sofort zur Überprüfung der noch offenen fünf Punkte des Staatsvertrages überzugehen und stellte den formellen Antrag, daß die vier Außenminister über die bisher in den Artikeln 16, 27, 42, 48 und 48 b vorbehaltenen Punkte zu einer Übereinstimmung gelangen und das Ersuchen der österreichischen Delegation bezüglich Artikel 35 besprechen.

Die Molotow-Vorlage

Außenminister Molotow stellte seinerseits einleitend fest, daß die Wiederherstellung eines freien und unabhängigen österreichischen Staates den Interessen der Festigung des Friedens in Europa und gleichzeitig den Aufgaben der Gewährleistung der nationalen Rechte des österreichischen Volkes entspreche. Gleichzeitig aber verlangte Molotow, daß man der friedlichen Entwicklung Österreichs als unabhängiger Staat besondere Aufmerksamkeit widmen müsse, was für ihn die Forderung nach Einbau von neuen Sicherungsklauseln in den Staatsvertrag bedeute. Außenminister Molotow legte sodann einen Antrag der Sowjetdelegation vor, der im einzelnen vorsah:

1. Die Stellvertreter der Außenminister bereiten binnen drei Monaten den Text des endgültigen Staatsvertrages vor, wobei sie von folgenden Grundsätzen ausgehen:

    a) den Vertragstext des Jahres 1949 zwischen den vier Mächten abzuschließen, wonach Österreich als ein souveräner, unabhängiger und demokratischer Staat wiederhergestellt, von der Kontrolle der vier Mächte befreit, der bestehende Kontrollmechanismus aufgelöst und die Besetzung Österreichs beendet wird.

    b) Folgenden Zusatzartikel in den Staatsvertrag aufzunehmen: Österreich verpflichtet sich, keinerlei Koalitionen und Militärbündnisse einzugehen, die sich gegen irgendeine Macht richten, die mit ihren Streitkräften am Kriege gegen Deutschland und an der Befreiung Österreichs beteiligt waren. Österreich verpflichtet sich ferner, die Errichtung von ausländischen Militärstützpunkten auf seinem Territorium sowie die Heranziehung ausländischer Militärberater oder Spezialisten in Österreich nicht zuzulassen. Die Regierungen der USA, Großbritanniens, Frankreichs und der UdSSR verpflichten sich ihrerseits, die Bestimmungen dieses Artikels einzuhalten.

    c) Zur Kenntnis zu nehmen, daß die Regierung der UdSSR den Wünschen der Regierung Österreichs entgegenkommt und sich damit einverstanden erklärt, daß Österreich die der Sowjetunion laut Artikel 35 des Staatsvertragsentwurfes zustehenden Zahlungen für die ehemaligen deutschen Vermögenswerte durch Warenlieferungen deckt.

Im 2. Punkt seines Vorschlages fordert Molotow wörtlich:
„Um zu verhindern, daß Versuche zu einem neuen Anschluß unternommen werden, wird der Abzug der Truppen der vier Mächte, die sich auf dem Territorium der entsprechenden Zonen Österreichs befinden, bis zum Anschluß eines Friedensvertrages mit Deutschland aufgeschoben. Gleichzeitig mit der Auflösung der Alliierten Kommission werden alle ausländischen Truppen aus Wien abgezogen. Die zeitweilig in Österreich verbleibenden Truppen der vier Mächte werden nicht mehr als Besatzungstruppen gelten und keine Besatzungsfunktionen ausüben und sich nicht in die Angelegenheiten der österreichischen Verwaltungsbehörden beziehungsweise in das

öffentliche und politische Leben des Landes einmischen. Die Rechtslage dieser Truppen wird durch ein Sonderabkommen bestimmt, das von den vier Mächten unter Beteiligung Österreichs auszuarbeiten ist und gleichzeitig mit dem Inkrafttreten des Staatsvertrages mit Österreich Gültigkeit erlangen soll."

Im 3. Punkt seines Vorschlages beantragte Außenminister Molotow schließlich, die Stellvertreter der vier Außenminister sollten die Triest-Frage im Zusammenhang mit dem Vorschlag der Sowjetregierung behandeln, wonach die Stadt Triest und das anliegende Territorium nicht als Militärstützpunkte zu benützen sind.

Die große Enttäuschung

Ich brauche Ihnen nicht zu erklären, wie niederschmetternd diese neuen Vorschläge in der ersten Sitzung über den österreichischen Staatsvertrag wirkten und wie enttäuschend sie vor allem für die österreichische Delegation waren, die nach Berlin gekommen war, um im Sinne ihres Auftrages die harten Bedingungen des Vertragsentwurfes vom Jahre 1949 zu mildern und der man jetzt neue, unerwartete und, wie sich auf den ersten Blick für jeden Österreicher zeigte, unannehmbare Bedingungen entgegensetzte. Oder gibt es einen Staatsmann, der seinem Volk und seinem Lande zumuten könnte, daß es zur Wiederherstellung seiner Freiheit und Souveränität für ungeheure Opfer und Lasten einen Vertrag erkauft, der zu allen wirtschaftlichen und finanziellen Einbußen noch die Bedingung bringt, daß auf unbegrenzte Zeit, das heißt bis zu einem Zeitpunkt, auf dessen Eintritt Österreich überhaupt keinen Einfluß hat, fremde Truppen im Lande bleiben? In dieser Stunde wußten wir uns in Berlin einig mit der gesamten österreichischen Bevölkerung. Einig in dem Bewußtsein, daß der Österreicher eine Ehre hat und daß er sich nicht auf ewige Zeiten entrechten und vermachten läßt und dafür noch weitere Opfer bringt, die noch unsere Kinder belasten werden!

In der gleichen Sitzung sprachen noch die Außenminister der USA und Frankreichs. Mr. Dulles fand Worte der hohen Anerkennung für die Entwicklung Österreichs seit 1945 und bezeichnete Österreichs harmonische innere und äußere Beziehungen, die in den letzten neun Jahren aus den Ruinen der Aggression geschaffen wurden, als ein Muster dafür, was erreicht werden kann, wenn der Wille dazu da ist.

Zu Beginn des zweiten Sitzungstages über Österreich, des 18. Tages der Berliner Konferenz, gab die österreichische Delegation neuerlich eine Erklärung ab, in der ich die tiefe Enttäuschung sowohl der Bundesregierung wie auch des österreichischen Volkes über die Ausführungen des Außenministers Molotow zum Ausdruck brachte. Sein Vorschlag würde nicht nur alle Hoffnungen des österreichischen Volkes zerstören, sondern auch die realen Aussichten auf eine tatsächliche Befreiung Österreichs auf unbestimmte Zeit hinausschieben. Ich erklärte in diesem Zusammenhang: „Was soll ein Staatsvertrag bedeuten, der dem österreichischen Volk schwere Lasten auferlegt, ihm aber zugleich den entscheidenden Vorteil, nämlich nach dem Abzug der fremden Truppen wieder Herr im eigenen Hause zu sein, vorenthält?"

Und ich wandte mich mit der direkten Frage an die vier Außenminister: „Wer von Ihnen, meine Herren Minister, würde es an meiner Stelle auf sich nehmen, mit einem derartigen Vorschlag vor die Volksvertretung seines Landes zu treten?"

Die österreichische Delegation bekannte sich dann neuerlich zu Artikel 4 des Staatsvertragsentwurfes und unterstrich den klaren und eindeutigen Willen der Bundesregierung und des österreichischen Volkes, diese Bestimmungen auch einzuhalten. Wir lehnten weiters jede Verbindung des Schicksals Österreichs mit einem der schwierigsten weltpolitischen Probleme, auf dessen Lösung Österreich überhaupt keinen Einfluß hat, neuerlich ab und appellierten an die Konferenz, unserem Rufe nach wirklicher Befreiung gerecht zu werden.

Im weiteren Verlauf dieser Sitzung trat Außenminister Molotow neuerlich für seine Vorschläge ein, während die Minister Dulles, Bidault und Eden ihn zur Zurücknahme seiner zusätzlichen neuen Bedingungen zu bewegen suchten.

So führte Dulles unter anderem aus, daß bei Annahme der Vorschläge Molotows die Besetzung Österreichs niemals durch Österreich selbst beendet werden könnte. Es wäre völlig in die Macht der UdSSR gegeben, die Besetzung auf ewige Zeit zu verlängern, einfach durch die Verewigung der Teilung Deutschlands und die Blockierung eines gesamtdeutschen Friedensvertrages. So würde der Vertrag kein Vertrag zur Befreiung Österreichs, sondern ein Vertrag zur Unterjochung Österreichs werden.

Außenminister Bidault erklärte, daß durch die Realisierung der Molotow-Vorschläge eine Situation geschaffen würde, die schlimmer als die gegenwärtige Lage wäre.

Und Außenminister Eden wies darauf hin, daß Molotow in der Sitzung vom 10. Februar selbst angedeutet habe, daß die Teilung Deutschlands von Dauer sei und daß der Abschluß eines Friedensvertrages mit Deutschland unmöglich werden könnte. Es scheint, sagte Minister Eden, daß sich Herr Molotow nun darauf eingestellt hat, die unbegrenzte Besetzung Österreichs ins Auge zu fassen.

Der zweite Sitzungstag über den österreichischen Staatsvertrag war also in seinen Ergebnissen kaum über die Enttäuschungen des ersten Tages hinausgekommen. Der sowjetische Außenminister hielt nach wie vor an seinen unakzeptablen Forderungen und Bedingungen fest, die österreichische Delegation und die Vertreter Großbritanniens, der USA und Frankreichs hatten in ihren Stellungnahmen keinen Zweifel darüber gelassen, daß vor allem anderen an ein Eingehen auf den sowjetischen Wunsch nach Verbleiben fremder Truppen in Österreich nicht gedacht werden könne.

In dieser Situation war es klar, daß die österreichische Delegation mit der Bundesregierung in Wien in ständiger Verbindung stand und daß die weiteren Schritte und Stellungnahmen im engsten Einvernehmen mit der Bundesregierung vorbereitet und festgelegt wurden. Da in der Zwischenzeit bei den anderen Delegationen bereits gewisse Terminschwierigkeiten auftreten und man sich schon Vorverhandlungen zur Fixierung des Konferenzendes zuwandte, wurde einvernehmlich festgelegt, daß die Österreich-Debatte auch am Sonntag, dem 14. Februar, mit einer dritten offenen Sitzung am 19. Verhandlungstag der Berliner Konferenz fortgesetzt werden sollte.

Der Dulles-Antrag

Die Sitzung brachte einen für alle Mitglieder der österreichischen Delegation wohl unvergeßlichen Augenblick. Es war dies der Moment, da Außenminister Dulles als erster Redner des Tages vorschlug, die noch offenen Artikel des Staatsvertragsentwurfes vom Jahre 1949 in der seinerzeit von sowjetischer Seite vorgeschlagenen Form en bloc anzunehmen sowie den Artikel 35 entsprechend dem sowjetischen Zugeständnis dahingehend zu ändern, daß die Ablösungssumme für das ehemalige deutsche Eigentum durch Warenlieferungen zu decken sei und daß schließlich der somit endgültig fertiggestellte österreichische Staatsvertrag am 18. Februar 1954 um 15 Uhr im Berliner Kontrollratsgebäude unterzeichnet werden solle.

Diesem Vorschlag stimmte auch der britische und der französische Außenminister zu.

Auf eine ausdrückliche Aufforderung von Außenminister Molotow, ob der Leiter der österreichischen Regierungsdelegation zu diesem Vorschlag eine Erklärung abzugeben habe, erwiderte ich, daß ich zunächst die Stellungnahme der sowjetischen Delegation zu diesem Vorschlag hören wollte.

In einer längeren Ausführung verlangte dann Außenminister Molotow zunächst, daß zu einer Annahme aller sowjetischen Vorschläge zu den noch offenen Staatsvertragsartikeln auch noch ein zweiseitiges österreichisch-sowjetisches Abkommen über die sogenannten „Erbsenschulden" aus dem Jahre 1945 treten müsse.

206

Molotow unterbreitete seinerseits schriftliche Vorschläge, auf deren Einbau in den Staatsvertrags-Text er bestand. Diese Vorschläge wiederholten seine mündlich in der ersten Sitzung mitgeteilte Bereitwilligkeit, die Ablösungssumme von 150 Millionen Dollar für die deutschen Vermögenswerte in Österreich durch Warenlieferungen abzudecken. Der sowjetische Vorschlag umfaßte ferner den schon bekannten Artikel 4 b, mit dem von mir bereits vorhin zitierten Wortlaut. Die schriftlichen Vorschläge brachten ferner die Textierung der ebenfalls schon bekannten Anträge über das Verbleiben fremder Truppen in Österreich nach Abschluß des Staatsvertrages.

Bezüglich Triest schlug Molotow vor, die Konferenz der vier Außenminister solle sich an den Sicherheitsrat der UN mit dem Vorschlag wenden, die Behandlung der Frage über die Erfüllung des Friedensvertrages mit Italien hinsichtlich des freien Territoriums Triest wiederaufzunehmen.

Ich mußte daraufhin neuerlich erklären, daß die österreichische Delegation in ihren Konzessionen bis zum Äußersten gegangen sei und daß ich die Vollmachten der österreichischen Bundesregierung voll und ganz ausgeschöpft habe. Ich mußte mich neuerlich außerstande erklären, die Vorschläge Molotows zu erörtern.

Die Sitzung schloß nach einer längeren Rede Molotows, in der er noch einmal seine Vorschläge zu begründen versuchte und sich gegen die Ablehnung seiner Vorschläge wandte. Als Vorsitzender stellte er am Schluß der Sitzung fest, daß man das Österreichproblem weiter erörtern werde, sobald die österreichische Delegation entsprechende neue Vollmachten und Instruktionen von ihrer Regierung erhalten haben werde.

Österreicher verhandelten „österreichisch"!

Ich möchte an dieser Stelle eine klare und unmißverständliche Feststellung machen. Die österreichische Delegation in Berlin war natürlich und selbstverständlicherweise einzig und allein an die Weisungen der österreichischen Bundesregierung beziehungsweise an vorliegende Beschlüsse des österreichischen Parlaments gebunden. Gerüchte und Zeitungsmeldungen der letzten Tage, daß die österreichische Delegation in Berlin fremde Weisungen befolgt oder nichtösterreichischen Einflüssen nachgegeben habe, sind so unsinnig, daß es sich nicht lohnt, auf sie näher einzugehen. Wenn in dieser Hinsicht auch nur der Schatten eines Verdachtes bestünde, dann hätte man es wahrlich nicht Schreiberlingen in Wien überlassen, diese Feststellungen zu machen, sondern sie wären ohne Zweifel von berufener Seite am Konferenztisch ausgesprochen und als Argument in die Diskussion geworfen worden.

Der Montag gab uns wieder Gelegenheit, die österreichische Frage mit den anderen Delegationen zu erörtern und vor allem das Einvernehmen mit der Bundesregierung in Wien über das weitere Verhalten der österreichischen Delegation in Berlin herzustellen. Ich kann feststellen, daß alle diese Verhandlungen in Anbetracht der klaren Haltung und in Anbetracht der unveräußerlichen Rechte Österreichs rasch und zielstrebig geführt werden konnten.

Am Dienstag, dem 16. Februar, war die Delegation Gast bei Außenminister Molotow in der sowjetischen Botschaft in Berlin – ein Anlaß, der Gelegenheit zu ausführlichen persönlichen Gesprächen bot. Ebenso wie die sowjetische Delegation fuhr die österreichische Delegation an diesem Tag direkt von der sowjetischen Botschaft Unter den Linden in das alliierte Kontrollratsgebäude zur vierten Sitzung über den österreichischen Staatsvertrag, die unter dem Vorsitz von Außenminister Bidault stattfand.

Als erster Sprecher dieses Tages stellte ich einleitend fest, daß die Bundesregierung mich zu der Erklärung ermächtigt habe, daß sie keiner Abänderung des derzeitigen Vertragsentwurfes zustimmen könne. Ich nahm die Gelegenheit wahr, noch einmal den vier Außenministern die schweren wirtschaftlichen und finanziellen Lasten vor Augen zu führen, die Österreich auf Grund des Artikels 35 des Vertragsentwurfes 1949 auf sich zu nehmen hätte. Ich zählte noch einmal die im Artikel 35 festgehaltene Übertragung der Konzessionen auf unsere Ölfelder für 30 Jahre sowie die Übertragung der ungeheuren achtjährigen Schürfrechte mit einem anschließenden Ausbeutungszeitraum von 25 Jahren auf, ich nannte die Übergabe der Ölraffinerien sowie der Vertriebsorganisationen für Ölprodukte. Ich führte der Konferenz den Wert der zu übergebenden Anlagen der Donaudampfschiffahrtsgesellschaft in der Sowjetzone Österreichs, in Ungarn, in Rumänien und in Bulgarien vor Augen und schilderte ihnen die Bedeutung der Ablösesumme von 150 Millionen Dollar, deren Gegenwert Österreich für die Rückgabe der deutschen Vermögenswerte aufzubringen hat, obgleich nach Auffassung der Bundesregierung der wirkliche Wert dieses Vermögenskomplexes weit unter dieser Summe liegt. Ich machte die Minister noch einmal darauf aufmerksam, daß Österreich auf alle am 8. Mai 1945 noch offenen Forderungen gegen Deutschland und dessen Staatsangehörige verzichten müsse, soweit sie nicht aus der Zeit vor dem 13. März 1938 stammen, daß wir aber alle von einer der alliierten oder assoziierten Mächte seit dem 8. Mai 1945 zur Verfügung gestellten Geldanleihen, Güter und Dienstleistungen als von uns zu bezahlende Schuld anerkennen müssen.

Keine fremden Militärs in Österreich!

In meinen Ausführungen wiederholte ich klar und eindeutig, daß Österreich alles tun wird, um sich von fremden militärischen Einflüssen freizuhalten und daß wir auch fremden Mächten keine militärischen Basen zugestehen werden.

„Wir halten es mit dieser Auffassung für unvereinbar", so erklärte ich, „uns durch den Abschluß des Staatsvertrages zu verpflichten, fremden Mächten militärische Stützpunkte auf österreichischem Gebiet einzuräumen."

Ich möchte hier vor dem Hohen Haus festhalten, daß unsere Erklärungen vor der Berliner Konferenz bezüglich des Nichtbeitrittes zu militärischen Bündnissen beziehungsweise der Nichtzulassung von militärischen Stützpunkten auf österreichischem Gebiet Herrn Minister Molotow zu folgender Äußerung bewogen hat:

„Nicht alle Staaten geben heutzutage so klare und für die Sache des Friedens so nützliche Erklärungen ab. Darum begrüßen wir alle diese Erklärung der österreichischen Bundesregierung." Ich würde nur empfehlen, daß die Vertreter der kleinsten Partei in diesem Hause diese Äußerung des sowjetischen Außenministers zur Kenntnis nehmen und vermeiden, daß sie mit ihrer weiteren Propaganda in allzu großen Gegensatz zu den Erklärungen des sowjetischen Außenministers kommen, da sie doch sonst immer so großen Wert auf die Übereinstimmung mit der Moskauer Linie legen.

Nachdem Außenminister Eden noch einmal an Außenminister Molotow appelliert hatte, seine Zusatzanträge zurückzunehmen und den Staatsvertrag zu unterzeichnen, legte Molotow einen Abänderungsantrag zu Artikel 33 vor, der als einzige Neuerung den Passus brachte, die Regierung der vier Mächte sollten spätestens 1955 über den Termin des Abzugs ihrer Truppen vom österreichischen Staatsgebiet neuerlich verhandeln. Im übrigen nannte Minister Molotow in dieser Sitzung die sowjetischen Zusatzanträge „bescheiden" und machte kein Hehl daraus, daß der Weiterverbleib von Truppen in Österreich eine gewisse Beschränkung darstelle, so daß ein solcher Staatsvertrag die Interessen Österreichs nur zu etwa 80 Prozent erfülle.

Grundlagen der Freiheit

Dazu ein offenes Wort. In bestimmten Grundfragen um die Freiheit und die Existenz eines Volkes gibt es seit eh und je nur klare, völlig eindeutige Entscheidungen. In diesen Belangen gibt es Fragen, die man nur mit Ja oder mit Nein beantworten kann. Eine anteilsmäßige, perzentuelle Erfüllung der prinzipiellen Lebensnotwendigkeiten eines Staates mag für den Augenblick vielleicht gewisse Erleichterungen bringen, aber im Ablauf der Zeit bedeutet sie ohne Zweifel eine ernste Gefährdung der Grundlagen des Staates. Allzu leicht wird ein Sichbegnügen mit perzentuellen Erfüllungen primärer Rechtsansprüche zur Grundlage der Meinung, man habe sich in diesem Staate mit einer 80prozentigen oder 70prozentigen Erfüllung seines unteilbaren Rechtes begnügt und man könne ihn nun leicht um den Rest betrügen.

In einer kurzen Erklärung wiederholte ich neuerlich den österreichischen Standpunkt. Im Sinne der Weisung der Bundesregierung erklärte ich die sowjetischen Zusatzanträge für unannehmbar und verlangte vor allem im Hinblick auf die sowjetischen Zusatzanträge eine klare Präzisierung des Tages, an dem alle fremden Truppen aus Österreich zurückgezogen werden. Noch einmal forderte ich die Außenminister zur einvernehmlichen Unterzeichnung des Vertragstextes vom Jahre 1949 auf.

Im weiteren Verlauf der Sitzung entwickelte sich eine lebhafte Debatte, die jedoch zu keinerlei neuen Ergebnissen führte. Über der Verhandlungspause dieses vierten Tages der Österreichdebatte lag zum erstenmal ein ausgesprochen frostiger Hauch, der auch für den gesamten Sitzungsablauf dieses Tages bezeichnend war. Auch der zweite Teil dieses Konferenztages brachte keine neuen Gesichtspunkte, so daß die Stimmung am Schluß der Sitzung als ausgesprochen schlecht, als festgefahren und versteift zu bezeichnen war. Nach einer längeren Debatte über die Tagesordnung kam man schließlich überein, in der letzten Sitzung der Berliner Konferenz, am 18. Februar, noch einmal das österreichische Problem zu diskutieren.

Ich möchte hier eine Feststellung machen: Von einer gewissen Seite wird seit einigen Tagen eine lebhafte Propaganda in der Richtung entfaltet, daß Österreich in Berlin den Staatsvertrag hätte erhalten können, wenn es sich bereit erklärt hätte, sich aus den westlichen Militärpakten und Koalitionen herauszuhalten. Ich habe dazu zu sagen, daß der sowjetische Außenminister kein einziges Mal die österreichischen Erklärungen über den Nichtbeitritt zu Militärpakten und die Nichtzulassung fremder Militärbasen in Österreich als unzureichend oder nicht zufriedenstellend bezeichnet hat. Oder wollen gewisse Schreiberlinge hier in Österreich mit ihren sogenannten Neutralitätsforderungen etwa noch über die Wünsche der Sowjetregierung hinausgehen?

Die österreichische Delegation hat die letzten Stunden der Berliner Konferenz dazu benutzt, um im Einvernehmen mit der Bundesregierung ihre Vorschläge für die Schlußsitzung auszuarbeiten. Wir alle waren uns klar, daß die Donnerstagsitzung die letzte Chance für Österreich war, wenn überhaupt noch eine Chance für Österreich in Berlin vorhanden war. Im Einvernehmen und im Auftrag der Bundesregierung wurden daher zwei letzte

Kompromißvorschläge der österreichischen Bundesregierung für diese Sitzung ausgearbeitet.

Hohes Haus, ich glaube nicht, hier die Versicherung abgeben zu müssen, daß wir in diesen Tagen alle von größtem Verantwortungsgefühl für unser Land und sein Volk erfüllt waren. Wir mußten auf der einen Seite bis zum Äußersten gehen, denn wer könnte vor seinem Volk die Verantwortung tragen, im Kampf für Freiheit und Souveränität nicht bis zum Äußersten gegangen zu sein! Wir mußten auf der anderen Seite genau darauf achten, unsere Mitbürger und die kommenden Generationen nicht durch untragbare Hypotheken wirtschaftlicher und moralischer Art zu belasten. In diesen Stunden der letzten Chance und der letzten Entscheidung hat sich die Delegation in Berlin eins gefühlt mit dem österreichischen Volke.

Ein Kompromißvorschlag

Als erster Sprecher der letzten Sitzung brachte ich im Namen der Bundesregierung einen Kompromißvorschlag ein, die im Artikel 33 vorgesehene Räumungsfrist von 90 Tagen zu verlängern, wobei als letzter Termin für den vollkommenen Abzug aller ausländischen Truppen der 30. Juni 1955 festgelegt werden sollte. Ich erläuterte den Außenministern die Schwierigkeiten und die Opfer, die eine solche Verlängerung der Frist zur Belassung fremder Truppen in Österreich bedeuten würde, daß die Delegation aber bis zur Grenze der Möglichkeit gehen wolle, um dem österreichischen Volk die Freiheit zu bringen.

Molotow erwiderte darauf, daß der neue Vorschlag der österreichischen Regierung den Wünschen der Sowjetregierung zwar entgegenkomme, aber als nicht zufriedenstellend bezeichnet werden müsse. Er sprach dann die Meinung aus, daß sich nach Ansicht der sowjetischen Delegation auf der Berliner Konferenz keine befriedigende Lösung der Österreichfrage mehr finden lasse und daß er hoffe, die österreichische Bundesregierung in Zukunft von der Notwendigkeit der sowjetischen Vorschläge überzeugen zu können.

In der gleichen Sitzung brachte ich im Auftrag der Bundesregierung dann noch einen zweiten Kompromißvorschlag ein, der sich mit einer Änderung der Artikel 56 und 57 des Staatsvertragsentwurfes befaßt und den Chefs der diplomatischen Missionen der vier Großmächte zeitlich unbeschränkte Rechte bezüglich der Durchführung und Auslegung des Staatsvertrages einräumen sollte.

Außenminister Molotow ging als Vorsitzender auf diesen zweiten österreichischen Vorschlag überhaupt nicht mehr ein, worauf die Außenminister Dulles, Bidault und Eden ihrerseits die auf der Berliner Konferenz gemachten Konzessionen zurückzogen, da sie nur im Hinblick auf einen eventuellen Abschluß des Staatsvertrages während der Berliner Konferenz gemacht worden waren.

Damit war praktisch die Debatte über Österreich und seinen Staatsvertrag zu Ende gekommen.

Nachdem zu einem Vorschlag Molotows, Beratungen über Österreich durch die vier Missionschefs in Wien und die Bundesregierung fortführen zu lassen, Außenminister Dulles verlangt hatte, daß solche Beratungen erst beginnen sollten, wenn die Sowjetregierung ein fixes Datum für den Abzug ihrer Truppen aus Österreich nennen könnte, einigte man sich, über die Österreichfrage im allgemeinen diplomatischen Kontakt zu bleiben, wozu auch die österreichische Delegation ihre Zustimmung gab, um so die Österreichfrage weiterhin auf der Tagesordnung des internationalen Gesprächs zu belassen.

Enttäuschung, aber Unverdrossenheit

Unmittelbar vor Schluß der Berliner Verhandlungen über Österreich dankte ich den vier Außenministern für die Möglichkeit, daß ich in Berlin den Standpunkt Österreichs freimütig und ohne Einschränkungen vertreten konnte. Ich gab aber auch unserer großen Enttäuschung darüber Ausdruck, daß die Berliner Konferenz uns den so sehr ersehnten Staatsvertrag nicht gebracht habe. Ich führte den vier Außenministern noch einmal vor Augen, wie das österreichische Volk mit größter Anteilnahme jede Phase dieser Konferenz verfolgt hat und wie groß und bitter die Enttäuschung in ganz Österreich über die Erfolglosigkeit der Berliner Verhandlungen sein wird. Daran schloß ich die Versicherung, daß wir unsere mühevolle Aufbauarbeit unverdrossen fortsetzen werden, daß wir nicht aufhören werden alles zu tun, um Selbständigkeit und Unabhängigkeit zu erreichen. Ich erklärte das Interesse der Bundesregierung daran, daß die österreichische Frage nicht von der Tagesordnung der internationalen Debatte verschwinde, und schloß mit der Feststellung, daß wir alles getan haben, was wir tun konnten, und daß uns nichts mehr zu tun übrig bleibe, als weiterhin auf den Tag der vollen Freiheit zu hoffen.

Während sich die Mitglieder der übrigen Delegationen von ihren Sitzen erhoben, verabschiedete die österreichische Delegation sich von den Konferenzteilnehmern und verließ den Sitzungssaal.

Dank an Staatssekretär Dr. Bruno Kreisky

Es ist mir heute eine angenehme Pflicht, von dieser Stelle aus meinen aufrichtigen und herzlichen Dank allen Mitgliedern der österreichischen Delegation und vor allem Herrn Staatssekretär Dr. Kreisky und dem Leiter der Vordelegation Gesandten Dr. Schöner für ihre unermüdliche und vorbildliche Arbeit auszusprechen. Dieser Dank gilt sowohl allen Mitgliedern der Regierungsdelegation wie auch allen Mitgliedern der Beamtendelegation, die bekanntlich vom Beginn der Konferenz an in Berlin weilte. Ebenso herzlich möchte ich den Beamten und Angestellten der österreichischen Verbindungsstelle in Berlin heute danken, die sich ebenfalls als wertvolle Mitarbeiter ausgezeichnet bewährt haben. Nur durch die unermüdliche, einsatzfreudige und beispielhafte Mitarbeit aller Mitglieder und Angehörigen der Delegation und der österreichischen Verbindungsstelle in Berlin war es uns möglich, allen Anforderungen zeitgerecht und vollkommen zu entsprechen, die im Laufe der Konferenz an die verantwortlichen Leiter der Delegation gestellt wurden.

Wenn wir heute hier die Bilanz der Berliner Konferenz ziehen, dann müssen wir offen und freimütig zugeben, daß diese Bilanz vor allem Enttäuschung und Erbitterung ausweist. Es wäre gelogen, wollten wir heute im Zeichen der Erfolglosigkeit der Berliner Konferenz behaupten, daß wir ohne jeden Optimismus und ohne den Wunsch nach einer Lösung nach Berlin gegangen sind. Aber wir brauchen uns dieser enttäuschten Hoffnungen durchaus nicht zu schämen. Im Gegenteil, wir müßten uns schämen, wenn man uns den Glauben an die Freiheit und unser Recht schon so weit geraubt hätte, daß wir tatsächlich ohne Hoffnung und ohne Glauben an die Möglichkeit eines Erfolges oder zumindest eines Teilerfolges unseres Rechtes nach Berlin gegangen wären!

Die Erwartungen des österreichischen Volkes wurden in Berlin nicht erfüllt. Aber lassen Sie uns darüber nicht die positiven Seiten vergessen, welche die Berliner Konferenz für Österreich aufweist. Gerade durch den Ablauf der Österreichdebatte in Berlin wurde Österreich wieder in den Mittelpunkt des Weltinteresses gerückt, und das österreichische Volk kann stolz sein auf die Tatsache, daß es sich bei allen Gutwilligen und Gerechten auf dieser Erde aufrichtiger und ehrlicher Sympathie erfreut.

Die Verdienste des österreichischen Volkes

Das österreichische Volk kann aber auch stolz darauf sein, daß es durch seine wirtschaftlichen Leistungen und seine politische Reife in den neun Jahren seit Kriegsende im internationalen Ansehen so hoch gestiegen ist, daß jede objektive Kritik mit einem positiven Urteil schließen muß und daß die Sprecher dieses Landes als gleichberechtigte Partner an den Verhandlungstisch gerufen wurden, um über das Schicksal des Landes zu diskutieren. Solche Anerkennung kommt nicht von ungefähr, und wer sich an ähnliche Situationen in den ersten Nachkriegsjahren zurückerinnert, der wird sie richtig einzuschätzen wissen.

Und noch ein drittes: Das österreichische Volk kann stolz darauf sein, daß bei der Berliner Konferenz niemand mehr die Behauptung aufgestellt hat, man müsse Österreich weiter besetzt halten, weil seine Bevölkerung vielleicht irgendwelche Mängel aufweise, weil sie eine Gefahr darstelle, weil man ihnen ihr Schicksal nicht in die eigenen Hände legen könne. Mit völliger Klarheit und Eindeutigkeit brachte die Berliner Konferenz das Ergebnis, daß die Besetzung Österreichs und die Forderung nach Belassung fremder Truppen auf unserem Boden, daß die widerrechtliche Vorenthaltung von Freiheit und Souveränität nichts, aber auch gar nichts mit unserem Land und seiner Bevölkerung zu tun hat.

Die Konferenz hat mit kristallklarer Eindeutigkeit bewiesen, daß Österreich ein Opfer der internationalen Machtpolitik ist und daß sein Rechtsanspruch wieder einmal machtpolitischen Erwägungen unterlegen ist. Über eines aber soll sich niemand täuschen. Man kann uns Österreicher weder zermürben noch entrechten. Wir glauben felsenfest daran, daß Recht und Gerechtigkeit den längeren Atem haben und daß keine Macht dauernd die Augen vor dem Recht verschließen kann. In diesem Sinne hat die österreichische Delegation in Berlin gemäß den Aufträgen der Bundesregierung gehandelt, und in diesem Sinne bitte ich das Hohe Haus, meinen Bericht über die Berliner Konferenz zur Kenntnis zu nehmen.

Außenpolitik und Wirtschaft –
eine Interdependenz
Volkswirtschaftliche Verflechtungen
bei internationalen Entscheidungen
9. März 1954
(Vortrag vor der Vollversammlung des Österreichischen Wirtschaftsbundes)

Die Außenpolitik eines jeden Staates ist Ausdruck eines bestimmten staatlichen Wollens, ob dieses von einem diktatorischen System, von den Institutionen einer konstitutionellen Monarchie oder von einer demokratischen Republik ausgeht. Natürlich gibt jede dieser Staatsformen der Außenpolitik auch ein bestimmtes Gepräge. Überdies wird diese Politik auch von der Größe des Staates, von seiner geographischen Lage und von der politischen Mentalität seiner Bewohner bestimmt. Ein Staat, zum Beispiel, der eine Vergrößerung seines Machtbereiches plant, wird eine andere Außenpolitik betreiben als der andere, der nur auf die Erhaltung seiner Freiheit und Unabhängigkeit bedacht ist.

Zu den die Außenpolitik bestimmenden Komponenten gehört nun auch eine, die in der Vergangenheit wenig beachtet wurde, die aber heute eine wesentliche Rolle als mitbestimmender Faktor der außenpolitischen Beziehungen der Staaten betrachtet werden muß. Dieser Faktor ist die Wirtschaft. Ein Diplomat früherer Zeiten würde über eine solche Behauptung wahrscheinlich sehr erstaunt sein, denn die Diplomatie von damals wurde als ein durchaus selbständiger Teil der Staatsgeschäfte aufgefaßt, der keinerlei Beziehungen zu den anderen Gebieten der Staatspolitik habe. Heute wissen wir, daß diese Auffassung unrichtig ist, daß wir den Begriff „Außenpolitik" viel zu eng fassen würden, wenn wir neben den territorialen, nationalen und häufig auch religiös-konfessionellen Fragen, die in der Vergangen- heit die Außenpolitik vornehmlich bestimmten, nicht auch die Wirtschaft und den Handelsverkehr als mitentscheidend anerkennen würden. Außenpolitik und Wirtschaft sind heute in allen Staaten sehr innig miteinander verbunden. Sie befinden sich in einem kausalen Reziprozitätsverhältnis, in dem eine kluge Außenpolitik durch den Abschluß von wirtschaftlich wohlüberlegten Handelsverträgen auf die Wirtschaft befruchtend wirkt und umgekehrt eine gutgeführte Wirtschaft eine größere Vielseitigkeit in den außenpolitischen Beziehungen ermöglicht. Wenn Österreich, das bei Kriegsende von der übrigen Welt fast gänzlich abgeschlossen war, heute wieder zu zahlreichen Staaten Beziehungen unterhält, die in den gegenseitigen diplomatischen Vertretungen ihren Ausdruck finden, so ist das nicht zuletzt auf die Tatsache zurückzuführen, daß es uns gelungen ist, mit diesen Staaten wieder in einen mehr oder minder regen Handelsverkehr zu kommen.

Geschichtliche Modelle

Ein Zusammenhang zwischen Außenpolitik und Wirtschaft hat selbstverständlich schon in früheren Zeiten bestanden, dafür bietet die Geschichte, besonders die der Neuzeit, sehr augenfällige Beispiele, so auch die beiden Weltkriege. Das Attentat in Sarajevo auf den österreichischen Thronfolger entsprang nicht nur dem nationalen serbischen Chauvinismus, sondern hatte auch wirtschaftliche Ursachen. Der durch dieses Attentat ausgelöste Erste Weltkrieg war für Rußland die Gelegenheit, seine panslawistischen Ziele auf dem Balkan zu erreichen. Auch der Zweite Weltkrieg war nicht nur der Versuch der Realisierung eines nationalen Traumes von einem tausendjährigen Reich deutscher Nationalität, sondern er war auch in einer wirtschaftlichen Expansion des nationalsozialistischen Deutschland begründet. Er hat nicht erst mit dem Einfall der deutschen Armeen im Sommer 1939 in Polen begonnen, sondern mit der Okkupation Österreichs im März 1938. Die Goldreserven der Oesterreichischen Nationalbank, unsere Erdölquellen in Niederösterreich und unsere steiermärkischen Eisenerz- und Magnesitlager waren sehr willkommene Objekte, imperialistische Pläne zu fördern. Vorangegangen der Hitlerischen Aggression war die 1000-Mark-Sperre für reichsdeutsche Besucher Österreichs, ein typisches Beispiel für wirtschaftliche Druckmittel, um außenpolitische Ziele zu erreichen.

Wenn wirtschaftliche Interessen oft bis zum Ausbruch eines Krieges geführt haben, so ist die Verflechtung zwischen Außenpolitik und Wirtschaft im normalen Ablauf der Beziehungen zwischen den Völkern nicht weniger einflußreich. Wo ein Austausch der wirtschaftlichen Produkte zwischen zwei Staaten zum Wohle beider stattfindet, dort entwickelt sich von selbst eine freundschaftliche Atmosphäre, in der sich auch schwierigere, zwischen diesen Staaten schwebende außenpolitische Fragen leichter lösen lassen. Ein Beispiel dafür ist Jugoslawien, das trotz seines kommunistischen Systems aufgrund reger Handelsbeziehungen zu den Weststaaten mit diesen auch gute außenpolitische Beziehungen unterhält.

Und selbst dort, wo durch ein politisches System gegenüber den sogenannten kapitalistischen Nachbarstaaten Stacheldrahtverhaue errichtet werden, um der Gegensätzlichkeit des politischen Denkens zwischen hüben und drüben einen besonders markanten Ausdruck zu geben, selbst dort behauptet man, daß zwischen dem Osten und dem Westen ein weit besseres außenpolitisches Verhältnis herzustellen wäre, wenn dieser Westen nur auch bereit wäre, mit den Oststaaten einen intensiveren Handelsverkehr zu pflegen. Was Österreich betrifft, sind wir dazu auch immer bereit gewesen, wie die zwischen diesen Staaten und Österreich abgeschlossenen Handelsverträge beweisen. Aber Handelsverträge haben nur dann einen Sinn, wenn sie auf beiden Seiten eingehalten werden. Das ist, wie sich aus den Clearingspitzen zu unserem Nachteil ergibt, nicht ganz der Fall. Und weiter hat die österreichische Wirtschaft von einem Handelsvertrag nur dann einen Vorteil, wenn das Warenangebot des Partners auch den Bedürfnissen der österreichischen Wirtschaft entspricht. Auch in dieser Beziehung werden unsere Forderungen nur teilweise erfüllt. Was nun aber die in Aussicht gestellte Besserung in den außenpolitischen Beziehungen zu den Oststaaten betrifft, so müssen wir leider feststellen, daß diese im allgemeinen eintretende günstige Folgeerscheinung bei den Oststaaten bisher ausgeblieben ist. Offenbar erweist sich doch die politische Ideologie in diesen Staaten als eine Schranke, die jede Besserung in den außenpolitischen Beziehungen unmöglich macht.

Wirtschaftliche Integration als außenpolitisches Ziel

Wie sehr sich dagegen im Westen Europas der Zusammenhang zwischen Außenpolitik und Wirtschaft praktisch auswirkt, ist daraus zu ersehen, daß man dort eine wirtschaftliche Integration der westeuropäischen Staaten anstrebt, und zwar nicht nur aus wirtschaftlichen Gründen, sondern weil man in der Zusammenfassung der wirtschaftlichen Kräfte ein Mittel sieht, außenpolitische Konflikte zwischen diesen Staaten zu verhindern. In diesem weiteren Sinne ist auch die Montanunion zu verstehen, die auf einem der wichtigsten Gebiete der Wirtschaft eine Gemeinschaft von Staaten darstellt, durch deren wirtschaftliche Zusammenarbeit die zwischen ihnen bestehenden außenpolitischen Beziehungen zu einem spannungslosen Zustand gestaltet werden sollen. Das gleiche Ziel verfolgt die Straßburger Europabewegung. Auch ihr liegt der Gedanke zugrunde, durch wirtschaftliches Zusammenwirken die Grundlage für eine politische Vereinigung der westeuropäischen Staaten zu schaffen, das heißt, die außenpolitischen Beziehungen von der wirtschaftlichen Seite her zu beeinflussen.

Beispiel „Marshallplan"

Das eindrucksvollste Beispiel aber für die Erkenntnis der Wechselwirkung von Außenpolitik und Wirtschaft haben die Vereinigten Staaten mit dem

Marshallplan geliefert, mit dem die gewaltigen wirtschaftlichen Schwierigkeiten, die nach dem Zweiten Weltkrieg in allen europäischen Staaten auf-
getreten waren, in verhältnismäßig kurzer Zeit bewältigt werden konnten.
Österreich ist ein Beispiel dafür. Es ist nun eine selbstverständliche Folge,
daß sich die USA mit diesem in der Geschichte der Völker einmaligen Werk
nicht nur die Dankbarkeit, sondern auch die Freundschaft aller unterstütz-
ten Staaten erworben haben.

Die wirtschaftliche Hilfsaktion des Marshallplans war zugleich eine von
großer politischer Vernunft eingegebene außenpolitische Aktion. Wenn gewisse politische Kreise über diese Tatsache sehr verstimmt, ja geradezu empört sind, so kann man ihnen nur entgegenhalten, daß die Menschen für
werktätige Hilfe in der Not empfänglicher sind als für eine Politik, die diese
Not absichtlich weiterbestehen lassen wollte, um damit dunkle Geschäfte
zu machen.

Es gibt zum amerikanischen Hilfswerk ein Gegenstück, und zwar in Österreich, das den uneingeschränkten Beifall derselben politischen Kreise findet,
die sich über den Marshallplan so stark aufregen. Sein Urheber ist auch eine
Weltmacht, mit 200 Millionen Einwohnern, mit reichen Bodenschätzen,
mit einer aufstrebenden Industrie, mit weitgedehnten Ackerflächen und mit
einem politischen System, das angeblich auf der Idee einer neuen Humanität
beruht, die jede Ausbeutung des Menschen durch den Menschen unmöglich
machen soll.

Als diese Macht im Jahre 1945 mit ihren Soldaten die Grenzen Österreichs
überschritt und schließlich in Wien einzog, da war es der kommandierende
General Tolbuchin, der den Österreichern verkündete, seine Soldaten seien
nur gekommen, um unser Land von den Nazi zu befreien, die Demokratie
in Österreich wiederherzustellen und unserem Lande die volle Freiheit und
Unabhängigkeit wiederzugeben, wobei er sich auf die Moskauer Deklaration vom Jahre 1943 berief, in der dieses Ziel der Alliierten feierlich verkündet wurde. Und die Österreicher glaubten daran und freuten sich. Sie waren
ja damals gerade aus den Luftschutzkellern wieder zum erstenmal in freier
Luft und daher auch für das Wort Freiheit doppelt empfänglich und dankbar. Sie glaubten, daß, wer so freundlich zu ihnen spricht, ihnen auch in ihrer
namenlosen Not helfen wird. Nun, er hat wirklich geholfen, woran die
Österreicher immer dann erinnert werden, wenn es bei den Staatsvertragsverhandlungen offenbar nicht weitergehen soll. Dann werden nämlich die
„Erbsenschulden" in die Debatte geworfen, die zuerst einmal von Österreich bezahlt werden müßten, ehe an den Abschluß des Staatsvertrages gedacht werden kann. Zuletzt geschah dies bei der Berliner Konferenz vor
wenigen Wochen. Die Wiener haben 1945 nicht geahnt, welche hohe politische Funktion diesen Hülsenfrüchten in der Zukunft bestimmt sein sollte.

Jedenfalls dürfte damals kein Wiener daran gedacht haben, daß von der Bezahlung dieser Erbsen die Freiheit und Unabhängigkeit seines Landes einmal abhängig gemacht werden würden.

Wirtschaftspolitik im Poker um den Staatsvertrag

Sicherlich spielt auch die wirtschaftliche Seite bei der Haltung der Sowjetunion in der Frage des österreichischen Staatsvertrages eine Rolle. Je länger der Vertragsabschluß verzögert wird, desto mehr wirtschaftliche Vorteile kann Rußland für sich buchen, und desto größer ist auch der Schaden für Österreich. Was nun diesen Schaden betrifft, den wir bisher schon erlitten haben, so sind zum Beispiel 13,6 Millionen Tonnen Erdöl für Österreich verlorengegangen. Ferner haben vorsichtige Schätzungen ergeben, daß Österreich aus der Weigerung Moskaus, den Staatsvertrag schon im Jahre 1949 zu unterschreiben, ein Schaden von rund 210 Millionen Dollar erwachsen ist. Wir müssen aber auch die bedeutende Schädigung bedenken, die aus der Fortdauer der Besetzung für unser Land in allen seinen zwischenstaatlichen und internationalen wirtschaftlichen Beziehungen entstanden ist und mit der wir leider auch in Zukunft rechnen müssen. Diese Schäden lassen sich in Summen überhaupt nicht feststellen, weil sie dadurch entstehen, daß viele Geschäfte, Exporte, Transaktionen und finanzielle Operationen überhaupt nicht zustande kommen, und zwar aus der Angst der ausländischen Wirtschafts- und Handelspartner, es könnten in Österreich einmal Dinge geschehen, wie sie sich bei unseren östlichen Nachbarn ereignet haben.
Von diesen Überlegungen ausgehend, ist die österreichische Delegation in Berlin im Einvernehmen und im Auftrag der Bundesregierung bei den Verhandlungen und den Kompromißvorschlägen so weit gegangen, als es nur irgendwie noch zu verantworten war. Wir haben dabei keine Minute vergessen, daß auch der Text des Staatsvertragsentwurfes vom Jahre 1949 schwere Opfer für unsere Wirtschaft beinhaltet. Aber wir waren der Meinung, daß ein Abschluß doch wesentliche Besserungen gegenüber der gegenwärtigen Situation bedeuten würde, da die wirtschaftlichen Leistungen aus dem Staatsvertrag genau präzisiert und zeitlich limitiert sind. Wir waren uns ferner bewußt, daß die im Staatsvertrag genannten Summen in keinem Einklang mit dem tatsächlichen Wert der Fabriken und Anlagen stehen, die wir dafür zurückerhalten sollen, und es spielt dabei nur eine geringere Rolle, ob wir den Betrag in Waren oder in Dollars leisten müssen. Wir haben aber vor allem jene großen, nicht in Summen ausdrückbaren Schäden unserer Wirtschaft aus der fortdauernden Besetzung im Auge gehabt, und wir waren

bereit, dafür und für die endliche Erreichung der Freiheit und Souveränität auch einen Betrag zu zahlen, der über den tatsächlichen Wert dieses sogenannten „deutschen Eigentums" in Österreich hinausgeht. Wir waren allerdings nicht in der Lage, den österreichischen Wirtschaftstreibenden aus dem Kampf um den Staatsvertrag Opfer und Leistungen aufzubürden, die sie in ihrer Existenz gefährdet oder unserer Wirtschaft auf Generationen hinaus schwerste Hypotheken auferlegt hätten. Die österreichische Delegation und im Einvernehmen mit ihr die Bundesregierung waren immer von dem Gedanken geleitet, daß man nicht Politik betreiben dürfe auf Konto der Wirtschaft, daß man es aber auch nicht umgekehrt machen dürfe, wenn die normale Ordnung im Staate nicht ernstlich gefährdet werden sollte.

Wenn wir in Berlin der Ablösesumme von 150 Millionen Dollar trotz der seit 1949 hinzugekommenen Belastungen zugestimmt haben, so werden wir in Zukunft bei einer weiter andauernden Besetzung von einem solchen Entgegenkommen doch Abstand nehmen müssen. Die Ablösesumme von 150 Millionen Dollar wird sich in demselben Maße auf einen geringeren Betrag reduzieren müssen, als die Besatzungszeit zunimmt. Ich füge dem hinzu, daß ich auch bei der Berliner Konferenz alle Zusagen und Verpflichtungserklärungen nur unter der Bedingung gemacht habe, daß der Staatsvertrag noch in Berlin beschlossen und unterzeichnet werden würde. Da dies nicht geschehen ist, ist die volle österreichische Handlungs- und Beschlußfähigkeit auch für die Zukunft völlig frei und unbelastet.

Wir haben uns nicht, das sei eindeutig klargestellt, gegen den Staatsvertrag ausgesprochen, sondern wollen weiter versuchen, ihn so bald als möglich zu erhalten. Aber alle Konzessionen, die wir, über den Vertrag des Jahres 1949 hinausgehend, gemacht haben, so zum Beispiel das Angebot, Besatzungstruppen bis Ende Juni 1955 in Österreich zu halten, sind natürlich hinfällig. Ebenso unser Einverständnis, die 150 Millionen Dollar in Warenlieferungen zu zahlen. Je länger man mit dem Abschluß des Staatsvertrages wartet, desto unannehmbarer wird der Artikel 35 für uns. Neun Jahre lang werden nunmehr das sogenannte „deutsche Eigentum" und die Erdölfelder von der Sowjetunion ausgebeutet. Wenn sich nunmehr der Abschluß des Staatsvertrages wieder auf einen unbestimmten Termin vertagt, erleidet Österreich weitere schwere wirtschaftliche Einbußen. Glaubt man wirklich, daß wir das so ruhig hinnehmen können? Die 150 Millionen Dollar waren eine fixe Summe, die wir im Jahre 1949 zu zahlen bereit gewesen wären, seither aber hat sich die Sowjetunion ausgiebigst selber gezahlt. Wir können uns nicht selber zu einem Kolonialvolk degradieren dadurch, daß wir diese Ausbeutung widerspruchslos dulden. In diesem Punkt wird Österreich bei einer neuerlichen Konferenz Revisionsforderungen stellen.

Die Berliner Konferenz hat zumindest, soweit es sich um den österreichischen Staatsvertrag handelt, mit einem Mißerfolg geendet, und damit ist die Besetzung für einen unbestimmten Zeitraum Tatsache geworden. Wir werden uns bemühen, daß dieser Zeitraum so kurz wie möglich bemessen sein wird, und es muß das Ziel der österreichischen Außenpolitik bleiben, die Verhandlungen über den Staatsvertrag wieder in Gang zu bringen. Freilich kann dies mit einiger Aussicht auf Erfolg nur geschehen, wenn eine Entspannung in den Ost-West-Beziehungen eintritt.

Aus der besonderen Lage, in der sich Österreich befindet, ist es zu verstehen, daß unsere Außenpolitik auf einer festen Grundlage stehen muß, das heißt, sie soll auch auf einer ruhigen innerpolitischen Entwicklung basieren. Differenzen in der Koalition wirken sich daher außenpolitisch wenig günstig aus. Eine Außenpolitik, die das Vertrauen von 85 Prozent der Wähler genießt, kann die Interessen unseres Landes schlagkräftig vertreten. Insbesondere dann, wenn sie auch auf die entsprechenden Leistungen in der Wirtschaft hinweisen kannn, wozu wir glücklicherweise in der Lage sind, schon mit Rücksicht auf die nunmehr aktive Handels- und Zahlungsbilanz und auf die Tatsache, daß wir auf ausländische Hilfeleistungen verzichten konnten. Einem einigen Österreich wird man auf die Dauer das Recht auf Freiheit und volle Souveränität nicht vorenthalten können.

Außenpolitik als ethisch-geistige Herausforderung
Ideen als Gestaltungsimpuls der zwischenstaatlichen Beziehungen
22. August 1954
(Vortrag vor dem Europäischen Forum in Alpbach)

Selbst eine nur oberflächliche Zusammenstellung zeigt, daß sich im letzten Jahr rund 12.000 Artikel in der internationalen Presse und in großen Fachzeitschriften mit der Frage der Außenpolitik in Europa direkt beschäftigten. Daneben stehen aus dem letzten Jahr gut tausend Bücher und Broschüren, die ebenfalls das Thema „Europäische Außenpolitik" beziehungsweise das Thema „Die Außenpolitik in Europa" zum Gegenstand hatten. Dieses ungeheure, und wie man wohl mit Recht sagen kann, einmalige Interesse, das gegenwärtig der Außenpolitik in Europa entgegengebracht wird, scheint mir nicht nur eine volle Rechtfertigung dafür zu sein, daß die geistigen Aufgaben der Außenpolitik in Europa auch auf die Themenliste

der Alpbacher Hochschulwochen 1954 gesetzt wurden, sondern auch ein
Beweis dafür, daß dieses Thema tatsächlich heute überaus aktuell ist und im
Mittelpunkt des öffentlichen und allgemeinen Interesses steht. Das wertvollste Wort im heutigen Thema aber ist für mich das Adjektivum „geistig",
durch das man eine generelle Abhandlung über die allgemeinen Aufgaben
in der Außenpolitik in Europa in überaus glücklicher Weise auf das geistige
Gebiet reduziert beziehungsweise spezialisiert hat.

Außenpolitik – kein Selbstzweck

Um eines der Ergebnisse meiner Ausführungen gleich vorauszunehmen, sei
festgestellt: Wenn von den geistigen Aufgaben der Außenpolitik die Rede
ist, dann müssen wir uns von Anfang an klar sein, daß Außenpolitik niemals
und nirgends um ihrer selbst willen betrieben werden darf, daß sie nicht um
ihrer selbst willen existiert und daß sie kein lebensfremdes Gedankengebäu-
de ist, das im luftleeren Raum irgendwelcher Ismen von Politikern und Diplomaten errichtet werden kann. Wie jede Form der Politik und wie jede
Tätigkeit im öffentlichen Leben muß auch die Außenpolitik sich ihrer dienenden Rolle voll bewußt sein, und zwar einer dienenden Rolle nicht gegenüber einer bestimmten Parteimeinung, einer bestimmten Personengrup-
pe oder einem bestimmten Machtzweck, sondern ganz allgemein ihrer dienenden Rolle gegenüber den Menschen, und zwar gegenüber allen
Menschen, also, vielleicht genauer, gegenüber der Menschheit und gleichzeitig gegenüber den Regeln für das Zusammenleben dieser Menschen, das
heißt, die Außenpolitik muß sich ihrer dienenden Rolle gegenüber der
Menschlichkeit bewußt sein.
Die Menschen – und zwar alle ohne jede Ausnahme und jeder mit dem
gleichen Wert – müssen im Mittelpunkt der außenpolitischen Zielsetzung
und Arbeit stehen, und die Menschlichkeit muß das Kriterium aller außenpolitischen Bemühungen sein. Ich weiß, daß ich mit diesen Axiomen nicht
schon bestehende Tatsachen kennzeichne, sondern Forderungen ausspreche. Ich weiß auch, daß diese Forderungen da und dort im Prinzip nicht
unbestritten sind und daß die Wirklichkeit verschiedentlich von diesem Ide-
alzustand noch weit, ja sehr weit entfernt ist. Aber dennoch möchte ich
behaupten, daß die Katastrophen in der Vergangenheit ihre Wurzeln fast
immer und fast überall darin hatten, daß die Politik, und vor allem die Außenpolitik, auf den Menschen und die Menschlichkeit vergessen hat.

Mensch im Mittelpunkt?

Um jedes Mißverständnis zu vermeiden, sei gleich hier eine sehr bedeutsame Antithese erwähnt: Wenn ich gesagt habe, daß der Mensch und die Menschlichkeit im Mittelpunkt der Außenpolitik stehen müssen und daß der Mensch und die Menschlichkeit das wesentliche Kriterium für die Beurteilung einer Außenpolitik darstellen, so möchte ich nachdrücklich und eindringlich davor warnen, diesen Grundgedanken zu übertreiben. Mindestens genausoviel Elend, als die Welt aus dem Vergessen und aus der Vernachlässigung des Menschen, der Gleichheit der Menschen, der Menschlichkeit erfahren hat, wurde ihr dadurch Schaden zugefügt, daß andere diesen Gedanken überspitzten. Bis zu einer schrankenlos anmaßenden Überschätzung des Menschen, bis zur Vergöttlichung des Menschen, der nicht nur im Mittelpunkt der Außenpolitik stehen sollte, sondern über jeder Außenpolitik und Politik überhaupt, ja der schließlich so hoch darüber stehen sollte oder sich darüber stellte, daß es nichts mehr über ihm gab und vielleicht auch heute noch gibt.

Wenn ich einleitend sagte, daß die Außenpolitik nie ein Opfer der absolut falschen Meinung werden dürfe, daß sie nicht um ihrer selbst willen da ist, sondern daß sie sich ihrer dienenden Aufgabe gegenüber den Menschen und der Menschlichkeit jederzeit bewußt sein müsse, so gilt natürlich beides nur in der direkten kurzen Relation. In der indirekten weiten Relation können sich die Aufgaben, und zwar nicht nur die geistigen, sondern alle Aufgaben der Außenpolitik schlechthin, nur in der Unterordnung und in der Anerkennung der unveränderlichen und allgemein gültigen Grundsätze des christlichen Glaubens rechtfertigen und erreichen lassen. Schon der heilige Augustinus hat die Gefahr, daß der Mensch sich selbst nicht nur in den Mittelpunkt seiner Politik, sondern an die Stelle Gottes und seiner Gebote über die Politik setzt, klar erkannt. Und Augustinus warnt eindringlich im „Herrscherspiegel für christliche Machthaber":

> Wir nennen jene christlichen Machthaber glücklich, die sich nicht überheben, sondern eingedenk bleiben, daß sie nur Menschen sind, die Gott fürchten, lieben und ehren.

Keine Überheblichkeit durch Selbstüberschätzung

Gerade wir Menschen des 20. Jahrhunderts haben fürchterliche Beispiele menschlicher Überheblichkeit kennengelernt, und die europäische Menschheit trägt heute und wahrscheinlich noch für Generationen an den katastrophalen Folgen, die ihnen die Hybris einiger weniger aufgebürdet hat. Aber wir wissen es leider aus dem Ablauf der politischen Geschichte, daß kein Beispiel so abschreckend sein kann und daß kein Unglück und keine Katastrophe so groß sein können, daß nicht in der nächsten Generation schon wieder andere da und dort das gleiche verbrecherische Spiel mit der Hybris beginnen. Keine Versuchung in der Politik, vor allem in der Außenpolitik, ist größer als die der Überheblichkeit. Und keine Tugend ist schwieriger und seltener als die der Demut. Auch das hat schon der heilige Augustinus erkannt. In seinem Werk „De Civitate Dei" schreibt er darüber:

Ich weiß sehr wohl, welcher Anstrengungen es bedarf, den Hochmut davon zu überzeugen, wie groß die Kraft der Demut ist.

Nur aus dieser Kraft der christlichen Demut aber kann die Außenpolitik in Europa heute ihrer geistigen Aufgabe überhaupt erst gerecht werden. Nur aus der christlichen Nächstenliebe – und ich sage das Wörtchen nur im vollen Bewußtsein seiner absoluten Exklusivität – kann jene Menschlichkeit wiedererstehen, die zur Heilung und zur Existenz dieses Kontinents notwendig ist. Das scheint mir der Kern der geistigen Aufgaben unserer Außenpolitik im heutigen Europa zu sein, den Menschen ein Beispiel dafür zu geben und die Menschen dazu zu erziehen, daß keiner mehr ist als der andere und daß keiner geringer ist als der andere.

Die Staaten als Gestalter der Außenpolitik

Natürlich wissen wir alle genau, daß die Subjekte der Außenpolitik die souveränen Staaten sind und daß der Mensch das Subjekt der Innenpolitik in allen ihren Erscheinungsformen ist. Wir müssen uns aber ohne Zweifel darüber klar sein, daß zwischen allen Erscheinungsformen der Politik überhaupt im modernen Staat engste Relationen bestehen, und wir müssen uns auch darüber klar sein, daß irgend jemand doch endlich einmal damit anfangen muß, dieses Bekenntnis zum Menschen und zur Menschlichkeit in die Tat umzusetzen, daß jemand damit anfangen muß, aus der so oft erklärten Achtung vor der Würde und der Ehre und dem Werte jedes einzelnen Menschen die praktische Konsequenz zu ziehen. Und ich sehe keinen Grund, warum nicht die Außenpolitik hier anfangen soll, indem sie diese Grundsätze in ihrem Bereich verwirklicht und so zunächst einmal den anderen ein Beispiel gibt! Die Außenpolitik scheint mir für diese Aufgabe am berufensten, denn ich glaube, daß sie es war, die als erste, zumindest aber am häufigsten und im furchtbarsten Ausmaß an diesen Grundsätzen gesündigt hat. Es ist nicht engstirniger Ressortgeist, sondern heute doch wohl allgemeine Überzeugung, daß die Art und Weise, wie ein Staat sein Verhältnis zu den übrigen Staaten auf der außenpolitischen Ebene gestaltet, von entscheidendem Einfluß auf die Ausbildung und die Entwicklung seiner inneren Verhältnisse sind. Darüber dürfen wir allerdings nicht vergessen, daß im Zeichen der unlösbaren Abhängigkeit zwischen äußerem und innerem staatlichen Geschehen die Außenpolitik ihrerseits wieder ein untrügliches Zeichen für die inneren Verhältnisse eines Staates, vor allem für seine Gesundheit oder Krankheit ist.

Prinzipien, Grundsätze, Ideen

Ich bin der Überzeugung, daß die großen Grundsätze und Prinzipien für die Außenpolitik absolut die gleichen sind wie für alle anderen Erscheinungsformen des politischen Lebens, wenn auch die Subjekte verschiedene sind, wenn die Aufgaben sich auch stark unterscheiden, wenn den Entscheidungen auch verschiedene Gewichte zukommen und wenn schließlich die Außenpolitik jene Erscheinungsform des Wirkens für die Öffentlichkeit ist, die wohl am weitesten in die Zukunft vorausschauen und vorausarbeiten muß und die damit die größte Verantwortung trägt. Jeder kann es aus der politischen Geschichte lernen, daß auf dem Gebiete der Außenpolitik immer die ganz großen Entscheidungen fallen, daß Weiterbestehen oder Untergang von Völkern oder Volksteilen und oft auch von Staaten in direktem und ausschließlichem Zusammenhang mit dem außenpolitischen Geschehen stehen.

Keine Machtpolitik, keine Kriegspolitik!

Eine weitere Erkenntnis, die uns die politische Geschichte völlig klar und eindeutig aufdrängt, muß alle, die mit der Außenpolitik irgendwie zu tun haben, mit einem ungeheuren Verantwortungsgefühl erfüllen: Jeder Regierung ist es im Ablauf der Geschichte unter dem Einfluß und mit Hilfe der ihr zustehenden Mittel noch immer gelungen, ihr Volk in den Krieg zu führen, wenn ihre Außenpolitik einen Krieg wollte oder infolge Unfähigkeit in eine Situation hineinschlitterte, in der sie glaubte, nur durch einen Krieg wieder heraus zu können. Keine andere Form der politischen Tätigkeit trägt daher diese Verantwortung wie die Außenpolitik! Es zählt mit zu den wichtigsten geistigen Aufgaben der gegenwärtigen Außenpolitik in Europa, daß das Gerede vom „Platz an der Sonne", „vom zustehenden Lebensraum" oder „vom zukommenden Anteil an der Tafel des Lebens" endlich verstummt. Die unheilvolle Machtpolitik muß mit Stumpf und Stiel aus der Vorstellungswelt der Gegenwart verschwinden. Selbst kleinste Spuren solchen Denkens müssen vernichtet werden, denn sie können immer wieder binnen kürzester Zeit zu gefährlichen Bränden entfacht werden. Ausdruck der Machtpolitik ist aber nicht nur das Streben, anderen Völkern und Staaten Existenz, Freiheit oder sonstige Rechte zu rauben oder einzuschränken. Es ist genauso Ausdruck von übelster Machtpolitik, anderen Völkern und Staaten ihre Rechte, ihre Freiheit, ihre souveräne Existenz vorzuenthalten. Die Zeiten müssen für immer vorbei sein, für die Montesquieu erklärte, der Sinn der auswärtigen Politik liege im Krieg und in der Vergrößerung des Staates! Die Tatsache, daß ein anderer Staat besser lebt, daß er über mehr Naturschätze, über größere Flotten verfügt, darf nie mehr durch die Pervertierung des Rechtes auch nur zu dem Anschein erhoben werden, als ob deswegen ein anderer, ein ärmerer, von Katastrophen verfolgter Staat das Recht hätte, seinem Nachbarn etwas wegzunehmen oder ihn auch nur mit Haß und Mißgunst zu verfolgen. Das Wort von der naturnotwendigen Expansion muß überall und für immer verstummen. Und die Warnung vor der sogenannten dynamischen Außenpolitik kann nicht laut genug erhoben werden. Die Außenpolitik ist und bleibt eine statische, konservative Angelegenheit und keine dynamische. Sie erhält und sichert dem Staatsvolk alle jene Werte, die es sich in friedlicher Evolution erarbeitet hat. Sie ist in diesem Sinne konservativ, und zwar im Gegensatz zu einer Dynamik, deren Fachausdruck in der Außenpolitik Imperialismus ist.

Demokratie, Gleichgewicht, Zusammenleben

Auf dem europäischen Kontinent ist das Prinzip einer in diesem Sinne konservativen Außenpolitik seit einigen Jahrhunderten mit der Idee des europäischen Gleichgewichts verbunden. Wenn ich vorhin von der gegenseitigen Bedingtheit zwischen den verschiedenen Formen der Innenpolitik und der Außenpolitik gesprochen habe, so möchte ich im Zusammenhang damit jetzt folgende Feststellung machen: Was die Idee der Demokratie für die Erscheinungsformen der inneren Politik bedeutet, bedeutet die Idee des Gleichgewichts für die Außenpolitik in Europa. Um Mißverständnisse zu vermeiden, sei hinzugefügt, daß der Begriff des Gleichgewichts in diesem Zusammenhang nicht allzu intensiv, sondern eher extensiv zu interpretieren ist. Damit scheint mir die Möglichkeit gegeben für eine logische Brücke von der Demokratie über das europäische Gleichgewicht zur europäischen Koexistenz verschiedener und verschiedenster Systeme auf der Basis der Gleichberechtigung und der absoluten Absage an den Machtstaatgedanken.

Leon Blum: Mut zu Neuem!

Leon Blum hat einmal gesagt, das wichtigste zur Neuregelung der Welt sei der Mut. Wenn ich das Wort einschränken darf auf unser Thema, so möchte ich sagen, das wichtigste zur Erfüllung der geistigen Aufgaben der Außenpolitik ist der Mut. Die Absage an die Macht, an die Materie, an den Opportunismus und den augenblicklichen Erfolg und die Arbeit für den Nächsten, für den Mitmenschen, von denen ich keinen geringerschätzen darf als mich selbst, ist ein Wagnis. Ich möchte aber im gleichen Atem hinzufügen, daß ich es für ein sehr positives Wagnis halte. Unsere Jugend, die Jugend Europas, sucht Wagnisse und begeistert sich am Heldentum. Warum sollte sie nicht gemeinsam mit denen, die sich diesem Ziel verschrieben haben, das Wagnis für diese großen geistigen Aufgaben der Außenpolitik in Europa auf sich nehmen? Auf zur Arbeit, damit im Falle einer europäischen Katastrophe das Lukas-Wort von der Kreuzigung Christi nicht auch für uns wahr werde:

„Und das Volk stand und sah zu.“

Freiheit und Selbständigkeit – die Ziele der Außenpolitik Österreichs
Was die Donau- und Alpenrepublik
neun Jahre nach Kriegsende anstrebt
16. Dezember 1954
(Ansprache vor dem Bundesparteitag der ÖVP)

Unser Parteiobmann hat schon in seiner Rede die fundamentalste Frage unserer Außenpolitik, unser Ringen um Freiheit und Selbständigkeit unseres Vaterlandes, ausführlich erörtert. Seine Ausführungen decken sich in diesem Punkte mit meinen Ansichten vollständig. Ich bin ebenso wie er der Meinung, daß wir verpflichtet sind, die Welt immer wieder darauf aufmerksam zu machen, auf das Unrecht, das Österreich seit Kriegsende geschieht, und wir hatten gerade heuer in eindruckvollster Weise Gelegenheit, dies bei der Berliner Konferenz zu tun. Noch nie seit 1945 hat sich die Weltöffentlichkeit so eingehend mit dem Problem Österreich befaßt wie damals, und noch nie waren alle friedliebenden Menschen dieser Erde mit uns so sehr der Ansicht, daß ein Staatsvertrag über Österreich ein wichtiger Schritt zur Erreichung des Weltfriedens wäre. Wie zuvor haben Millionen und Abermillionen mit uns gehofft, daß der Augenblick der Unterzeichnung jenes Stückes Papier endlich gekommen sei, der uns die Freiheit hätte geben sollen. Als die Verhandlungen scheiterten, hat das Ausland vielfach befürchtet, daß das österreichische Volk resignieren und an seiner eigenen Sendung verzweifeln werde. Das Gegenteil ist eingetreten. Der Fehlschlag wurde mit Erbitterung, aber auch mit der festen Entschlossenheit hingenommen, jetzt erst recht für die Freiheit zu kämpfen.

Wir leben in einer sich rasch verändernden Zeit, und das, was gestern im Vordergrund des Interesses stand, ist heute schon wieder vergessen. Die Berliner Konferenz wurde abgelöst von der Konferenz in Genf, dann erregte die Brüsseler Konferenz und die Verhandlungen über die Europäische Verteidigungsgemeinschaft leidenschaftlich die Gemüter der ganzen Welt. Wir mußten diesen raschen Szenenwechsel Rechnung tragen und immer wieder aufs neue daran erinnern, daß die österreichische Frage nicht vergessen werden dürfe.

Immerhin hat die Genfer Konferenz die Beendigung des heißen Krieges in Indochina mit sich gebracht, und damit schien auch für die österreichische Bundesregierung der Zeitpunkt gekommen, in unserer eigenen Angelegenheit neuerlich einen Schritt zu unternehmen. Unsere Note, mit der wir Verhandlungen über Erleichterungen des Besatzungsregimes vorschlugen, wurde von der Sowjetunion zwar abgelehnt, die Antwort aus Moskau brachte aber den Vorschlag, über den Staatsvertrag selbst neuerlich zu beraten. Die Stellungnahme der Österreichischen Volkspartei zu diesem Vorschlag hat unser Parteiobmann bereits klar umrissen. Mittlerweile richtete aber die Sowjetunion eine Note an die Westmächte mit der Anregung einer neuerlichen Konferenz zur Konsolidierung Europas. In der Antwort haben die Westmächte an die Spitze der nach ihrer Ansicht am leichtesten zu lösenden Probleme die Österreichfrage gesetzt, und die nächste Zeit wird die Entscheidung darüber bringen, ob, wann und mit welcher Aussicht auf Erfolg über Österreich neuerlich verhandelt werden kann. Unsere Außenpolitik hat es also doch erreicht, daß das österreichische Problem ständig im Vordergrund des Interesses steht und daß es bei dem regen Notenwechsel beziehungsweise bei allen Konferenzen immer wieder als vordringlicher Punkt aufscheint. In außenpolitischer Hinsicht gibt es für uns nur eine nüchterne und reale Einschätzung der Dinge, nur ein sorgfältiges Beobachten der internationalen Situation, um aus der gegebenen Sachlage die für uns günstigsten Gelegenheiten herauszuarbeiten. Wir dürfen uns weder von Schlagworten noch von Gerüchten beirren lassen. Unsere Außenpolitik ist heute eine rechnerische Aufgabe geworden, bei der vielfach Erfolg und Mißerfolg von der Nuancierung der Worte abhängen.

Ich brauche wohl nicht erst zu betonen, daß eine weitere vordringliche Aufgabe unserer Außenpolitik Österreichs Aufnahme in die Vereinten Nationen, deren Generalversammlung am 21. September beginnt, darstellt. Auch sie hängt eng von der internationalen politischen Lage ab. Es ist jedenfalls traurig, daß gerade der österreichische Staat, der auf eine so ruhmvolle Geschichte blicken kann und dessen Volk anerkanntermaßen zu den großen Kulturnationen der Welt zählt, vor dem Forum der Völkerfamilie seine Stimme noch nicht erheben kann. Ohne überheblich zu sein, glaube ich doch sagen zu können, daß damit die Vereinten Nationen ebensoviel verlieren wie wir selbst.

Es ist wohl kaum nötig, hier vor Ihnen, meine lieben Parteifreunde, den Friedenswillen Österreichs und seine Bereitschaft, mit allen Nationen in Freundschaft zu leben, noch besonders zu betonen. Wir wollen dieses friedliche Verhältnis insbesondere auch mit allen unseren Nachbarstaaten pflegen, deren Einrichtungen und Gesetze wir stets achten. Wir müssen allerdings auch von ihnen verlangen, daß sie eine ebensolche Haltung uns gegenüber einnehmen. In dieser Hinsicht allerdings gibt es zu Klagen Anlaß, und es würde einem besseren Verhältnis zweifellos sehr dienlich sein, wenn zwei unserer Nachbarn beispielsweise unsere Bestimmungen über die Einreisen in das Bundesgebiet genauer beachten würden.

Wenn ich in meinen Ausführungen den Kampf um ein freies und unabhängiges Österreich an die Spitze gestellt habe, so geschah dies nicht aus egoistischen Gründen. Wir streben Frieden und Freiheit für Österreich nicht allein um unseres eigenen Volkes willen an, sondern weil wir alle der festen Überzeugung sind, daß wir mit der Erreichung dieses Zieles der ganzen Menschheit dienen würden. Eine Befriedung im Herzen Europas würde für die Sicherung des Weltfriedens wohl einen entscheidenden Schritt bedeuten. Diese Auffassung bestärkt unsere Partei, die, von christlichen Grundsätzen geleitet, nach Frieden und Gerechtigkeit strebt, ihr ganzes Sinnen und Trachten auf eine endgültige und befriedigende Lösung der österreichischen Frage zu richten. Unser stummes Händefalten ist nur gerichtet auf Gerechtigkeit für unser Österreich.

Österreich ist frei!

Jubel vom Bodensee bis zum Neusiedlersee, von der Thaya bis zu den Karawanken

15. Mai 1955

(Erklärung nach der Unterzeichnung des Staatsvertrags an die vier Außenminister)

Ich bitte Sie, es nicht als eine übliche Phrase zu betrachten, wenn ich Ihnen jetzt sage, daß ich Sie im Namen der österreichischen Bundesregierung und des ganzen österreichischen Volkes mit freudig bewegtem Herzen aufrichtig begrüßt habe.

Ein siebzehn Jahre dauernder, dornenvoller Weg der Unfreiheit ist beendet. Die Opfer, die Österreichs Volk in dem Glauben an seine Zukunft gebracht hat, haben nun ihre Früchte getragen. Wir haben zehn Jahre auf diesen Tag gewartet, an dem die Außenminister der vier Mächte nach Wien kommen sollten, um die letze Hand an den Entwurf des Staatsvertrages zu legen und ihn durch ihre Unterschrift zu bekräftigen. Heute ist der Tag gekommen, an dem wir den Vertrag unterzeichneten, womit Österreich seine Freiheit und Unabhängigkeit bekommt. Ich danke Ihnen allen für die Bereitschaft und für den guten Willen, den Sie in dem nunmehr unterzeichneten Vertrag bekundet haben. Ich bin der festen Überzeugung, daß dieses Vertragsinstrument den Ausgangspunkt einer neuen und glücklichen Epoche der österreichischen Geschichte darstellen wird, die sie künftig unter dem Zeichen einer Politik der Neutralität und Unabhängigkeit gegenüber allen Staaten entwickeln wird.

Österreichs Volk jubelt heute, Österreichs Volk dankt heute für die Freiheit, Österreichs Volk geht heute aber auch mit dem festen Vorsatz der Pflichterfüllung für die ganze Welt an die Arbeit. Wenn nun die Glocken von ganz Österreich, vom Bodensee bis zum Neusiedlersee, von der Thaya bis zu den Karawanken läuten, dann läuten sie eine neue Zeit für Österreich ein, dann künden sie, daß Österreich frei ist.

Österreich wird nunmehr als freier, souveräner Staat seinen Platz in der großen Familie der Völker einnehmen und in aktiver Mitarbeit in den weltumfassenden Vertragsorganisationen alles daransetzen, um seinen Beitrag für die internationale Verständigung und den Frieden zu leisten. Mit dem Dank an den Allmächtigen wollen wir die Unterschrift setzen, und mit Freude rufen wir aus: „Österreich ist frei!"

Idee und Realität
der Vereinten Nationen
Optimismus über die künftige Zusammenarbeit der Völker

24. Juni 1955

(Vortrag vor der Österreichischen Liga der Vereinten Nationen)

Das Jahr 1955, das für uns Österreicher durch den Abschluß des Staatsvertrages von besonderer geschichtlicher Bedeutung ist, ist auch ein Jahr des Gedenkens einer Reihe weltpolitischer Ereignisse, die vor einem Dezennium in die Geschichte eingegangen sind: das Ende des Zweiten Weltkrieges, die Befreiung Österreichs von der nationalsozialistischen Herrschaft, der Abwurf der ersten Atombombe, die Konferenzen von Jalta und Potsdam, das ist eine Auslese von Ereignissen, die dem Jahre 1945 sein geschichtliches Gepräge geben. In das gleiche Jahr fällt aber auch ein Ereignis, das als notwendige Folge einer moralischen Bilanz betrachtet werden kann, die man über die letzten Jahrzehnte aufgestellt hatte. Es ist die Errichtung der Vereinten Nationen, deren Charta am 26. Juni 1945 auf einer Konferenz in San Francisco unterzeichnet wurde. Die Vertreter von 50 Staaten waren an diesem historischen Akt beteiligt, mit dem eine neue Phase in der Geschichte der Menschheit eingeleitet werden sollte. Es war der einzige positive Erfolg des Zweiten Weltkrieges, daß die Menschen angesichts der ungeheuren Zerstörungen, der Legionen vernichteter Menschenleben und abschreckendster Unmenschlichkeiten, die sich während des Krieges ereignet hatten, in ihrem moralischen Gewissen aufgerüttelt wurden und sich dazu entschlossen, einen neuen, ihrer Würde und Bestimmung entsprechenden Weg des Zusammenlebens zu gehen.

Schon nach dem Ersten Weltkrieg war ein solcher Versuch mit dem im Jahre 1920 gegründeten Völkerbund unternommen worden. Die Lehren, die man aus diesem Ersten Weltkrieg gezogen hatte, waren aber offenbar noch nicht eindringlich genug, um dieser Institution eine dauernde Lebensfähigkeit zu sichern. Schon die in die Zeit der Gründung des Völkerbundes fallenden Abschlüsse der verschiedenen Friedensverträge zeigten mit so mancher ihrer Bestimmungen, daß die Zeit für eine wahre Völkerversöhnung und einen wirksamen Völkerzusammenschluß damals noch nicht gekommen war. Es ist eben ein sehr langer Weg, bis sich in den menschlichen Gemeinschaften, ob von niederer oder höherer Organisation, die Gemeinsamkeit der Interessen gegenüber Sonderbestrebungen durchzusetzen vermag. Ein Beispiel dafür ist nicht zuletzt die Idee, ein politisch und wirtschaftlich geeintes Europa zu schaffen, die immer wieder da und dort auf Widerstände stößt und nur schwer imstande ist, gegenüber historischen Reminiszenzen und wirtschaftlichen Separatismus wirksam zu werden.

Trotz der Säumigkeit aber, mit der große Ideen der Völkerverständigung ihre Wege zu gehen pflegen, dürfen wir den Optimismus nicht verlieren, daß die Konzeption einer politischen, wirtschaftlichen und kulturellen Zusammenarbeit der Völker immer allgemeinere Anerkennung finden und schließlich von einer nur vertragsmäßigen Bindung auch zu einer universal geltenden Rechtsordnung führen wird. Es ist nicht anzunehmen, daß es erst einer neuen kriegerischen Katastrophe bedarf, um die Menschen von der Notwendigkeit eines weltumspannenden Zusammenwirkens zu überzeugen. Schon deshalb nicht, weil heute für jede Nation und für jeden Staat, und wenn er noch so mächtig wäre, nur noch die eine Alternative besteht: entweder Friede oder Untergang! Ist es doch wie eine von göttlicher Vorsehung gelenkte Entwicklung, daß Wissenschaft und Technik zu Ergebnissen gelangt sind, die in ihrer Anwendung auf die Waffenerzeugung den Krieg als ein sinnloses Unternehmen erscheinen lassen müssen. Die aus der Vergangenheit stammende Vorstellung des lorbeerbekränzten Siegers, der ausgezogen ist, um sich mit Waffengewalt seinen Machtbereich zu erweitern, diese Vorstellung war schon nach dem Ersten und noch mehr nach dem Zweiten Weltkrieg an einer rauhen Wirklichkeit zuschanden geworden, und wir haben alle Ursache, an ihre Stelle das Bild gespenstischer Menschen in einer verwüsteten Welt zu setzen, wenn wir daran denken, daß es noch einmal einen anderen, einen dritten Weltkrieg geben sollte.

Es ist jedenfalls kein Zufall, daß wir in den letzten zehn Jahren ohne eine neue kriegerische Katastrophe von weltweiten Ausmaßen durchgekommen sind. In diesen Jahren war, wie kaum je zuvor, an allen Ecken und Enden der Welt so viel Zündstoff aufgelagert, daß man hätte annehmen können, eines Tages müßte ein Brand von unvorstellbarer Gewalt aufzulodern beginnen. Und da und dort hat es auch tatsächlich gebrannt. Aber jedesmal ist es auch gelungen, die Flammen zu lokalisieren und schließlich zum Verlöschen zu bringen. Diese Tatsache findet ihre teilweise Begründung ohne Zweifel in der Angst der für ihre Völker verantwortlichen Staatsmänner, einen Zustand herbeizuführen, in dem als letztes oder auch als erstes Auskunftsmittel zu der unheimlichen Waffe gegriffen wird, die ihre vernichtende Wirkung dem Eindringenden des menschlichen Geistes in die Geheimnisse der atomaren Welt zu verdanken hat, anderseits aber – und auch darüber besteht kein Zweifel – in der Existenz der moralischen Autorität, die die Organisation der Vereinten Nationen darstellt. Sie bildet heute das immer wache und mahnende Gewissen der Welt. Keinem Staat, der ihr angehört, ist es leichtgemacht, aus dem Gehege der Verpflichtungen, die er als Angehöriger der Vereinten Nationen auf sich genommen hat, auszubrechen und sich gegen den einen oder anderen Mitgliedsstaat zu stellen.

Wie hoch die Vereinten Nationen eingeschätzt werden, zeigt sich in dem andauernden Bemühen der heute noch außerhalb dieser Organisation stehenden Staaten, in sie aufgenommen zu werden. Und wie festgefügt sie in ihrem Bestand sind, beweist die Tatsache, daß die seit Jahren bestehende, ideologisch bedingte Spannung zwischen den Demokratien des Westens und den autoritären Staaten des Ostens bisher nicht imstande war, dieses Gefüge ernstlich zu erschüttern. Wohl entwickelte sich außerhalb des Forums der Vereinten Nationen jener Zustand, für den die Bezeichnung „kalter Krieg" geprägt wurde, und auch in den Versammlungen und Ausschüssen der Vereinten Nationen traten die tiefgehenden Differenzen in Erscheinung, die zwischen großen Teilen der Menschheit in den Auffassungen über das soziale und wirtschaftliche Zusammenleben vorhanden sind. Trotz alledem aber dürfen wir mit Genugtuung feststellen, daß die Vereinten Nationen nicht nur ihre Lebensfähigkeit, sondern auch ihre Wirksamkeit erwiesen haben. Sie haben in dem gefährlichen Spiel zwischen den Kräften des Weltfriedens und der Weltkonflikte viel dazu beitgetragen, die Intensität der ersteren zu stärken und die der letzteren zu schwächen. Zahlreiche Beispiele könnten dafür angeführt werden; es sind besonders die in Teilen Asiens und Afrikas immer wieder aufflammenden, aus nationalen Selbständigkeitsbestrebungen kommenden Konflikte, die die Vereinten Nationen vor schwierige Lösungen stellen.

Es ist eine neue, den engen nationalistischen und materialistischen Denkbereich überwindende Humanität, von der Geist und Wirken der Vereinten Nationen erfüllt sind. Und wenn diese Organisation auch noch ihre Schwächen hat und noch keineswegs das vollendete Instrument zur Sicherung des Weltfriedens und zur Herbeiführung eines allgemeinen Wohlstandes darstellt, so dürfen wir doch ihre Existenz als einen bedeutenden Fortschritt der Menschheit auf dem Wege zu einem friedlichen Ausgleich der Interessengegensätze und in weiterer Sicht als eine Vorstufe zu einem Völkerstaat betrachten, in dem eine universelle Lenkung des gesamten Lebens in allen seinen Erscheinungsformen Wirklichkeit geworden ist. Nichts wäre unvernünftiger, als wenn wir uns auf Grund von Fehlschlägen oder nur teilweisen Erfolgen einer defätistischen Negation hingeben und damit alles zunichte machen würden, was in den zehn Jahren des Bestandes der Vereinten Nationen an Positivem erreicht wurde.

Perspektiven auf die künftige immerwährende Neutralität
Die militärische Neutralität, Neutralitätspolitik als Friedensaufgabe
25. Juni 1955

(Vortrag im Rahmen einer Feierstunde für die Vereinten Nationen in Innsbruck)

Auf der Berliner Außenministerkonferenz konnte ich im Namen der österreichischen Regierung und in Vertretung des gesamten österreichischen Volkes die Erklärung abgeben, daß Österreich bereit wäre, sich feierlich zu verpflichten, niemals militärischen Koalitionen beizutreten beziehungsweise fremde Truppen oder militärische Stützpunkte auf seinem Gebiete zu dulden. Diese Bereitschaft zu einer Neutralitätspolitik verfehlte ihre Wirkung nicht. Wohl brachte die Berliner Konferenz zunächst kein Ergebnis. Es rief aber in der gesamten Welt einen starken Eindruck hervor, daß Österreich sich freiwillig und aus eigenem Willen des souveränen Rechtes, Militärbündnisse einzugehen, begeben wolle. Diese Bereitschaft beinhaltet gleichzeitig auch den Verzicht auf die Führung von Angriffskriegen ...

... Mit Jubel wurde dieser Tag in ganz Österreich gefeiert, und am nächsten Tag hat der österreichische Nationalrat in einer würdigen Sitzung des Nationalrates das Neutralitätsgesetz beschlossen. Der Bundeskanzler hat in einer an Höhepunkten reichen Erklärung den Sinn dieses Gesetzes erläutert, darüber hinaus aber in seiner Rede eine außenpolitische Erklärung von bestimmender Tragweite abgegeben.

Das österreichische Volk hat den Entschluß der Regierung und der Volksvertretung, in Hinkunft eine Politik der militärischen Neutralität zu betreiben, durchaus positiv aufgenommen. Es hat sich mit dem Sinn dieser Neutralität in überraschend kurzer Zeit vertraut gemacht, und kritische Stimmen sind gegenüber diesem Entschluß von Regierung und Parlament kaum laut geworden. Es ist bloß in einigen Meinungsäußerungen ein leiser Zweifel aufgetaucht, ob diese, unsere Neutralität, jenen Wert und jenen Bestand für alle Zukunft haben könne wie etwa die Neutralität der Schweiz oder Schwedens. Man hat vielfach auf die Lage nach dem Ersten Weltkrieg hingewiesen und versucht, hier Parallelen zu konstruieren. Meiner Ansicht nach mangelt diesen Parallelen die Realität.

... Gerade die Erfolge der Österreichischen Volkspartei im Zusammenhang mit den Staatsvertragsverhandlungen haben unsere Gegner kopflos gemacht. Sie haben sehr richtig erkannt, daß sich das Vertrauen des gesamten

Volkes immer mehr und mehr unserer Partei zuwendet. Sie versuchen daher, mit allen möglichen, allerdings ungeeigneten Mitteln, diesen unseren Erfolg zu schmälern. Wir werden uns dadurch von unserer bisherigen Linie nicht abbringen lassen und die Dinge weiterhin beim richtigen Namen nennen. Es ist nun einmal klar, daß die Erklärung einer Neutralität auch gewisse Verpflichtungen mit sich bringt, vor allem die Verpflichtung einer gewissen Selbständigkeit.

Wir haben uns nur zu einer militärischen Neutralität verpflichtet, und, wie schon der Bundeskanzler im Nationalrat herausgestellt hat, zu keiner ideologischen. Wir werden auch in Hinkunft, wie bisher, frei und offen Kritik üben, Kritik an anderen Systemen und Kritik an den weltpolitischen Ereignissen. Mit unserer Aufgabe aber, für Frieden und Völkerverständigung einzutreten, ist es kaum vereinbar, ohne Grund eine zügellose und verletzende Propaganda zu üben. Wenn daher der Aufruf des Bundeskanzlers, hier Selbstdisziplin zu üben und einer einseitigen Propaganda, sei es nach dieser oder jener Richtung hin, nicht bedenkenlos Raum zu geben, so entspricht eine derartige Haltung nicht nur der staatsmännischen Klugheit, sondern auch der zukünftigen Aufgabe Österreichs. Es ist daher der Angst und der Mißgunst unserer Gegner zuzuschreiben, wenn dieser vollkommen klare und eindeutige Aufruf zur Selbstdisziplin in eine Aufforderung zu ideologischer Neutralität umgedeutet wurde. Die Haltung der Österreichischen Volkspartei und ihrer Mandatare in den letzten zehn Jahren ist klar, als daß derartige Versuche bei unserer Bevölkerung verfangen könnten. ... Ich möchte nochmals ausdrücklich feststellen, daß die Neutralitätserklärung an der bisherigen Zugehörigkeit Österreichs zu den internationalen Organistionen nichts ändert. Wir werden weiterhin Mitglied der Europäischen Zahlungsunion, der OEEC, der FAO, der UNICEF, der UNESCO und aller anderen internationalen Organisationen bleiben und dortselbst, wie wir es bisher getan haben, nach besten Kräften mitarbeiten.

Der Bauernbund ist Schutz und Wehr für Österreichs Bauern Recht und Ehr

Die Bedeutung eines großen Berufsstandes für das Wohl und Wehe eines Volkes

24. Juni 1956

(Ansprache anläßlich des 50jährigen Bestehens des nö. Bauernbundes)

Werte Festgäste! Bauernbündler! Bäuerliche Jugend! Es ist ein stolzes Fest, das wir heute begehen dürfen. Ja, es ist mehr als nur die Feier des 50jährigen Bestandes einer Organisation, es ist ein Fest der gesamten österreichischen Bauernschaft. Denn die Bedeutung des Niederösterreichischen Bauernbundes erstreckt sich weit über die Grenzen dieses Bundeslandes, ist doch die Bauernorganisation Niederösterreichs das Kernstück des gesamten Österreichischen Bauernbundes.

Die Bauern Niederösterreichs waren es, die vor mehr als hundert Jahren die Befreiung einleiteten. 1848 erkämpfte Hans Kudlich mit seinem historischen Appell an die Reichsversammlung den Bauern die Freiheit, die Aufhebung des Untertänigkeitsverhältnisses, die Beseitigung des Zehents und des Robots. Mutig standen die Bauern Niederösterreichs zu diesem ihrem Vorkämpfer. Österreichs Bauernschaft wurde frei.

Aber dieser Übergang vom leibeigenen zum freien Bauern brachte nicht sofort jenes Glück und jenen Segen mit sich, den sich die Bauernschaft erwartet hatte. Staatliche Maßnahmen für den gesamten Bauernstand waren notwendig. Wer aber sollte sie durchsetzen? Wohl verlangten einsichtige Männer immer lauter und immer eindringlicher den Zusammenschluß der Bauern, aber erst im Jahre 1868 ermöglichte es ein neues Vereins- und Versammlungsgesetz, Bauernvereinigungen zu gründen.

Damals schuf der mutige Weinhauer Josef Steininger aus Gobelsburg am Kamp den Bauernbund „Mittelstraße". Es war dies die erste politische Bauernorganisation. Sie schuf auch ihr erstes publizistisches Organ, die erste Bauernzeitung, die nach dem Bund „Mittelstraße" genannt wurde. Schon der Name „Mittelstraße" deutet ihr Ziel an. Dieses Wort sollte dem Bauern zu Bewußtsein bringen, daß er wohl in der Mitte marschieren müsse, auf einer Straße aber, die zum Ziele führt. Das erste Motto dieser Zeitung: „Bauer, vergiß des Bauern nicht!" hat auch heute noch Sinn und Bedeutung. Es war dies der erste politische Leitsatz, welchen die Bauernschaft in Österreich geprägt hat.

Und das zweite Motto dieser Zeitung: „Es werde Licht!" war sowohl nach innen wie nach außen gerichtet. Es sollte jene Bauern, die die Notwendigkeit organisatorischer Arbeit noch nicht erkannt hatten, mahnen, daß ihr eigenes Interesse das Zusammenwirken gebot. Es war aber gleichzeitig auch ein Appell an alle andere Stände, die Sorgen und Nöte, aber auch die Bedeutung des Bauernstandes zu verstehen und zu begreifen.

Mehr und mehr entstanden Bauernvereine, zunächst in loser Zusammenarbeit in ihrem Wirken aufeinander abgestimmt. Erst das Entstehen einer auf den Erkenntnissen christlicher Sozialpolitik gegründeten Massenpartei, der Christlichsozialen Partei, gab den Bauernvereinen in den vier Vierteln Niederösterreichs jenen Auftrieb, der sie zu politisch wichtigen Faktoren in Österreich machte.

Es ist sicherlich kein Zufall, daß der Zusammenschluß dieser Bauernvereine aus den niederösterreichischen Vierteln zum Bauernbund Niederösterreichs am Sonntag, dem 24. Juni 1906, in das Jahr der Entscheidung über die große Wahlrechtsreform fällt. An diesem Junisonntag, heute vor genau 50 Jahren, wurde in Wien beim „Grünen Tor" Josef Stöckler zum ersten Bauernbundobmann gewählt. Er sprach damals zu den versammelten Bauernvertretern, schilderte die Leiden und Sorgen der Bauern, legte ihre Wünsche dar und zeigte den Weg zu tatkräftiger Abhilfe auf. Nach ihm betrat der Bürgermeister der Reichshaupt- und Residenzstadt Wien, Dr. Karl Lueger, das Rednerpult und sprach über „Aufgaben und Pflichten der Vertretungskörper in bezug auf den bäuerlichen Stand".

Rasch wuchs in den nächsten Jahren die Mitgliederzahl und damit die Kraft des Niederösterreichischen Bauernbundes. Sein Motto: „Der Bauernbund ist Schutz und Wehr für Österreichs Bauern Recht und Ehr!" war Leitspruch und Programm zugleich.

Schon in den ersten Reichsratswahlen im Jahre 1905 nach dem allgemeinen und gleichen Wahlrecht konnte dank der Mitarbeit des Bauernbundes die Christlichsoziale Partei als stärkste Partei im Parlament einziehen, und seitdem stehen Niederösterreichs Bauernvertreter im Parlament und in den Landtagen an verantwortungsvoller Stelle.

Der Niederösterreichische Bauernbund hat die Kraft seiner Organisation immer dann in die Waagschale geworfen, wenn dem Vaterland Gefahr drohte. Der Herr Bundeskanzler hat heute schon auf den kritischen Peter- und Paulstag 1919 verwiesen. Der Bauernbund hat seine Aufgabe immer darin gesehen, in stetiger und zielbewußter Arbeit für die Interessen des Bauernstandes einzutreten.

An die Stelle Stöcklers trat im Jahre 1928 unser Josef Reither aus Langenrohr als Bauernbundobmann. Er hat in schwersten und krisenumtobten Zeiten den Bauernbund sicher durch alle Schwierigkeiten geführt, bis er selbst im Jahre 1938 seiner Freiheit beraubt wurde und mit so vielen Freunden das Schicksal einer qualvollen Haft erdulden mußte.

Es war wieder ein Bauernsohn aus Niederösterreich, unser unvergeßlicher Dr. Engelbert Dollfuß, der an der Spitze des Staates den Abwehrkampf Österreichs gegen eine übermächtige Diktatur führte. Wohl erlitt er durch Mörderhand den Märtyrertod, aber Österreichs Bauernschaft setzte den Kampf fort, den Kampf dafür, freie Bauern in einem freien Vaterland bleiben zu können.

In den Märztagen 1938 siegte allerdings die brutale Gewalt. Unsere Bauernorganisation wurde als Kern des Widerstandes gegen den Nationalsozialismus sofort aufgelöst und viele ihrer Führer und Mitglieder mit Gefängnis, Konzentrationslager oder mit dem Tod für das Eintreten für die Ideale der Freiheit und des Rechtes bestraft. Die Tyrannei konnte aber Österreichs Bauernschaft weder biegen noch brechen. Und als das Jahr 1945 das Ende des Krieges brachte, da waren wir Bauern sofort zur Stelle, um den Bauernbund wieder ins Leben zu rufen, um ihm und der Bauernschaft den ihnen zukommenden Platz im politischen Geschehen unseres Vaterlandes zu sichern.

Leider brachte das Jahr 1945 Österreich nicht sofort die erhoffte und ersehnte Freiheit und Unabhängigkeit. Wir mußten noch eine zehnjährige Besetzung hinnehmen, die sich besonders für uns Niederösterreicher so schwer ausgewirkt hat.

Niederösterreichs Bauernschaft stand in den ersten Nachkriegsjahren vor besonders schweren Aufgaben. Sie wollte und mußte möglichst rasch wieder die Produktionshöhe der Vorkriegszeit erreichen, um damit die Ernährung der Gesamtbevölkerung sicherzustellen. Es war Not am Mann, und es war Not an Mitteln, doch – wie schon unser Freund, der Landwirtschaftsminister, gesagt hat – der Wille und die Bereitschaft, Österreichs Bauern zu helfen, sie waren vorhanden.

Es geziemt sich heute – und ich weiß mich dabei eins mit euch Bauern –, in dieser Stunde, der Hilfe der Alliierten, insbesondere der Vereinigten Staaten von Amerika zu gedenken, welche unserer Bauernschaft Maschinen, Saatgut, Düngemittel und Bekämpfungsmittel zur Verfügung gestellt und so einen wertvollen Impuls zur Aufwärtsentwicklung gegeben haben. Und so können wir heute mit Stolz darauf hinweisen – wie das auch schon der Landwirtschaftsminister sagte –, daß wir über 85 Prozent der Bedarfsgüter, die unsere Bevölkerung braucht, auf eigenem Boden erzeugen können. Und dies erzeugen wir, verehrte Freunde, obwohl unser Land zum Großteil gebirgig ist.

Es ist dies eine Leistung unserer gesamten österreichischen Bauernschaft, welche – und das muß ich leider feststellen – im Ausland mehr gewürdigt wird als im Inland. Man ist in den Kreisen der anderen Berufsschichten zu leicht geneigt, diese Leistung der Bauernschaft als selbstverständlich hinzunehmen, und übersieht dabei, welch große Opfer die Landwirtschaft für Österreichs Wiederaufbau geleistet hat. Aus der Tatsache, daß diese Leistungen eben als selbstverständlich hingenommen werden, ist es auch zu erklären, daß man den Sorgen und Wünschen der Bauernschaft mitunter nicht voll Rechnung trägt. Der Landwirtschaftsminister hat darauf hingewiesen, daß noch viele Fragen zu lösen sind. Wir vertrauen unserem Kanzler, daß diese Wünsche baldigst erfüllt werden können.

Mit Stolz dürfen wir heute darauf verweisen, daß Österreichs Agrarwirtschaft zu den bestentwickelten Europas zählt. Unsere Bauern haben sich mit allen Errungenschaften der modernen landwirtschaftlichen Technik und Chemie vertraut gemacht und wenden sie mit großem Erfolg an. Aus einem nur in wenigen Teilen des Landes besonders fruchtbaren Boden ist ein Maximum an Erträgen herausgeholt worden.

Mit dem Niederösterreichischen Bauernbund, werte Freunde, feiert heute eine Organisation, deren ungebrochene Kraft und Stärke anerkannt ist, ein Verband von ganz besonderer Bedeutung für unseren Staat und unser Volk. Der Bauernstand ist nun einmal der Urquell und der Jungbrunnen eines jeden Volkes. Dies ist auch so geblieben in unserer Zeit, da die Technik auch vom Dorf Besitz ergriffen hat. Aber, Exzellenz, der Bauer bleibt verwurzelt im Boden, verbunden mit der Natur, für ihn gilt das alte „Stirb und Werde!" unverändert fort. Das Werden und Vergehen der Natur kann keine Technik überwinden. Jahr für Jahr wirft der Bauer seine Saat in die Furchen, bittet dann demütig den Herrgott, den Walter über allem, um seinen Segen für sein Werk. Wohl erleichtern ihm Maschinen die Arbeit, wohl vermag die Chemie den Ertrag zu steigern, Katastrophen aber können sein Werk genauso zerstören wie eh und je.

So wie zu Väters Zeiten ist auch heute der Bauer derjenige, der das Brot schafft, nicht nur für sich und seine Familie, sondern für das ganze Volk. Sein Stand muß eine glückliche Synthese zwischen Tradition und Fortschritt, zwischen Gottvertrauen und Heimatverbundenheit sein. Seine Verbundenheit mit der Scholle, sein Familiensinn, sein Wirken in der Gemeinschaft stellen die Wurzel gesunder bäuerlicher Tradition dar. Daß besonders der Niederösterreichische Bauernbund es auch verstanden hat, die Errungenschaften der modernen Technik zweckmäßig zu gebrauchen und anzuwenden, das wissen wir alle.

Der österreichische Bauer hat sich aber auch nicht in seinem Stand eingeschlossen und abgekapselt. Er arbeitet mit allen Ständen zusammen, und das Motto: „Stadt und Land, reicht euch die Hand!" hat schon immer gegolten. Und so stehen wir heute seit 1945 mit beiden Füßen und mit starkem Bekennen in der großen Front der Österreichischen Volkspartei. Der Bauernbund ist sich dessen bewußt, daß in einer Gemeinschaft Opfer gebracht werden müssen, daß so wie auf seinem Hof und in seiner Familie bald dem einen, bald dem anderen schwere Arbeit zufällt. Er realisiert sehr klar, daß nur in der gemeinsamen Arbeit, im harten Zupacken aller der Erfolg liegen kann. Er ist bereit, seine Arbeitskraft jederzeit einzusetzen. Seine Arbeit ist nicht an Termine und Kalender gebunden. Seine Vorräte müssen eingebracht werden, ungeachtet der Stunde und des Tages, zum Wohle aller, denn die Frucht seiner Arbeit bedeutet das Leben für alle.

Dieses Bewußtsein der Verantwortung für die Gemeinschaft macht den Bauernstand zu dem, was er ist, zum ewigen Urquell gesunden Lebens. Seine Heimattreue, sein Festhalten am christlichen Ethos, gleichzeitig aufgeschlossen den Errungenschaften der modernen Zeit, das sind die Tugenden, welche die Bauernschaft sosehr auszeichnen.

Liebe Freunde! Ein halbes Jahrhundert harter Arbeit, schwerer Sorgen und bitterer Leiden liegt hinter uns. Trotz ungünstigster Bedingungen hat der Bauernstand eine Arbeit geleistet, auf die alle, die mitgewirkt haben, stolz sein dürfen. Möge der neue Abschnitt im Leben und Wirken des Niederösterreichischen Bauernbundes, der jetzt beginnt, Glück und Segen bringen! Wir haben in unserer Festmesse unserem Herrgott für seine Hilfe gedankt und ihn inbrünstig gebeten, seine schirmende Hand weiter über uns und unserem Lande zu halten. Sie, meine Freunde, kehren von dieser Kundgebung heim in Ihre Gemeinden, auf Ihre Höfe, in einem freien Staat zu freier Arbeit, zu einer Arbeit für unsere Kinder und für eine schönere Zukunft. Der Erfolg dieser unserer Arbeit, die glückliche Zukunft, sie wird gewährleistet, wenn wir alle, den Vätern gleich, das Erbe hüten und dem Wahlspruch getreu weiterarbeiten: „Der Bauernbund ist Schutz und Wehr für Österreichs Bauern Recht und Ehr!"

Österreich –
Mitglied der Vereinten Nationen
Unsere Stimme vor dem Forum der Weltmeinung
soll gehört werden
22. November 1956
(Rede vor der Vollversammlung der Vereinten Nationen in New York)

Es sind nahezu zehn Jahre her, seit Österreich um die Aufnahme in die Vereinten Nationen angesucht hat. Die lange Wartezeit hatte zweifellos ihre Ursachen in den Spannungen zwischen West und Ost, in dem kalten

Krieg, dessen Fronten mitten durch unser Land verlaufen sind. Eine günstige weltpolitische Konstellation und deren Ausnützung durch die österreichische Diplomatie ermöglichten schließlich nach rund 360 vergeblichen Sitzungen den Abschluß des österreichischen Staatsvertrages und die Wiederherstellung eines freien und unabhängigen Österreich. Dieses für unser Land so bedeutsame Ereignis konnte aber auch als Symptom der Entspannung zwischen den beiden großen Machtblöcken gewertet werden, die letzten Endes maßgebend für die Aufnahme Österreichs und anderer Staaten in die Vereinten Nationen war.

Nach fast zwanzigjähriger Isolierung ist es dem Land an der Donau nun wieder möglich, seine Stimme vor dem Forum der Weltmeinung zur Geltung zu bringen und an der Verwirklichung der Ziele dieser Völkergemeinschaft mitzuwirken. Die lang andauernde Besetzung, die unser Land über sich ergehen lassen mußte, veranlaßte uns, eine Neuorientierung unserer Außenpolitik vorzunehmen beziehungsweise sie genau zu formulieren. Wir waren in dieser Zeit zur Erkenntnis gelangt, daß die Räumung Österreichs von fremden Besatzungstruppen nur im Zuge einer allgemeinen internationalen Entschärfung der Gegensätze zu erreichen sein werde. Diese grundsätzliche Erkenntnis hat uns zwei Maximen nahegelegt, die die Pfeiler der neuen österreichischen Außenpolitik bilden.

1. Unsere Neutralität, die uns von allen militärischen Bindungen fernhalten wird,
2. die intensive Mitarbeit im Rahmen der internationalen staatlichen Gemeinschaften mit allen zur Verfügung stehenden Mitteln zur Aufrechterhaltung des Friedens.

In der praktischen Anwendung bedeuten diese Grundsätze dauernde Neutralität bei gleichzeitigem Bekenntnis zu einer aktiven internationalen Zusammenarbeit auf dem Boden der Charta der Vereinten Nationen.

Die Neutralität Österreichs besteht in der Verpflichtung, in aller Zukunft keinen militärischen Bündnissen beizutreten und die Errichtung militärischer Stützpunkte fremder Staaten auf unserem Territorium nicht zuzulassen. Ideologische Bindungen sind im Begriff der österreichischen Neutralität nicht enthalten. Die Neutralität bindet lediglich den Staat und nicht den Staatsbürger. Das Recht auf freie Meinungsäußerung und Pressefreiheit ist in der österreichischen Verfassung garantiert. Das österreichische Volk hat in dem vergangenen Dezennium unter Beweis gestellt, daß ihm die in der Erklärung der Menschenrechte enthaltenen Grundsätze nicht bloß Worte, sondern Verpflichtung sind. Unsere dauernde Neutralität ist nicht ein von außen oktroyiertes internationales Statut, sie ist ein vom österreichischen Volk in freier und selbständiger Entschließung gewählter außenpolitischer Weg. Unsere Neutralität ist auch nicht Selbstzweck, sondern Mittel zum

Zweck. Dieser Zweck ist die Behauptung unserer Unabhängigkeit und die Unverletzlichkeit unseres Staatsgebietes. Das Korrelat der Neutralität ist der Wille, sie mit allen zu Gebote stehenden Mitteln aufrechtzuerhalten und zu verteidigen. Unsere Neutralität ist daher eine bewaffnete Neutralität. Wir werden, falls man einen Angriff auf unsere Freiheit versuchen sollte, die Grenzen Österreichs zu verteidigen wissen. Neutralität ist für uns Bekenntnis zu Recht und Gerechtigkeit und Ablehnung von Zwang und Gewalt.

Die Mitwirkung und Mitbetätigung im Rahmen der internationalen Staatsgemeinschaft bildet die zweite Komponente unserer Außenpolitik. Das oberste Ziel der Vereinten Nationen sind die Sicherung und Erhaltung des Weltfriedens und die Eliminierung von Streitfällen, die zu einem Friedensbruch führen können. Die Vereinten Nationen haben auf diesem Gebiet wertvolle Arbeit geleistet. Sie haben erreicht, daß Zwischenfälle in örtlichem Rahmen gehalten werden konnten und nicht einen Weltenbrand entfacht haben. Je stärker die Autorität der Vereinten Nationen hervortritt, um so eher wird es möglich sein, den Weltfrieden zu erhalten. Gerade auf dem politischen Sektor ist es schwierig, einen gemeinsamen Nenner zu finden, die Ressentiments der Vergangenheit zu beseitigen und trotz vielfacher gemeinsamer Interessen ein einheitliches Vorgehen zu erzielen. Deshalb darf die Tätigkeit der Vereinten Nationen nicht allein nach den erzielten Ergebnissen, sondern in langer Schau und von dem Gesichtspunkt aus beurteilt werden, wie sich die Weltlage gestaltet hätte, wenn dieses Forum nicht vorhanden gewesen wäre. Die diesjährige Generalversammlung der Vereinten Nationen fällt in eine Zeit von weltgeschichtlicher Bedeutung. Angst und Furcht vor dem Dämon des Krieges haben sich erneut der Menschheit bemächtigt, und die Welt blickt heute auf diese Staatengemeinschaft, auf die sie alle ihre Hoffnungen gesetzt hat. Wird sie das Vertrauen der Völker der Erde rechtfertigen, Friede und Ordnung, Brot und Arbeit sichern und erhalten können? Die Zeit drängt, und es gilt, an Stelle der Worte Taten, an Stelle des Zauderns rasches Handeln zu setzen. Österreich, das im Herzen Europas gelegen ist, hat es in seiner langen Geschichte immer als seine Aufgabe betrachtet, vermittelnd einzugreifen und versöhnend zu wirken. Wir haben dies auch in jüngster Zeit getan. Die Ereignisse in Ungarn haben die österreichische Bundesregierung bereits am 28. Oktober veranlaßt, sich mit einem Appell an die Regierung der Sowjetunion zu wenden, mitzuwirken, daß die Kampfhandlungen eingestellt werden und das Blutvergießen aufhöre. Wir taten dies unter striktester Einhaltung der Neutralität. Ich möchte dies besonders im Hinblick auf gewisse Behauptungen über angebliche Waffenlieferungen an die Aufständischen in Ungarn mit allem Nachdruck unterstreichen. Die österreichische Regierung konnte keinen einzigen Fall feststellen, in welchem über die österreichische Grenze Waffen nach Ungarn geliefert worden sind. Sie muß daher alle diesbezüglichen Behauptungen, von welcher Seite sie auch immer kommen mögen, als unbegründet zurückweisen.

Wir haben vom ersten Tag an versucht, die Not in Ungarn zu lindern und unsere menschliche Pflicht als Nachbarland erfüllt. Deshalb hat auch die österreichische Delegation am 9. November einen Resolutionsantrag im Sinne des Artikels 1 Abs. 3 der Charta eingebracht, der einstimmig von der Generalversammlung angenommen wurde, um durch die Vereinten Nationen eine großzügige Hilfsaktion – Heilmittel, Lebensmittel und Bekleidung – zugunsten der ungarischen Bevölkerung zu erwirken. Die Hilfsbereitschaft, die das österreichische Volk gezeigt, die Hilfsbereitschaft, die die ganze Welt an den Tag gelegt hat, mögen den Politikern Hinweis, Mahnung und Gewissen sein, daß die Menschen guten Willens sind und die Aufgabe der Verantwortlichen darin besteht, diesen Willen in die Tat umzusetzen. Nahezu 40.000 Flüchtlinge aus Ungarn haben bereits Zuflucht in Österreich gesucht, und täglich treffen weitere Scharen ein. Die erzwungenen Völkerwanderungen des 20. Jahrhunderts, die der Unterdrückung der Freiheit des Individuums und ganzer Völker zuzuschreiben sind, gereichen dem sogenannten Jahrhundert des Fortschrittes wahrlich nicht zur Ehre und zum Ruhm. 800.000 Flüchtlinge haben nach Beendigung des Zweiten Weltkrieges die österreichische Grenze überschritten, von denen heute noch 130.000 von der österreichischen Bundesregierung im Sinne der Genfer Konvention betreut werden. Noch sind uns Europäern die Tragödien dieser Ärmsten der Armen, die Haus, Hof und Heimat verloren haben, in lebhafter Erinnerung. Noch lasten wie ein Alpdruck das Elend und die Not dieser Heimatlosen auf uns, wie sie an der Menschheit verzweifelnd die Landstraße dahinwankten. Und schon wieder sind Tausende Menschen auf der Flucht, und Österreich hat sie aufgenommen. Die Hilfsbereitschaft ist groß, und ich erlaube mir von dieser Stelle aus, den Vereinten Nationen für die tatkräftige Unterstützung zu danken. Ich darf aber auch, Herr Präsident, in dieser Stunde den Appell an die Mitglieder dieser Völkergemeinschaft richten, die von Not und Leid zermürbten Menschen ohne bürokratische Formalitäten aufzunehmen, sie nicht erst auf ihre physische und psychische Eignung zu prüfen, sondern einzig und allein das Gesetz der Menschlichkeit walten zu lassen und Österreich von seiner schweren Bürde zu entlasten. Die Betreuung der Flüchtlinge verursacht ungeheure Kosten. Ich wende mich daher mit der Bitte an alle Delegierten, bei ihren Regierungen vorstellig zu werden, Österreich finanziell zu unterstützen, damit den Flüchtlingen über die ärgste Not hinweggeholfen werden kann. Österreich verfolgt auch die Vorgänge in anderen Kontinenten mit gespannter Aufmerksamkeit und hofft, daß alle Verantwortlichen die guten Absichten dieses Weltforums verwirklichen, seine Ratschläge befolgen und die eigenen Interessen im Interesse der Gesamtheit hintansetzen. Alle Fragen, die die Welt heute bewegen, könnten gelöst werden, wenn die Leitsätze der Charta der Vereinten Nationen in die Tat umgesetzt, die Menschenrechte geachtet werden und das Selbstbestimmungsrecht den Völkern wirklich gewährt wird. Probleme lokaler Natur zwischen einzelnen Staaten sollen durch Verträge im Geiste der Charta der Vereinten Nationen bereinigt werden. Solche Abkommen werden zur Befriedung beitragen und die gutnachbarlichen Beziehungen fördern, wenn sie dem Inhalt und dem Geiste nach eingehalten werden. Dies gilt nicht zuletzt für Minderheitenfragen.

Das gegenwärtige Zeitalter wird gern das Zeitalter der Atomenergie genannt. Es unterliegt keinem Zweifel, daß die Erschließung der Atomkraft Gefahren in sich birgt. Erfreulicherweise konnten gerade in den letzten Monaten im Rahmen der Vereinten Nationen Maßnahmen getroffen werden, die die friedliche Verwertung dieser ungeheuren Kräfte gewährleisten. Nehmen Sie die Versicherung entgegen, daß Österreich an diesen Bestrebungen aktiv mitarbeiten wird und auch im Sinne des von der internationalen Atomkonferenz im Oktober dieses Jahres gefaßten Beschlusses bereit ist, die Etablierung des Sitzes der künftigen Internationalen Atomenergiebehörde in Wien in jeder Weise zu erleichtern. Herr Präsident, am Tage der Menschenrechte wird in diesem Saal das Orchester der Wiener Philharmoniker, eines der ältesten Orchester der Welt, konzertieren und österreichische Musik erklingen. Österreich will mit diesem Konzert seiner Verbundenheit zu den Vereinten Nationen Ausdruck geben, und wir schätzen uns glücklich, in diesem Gebäude des Friedens unsere besondere Sprache erklingen zu lassen. Der Musik kommt eine besondere völkerverbindende Bedeutung zu. Die Harmonie des Orchesters möge den Vertretern derer, die hier die Welt repräsentieren, Symbol und Richtschnur des Handelns sein. Keines der Instrumente ist ein Ganzes für sich, sondern alle zusammen ergeben erst die Einheit, die Harmonie, die durch keinen Mißton gestört wird. So mögen auch die Vertreter der Völker bei den Vereinten Nationen eine Sprache sprechen, die allen gerecht wird, und die großen dieser Gemeinschaft sich dessen bewußt sein, daß nur im Zusammenwirken aller die wahre Harmonie sich verwirklichen läßt und der Bau einer friedlichen Welt vollendet werden kann.

Die erste Bewährungsprobe des neutralen, freien Staates

Ungarns Freiheitskampf wird für Österreich zum Zeichen der Humanität – Die Spezialorganisationen der UN residieren an der Donau

8. März 1957

(Vortrag vor der Vollversammlung des Österreichischen Gewerbevereins)

Mit der Unterzeichnung des Staatsvertrages am 15. Mai 1955 wurde das erste Kapitel der Geschichte der Zweiten Republik Österreich erfolgreich abgeschlossen. Schon dieses unterschied sich wesentlich von den Zeiten der Ersten Republik. Wir haben aus den Fehlern der Vergangenheit gelernt und neue Wege beschritten, die sich für Österreich und das österreichische Volk als nutzbringend erwiesen haben, ja die vielleicht die einzig möglichen waren, um Österreich aus dem Chaos herauszuführen. Die Zusammenarbeit der beiden großen Parteien hat sich bewährt, und es war daher kein Grund vorhanden, in der zweiten Periode, die der Erhaltung und dem weiteren Ausbau des bisher Erreichten gilt, diesen Weg zu verlassen.

Auf außenpolitischem Gebiet war in der ersten Periode die Hauptaufgabe klar vorgezeichnet: die Erringung des Staatsvertrages und damit der vollen Freiheit und Souveränität unseres Landes. Gleichzeitig kristallisierte sich jedoch die Idee einer künftigen Neutralitätspolitik heraus, die mit dem Bundesverfassungsgesetz vom 26. Oktober 1956 über die immerwährende Neutralität Österreichs Verwirklichung fand.

In der Sicherung und Festigung unserer Neutralität sehe ich die Hauptaufgabe der österreichischen Außenpolitik für die jetzige Periode unserer Entwicklung. Die Bewährungsprobe für unsere Neutralität kam früher, als wir gedacht hatten. Österreich, sein Volk und sein Bundesheer haben sie bestanden. Wir haben in den kritischen Oktober- und Novembertagen des Jahres 1956 mit ruhiger Entschlossenheit unsere Grenzen geschützt, unsere Neutralität striktest eingehalten und damals wie auch heute nichts anderes getan, als notleidenden Menschen geholfen. Als Mensch und Christ zu handeln, kann keine Verletzung der Neutralität sein. Wir sind in diesen Tagen auch unserer Aufgabe, als Mittler zu wirken, treu geblieben und haben als erster Staat an die Sowjetunion appelliert, mitzuhelfen, das Blutvergießen im Nachbarland zu beenden und an der Wiederherstellung normaler Zustände mitzuwirken.

Die Annahme des Neutralitätsstatus hat nicht überall die gleiche Aufnahme gefunden wie durch unser Volk, das ihn einstimmig bejaht hat. Manche Staaten haben für ihre Sicherheit gefürchtet, manche haben Neutralität mit Neutralismus gleichgesetzt und Österreich im vorhinein verdächtigt, daß es seine Neutralität nur zum eigenen Vorteil nach der Gunst des Augenblicks gebrauchen werde. Es sind seit der Annahme des Neutralitätsgesetzes kaum mehr als einenviertel Jahre vergangen, und die Urteile mußten zugunsten Österreichs abgeändert werden. Österreich wird auch in Zukunft seine Neutralität, mit der wir die besten Erfahrungen gemacht haben, nach allen Seiten hin striktest einhalten und im übrigen seinen Weg fortsetzen, der ihm vorgezeichnet ist.

Einer dieser Wege hat als Ziel die verstärkte Mitarbeit in allen jenen Organisationen, die der Erhaltung des Friedens dienen, vor allem in der Organisation der Vereinten Nationen. Österreich, das mit 15 anderen Staaten im Dezember 1955 in dieses Völkerforum aufgenommen worden ist, hat sich dort bereits einen geachteten Platz errungen. Neutralität und Zugehörigkeit zu den Vereinten Nationen ist durchaus vereinbar, wie dies wiederholt festgestellt worden ist. Auch die Großmächte hatten sich bei der Unterzeichnung des Staatsvertrages bereit erklärt, das Aufnahmeansuchen Österreichs zu befürworten und zu unterstützen. Dennoch waren die Augen aller bei der 11. Generalversammlung der Vereinten Nationen, bei der Österreich zum erstenmal offiziell vertreten war, auf die Repräsentanten unseres Landes gerichtet, und jede österreichische Stellungnahme bei einer Abstimmung über die zahlreichen schwierigen zur Debatte stehenden Probleme wurden vermerkt. Wir haben offen Stellung genommen auch zu Fragen, die uns nicht unmittelbar berühren und uns nicht durch Stimmenthaltung oder Abwesenheit der Verantwortung entzogen, solange unser Verhalten mit unserer Neutralität vereinbar war. Wir wären sonst unseren Grundsätzen untreu geworden, daß wir mit Pflichtbewußtsein und Verantwortungsgefühl an der Erhaltung des Friedens mitarbeiten und unsere Dienste stets der von uns für gut befundenen Sache leihen wollen.

Aus dieser Einstellung heraus und in dem Bewußtsein, daß sich ein neutrales Land am besten dafür eignen würde, hat die österreichische Bundesregierung auch die Einladung ergehen lassen, den künftigen Sitz der Internationalen Atomenergiebehörde nach Wien zu verlegen. Die Gründung dieser internationalen Behörde, die auf eine Anregung des amerikanischen Präsidenten Eisenhower vom Jahre 1953 zurückgeht, ist von eminent wichtiger Bedeutung für die weitere Entwicklung der Menschheit. Die Bedeutung dieser Institution ist eine mehrfache. Eine ist aus Artikel II und III der Statuten klar ersichtlich. Darin heißt es unter anderem: „Es ist das Ziel der Internationalen Atomenergiebehörde, den Beitrag der Atomenergie zum Frieden, zur Gesundheit und zum Wohlstand auf der ganzen Welt rascher und in größerem Ausmaß wirksam werden zu lassen. Die Behörde wird es sich daher angelegen sein lassen, die Forschung und Anwendung der Atomenergie für friedliche Zwecke zu fördern. Sie wird zwischen ihren Mitgliedern die Erbringung von Dienstleistungen und die Bereitstellung von Material, Ausrüstungen und Einrichtungen vermitteln und den Austausch wissenschaftlicher und technischer Informationen und Experten fördern. Die Behörde hat aber auch die Aufgabe, selbst durch die Bereitstellung von Materialien, Dienstleistungen, Ausrüstungen und Einrichtungen dem eingangs beschriebenen Ziel zu dienen."

Die friedliche Verwertung dieser ungeheuren Kräfte zum Wohl und zum Nutzen der Menschen ist also das eine Ziel und die eine große Bedeutung dieser Organisation. Eine andere liegt darin, daß die Tätigkeit der Internationalen Atomenergiebehörde, der über 80 Staaten beigetreten sind, im Laufe der Zeit jene Atmosphäre schaffen könnte, in der es auch möglich wäre, die militärische Verwendung der Atomenergie einem internationalen Kontrollsystem zu unterwerfen.

Die Wahl Wiens als Sitz dieser so bedeutungsvollen Institution – die endgültige Entscheidung darüber wird im August fallen – ist nicht bloß als Auszeichnung und Anerkennung unseres Landes zu werten, sondern kommt Österreich auch politisch und wirtschaftlich zugute. Wir wären niemals imstande, Forschungen größeren Ausmaßes selbst durchzuführen, nicht, weil die wissenschaftlichen Kräfte fehlen, sondern weil es einfach an Geld mangelt. So aber können wir an den Ergebnissen jahrzehntelanger Forschungsarbeit teilhaben und den Wohlstand unseres Landes rascher heben. Die Anwesenheit eines so großen Stabes von Personal wird gleichzeitig auch zur Belebung der Wirtschaft beitragen, denn die Behörde ist ja nicht eine temporäre Einrichtung, sondern eine ständige, und auch die jährlich stattfindende Generalkonferenz und der aus 23 Mitgliedern bestehende Rat der Gouverneure, der die Richtlinien der Politik festzulegen, das Budget zu erstellen und den Generaldirektor zu ernennen hat, werden laut Statuten, falls nicht anders beschlossen werden sollte, am Sitz der Behörde abgehalten werden. Erweisen wir uns durch Haltung und Disziplin der Anerkennung, die unserem Lande zuteil werden wird, würdig, und tragen wir durch rege Mitarbeit und Schaffung einer günstigen Atmosphäre zum Gelingen des großen Werkes bei.

Eine Frage der österreichischen Außenpolitik, die von allen Schichten der Bevölkerung mit Aufmerksamkeit und innerer Anteilnahme verfolgt wird, ist Südtirol. Man kann hiebei zwei Wege beschreiten, den emotionellen und den realistischen. Ich glaube, daß der letztere der geeignetere ist, weil er die für sachliche Verhandlungen notwendige ruhige Atmosphäre schafft. Was wollen wir denn? Wir wollen die Einhaltung und tagtägliche Erfüllung des

Pariser Abkommens, was unserer Meinung nach in wesentlichen Punkten nicht der Fall ist. Die beiderseitigen Standpunkte sind in den Memoranden enthalten, deren Inhalt vor einigen Tagen der Öffentlichkeit mitgeteilt worden ist. Es ist nunmehr hoch an der Zeit, im Interesse beider Länder und der gutnachbarlichen Beziehungen wie auch im Interesse der künftigen Integration Europas, zu deren Verfechtern Italien und Österreich zählen, die Frage zu klären. Rasches Handeln tut not, ehe es zu spät ist und Situationen entstehen könnten, die von beiden Seiten nicht gewünscht werden. Bei gutem Willen kann und wird eine beide Teile befriedigende Lösung gefunden werden.

Große Aufgaben stehen uns also noch bevor. Wir werden aber alles tun, um unsere Neutralität zu sichern und zu festigen und den wirtschaftlichen Aufstieg zu fördern, damit das Ende der zweiten Periode unserer geschichtlichen Entwicklung genauso freudig und hoffnungsvoll ist wie der Ausblick nach dem Abschluß des Staatsvertrages.

Österreich will den Weltfrieden
Neutralitätspolitik befähigt zu aktivem Einsatz gegen Kriege
4. August 1957
(Vortrag anläßlich der Eröffnung des Diplomatenseminars auf Schloß Kleßheim)

Unserer Überzeugung nach kann sich Österreich auf Grund seines Neutralitätsstatus viel aktiver in die Bestrebungen zur Erhaltung des Friedens einschalten und für den Ausgleich der Gegensätze wirken. Weil es frei von militärischen Bindungen des Westens ist, kann es eher als Mittler auftreten und nach allen Seiten hin ohne Beeinflussung und Druck von außen für die Verwirklichung der Ziele wirken, wie sie etwa in der Charta der Vereinten Nationen niedergelegt sind.

Warum Barrieren?

Neutralität im österreichischen Sinne sei kein Exportartikel, sondern müsse sich aus den Verhältnissen und aus der Situation ergeben. Im Neutralitätswillen wurzle in Österreich auch die Hilfsbereitschaft in höchster Not, die als Erfüllung des Gebotes reiner Menschlichkeit auch im Falle Ungarn gewährt wurde. Es sei bitter gewesen, daß diese Hilfe als Neutralitätsverletzung und unfreundliche Haltung gegenüber dem Nachbarstaat interpretiert

wurde. Österreich wolle mit allen Staaten in Frieden und Eintracht leben und mit allen enge wirtschaftliche und kulturelle Bindungen unterhalten.
Aber die Errichtung künstlicher Barrieren ist nicht dazu angetan, die Beziehungen zwischen zwei Staaten zu fördern. Wir haben uns aufrichtig gefreut, als im vorigen Jahr mit dem Niederreißen des sogenannten Eisernen Vorhanges begonnen wurde, da dies den Beginn einer neuen Ära der Verständigung hätte bedeuten können.
Heute sind jedoch die Stacheldrahtverhaue wieder errichtet, neue hochexplosive Minen an der äußersten Grenze in den Boden versenkt worden. Die Errichtung des Eisernen Vorhangs ist an sich eine innere Angelegenheit Ungarns, sie ist es aber dann nicht mehr, wenn durch die Minenfelder Gut und Leben unserer eigenen Staatsbürger bedroht und gefährdet sind. Dagegen müssen wir mit einer Schärfe Verwahrung einlegen und die Zurückverlegung des Minengürtels fordern.

Südtirolfrage im Geiste des Rechtes lösen!
Europa würde Italien für eine entsprechende Politik dankbar sein
4. August 1957
(Vortrag anläßlich der Eröffnung des Diplomatenseminars auf Schloß Kleßheim)

Im Herzen Europas harrt noch eine Frage der Klärung, die leicht zu bereinigen wäre und einen wichtigen Beitrag zur endgültigen Befriedung darstellen würde: die Südtirolfrage. Die österreichische Bundesregierung hat niemals Forderungen gestellt, die über das Pariser Abkommen bezüglich Südtirol hinausgingen, sondern sie hat immer nur dessen Einhaltung und Erfüllung verlangt.
Österreich hat das Recht und die Pflicht, die Belange der deutschsprachigen Südtiroler Volksgruppe zu vertreten, und wir werden immer unsere Stimme erheben, bis Leben und Existenz dieser Volksgruppe gesichert erscheinen. Italien und Österreich sind Vorkämpfer des Europagedankens, und ich glaube, es müßte gerade unserem Nachbarlande, mit dem uns sonst viele gemeinsame Interessen verbinden, daran gelegen sein, die Ruhe und Ordnung in diesem Kernstück Europas zu sichern und eine Lösung im europäischen Geiste herbeizuführen. Nicht bloß die Südtiroler und Österreicher, sondern ganz Europa würde Italien eine solche, dem neuen europäischen Geiste entsprechende Haltung zu danken wissen.

Um Europarat, OEEC und EFTA
Österreich in europäischen Fragen entschieden selbständig
5. Dezember 1957
(Anfragebeantwortung des Bundesministers für Auswärtige Angelegenheiten)

Zu der am 18. Juli von den Herren Abgeordneten Czernetz, Dr. Tončić, Stendebach und Genossen an mich gerichteten Anfrage, betreffend die Verschmelzung des Europarates und der OEEC, beehre ich mich folgendermaßen Stellung zu nehmen: Die österreichische Bundesregierung ist seit jeher in jeder Weise für die Verwirklichung des Europagedankens eingetreten, soweit dies nur irgendwie mit der durch das Verfassungsgesetz vom 26. Oktober 1955, BGBl. Nr. 211, festgelegten Neutralität vereinbar war. Diese Haltung hat ihren Ursprung nicht nur in einer allgemeinen europäischen Gesinnung, sondern ist auch ein Ausfluß der Notwendigkeit, am europäischen Geschehen mitzuwirken, da sich Österreich stets als integrierender Teil Europas betrachtet und sich den geistigen und sittlichen Werten, die das gemeinsame Erbe der euroäpischen Völker bilden, verbunden fühlt. Daraus ergibt sich wohl klar, daß sich die Bundesregierung selbstverständlich für alle diejenigen Maßnahmen einsetzt, die den europäischen Organen eine größere Wirksamkeit verleihen können.

In der Frage der Verschmelzung der OEEC mit dem Europarat scheint allerdings zumindest für den Augenblick eine österreichische Initiative aus den folgenden Gründen nicht angezeigt: Die OEEC, deren bisherige erfolgreiche Tätigkeit zu einer weitgehenden Konsolidierung und Prosperität der Volkswirtschaften ihrer Mitgliedsstaaten geführt hat, kann ihr Ziel nur dann erreichen, wenn sämtliche in ihr vertretenen Staaten weiterhin mit ihrem gesamten wirtschaftlichen Potential zusammenwirken.

Die Struktur der OEEC, die von der des Europarates grundlegend verschieden ist, hat bewirkt, daß ihr Staaten angehören, die im Europarat nicht vertreten sind. Eine Verschmelzung des Europarates mit der OEEC kann daher nur dann erfolgen, wenn sämtliche Mitglieder beider Organisationen dazu ihr Einverständnis erklären.

Es ist aber sowohl der Bundesregierung als auch den Herren Abgeordneten bekannt, daß von seiten bestimmter Staaten derzeit nur geringe Neigung besteht, dem beabsichtigten Projekt zuzustimmen, so daß es nicht ausgeschlossen erscheint, daß seine Verwirklichung gegen ihren Willen sie möglicherweise in eine schwierige Lage gegenüber der OEEC bringen könnte. Eine solche Entwicklung wäre jedoch gerade im gegenwärtigen Zeitpunkt keinesfalls im Interesse eines Fortschrittes der europäischen Integration ge-

legen, zumal dadurch die Arbeiten zur Schaffung einer europäischen Freihandelszone, die den gesamten Organismus der OEEC voll in Anspruch
nehmen, erheblich gestört werden könnten. Damit würde aber die Bildung
der europäischen Freihandelszone weiterhin eine Verzögerung erfahren.

Im übrigen ist derzeit noch nicht abzusehen, wie sich das Verhältnis zwischen Freihandelszone und OEEC gestalten und inwieweit die Entstehung
der Zone die gegenwärtige Struktur der OEEC verändern wird.

Die Bundesregierung war stets bestrebt, an der Beseitigung von Doppelge-
leisigkeiten, wie sie insbesondere im Verhältnis zwischen Europarat und
OEEC auf wirtschaftlichem Gebiet zutage getreten sind, mitzuarbeiten. Sie
ist aber der Ansicht, daß diesen Bestrebungen am ehesten ein Ausbau der
bereits bestehenden Liaisonskomitees und eine intensivere Kontaktnahme
zwischen den Generalsekretariaten der beiden Organisationen gerecht
wird. Auf diese Weise könnte sich zu einem späteren Zeitpunkt ein Weg zur
Verschmelzung der beiden Organisationen eröffnen.

Die Bundesregierung teilt vollkommen die Auffassung der anfragenden Abgeordneten, daß die Rationalisierung der europäischen Integrationsbemühun-
gen mit größter Intensität vorangetrieben werden müsse. Die Verschiedenar-
tigkeit der Aufgaben der einzelnen europäischen Organisationen bedingt jedoch, daß einer Mitwirkung bestimmter europäischer Staaten an den
Rationalisierungsbestrebungen Grenzen gesetzt sind. Im Falle Österreichs ist
die Handlungsweise der Bundesregierung auf die aus dem eingangs erwähnten
Bundesverfassungsgesetz sich ergebenden Verpflichtungen abzustimmen.

Die Bundesregierung hält eine Konzentration der wichtigsten europäischen
Organisationen an einem Ort für durchaus zweckmäßig. Eine Initiative in
dieser Richtung wird aber von jenen Staaten ausgehen müssen, die die jeweiligen Organisationen beherbergen. Die Frage der mit einer allfälligen
Übersiedlung zusammenhängenden Kosten scheint, soweit bisher bekanntgeworden ist, einer der Faktoren zu sein, die der Verwirklichung dieses Gedankens entgegenstehen.

Eine Gesamtbereinigung der institutionellen Probleme wird aber wohl erst
nach Abschluß eines Freihandelszonenvertrages möglich sein.

Was die dritte Frage betrifft, beehre ich mich festzustellen, daß die von den
Herren Abgeordneten als wünschenswert angesehene Vorgangsweise bereits verwirklicht erscheint, da die Außenminister der Mitgliedsstaaten
selbst im Ministerkomitee des Europarates jährlich zusammentreten, um
die wichtigsten politischen Fragen zu entscheiden, während deren Stellvertreter lediglich mit kleinen und weniger wichtigen Problemen befaßt sind.
Im Rahmen des Comité Mixte I ist darüber hinaus Gelegenheit eines Mei-
nungsaustausches zwischen den Außenministern und den parlamentarischen Vertretern gegeben.

Das Gemeinsame, nicht das Trennende hervorheben
Über die Aufgabe der Presse im Integrationsprozeß des europäischen Kontinents
23. Februar 1958
(Ansprache vor der Generalversammlung der „Europäischen Presse" in Wien)

Vor 150 Jahren hat die Macht des geschriebenen Wortes einen wesentlichen Anteil daran gehabt, daß die Einigung Europas verhindert wurde, eine Einigung allerdings, die nicht von dem freien Willen der europäischen Völker getragen war, sondern mit Gewalt herbeigeführt werden sollte. Die Bestrebungen der Gegenwart zu Errichtung dieses Zieles sind aber nicht vom Zwang diktiert, sie entspringen der Notwendigkeit, um leben und überleben zu können. Es ist daher eine große und ehrenvolle Aufgabe, die die Presse bei diesem Vorhaben zu erfüllen hat und die ihr in diesem Ringen um eine Neugestaltung des Kontinents zufällt.

Wir waren oftmals Zeuge, wie das geschriebene Wort den Gang der Geschichte beeinflußt, wie durch Massenverbreitung von Druckschriften in der heutigen Zeit Ereignisse erzwungen werden können; wir haben auch erlebt, wie durch das gedruckte und gesprochene Wort Völker eingelullt wurden und nach ihrem Erwachen sich mit Schaudern an das Vergangene erinnerten; wir wissen aber auch, daß Völker zur Anspannung der letzten Kräfte ermuntert wurden, um die höchsten Güter dieses Lebens zu verteidigen. Die Macht der Presse ist groß, im guten wie im bösen. Wenn nun diese Macht des Wortes eingesetzt wird, um die Völker Europas in viel stärkerem Ausmaß als bisher mit der Idee eines vereinigten Europas vertraut zu machen, und die zwingenden Gründe dieses beabsichtigten Zusammenschlusses aufgezeigt werden, weil wir nicht den Untergang, sondern den Fortbestand des Abendlandes wollen, dann ist, dank der Presse und ihrer weiten Streuung, eine wichtige Voraussetzung zur Verwirklichung dieses Gedankens erfüllt.

Der europäische Kontinent besteht aus einer Vielfalt von Staaten und Völkern. Einstmals war er eine Einheit, als nach dem Zusammenbruch des römischen Imperiums das Heilige Römische Reich Deutscher Nation die Nachfolge antrat und der Kaiser als der weltliche Arm des Statthalters Christi auf Erden galt. Bald aber spaltete sich Europa, und zahlreiche Nationen und Staaten bildeten sich. Dieser Prozeß hat in der Folge zu blutigen Auseinandersetzungen geführt, die teils in machtpolitischen oder religiösen, teils in wirtschaftlichen oder nationalen Erwägungen ihre Ursachen hatten.

Bis zu seinem letzten Atemzug war Leopold Figl ein begeisterter katholischer Farbstudent im Mittelschülerkartellverband und im ÖCV, dessen angesehener Verbindung K.a.V.NORICA er angehörte.

21

22

Viele Ressentiments haben sich aus dieser Zeit bis in unsere Tage herübergerettet und erschweren den Zusammenschluß Europas. Ich kann mir keinen wertvolleren Helfer bei der Beseitigung dieser Relikte einer Vergangenheit vorstellen als die Presse und die Erziehung der Jugendlichen zum europäischen und nicht nationalistischen Denken.

Aufgabe der Presse soll es daher sein, das Gemeinsame und nicht das Trennende hervorzuheben, bei allen Verpflichtungen dem Vaterlande gegenüber, die auch in einem vereinigten Europa nicht verschwinden werden und dürfen, dennoch europäisch zu schreiben und den Blick dem Morgen und nicht dem Gestern zuzuwenden. Man möge nicht befürchten, daß ich diese Gelegenheit benützen werde, um ein Problem anzuschneiden, das wir Österreicher ebenfalls im europäischen Geist gelöst sehen möchten, aber es gehört auch zu jenem Fragenkomplex, der einer Bereinigung bedarf, ehe ein vereinigtes Europa Wirklichkeit wird.

Österreich hat alle Bestrebungen, die auf einen Zusammenschluß der Länder und Völker unseres Kontinents hinzielen, stets mit größter Aufmerksamkeit verfolgt und unterstützt. Ich brauche nicht im besonderen darauf hinzuweisen, daß der Gründer der paneuropäischen Bewegung ein Österreicher ist und die Österreicher an sich auf Grund der historischen Entwicklung und der Tradition so manche Voraussetzungen und auch Verständnis für den geplanten Staatenbund mitbringen.

Das Zeitgeschehen strebt nach Einheit, nach Formung und Gestaltung von Großräumen, und dieser Forderung darf sich Europa nicht verschließen. Noch lebt dieser alte Kontinent und besitzt ungeheure Kräfte, um auch in Zukunft ein entscheidendes Wort mitzusprechen, und zwar in allen Belangen. Das wirtschaftliche Potential ist nicht geringer als das der anderen Blöcke, und in geistiger Hinsicht kommt Europa bei planvoller Zusammenarbeit noch immer eine Führerstellung zu. Nur wenn wir uns selbst aufgeben, sind wir verloren, ansonsten aber sind wird nicht bloß befähigt, sondern auch berechtigt, die Ereignisse entscheidend mitzubestimmen und das Geschehen nach unserem Sinn zu beeinflussen.

Der Aufbau eines geeinten Europa bringt zweifellos für jedes Land Schwierigkeiten mit sich und erfordert von der heimischen Wirtschaft eine Umstellung und Anpassung an den großen, gemeinsamen Raum. Auch Österreich hat seine Sonderwünsche angemeldet und hofft, daß seiner besonderen Entwicklung Rechnung getragen wird. Kein Land dieses Kontinents hat im Verlaufe von nur 40 Jahren drei so entscheidende Umstellungen seiner Wirtschaft vornehmen müssen wie Österreich in den Jahren 1918, 1938 und 1945. Dennoch dürfen wir sagen, daß wir nicht als Bittsteller Einlaß in den europäischen Wirtschaftsraum heischen. Österreich hat sich dank seiner Freunde im Ausland und des Fleißes seiner eigenen Bewohner zu einem wirtschaftlich gesunden Staat entwickelt. Das Wort von der Lebensunfähigkeit Österreichs gehört der Vergangenheit an. Unsere Heimat kann nicht gerade als arm an Bodenschätzen bezeichnet werden, und manche unserer Industrien sind durchaus konkurrenzfähig mit dem Ausland. Der Erzberg liefert schon seit Jahrtausenden hochwertiges Eisenerz, das in den Alpentälern und an der Donau zu Stahl verarbeitet wird, aus dem Maschinen hergestellt und Bleche aller Art ausgeführt werden. Das östliche Niederösterreich liefert das wertvolle Erdöl, und auch in anderen Teilen des Landes wird bereits mit Erfolg das kostbare Öl dem Boden entrungen, neue Hoffnungsgebiete werden erforscht. Als eines der waldreichsten Länder Mitteleuropas ist das Holz eine wichtige Erwerbs- und Einnahmequelle der Bevölkerung und die holz- und papierverarbeitende Industrie ein potentieller Faktor im Wirtschaftsleben Österreichs. Als Gebirgsland, das wegen seiner Schönheit von Tausenden und Abertausenden Fremden aufgesucht wird, weist Österreich aber noch einen anderen Aktivposten auf. Mit der industriellen Entwicklung steigt der Bedarf an elektrischer Energie von Jahr zu Jahr, und die Modernisierung der Haushalte, an die Europa nach den bitteren Jahren des Kampfes, des Elends und der Not erst jetzt schreiten kann, stellt zusätzliche Forderungen an den Strombedarf. Die Alpen mit ihren gewaltigen Schnee- und Eismassen liefern das köstliche Naß zur Erzeugung von Strom, und überall wachsen gewaltige Kraftwerke aus dem Boden. Österreich braucht aber den Strom, den die Wassermassen der Alpen liefern könnten, nicht für sich allein. Schon jetzt werden andere Staaten damit beteiligt und in finanzieller Zuammenarbeit neue Kraftwerksbauten errichtet, so daß Österreich allmählich zur Kraftstation Europas wird.

So hat Österreich bei dem bevorstehenden Einbau in den europäischen Wirtschaftsraum nicht geringe Schwierigkeiten zu überwinden, die sich auf Grund seiner Entwicklung, seiner Lage und der strukturellen Eigenart seiner Wirtschaft ergeben, aber es bringt auch wertvolle Substanz und nicht zuletzt ein arbeitsames Volk mit, das auf allen Gebieten des Lebens Ersprießliches zu leisten vermag. Für die Verwirklichung der europäischen Einheit ist einzig und allein der Wille maßgebend, dieses Werk zu vollbringen. Es wird manches geopfert werden müssen, um Größeres dafür zu erhalten. Über allem aber steht die Aussicht auf ein Leben in Frieden und Freiheit in einem großen Vaterland, das sich Europa nennt.

Erste praktische Erfahrungen mit Neutralität
Verschiedene Bewertungen, jedoch eindeutiges Selbstverständnis
4. August 1958
(Vortrag zur Eröffnung des Diplomatenseminars auf Schloß Kleßheim)

Als im Vorjahr zum erstenmal hier auf Schloß Kleßheim das Diplomatenseminar abgehalten wurde, war es ein Experiment, ein erster Versuch, an die Tradition der ehemaligen Konsularakademie in irgendeiner Form anzuknüpfen und damit vielleicht doch ihre Verwirklichung beschleunigen zu helfen. Der Versuch scheint mir völlig geglückt zu sein, und ich freue mich besonders, daß auch heuer wieder prominente Gäste und junge Diplomaten aus einer Reihe befreundeter Länder unserer Einladung Folge geleistet haben. Vor allem hoffe ich, daß für Sie alle der Aufenthalt auf Schloß Kleßheim, das in einem der landschaftlich schönsten Teile Österreichs liegt, zu einer wirklichen Bereicherung werden möge. Dabei denke ich nicht allein an Vorträge, Diskussionen und den unschätzbaren geistigen Austausch, der damit verbunden ist, sondern auch an menschliche Kontakte und Verbindungen, die sich, so hoffen wir, in der gelösten Atmosphäre dieses Ortes und dieser Landschaft anbahnen und in künftigen Jahren vielleicht die Zusammenarbeit aller hier vertretenen Länder noch enger gestalten wird.

Das Thema meines heutigen Vortrages, die Diplomatie der Neutralität, ist das Thema der Außenpolitik Österreichs schlechthin, die einerseits auf der immerwährenden Neutralität, anderseits auf der Mitarbeit in den internationalen Organisation und auf der historisch, geographisch und ideologisch bedingten Zugehörigkeit zu Europa fußt. Da in der Geschichte unseres Vaterlandes die Neutralität nicht schon Generationen lang verankert ist, wie etwa in unserem Nachbarland Schweiz, hat sich Österreich seinen eigenen Weg erarbeitet, wobei freilich die Erfahrungen vor allem der Schweiz für uns oft von großem Nutzen waren.

Besatzungszeit als Lehrjahre

Die Jahre der Besetzung dienten als Vorbereitung für die Verwirklichung der Gedanken, die in dieser Zeit gereift sind. Das wechselvolle Schicksal unseres Vaterlandes in diesem Jahrhundert, das einst von Oswald Spengler das Jahrhundert der Kriege genannt wurde, und die Bildung von zwei ungeheuren Machtblöcken als Folge des Zweiten Weltkrieges haben in uns den Entschluß reifen lassen, den Weg der immerwährenden Neutralität einzuschlagen. Wir hegten von Anfang an die Absicht, nicht eine zeitlich begrenzte Neutralität, das heißt nur im Falle des Krieges, einzugehen, sondern eine Neutralität auf unbegrenzte Zeit.

Schon auf der Berliner Konferenz im Februar des Jahres 1954 hatte ich namens der österreichischen Bundesregierung die Erklärung abgegeben, daß Österreich nicht beabsichtigt, sich einem militärischen Block anzuschließen oder fremde militärische Stützpunkte auf seinem Territorium zu dulden. Als dann im Jahre 1955 zum erstenmal eine österreichische Regierungsdelegation unter Führung von Bundeskanzler Ing. Raab nach Moskau fuhr und die sowjetischen Stellen im Zuge der Verhandlungen einen Neutralitätsstatus für Österreich nach dem Muster der Schweiz anregten, war es daher von unserer Seite kein besonderes Zugeständnis, auf dieses Verlangen einzugehen. Zur Unterstreichung dieser von den Sowjets zwar gestellten Forderung, von uns aber selbst schon lange beabsichtigten Entschlusses hat die österreichische Volksvertretung erst am 26. Oktober 1955 nach erfolgreichem Abschluß des Staatsvertrages und des Abzuges des letzten Besatzungssoldaten aus Österreich als freie Bürger eines freien Landes das Bundesverfassungsgesetz über die immerwährende Neutralität Österreichs beschlossen. Das Gesetz hat folgenden Wortlaut:

„Zum Zwecke der dauernden Behauptung seiner Unabhängigkeit nach außen und zum Zwecke der Unverletzlichkeit seines Gebietes erklärt Österreich aus freien Stücken seine immerwährende Neutralität. Österreich wird diese mit allen ihm zu Gebote stehenden Mitteln aufrechterhalten und verteidigen.

Österreich wird zur Sicherung dieser Zwecke in aller Zukunft keinen militärischen Bündnissen beitreten und die Errichtung militärischer Stützpunkte fremder Staaten auf seinem Gebiete nicht zulassen."

Das Gesetz ist klar und eindeutig und läßt keine zweifelhaften Auslegungen zu, weder dem Inhalt noch der Zeit nach. Es ist darin unser klarer Wille dokumentiert, uns von der militärischen Blockbildung freizuhalten und uns einer dauernden Neutralität und nicht bloß einer solchen in Kriegszeiten zu befleißigen.

Kein Neutralismus

Eine solche Neutralitätspolitik bedeutet aber für Österreich keineswegs die Verfolgung einer Politik des Neutralismus. Wir haben nie einen Zweifel darüber gelassen, daß wir ideologisch eindeutig auf seiten der freien Welt stehen und immer ein Glied der auf dem Christentum und der abendländischen Kultur beruhenden europäischen Gemeinschaft zu bleiben gedenken. Die durch den Staatsvertrag erworbene Unabhängigkeit und Selbständigkeit sowie die damit wiedererlangte volle Handlungsfreiheit auf allen Gebieten der Politik und Wirtschaft, soweit sie nicht durch die von uns freiwillig eingegangene Neutralität eine Einschränkung erfährt, hat es uns ermöglicht, die zweite Komponente unserer Außenpolitik, die Mitarbeit bei den Völkergemeinschaften, auszubauen und zu intensivieren und auch unsere Zugehörigkeit zum europäischen Kulturkreis vor aller Welt zu dokumentieren.

Österreich hat nach dem Abschluß des Staatsvertrages seine Bewerbung um die Mitgliedschaft der Vereinten Nationen erneuert. Das Jahr des Staatsvertrages brachte uns auch die Erfüllung dieses Wunsches. Am 15. Dezember 1955 wurde Österreich durch einstimmigen Beschluß der Generalversammlung der Vereinten Nationen in die Weltorganisation aufgenommen. Dieser Beitritt stand keineswegs in Widerspruch zu unserer erklärten Neutralität. Die Satzungen der Vereinten Nationen unterscheiden sich von den Statuten des Völkerbundes insbesondere dadurch, daß die im Interesse der kollektiven Sicherheit eventuell angeordneten Maßnahmen und Sanktionen nicht automatisch durch alle Mitgliedsstaaten auszuführen sind. Dazu kommt, daß der Sicherheitsrat mit den betreffenden Mitgliedsstaaten Sonderverträge abschließen muß, falls deren Gebiet als Durchzugsland ausersehen ist oder selbst aktiv mit Waffengewalt an der Wiederherstellung des Friedens teilnehmen sollen. So erstand für Österreich keinerlei Notwendigkeit, eine besondere statuarische Entbindung von Sanktionsverpflichtungen zu fordern, wie sie etwa der Schweiz im Jahre 1920 vom Völkerbund zugestanden worden war.

Österreich und Europa

Neben den Weltorganisationen haben in Österreich die europäischen Institutionen besonderes Interesse erweckt, und alle Bestrebungen mit dem Ziel einer wirtschaftlichen und kulturellen Einrichtung Europas wurden mit Aufmerksamkeit verfolgt. Österreich gehört der Organisation für Europäische Wirtschaftliche Zusammenarbeit, die als Vorläuferin der geplanten Europäischen Freihandelszone bezeichnet werden muß, seit ihrer Gründung vor zehn Jahren an. Und wenn wir im April des Jahres 1956 auch dem Europarat beigetreten sind, so wollten wir damit den geographischen, historischen, wirtschaftlichen und kulturellen Gegebenheiten Rechnung tragen und unsere Zugehörigkeit zu jenem Europa bekunden, dem wir von Natur aus angehören. Wie wir uns der wirtschaftlichen Zusammenarbeit der europäischen Völker nicht entziehen wollten und konnten, so wollten wir auch auf kulturellem und sozialem Gebiet unseren Beitrag zur europäischen Zusammenarbeit leisten. Der Beitritt zum Europarat wurde uns möglich, weil dessen Statuten eindeutig festlegen, daß militärische Angelegenheiten seiner Kompetenz entzogen bleiben.

Als Österreich nach dem Abschluß des Staatsvertrages als freies Land den Weg der immerwährenden Neutralität wählte, waren wir uns dessen von Anfang an bewußt, daß wir uns damit nicht ein ruhiges Plätzchen auf der Galerie des politischen Welttheaters erkauft hatten. Die verflossenen Jahrzehnte haben keinen Zweifel darüber gelassen, daß auch die Neutralität nicht länger zum passiven Abwarten und Dahinleben berechtigt, sondern nur durch eine verantwortungsbewußte, verantwortungsfreudige und eindeutige Diplomatie bewahrt und gesichert werden kann.

Bewertungen der Neutralität

Die Neutralität hat im Laufe der Geschichte eine verschiedene Bewertung erfahren. Während die Signatarmächte des Wiener Kongresses von 1815 die Neutralität der Schweiz als im Interesse der europäischen Staaten gelegen bezeichneten, erfolgte im Laufe der Zeit eine Umwertung. Je mehr die militärischen Auseinandersetzungen auch ideologische Hintergründe hatten, um so mehr sank das Ansehen des neutralen Staates. Jede Seite betrachtete den neutralen Staat als Außenstehenden, ja vielleicht sogar als Verräter an den von ihr verfochtenen Grundsätzen und Prinzipien. Mit dem Ende des Ersten Weltkrieges schien auch das Schicksal der Neutralität besiegelt zu sein, denn der neugegründete Völkerbund forderte ja von allen seinen Mitgliedern die Durchführung und Beteiligung an Sanktionen gegen Angreiferstaaten im Geiste der kollektiven Sicherheit, und nur widerstrebend wurde der Schweiz der schon erwähnte Sonderstatus gewährt.

An dieser Einstellung hat sich bis zum Ende des Zweiten Weltkrieges nicht viel geändert, wenn auch gerade in der Zwischenkriegszeit die karitative Tätigkeit der Schweiz und jener Länder, die sich während des Krieges als neutral erklärt hatten, Anerkennung und Würdigung gefunden hat und sie als Schutzmächte während des Krieges viel Bewundernswertes im Dienste der Menschlichkeit vollbracht haben. Die große Weltpolitik schien nach dem Jahre 1945 das alte völkerrechtliche Konzept der Neutralität als überholt zu betrachten, um so mehr, als die ideologischen Anschauungen und Begriffsbildungen und deren konträre Auslegung und Anwendung immer mehr das Primat antraten. Wie sehr in dieser Situation der neutrale Staat in Mißkredit stand, geht aus der Gründungsgeschichte der Vereinten Nationen hervor. Als diese Weltorganisation ins Leben gerufen werden sollte, stand auch der Antrag zur Debatte, neutrale Staaten von dieser Völkergemeinschaft auszuschließen. Die immerwährende Neutralität schien im Zeitalter der ideologischen Konflikte ihre Daseinsberechtigung verloren zu haben und wurde kaum noch zur Kenntnis genommen. Die Schaffung der Vereinten Nationen schien zunächst eine Periode des Friedens und der Einigung einzuleiten. Im Gegensatz zum Völkerbund räumte die neue Weltorganisation den aus dem Kriege siegreich hervorgegangenen Großmächten eine Sonderstellung ein, die sie zu Garanten des Friedens machen sollte. Die Entwicklung der Atombombe, über die zunächst nur eine Großmacht verfügte und die ihrer Natur nach ursprünglich nur den Großmächten vorbehalten zu sein schien, unterstrich noch die Bedeutung dieser Staaten, und vielfach behauptete man, daß die neue Waffe jeden lokalen und regionalen Konflikt absurd erscheinen lassen würde. Wir alle wissen, daß die tatsächliche Entwicklung diesen Hoffnungen nicht Rechnung getragen hat. Statt der erhofften Einigkeit trat die Aufspaltung der Welt in zwei Blöcke ein, und an Stelle der blutigen Fronten des Weltkrieges trat der Eiserne Vorhang des kalten Krieges.

Völker und Machtblöcke

Freilich ergab sich bald, daß nicht alle Völker einem der beiden Machtblöcke anzugehören wünschten und auch innerhalb der Vereinten Nationen selbst mußte man nach und nach dem Prinzip der Neutralität Rechnung tragen. Dies äußerte sich zunächst in personellen Entscheidungen. So kommt der heutige Generalsekretär aus einem Land, das sich zwar nicht zu einer immerwährenden Neutralität bekannt hat, aber dennoch eine neutrale Politik verfolgt. Noch nötiger brauchte man die Neutralen, als es darum ging, den Weltfrieden gefährdende Konflikte beizulegen. Graf Folke Bernadotte, der als Vertreter des neutralen Schwedens im Auftrag der Vereinten Nationen zwischen Arabern und Israelis vermitteln sollte, starb als Opfer dieser Friedensmission. Und während es sich in diesem Falle letzten Endes noch um die Wahl einer besonders qualifizierten Persönlichkeit gehandelt hatte, so stellte man zur Überwachung des Waffenstillstandes in Korea schlechterdings eine auch offiziell so bezeichnete neutrale Kommission auf, in der den Vertretern neutraler Länder eine entscheidende Rolle zukam; dazu zählten auch Offiziere aus der gar nicht der UN angehörenden Schweiz. Ich darf in diesem Zusammenhang auch darauf verweisen, daß unser ständiger Vertreter bei den Vereinten Nationen nun schon zweimal mit der Funktion eines Berichterstatters der wichtigsten Komission, der Politischen Kommission, betraut wurde. Auch das ist ein Zeichen, daß das Ansehen der neutralen Staaten wieder im Steigen begriffen ist und sie für manche Aufgaben als besonders geeignet herangezogen werden.

Es war für Österreich ein glückliches Zusammentreffen, daß sein eigenes Bekenntnis zur Neutralität in diesen Zeitabschnitt fiel. Doch wäre es falsch, dieses Bekenntnis für eine opportunistische Geste zu halten. Es entsprang vielmehr jahrelanger oft recht bitterer Erfahrung und stellte vielleicht die politische Bilanz jener Wandlung dar, durch die Österreich seit dem Ende des Habsburgerreiches gegangen ist. Der Kleinstaat an der Grenze zweier ganz verschiedener Welten hatte die Folgen aus der Verstrickung in verhängnisvolle Machtpolitik und der Isolierung des Jahres 1938 gezogen. Er hatte der Situation, die sich nach 1945 herauskristallisierte, Rechnung getragen und den Weg der immerwährenden Neutralität gewählt, weil dieser nach unserem Ermessen am sichersten das Land aus einer unruhigen und schmerzlichen Vergangenheit in eine glücklichere Zukunft zu führen schien, weil er der historischen Entwicklung und dem Charakter des Volkes am ehesten entsprach und die Ausübung einer ausgleichenden und versöhnenden Tätigkeit eher ermöglichte.

Es sind nun fast drei Jahre vergangen, seit wir uns zur immerwährenden Neutralität bekannt haben. Als Fazit dieses Zeitablaufes dürfen wir, glaube ich, in aller Bescheidenheit, aber auch mit berechtigtem Stolz feststellen, daß die strikte Einhaltung der Neutralität und die konsequente, aufrechte Haltung unseres Volkes wesentlich zur Steigerung des Ansehens unseres Landes in der Welt beigetragen haben.

Die Formel der Neutralität

Unsere Diplomatie der Neutralität kann auf die einfache Formel gebracht werden: Eintreten für Recht und Gerechtigkeit gegen Macht und Gewalt, Hochhalten der menschlichen Grundfreiheiten und des Selbstbestimmungsrechtes der Völker, Mitarbeit bei Hebung des Lebensstandards aller Menschen, Verbreitung und Austausch der kulturellen Errungenschaften und Güter dieser Erde als wirksamstes Mittel zum Bau einer besseren Welt und zur Verständigung der Völker und die Ausübung einer vermittelnden und ausgleichenden Tätigkeit im Dienste des Weltfriedens. An diese Grundsätze haben wir uns gehalten, nach diesen Grundsätzen haben wir gehandelt, und diese Grundsätze werden uns Leitstern auch für die Zukunft sein. Eher als wir es uns alle gedacht haben, mußte das neue Österreich seine erste große Bewährungsprobe als neutraler Staat bestehen. Die Ereignisse in Ungarn im Oktober des Jahrs 1956 konnten uns nicht unberührt lassen, denn es handelte sich nicht bloß um ein Nachbarland, mit dem uns eine gemeinsame, jahrhundertelange Geschichte und Entwicklung verband, sondern die Vorkommnisse stellten eine Gefährdung der Sicherheit unseres Staates und unserer jungen Neutralität dar. Wir haben die Grenzen unseres Staates gesichert und Ungarn davon in Kenntnis gesetzt, wie wir handeln werden, wenn bewaffnete Soldaten unser Gebiet betreten. Wir haben aber auch den von uns vertretenen Grundsatz, für Recht und Gerechtigkeit einzutreten, in die Tat umgesetzt und uns nicht gescheut, an die Sowjetunion den Appell zu richten, mitzuwirken, damit die Kampfhandlungen ein Ende finden. In der Generalversammlung der Vereinten Nationen haben wir am 9. November 1956 eine Resolution eingebracht, in der alle Mitgliedsstaaten aufgefordert wurden, Hilfsmaßnahmen für die ungarische Bevölkerung in Form von Arznei- und Nahrungsmittellieferungen zu ergreifen. Österreich hat sich auch nicht gescheut, offen seine Stimme für jene Resolution abzugeben, in der das Eingreifen der Sowjetunion in Ungarn verurteilt wurde. Energisch haben wir auch alle Anschuldigungen wegen Verletzung der Neutralität zurückgewiesen und unsere Hilfsaktionen verteidigt, die dem Geiste christlicher Nächstenliebe entsprungen sind und nicht irgendwelchen machtpolitischen Hintergedanken dienten.

Die Abrüstungsfrage

Österreich hat aber auch die Verantwortung nicht gescheut, zu anderen brennenden Problemen der Zeit Stellung zu nehmen und seinen Standpunkt darzulegen. So hat der österreichische Vertreter vor der Politischen Kommission am 21. Jänner 1957 zur Abrüstungsfrage unter anderem darauf hingewiesen, daß Österreich als einziger Staat eine vertragliche Verpflichtung bezüglich seines Rüstungsstandes eingegangen ist, der einem Niveau entspricht, das in allen bisherigen Abrüstungsvorschlägen, sei es jenen der Sowjetunion oder der Westmächte, als Endstadium einer Abrüstung vorgesehen ist. Wir appellierten an die Weltmächte, durch einvernehmlich zu beschließende Maßnahmen die Sicherung der Friedenserhaltung zu stärken und die Verwendung der Atomkraft ausschließlich zu friedlichen Zwecken möglichst bald zu realisieren.

Es war nicht immer leicht für uns, als junges neutrales Land immer den richtigen Entschluß zu fassen und uns die Unabhängigkeit innerhalb der Blockbildungen im Rahmen der Vereinten Nationen zu bewahren. Dazu kam, daß jede unserer Aktionen mit größter Aufmerksamkeit verfolgt wurde und wird. Wir wollen nicht abstreiten, daß uns Fehler unterlaufen sein könnten, weil wir nur aus eigener Urteilskraft zu entscheiden vermochten und nicht auf ähnliche Beispiele früherer Zeiten zurückgreifen konnten. Eines aber können wir feststellen, und das ist, glaube ich, das Entscheidende: Wir haben alle unsere Entschlüsse nur nach reiflicher Überlegung gefaßt und uns ausschließlich vom Standpunkt des Rechtes und der Gerechtigkeit leiten lassen. Man scheint diese Haltung auch gewürdigt zu haben, denn Österreich hat sich nach kaum zweijähriger Zugehörigkeit zu den Vereinten Nationen in dieser großen Völkergemeinschaft einen geachteten Platz erworben, und unsere Mitarbeit wird geschätzt. Als überzeugte Anhänger der Institution der Vereinten Nationen, als Verfechter ihrer Prinzipien und der Aufrechterhaltung des Weltfriedens werden wir auch in Zukunft trotz offensichtlicher Mängel, die aber weniger in den Statuten als in der menschlichen Unzulänglichkeit ihre Ursachen haben, ein eifriger Mitarbeiter in dieser Weltorganisation bleiben und nach besten Kräften für das Wohl der Menschheit und den Frieden in der Welt wirken.

Internationale Zusammenarbeit

Zu Österreichs Mission als neutrales Land zählt auch das Bemühen, die internationale Zusammenarbeit zu fördern und aktiv mitzuwirken. In diesem Zusammenhang möchte ich ganz besonders das Bemühen des Bundeskanzleramtes – Auswärtige Angelegenheiten um die Etablierung der Internationalen Atomenergiebehörde in Wien hervorheben. Diesem Bestreben lag sowohl die Sicherung und Untermauerung unserer Neutralität zugrunde als auch das ehrliche Wollen, einen Beitrag für die Befriedung in der Welt zu leisten. Als Bindeglied zwischen West und Ost könnten gerade von Österreich aus jene Maßnahmen Allgemeingut der Menschheit werden, die mit Hilfe der Atomkraft den Lebensstandard der Weltbevölkerung zu heben vermögen und sie von jenem Alpdruck zu befreien, der auf ihr seit dem ersten Abwurf einer Atombombe lastet.
Der Sicherung der Neutralität und der vermittelnden Tätigkeit dienen auch die persönlichen Kontaktaufnahmen und Reisen unserer Regierungsmitglieder. In oftmals mißverstandener Weise werden diese Staatsbesuche interpretiert, weil man sich nicht der Mühe unterzieht, die eigentlichen Beweggründe zu erkennen oder erkennen zu wollen. So darf ich auf die von mir vorgenommene Reise im Februar dieses Jahres nach Indien, Pakistan, Afghanistan, Iran und Libanon verweisen, die oberflächlich als Erwiderung von Staatsbesuchen aus diesen Ländern in Österreich abgetan werden kann. Dem ist aber nicht so. Mit Absicht haben wir in den letzten Jahren führende

Persönlichkeiten aus diesen Ländern in unsere Heimat eingeladen, weil wir uns der Bedeutung bewußt waren, die diesen Gebieten schon jetzt und erst in Zukunft zukommen wird. Diese zwar meist auf alten Kulturen beruhenden, aber jungen Staatengründungen stellen das Bindeglied zwischen Europa, Rußland, Asien und Afrika dar und sind auf Grund der Bevölkerungszahl und der Bodenschätze ein ernst zu nehmender Machtfaktor auf der politischen Weltbühne. Österreich genießt noch von früheren Zeiten her in all diesen Gebieten besonderes Ansehen, weil wir niemals ein Kolonialreich besessen, sondern nur wirtschaftliche und kulturelle Beziehungen unterhalten haben. Meine Reise, die erste eines österreichischen Politikers seit 1918, diente dem Zwecke, Österreichs Namen in jenen Ländern wieder bekannt zu machen, die Staatsmänner in persönlichen Gesprächen von unserer Neutralität zu informieren und unseren Standpunkt zu den allgemeinen Weltproblemen bekannt zu geben. Je genauer die Weltöffentlichkeit mit der von uns verfolgten Neutralitätspolitik vertraut wird, um so gesicherter erscheint die Zukunft unseres Landes.

In diesem Sinne sind letztlich auch die Reisen unseres Bundeskanzlers nach Washington und die der österreichischen Regierungsmitglieder in andere Staaten verlaufen, um deren Denkensart und ihr Konzept kennenzulernen und als Folge davon für ein besseres Verständnis zu wirken, als der Austausch von unpersönlichen diplomatischen Noten.

Menschenwürde und Selbstbestimmungsrecht der Völker

So versucht nun Österreich die bisher eingeschlagene Politik der Neutralität unbeirrbar weiter zu verfolgen, weil wir uns auf dem rechten Weg glauben und der erzielte Erfolg uns recht gegeben hat. Eine Politik, die sich auf den Grundsätzen von Recht und Gerechtigkeit gründet, die die Freiheit und Würde des Menschen achtet, die das Selbstbestimmungsrecht der Völker respektiert, die zur Hebung des Lebensstandards der Menschen und zur sozialen Besserstellung beitragen will, die nichts anderes wünscht, als mit allen Ländern in Frieden und Freundschaft zu leben, eine Politik, die vom Vertrauen des überwiegenden Teiles der Bevölkerung getragen wird, kann letzten Endes nur dem eigenen Volk und der übrigen Welt von Nutzen sein. Als Realisten sind wir uns der Bescheidenheit unserer Mittel bewußt und wissen, daß die Entscheidung über Fragen, von denen die Zukunft der Menschheit abhängt, bei Größeren liegt. Aber wir wollen doch in ehrlichem Bemühen und mit jener Beharrlichkeit, der Österreich in letzter Zeit so viel zu verdanken hat, das Unsrige zum Werden eines glücklichen und freien Europas und einer besseren Welt beitragen.

Die große Südtirolerklärung von 1959

Aus dem Geist der Verträge: Autonomie für das Land an der Etsch!

4. März 1959

(Erklärung des Bundesministers für Auswärtige Angelegenheiten vor dem Nationalrat)

Vor mehr als einem Jahr (4. Dezember 1957) hatte ich Gelegenheit, dem Hohen Haus über unsere Südtirolpolitik zu berichten. Lassen Sie mich den Leitsatz meiner damaligen Ausführungen am Anfang meines heutigen Berichtes wiederholen:

„Das Pariser Abkommen berechtigt und verpflichtet Österreich, für die Lebensinteressen und die Existenz der österreichischen Volksgruppe in Südtirol einzutreten. Wir werden uns mit ganzer Kraft und allen rechtlichen Mitteln für die Erfüllung dieses Abkommens einsetzen."

An dieser unserer von Anfang an eingenommenen Stellungnahme hat sich nichts geändert. Die österreichische Regierung weiß sich hier mit der ganzen österreichischen Bevölkerung ohne Unterschied der Partei einig.

Demgemäß haben wir uns bemüht, in Verhandlungen mit Italien dem Ziel näherzukommen. Wir haben in dem Memorandum vom 8. Oktober 1956 unseren Standpunkt klar niedergelegt.

Es ist aber durchaus nicht so, als ob Österreich, wie gelegentlich behauptet wird, in den zehn Jahren zwischen dem Pariser Abkommen vom 5. September 1946 und der Überreichung des österreichischen Memorandums untätig gewesen wäre und sich so verschwiegen hätte. Die auf Grund des Pariser Vertrages Gruber-De-Gasperi von Italien mit Österreich zu schließenden Abkommen haben lange auf sich warten lassen. Erst im Jahre 1948 konnte das Abkommen über die Reoptanten, 1949 die Abkommen über den Durchgangsverkehr Nord-Osttirol, über den örtlichen Austausch von Gütern und den kleinen Grenzverkehr erreicht werden. Die Verhandlungen über die Anerkennung der Studientitel zogen sich durch nicht weniger als acht Jahre, bis 1956, hin. Die Probleme der Rücksiedler (Gleichstellung, Dienstzeitenanrechnung und Rentenansprüche) sind zum Teil heute noch nicht geregelt. Erst 1948 trat das Regionalstatut in Kraft: Mit der Erlassung der Durchführungsbestimmungen zum Regionalstatut wurde erst im Jahre 1951 begonnen, und zum Teil fehlen sie heute noch.

Auch die Südtiroler selbst konnten erst im Laufe der Jahre überblicken, wie sich das Regionalstatut faktisch auswirkte. Dann erst konnten sie ihre Beschwerden der italienischen Regierung vorbringen und haben das in ihrem Memorandum vom Frühjahr 1954 auch getan. Den Südtirolern wurde auf ihr Memorandum trotz wiederholter Vorstellungen weder Antwort noch Abhilfe zuteil.

Damals stand Österreich in den Schlußphasen seines Ringens um den Staatsvertrag. Im Herbst 1956 hat dann Österreich das von mir erwähnte Memorandum überreicht. Darin wurde vorgeschlagen, „eine gemischte italienisch-österreichische Expertenkommission zu bilden, der die Aufgabe übertragen werden sollte, alle Fragen aus dem Pariser Abkommen vom 5. September 1946, deren Anwendung strittig ist, zu prüfen und den beiden Regierungen innerhalb einer festzulegenden Frist Vorschläge zu deren Bereinigung zu unterbreiten". Die italienische Regierung hat in ihrem Memorandum vom 30. Jänner 1957 diesen Vorschlag, den wir auch heute noch für den zweckmäßigsten halten, abgelehnt und uns auf den normalen diplomatischen Weg verwiesen. Wir haben dann diesen Weg verfolgt. Er wurde immer wieder unterbrochen – sicher nicht durch unsere Schuld. Es fielen in die Zwischenzeit der Rücktritt der ersten Regierung Segni, das Übergangskabinett Zoli, Neuwahlen in Italien 1958, die Regierung Fanfani und jetzt schließlich die Bildung der zweiten Regierung Segni. Im Anschluß an die Bildung der Regierung Fanfani wurden die Besprechungen intensiviert. Seit Oktober werden die Verhandlungen auf österreichischer Seite unter dem Vorsitz des Staatssekretärs Prof. Gschnitzer geführt.

Ich habe den außenpolitischen Ausschuß über seinen Wunsch in vertraulicher Sitzung bereits seinerzeit über den Stand der Verhandlungen unterrichtet. Ich bin jederzeit bereit, dies wieder zu tun.

Hier möchte ich unseren Standpunkt in der Südtirolfrage, der schon im mehrfach erwähnten österreichischen Memorandum formuliert wurde, in seinen wesentlichsten Punkten noch einmal darlegen.

Die im Art. 1 b des Pariser Abkommens zugesicherte Gleichstellung der deutschen und italienischen Sprache wurde bisher nicht verwirklicht. Vielmehr ist heute noch Italienisch die alleinige Amtssprache. Deutsch nur Hilfssprache, das heißt, der Verkehr zwischen den Ämtern innerhalb der Provinz hat sich ausschließlich italienisch zu vollziehen. Bürgermeister deutscher Gemeinden, Leiter deutscher Schulen haben italienisch miteinander zu korrespondieren. Aber auch der Verkehr der Ämter und öffentlichen Stellen (Bahn, Post) mit dem Publikum erfolgt – wie sich jeder überzeugen kann – überwiegend italienisch. Vor der Polizei und vor Gericht erwachsen der deutschsprachigen Bevölkerung daraus schwere Nachteile, da weder das Gericht dem Vorbringen der Parteien noch die Parteien dem Gang des Verfahrens unmittelbar folgen können. Das hat sich insbesondere beim Prozeß gegen die Bauernburschen von Pfunders gezeigt, bei dem von insgesamt sechs Geschworenen vier der italienischen und nur zwei der Volksgruppe der Angeklagten angehörten.

Der Beamtenkörper besteht seit den Jahren des Faschismus zu 90 Prozent aus Angehörigen der italienischen Volksgruppe. So gehören beispielsweise in der ganzen Provinz Bozen der Polizei nur sechs Südtiroler an, von denen einer aus Südtirol sogar wegversetzt wurde. Im Landeskrankenhaus in Bozen sind sämtliche 57 Krankenschwestern Italienerinnen, und nur eine einzige spricht leidlich deutsch. Von 30 Ärzten sind vier Südtiroler. Alle neun Primarärzte sind Italiener, und nur zwei von ihnen sprechen deutsch. Ich frage: Kann eine Bevölkerung das heute im Zeitalter der Vereinten Nationen und der Deklaration der Menschenrechte noch hinnehmen? Und schon gar in einem Land wie Tirol, das seit Jahrhunderten demokratische Freiheitsrechte besessen hat?

Solche Zustände verstoßen aber auch gegen Art. 1 d des Gruber-De-Gasperi-Abkommens, der sich gerade zum Ziel setzt, ein angemesseneres Verhältnis der Stellenverteilung zwischen den beiden Volksgruppen in Südtirol zu erreichen. Die Frage ist in hohem Maße auch eine soziale Frage, denn solange die Südtiroler keinen Zugang zu den öffentlichen Stellen haben, ist ihre kulturelle und wirtschaftliche Entwicklung deren Schutz Art. 1 Abs. 1 zusichert, gehemmt.

Wir verlangen daher den ethnischen Proporz in der gesamten staatlichen und halbstaatlichen Verwaltung und in der Gerichtsbarkeit. Sonderausschreibungen der Stellen für Südtiroler und die Gewähr, daß sie in Südtirol selbst Verwendung finden, sind geeignete Mittel zu diesem Ziel. Den Einwand, daß die Südtiroler öffentliche Anstellungen nicht anstreben, können wir durch zahlreiche Fälle widerlegen, in denen Südtiroler Bewerber den Bewerbern der italienischen Volksgruppe nachgesetzt wurden.

Ich übergehe hier eine Reihe von Einzelfragen, die für den im Gruber-De-Gasperi-Abkommen gewährleisteten Schutz der kulturellen Entwicklung unserer Volksgruppe von Bedeutung sind, und wende mich mit dem Kernpunkt des Abkommens, der Autonomie, zu. Art. 2 Satz 1 sichert ganz klar die autonome Gesetzgebungs- und Verwaltungsbefugnis der Bevölkerung des Gebietes der heutigen Provinz Bozen zu, in dem bekanntlich die Südtiroler die Mehrheit haben. Nur das entspricht auch dem Sinn und Zweck des Abkommens; die kulturelle und wirtschaftliche Entwicklung der Volksgruppe soll und kann am besten durch eine Selbstverwaltung gesichert werden. Italien hat jedoch die fast rein italienische und volkreichere Provinz Trient mit der Provinz Bozen zur Region vereinigt und dieser die Autonomie gegeben. Diese Region hat aber eine italienische Mehrheit. 15 deutschsprachige Abgeordnete stehen 33 italienischsprachigen Abgeordneten gegenüber. Das kann nicht der Zweck des Gruber-De-Gasperi-Abkommens gewesen sein. Wie sich aus allen seinen Artikeln ergibt, ist es offensichtlich zum Schutz unserer Volksgruppe geschlossen. Was für ein Interesse hätte

Österreich auch haben sollen, dem Trentino eine Autonomie zu verschaffen? Von Selbstverwaltung für unsere Volksgruppe kann aber in dem Moment nicht mehr die Rede sein, da eine italienische Mehrheit das Instrument der Autonomie handhabt.

Am 27. Juni 1947 beschloß die italienische verfassunggebende Versammlung, ohne daß die Südtiroler vorher zur Beratung herangezogen worden wären oder gar zugestimmt hätten, die Errichtung von fünf Regionen, und zwar Sizilien, Sardinien, Trentino-Alto Adige, Friaul-Julisch Venetien und Aostatal. Die geographische Abgrenzung der Region Trentino-Südtirol stand daher schon fest, als erst im Jänner 1948 die Südtiroler zum bereits fertigen Entwurf des Reginalstatutes mit ihren Wünschen gehört wurden. Sie konnten an der Tatsache der Zusammenlegung der beiden Provinzen zu einer Region mit italienischer Mehrheit nichts mehr ändern. Sie mußten vielmehr befürchten, und man hat es ihnen deutlich vor Augen gestellt, daß die italienische verfassunggebende Versammlung in wenigen Tagen ihr Werk beenden würde und sie im Falle der Ablehnung überhaupt keine Autonomie bekämen. In der Tat hat die italienische verfassunggebende Versammlung am 31. Jänner 1948 ihre Arbeiten beendet. Das Schicksal der Region Friaul-Julisch Venetien, die heute noch auf ihre in der Verfassung vorgesehene Autonomie wartet, beleuchtet den Ernst der Lage, der sich damals die Südtiroler Unterhändler gegenübersahen.

Was innerhalb der Region Trentino-Südtirol der Provinz Bozen an Rechten zugebilligt wurde, kann nicht als wirkliche Autonomie im Sinne des Gruber-De-Gasperi-Abkommens bezeichnet werden. Aber selbst diese Rechte wurden vielfach nicht verwirklicht. Insbesondere wurde die Zusage, die Verwaltung vom Staat und von der Region weitgehend auf die Provinz zu übertragen, nicht erfüllt.

Für eine echte Autonomie zum Schutze von Volksgruppen gibt es in Europa beachtliche Beispiele, so das Alandstatut und die Autonomie der Faröer Inseln. Andere Staaten gaben selbst kleineren Volksgruppen ihren Verhältnissen durchaus entsprechende Schutzbestimmungen: so Belgien der deutschen Minderheit, Deutschland der dänischen Minderheit und Dänemark der deutschen Minderheit. Und das nicht auf Grund internationaler Verträge, sondern aus freien Stücken.

Italien selbst besitzt im sizilianischen Statut ein Vorbild für eine echte Autonomie. Es hat auch das Aostatal, obwohl kleiner an Gebiet und Bevölkerungszahl als Südtirol, für sich allein zur autonomen Region erklärt. Warum sollte, was dort für die französischsprachige Bevölkerung möglich war, nicht auch für die deutschsprachige Bevölkerung Südtirols möglich sein? Im Aostatal wurde auch die unter dem Faschismus erfolgte Italienisierung der Ortsnamen wieder rückgängig gemacht; warum sollen dann in Südtirol die vom Faschisten Tolomei zu dem Zweck erfundenen italienischen Orts-bezeichnungen, um eine italienische Besiedlung des Gebietes vorzutäu-schen, weiterhin, und zwar vor den angestammten Namen, bestehen blei-ben? Warum darf das Land offiziell noch immer nicht Südtirol heißen? Daß Art. 2, der Kernpunkt des Gruber-De-Gasperi-Abkommens, die Au-tonomie, nicht erfüllt wurde, ja daß selbst die im bestehenden – wie oben gesagt unzulänglichen – Regionalstatut den Südtirolern zugebilligten Rech-te nicht verwirklicht werden, hat sich besonders sinnfällig jüngst in der Fra-ge des Volkswohnbauwesens gezeigt. Da diese Frage die letzte Entwicklung ausgelöst hat, möchte ich darauf näher eingehen.

Art. 11 Z. 11 des bestehenden Regionalstatutes gibt der Provinz Bozen pri-märe Gesetzgebungsgewalt in den Angelegenheiten des Volkswohnbaues, und Art. 13 Abs. 1 erklärt, daß die auf den Bereich ihrer Gesetzgebungsge-walt bezügliche Verwaltungsgewalt von der Provinz ausgeübt wird. Nichts klarer als das. Trotzdem ging die Verwaltung auf die Provinz nicht über; die italienische Regierung vertrat nämlich die Meinung, es brauche zum Übergang eigene Durchführungsbestimmungen, und durch zehn Jahre erließ sie diese nicht. Als dann die Provinz, der Vertröstungen müde, ge-stützt auf ein Erkenntnis des italienischen Verfassungsgerichtshofes, daran-ging, selbst die angeblich nötigen Durchführungsbestimmungen zu erlas-sen, verwies die italienische Regierung das Gesetz dreimal unter wechseln-den Begründungen zurück und erklärte zuletzt, nunmehr ihrerseits die Durchführungsbestimmungen erlassen zu wollen. Die Provinz hielt ihren grundsätzlichen Standpunkt aufrecht, war aber bereit, auch diesen Weg zu akzeptieren, wenn er sachlich ihre Zuständigkeit wahrte – richtiger: endlich verwirklichte.

Der Regierungsentwurf wurde einer „paritätischen Kommission" zugewie-sen. Was heißt paritätisch? Sie besteht aus acht Mitgliedern, und darunter ist nur ein Südtiroler. Das Ergebnis war danach: es verschlechterte den Re-gierungsentwurf. Die Südtiroler kämpften dagegen und erwarteten, daß die Regierung ihren Vorstellungen Rechnung trage. Statt dessen brachte das endgültige Regierungsdekret weitere Verschlechterungen und nur eine Ver-besserung.

Endergebnis: Von den Volkswohnhäusern bleiben die sogenannten INA-CASA, das sind die Arbeiter- und Angestelltenwohnungen, die allein etwa sechs Zehntel des Volkswohnbaues ausmachen, der Provinz entzogen; ebenso die Beamtenwohnungen und andere, die zusammen etwa ein Zehn-tel ausmachen. Aber auch die restlichen ungefähr drei Zehntel werden der Verwaltung der Provinz entgegen den Bestimmungen es Art. 11 Z. 11 und des Art. 13 Abs. 1 des Regionalstatuts nicht unterstellt.

Der einzige nennenswerte Fortschritt besteht darin, daß bei der Verteilung

23

Hans Moser mit Leopold Figl. Die Liebe zu einem Glas Wein, dessen Rebensaft an den Hängen der Donau reift, verband den größten österreichischen Volksschauspieler des 20. Jahrhunderts mit dem Staatsmann aus dem Volke. In der Mitte Frau Blanca Moser, die ebenfalls am 10. 12. 1963 mit Figl zusammentraf.

Links Oben: Nach der Befreiung: erste Wallfahrt des Österreichischen Bauernbundes nach Mariazell. Neben Leopold Figl der volkstümliche und beliebte Erzbischof von Wien, Theodor Kardinal Innitzer.

Links unten: 29. 6. 1962: Auf dem „Wieselburger Volksfest", NÖ. Leopold Figl mit Vizekanzler Bruno Pittermann unter der beliebten „Würstel- und Hendlbraterei". Als der Sozialdemokrat Bruno Pittermann die Nachricht vom Tode Leopold Figls erhielt, weinte der eiserne Politiker in wirklicher Betroffenheit.

Vom großen Abschied gezeichnet: Niederösterreichs Landeshauptmann Dipl.-Ing. DDr. h.c. Leopold Figl am 6. 5. 1965. Drei Tage später erlosch sein Lebenslicht auf dieser Welt († 9. 5. 1965).

der INA-CASA-Wohnungen der Grundsatz des ethnischen Proporzes angenommen wurde. Leider wurde aber der praktische Wert dieses Zugeständnisses durch mehrere Einschränkungen fast hinfällig gemacht. Erstens soll die Berechnung des ethnischen Proporzes nicht die Einwohnerzahl, sondern die Zahl der Arbeitnehmer zugrunde gelegt werden, welche Beiträge für die INA-CASA-Bauaktion zu leisten haben. Damit wird aber der Proporz der Volksgruppen auf den Kopf gestellt, den die von Mussolini zum Zweck der Italianisierung Südtirols geschaffene Industrie beschäftigt auch heute noch fast ausschließlich italienische Arbeitnehmer. Während die Südtiroler Volksgruppe zwei Drittel der Gesamtbevölkerung der Provinz ausmacht, ist das Verhältnis unter den beitragleistenden Arbeitnehmern umgekehrt. Die Südtiroler würden nach diesem Schlüssel daher nicht 66 Prozent, sondern nur 30 Prozent der INA-CASA-Wohnungen erhalten. Da sie bisher nur 6 Prozent erhalten haben, wäre das immerhin ein Fortschritt. Zweitens. Tatsächlich soll aber der Anteil der Südtiroler an den INA-CASA-Wohnungen noch dadurch verringert werden, daß der Proporz der beitragleistenden Arbeitnehmer für jede Gemeinde separat berechnet werden soll. Da nun in den Städten, in denen tatsächlich Wohnungen gebaut werden, besonders wenig Südtiroler Arbeit gefunden haben, während in den Dörfern, wo die Südtiroler die große Mehrheit haben, wenig oder nichts gebaut werden wird, handelt es sich hier um eine weitere empfindliche Benachteiligung der Südtiroler.

Drittens. Während es gerecht erschiene, den neuen Proporz rückwirkend gelten zu lassen, um die Südtiroler für die jahrelange Benachteiligung zu entschädigen, soll er nicht einmal ab sofort angewendet werden. Die schon geplanten Wohnbauten wurden nämlich ausdrücklich ausgenommen. Bedenkt man nun, daß sich diese Planung bis zum Jahr 1963 erstreckt und etwa 1800 Wohnungen umfaßt, wofür 4,5 Milliarden Lire ausgeworfen sind, so mag man den praktischen Wert dieses einzigen nennenswerten Fortschrittes, den die Durchführungsbestimmungen gebracht haben, ermessen!

Die Entscheidung der italienischen Regierung über das Volkswohnbauwesen in Südtirol hat die österreichische Regierung um so mehr befremdet, als mehrfache eindringliche Vorstellungen über den Ernst, den wir der Angelegenheit beimessen, überhaupt nicht beachtet wurden.

Ich bin auch deshalb auf die Frage des Volkswohnbaues eingegangen, weil sie in die sozialen Probleme unserer Volksgruppe hineinleuchtet.

Vor 1918 hatten die in Südtirol ansässigen Italiener den ihrer Zahl (es waren nur 3%) genau entsprechenden Anteil an den Berufssparten. Das soziale Gefüge war, auch in der ethnischen Zusammensetzung, durchaus harmonisch. Das hat sich seit der Zugehörigkeit des Landes zu Italien grundlegend verändert.

Der sich aus der Landwirtschaft ernährende Teil unserer Volksgruppe ist seit 1918 von rund 60 Prozent auf rund 70 Prozent angewachsen. Dagegen ist der Prozentsatz der vom Handwerk, Gewerbe, Handel und Industrie lebenden Südtiroler nur von 18 auf 23 Prozent gestiegen und ihr Anteil am städtischen Mittelstand (öffentliche Angestellte, Sicherheitsdienst, freie Berufe u. dgl.) von 21 auf 7 Prozent zurückgegangen – eine einmalige Erscheinung in ganz Europa. Von der italienischen Volksgruppe leben nur 5 Prozent von der Landwirtschaft, 43 Prozent vom Gewerbe, Handel und Industrie und 52 Prozent als öffentliche Angestellte, im Sicherheitsdienst, in freien Berufen u. dgl.

Nun beträgt in Südtirol das Nettoeinkommen pro Kopf und Jahr für die in der Landwirtschaft Tätigen 317.000 Lire = 13.000 S, während es für die in den übrigen Berufen Tätigen durchschnittlich 848.000 Lire = 34.000 S beträgt. Darin drückt sich die schwere soziale Benachteiligung der Südtiroler aus, denen der Fortschritt der Industrialisierung und die sozialen Aufstiegsmöglichkeiten nicht zugute kommen.

Südtirol war und ist vorwiegend ein Bauern-, und zwar ein Bergbauernland. Nur 3 Prozent der landwirtschaftlich genutzten Fläche entfallen auf Obst- und Weinbau.

Die Landwirtschaft kann die große Zahl der Bauernkinder nicht alle ernähren. Sie müssen (und so war es immer und überall!) in anderen Berufen Arbeit suchen. Diese Wege sind den Südtirolern – und die Südtiroler Bergbauern sind besonders kinderreich – versperrt. So sind sie zum Teil zur Auswanderung genötigt, zum Teil herrscht unter der Südtiroler bäuerlichen Bevölkerung verdeckte Arbeitslosigkeit. Das heißt, sie wird von den Arbeitsämtern nicht als Arbeitslosigkeit statistisch erfaßt, weil die bäuerlichen Arbeitskräfte gezwungenermaßen am elterlichen Hof bleiben, sie sind aber einen Großteil des Jahres unterbeschäftigt, und nur der patriarchalische Familienzusammenhalt ermöglicht es ihnen, ein kärgliches Dasein zu fristen.

Diese traurigen sozialen Verhältnisse folgen daraus, daß die italienischen Zuwanderer die ansässige Bevölkerung aus den höheren und bürgerlichen sozialen Schichten und aus der gutbezahlten Industriearbeiterschaft verdrängt haben und verdrängen.

Ich komme nunmehr auf jenen Teil der Regierungserklärung des italienischen Ministerpräsidenten Segni zu sprechen, der sich mit Südtirol befaßt. Er kann uns keineswegs befriedigen. Einmal die Behauptung, daß das Gruber-De-Gasperi-Abkommen von Italien bereits erfüllt wurde und weiter die Äußerung, daß die Durchführung des Gruber-De-Gasperi-Abkommens sowie der Schutz der Minderheit eine Angelegenheit ausschließlich italienischer Zuständigkeit sei.

Österreich und Italien haben das Abkommmen Gruber-De-Gasperi – ich zitiere – „zum Schutz des ethnischen Charakters und der kulturellen und wirtschaftlichen Entwicklung des deutschsprachigen Bevölkerungsteiles" der heutigen Provinz Bozen geschlossen. Gewiß ist es Sache Italiens, den Vertrag durchzuführen, da es dazu italienischer Gesetze und Maßnahmen bedarf. Es ist aber das Recht Österreichs, als Vertragspartner zu beurteilen, ob diese italienischen Gesetze und Maßnahmen auch wirklich den Vertrag erfüllen, und sich für die Erfüllung des Vertrages einzusetzen. Dies ist auch eine Pflicht Österreichs gegenüber seiner Volksgruppe. Und nicht nur das Recht und die Pflicht Österreichs! Es ist auch das Recht und die Pflicht jener Mächte, die den italienischen Friedensvertrag unterzeichnet und damit auch dem Annex IV, dem Abkommen Gruber-De-Gasperi, zugestimmt haben. Es liegt somit eine internationale Verpflichtung Italiens vor.

Das in jüngster Zeit von der italienischen Regierung gegen zwei prominente österreichische Politiker erlassene Einreiseverbot war Gegenstand von Beratungen des Ministerrates. Die Bundesregierung hat ihr Befremden über diesen Schritt der italienischen Regierung ausgedrückt, in welchem ein äußerst unfreundlicher Akt Italiens erblickt werden müsse, und darauf hingewiesen, daß derartige Maßnahmen nicht geeignet sind, das Verhältnis zwischen Österreich und Italien zu verbessern. Ich bin überzeugt, daß die gesamte Volksvertretung einmütig diese Haltung der Bundesregierung billigt. Überdies ist es auch eine Verletzung des Abkommens Gruber-De-Gasperi, wenn dem Landeshauptmann von Tirol und einem Mitglied der Landesregierung die Überschreitung der Brennergrenze untersagt wird. Dadurch sind sie am freien Durchgangsverkehr von Nord- nach Osttirol über das Pustertal gehindert, worüber in Art. 3 lit. d des Gruber-De-Gasperi-Abkommens besondere Vereinbarungen zu treffen waren und tatsächlich getroffen wurden.

Wir werden uns nicht beirren lassen durch Demonstrationen junger Leute in Italien von deutlich neofaschistischem Charakter. Wir möchten nur daran erinnern, daß der Marsch der Faschisten auf Bozen am 2. Oktober 1922 die Generalprobe für den Marsch auf Rom am 28. Oktober 1922 war.

Österreich hat im Bewußtsein seines Rechtes und seiner Verantwortung volle Ruhe bewahrt und wird sich von der Durchsetzung seines guten Rechtes durch nichts abbringen lassen.

Es fällt der österreichischen Regierung schwer, angesichts der vielfachen Enttäuschungen nicht die Hoffnung aufzugeben, doch noch im Verhandlungswege zum Ziel zu kommen. Und es ist für sie wahrlich eine undankbare und fast nicht mehr zumutbare Aufgabe, den Vorwurf des österreichischen Volkes zu ertragen, sie sei von unverantwortlichem Langmut. Denn schon zuviel, viel zuviel Zeit ist – nicht durch unsere Schuld – versäumt worden. Die Südtirolfrage wäre sonst nicht in ein so krisenhaftes Stadium getreten. Ziehen wir Lehren aus gemachten Erfahrungen! Aus guten Erfahrungen in Fällen, wo eine Lösung rechtzeitig und klug gefunden wurde; aus schlimmen Erfahrungen dort, wo eine rechtzeitige Lösung versäumt wurde. Am 3. Feber d. J. hat der Ministerrat die Auffassung vertreten, daß die Verschärfung, die durch die dem Abkommen Gruber-De-Gasperi widersprechenden Durchführungsbestimmungen zum Volkswohnbau in Südtirol eingetreten ist, die Notwendigkeit unterstreiche, die Verhandlungen mit Italien über die Durchführung des Gruber-De-Gasperi-Abkommens mit Nachdruck fortzusetzen und möglichst bald zu einem Abschluß zu bringen. Wir werden diese Richtlinie befolgen.

Sollten die Verhandlungen jedoch – was wir aufrichtig bedauern würden – nicht zum erhofften Ergebnis führen, so bliebe nur der Weg, die Meinungsverschiedenheiten über Auslegung und Anwendung des Pariser Abkommens den im Völkerrecht dafür vorgesehenen zuständigen Instanzen zu unterbreiten. Sie sollen auch entscheiden, ob es wirklich nur eine inneritalienische Angelegenheit ist, die Erfüllung des Abkommens zu beurteilen. Wir sind bereit, uns dem internationalen Recht zu unterwerfen. Wir hegen die Überzeugung, daß auch die anderen Staaten, besonders aber Italien selbst, diesen Weg zur Austragung des Falles gutheißen. Ist er doch allein zweier europäischer Staaten würdig, die benachbart sind und deren Verständigung sonst nichts entgegensteht.

Nemo judex in re sua – niemand kann Richter in eigener Sache sein. Das gilt für uns wie für Italien.

Die Erfüllung von Verträgen ist eine der Grundlagen jeder zivilisierten, auf Recht und Sitte aufgebauten Gemeinschaft. Zum Wesen des Rechtes gehört es, daß es dem Schwachen genau so zugute kommt wie dem Starken, ja, daß es ihm wegen seiner Schutzbedürftigkeit erst recht zur Seite steht. Das sogenannte Recht des Stärkeren ist nichts anderes als Unrecht. Zum Wesen des Rechtes gehört auch die Unparteilichkeit. Das Recht, das das eine Mal für den einen spricht, muß ebenso angewendet werden, wenn es ein anderes Mal für den anderen spricht. Daher muß der, welcher sich zu seinen Gunsten auf Rechtsgrundsätze beruft, bereit sein, sie auch dann anzuwenden, wenn sich andere auf sie berufen können.

Italien selbst, und zwar sein gegenwärtiger Außenminister, hat in der Frage Triest sich eindeutig zu den Rechtsgrundsätzen der Atlantikcharta und der Charta der Vereinten Nationen bekannt. Ich führe seine Worte an:

„Imperialismus ist es, wenn man die grundlegenden ethnischen Grundsätze verneinen will, wenn man die klare Anwendung des Rechtes durch Willkür ersetzt und an Stelle der tief eingewurzelten Gefühle der direkt Interessierten die Gewalt sprechen läßt . . . Der Leidensweg dieser Menschen dauert

schon zu lange. Ihnen muß das Wort erteilt werden, ihnen steht das endgültige Urteil über ihr Schicksal zu."
Diese Worte sprach Außenminister Pella in seiner großen Parlamentsrede am 13. September 1953 für die Italienier in Triest. Er berief sich dabei auf „die Anwendung jener Grundsätze, welche nicht nur die Basis des Rechts und der internationalen Moral darstellen, sondern in feierlichen Dokumenten, an welche zweckmäßigerweise erinnert werden soll, beredten Ausdruck finden: die Atlantikcharta, die Satzung der Vereinten Nationen, welche auch Jugoslawien unterzeichnet hat".
Soweit die damalige Erklärung des gegenwärtigen italienischen Außenministers.
Nur ein Wort dazu: Die Satzung der Vereinten Nationen hat auch Italien unterzeichnet!
Tirol ist ein Land ältester demokratischer Freiheitsrechte. Als es 1363 zu Österreich kam, geschah das mit Zustimmung aller seiner Stände, des Adels und der Geistlichkeit, der Bürger und Bauern und unter Vorbehalt „der alten Landesrechte und Freiheiten". Diese Rechte und Freiheiten blieben Tirol im Verband der österreichischen Länder gewahrt – auch heute ist Tirol ein Bundesland mit eigener Gesetzgebung und Verwaltung.
Den Südtirolern wurde das Selbstbestimmungsrecht 1918 und 1945 versagt.
Das 1946 geschlossene Abkommen Gruber-De-Gasperi sollte das schwere Unrecht einigermaßen wiedergutmachen, das die faschistische Diktatur der Volksgruppe zugefügt hatte. Dieses Unrecht gipfelte in dem Umsiedlungs-Übereinkommen vom Juni 1939, welches Hitler Mussolini als Preis für die Bundesgenossenschaft im bevorstehenden Krieg zugestand.
Das Abkommen Gruber-De-Gasperi sollte Südtirol aber auch in Form der Autonomie wieder zu den alten Landesrechten und -freiheiten verhelfen.
So gebe man den Südtirolern doch endlich alle Rechte aus dem Vertrag, nach seinem Buchstaben, nach seinem Geist; man gebe ihnen die Autonomie.
Die Welt kann und darf die Verletzung von Rechtsgrundsätzen in Südtirol nicht dulden, zu denen sie sich bekennt und die sie zu verteidigen entschlossen ist. Sie nimmt sonst ihren Argumenten die Kraft und den Glauben. Und ich glaube an den Sieg unseres guten Rechtes in Südtirol.

Vereint in Rechts- und Pflichterfüllung zur Sicherung des Ansehens und Einflusses des Nationalrates

Der neugewählte Präsident der ersten Kammer mahnt die Abgeordneten

10. Juni 1959

(Erklärung des Nationalratspräsidenten vor dem Nationalrat)

Sie haben mich mit großer Mehrheit zum Präsidenten dieses Hauses gewählt. Ich danke Ihnen für diesen Beweis des Vertrauens und werde all mein Bemühen darauf richten, den Pflichten, die mit diesem hohen Amte verbunden sind, gerecht zu werden. Ich möchte aber diese Gelegenheit nicht vorübergehen lassen, ohne dem scheidenden Präsidenten, meinem Freund Dr. Hurdes, für die beispielgebende Gewissenhaftigkeit und Objektivität, mit der er sein Amt ausgeübt hat, herzlichst zu danken.

Gestatten Sie nun, verehrte Frauen und Herren Abgeordneten, daß ich meinem Dank an Sie noch einige Bemerkungen hinzufüge. Artikel 1 der Bundesverfassung lautet: Österreich ist eine dmeokratische Republik, ihr Recht geht vom Volke aus. Das Hohe Haus hier, das auf demokratische Weise in freier und geheimer Wahl gewählt wurde, repräsentiert das Volk von Österreich und ist diesem für sein Tun verantwortlich. Der Wille des Volkes ist es, daß seine Vertreter gewissenhaft die Aufgaben erfüllen, die es ihnen übertragen hat, und daß sie jederzeit den Pflichten nachkommen, die mit der Funktion und der Würde eines Volksvertreters verbunden sind.

Gewiß, es sind manchmal auch kritische Worte über die Tätigkeit des Parlaments gefallen. Aber wie viele Bewohner dieser Erde würden sich glücklich schätzen, eine auf freien und geheimen Wahlen beruhende Volksvertretung zu besitzen, in der die freie Meinungsäußerung unumstößliches Recht ist.

Unser Parlament ist nach einer tragischen Zeit im Dezember 1945 zum erstenmal zusammengetreten. Damit wurde die Grundlage für die Erhaltung der Einheit unseres Vaterlandes geschaffen. Ein Jahrzehnt hindurch ist dieses Haus nicht müde geworden, durch seine Appelle an die Welt das mahnende Gewissen Österreichs zu sein, diesem Land endlich sein Recht auf Freiheit und Unabhängigkeit zu geben. Damit hatte es aber auch maßgeblichen Anteil an dem Zustandekommen des Staatsvertrages, den ich die Ehre hatte, namens der Bundesregierung am 15. Mai 1955 zu unterzeichnen.

Welch erfolgreichen Weg haben wir seit den Dezembertagen des Jahres 1945 zurückgelegt! Die Gesetze, die die Grundlage für den wirtschaftlichen und sozialen Aufstieg bildeten, sind in diesem Hause beschlossen worden. Aber dennoch dürfen wir die Stimmen der Kritik nicht ganz überhören. Von den verschiedensten Seiten werden Ratschläge angeboten, wie man die Bedeutung der österreichischen Volksvertretung in Zukunft heben könnte. Die zahlreichen Vorschläge erheischen sicherlich eine Überprüfung, wie weit sie wirklich geeignet sind, diesen Zweck zu erreichen und nicht nur eine gewisse äußere Publizität der parlamentarischen Arbeit herbeizuführen. Wesentlich für die Beurteilung des Wertes aller vorgebrachten Anregungen ist, inwieweit sie tatsächlich darauf abzielen, die Unabhängigkeit des Nationalrates bei Ausübung der ihm in der Verfassung gewährleisteten Rechte und Pflichten zu fördern. Das Volk verlangt nach einer lebendigen Demokratie, wie sie sich in einem echten Parlamentarismus äußert.

Das österreichische Volk, als dessen Repräsentanten Sie hier versammelt sind, hat Sie aber auch beauftragt, das Werk des Wiederaufbaues in gemeinsamer Arbeit fortzusetzen. Die verflossenen Jahre haben uns gelehrt, und die Bevölkerung hat es immer wieder bestätigt, daß nur in der Zusammenarbeit aller die Gewähr für die Sicherung der Existenz des Staates, seiner Bürger und die Gewißheit der Fortsetzung des so erfolgreich beschrittenen Weges liegt. Es widerspricht nicht den demokratischen Regeln des Parlamentarismus, sondern es ist gerade sein Merkmal, Meinung gegen Meinung zu stellen, abzuwägen und zu prüfen, doch soll sich die Debatte in Bahnen bewegen, die nicht nur persönliche Angriffe ausschließen, sondern auch jede Gehässigkeit vermeiden. Über allen Parteiinteressen muß das Wohl des Volkes stehen. Nur wenn wir alle in der Auffassung unserer Rechte und Pflichten einig sind, wird es gelingen, dem Nationalrat jenen Einfluß und damit jenes Ansehen zu sichern, die für die Volksvertretung jedes demokratischen Staatswesens im Interesse der Demokratie unerläßlich sind.

Vergessen wir nicht, daß wir in unserer leider noch immer zerrissenen und zerklüfteten Welt nur durch Einigkeit und Zusammenarbeit die Freiheit und Unabhängigkeit des Vaterlandes wahren können. Das gilt in besonderem Maße für unser Land, das an der Grenze zweier Welten gelegen ist. Ich richte daher den dringenden Appell an alle, in ernster und sachlicher Arbeit für das Wohl und die Zukunft unseres Vaterlandes zu wirken.

Bedeutende Aufgaben sind zu erfüllen und wichtige Probleme, die noch keineswegs einer einheitlichen Auffassung begegnen, zu lösen. Wenn aber das Bewußtsein der Verantwortung und des Vertrauens, mit dem Sie das Volk auf diesen Platz berufen hat, die Maximen Ihres Handelns sein werden, dann bin ich davon überzeugt, daß auch in dieser neuen Gesetzgebungsperiode wertvolle Arbeit geleistet werden wird. So ersuche ich Sie nun, meine verehrten Frauen und Herren Abgeordneten, im Namen Gottes die Arbeit für unser braves Volk und unser geliebtes Österreich zu beginnen!

Heimkehr in die eigentliche Heimat
31. Januar 1962
(Dankesrede anläßlich der Wahl zum Landeshauptmann von Niederösterreich)

Unter dem Beifall der Abgeordneten übernimmt Dipl.-Ing. Dr. h. c. Leopold Figl den Sitz des Landeshauptmannes:

„Mein erstes Wort soll und muß ein Wort des Dankes sein, des Dankes für die einstimmige Wahl, für die hohe Würde des Landeshauptmannes von Niederösterreich. Sie zeugt von wahrer Demokratie, die wohl Menschen verschiedener Meinung, doch keine Feinde kennt. Ihr einstimmiges Votum legt mir eine große Verpflichtung auf. Es gilt, Ihr Vertrauen zu rechtfertigen, es bedeutet Vertrauen gegen Vertrauen.

Ich habe drei große Vorgänger gehabt, die für mich persönlich sehr viel bedeutet haben. Unter Landeshauptmann Buresch bin ich in die Landeshauptmannschaft eingetreten, mit Landeshauptmann Reither habe ich vor 1938 zusammengearbeitet, und mit Landeshauptmann Steinböck hat mich eine fünfunddreißigjährige Freundschaft verbunden.

Ich bin ein Kind dieses Landes, in dem ich mit allen Kräften wurzle und dem ich mit aller Liebe verbunden bin. Ich habe vor 1938 gedient, ich habe 1945 als Landeshauptmann dem Land gedient. Jahre der Kanzlerschaft, des Außenministers und Nationalratspräsidenten vergingen. Und jetzt hat mich die Heimat wieder gerufen. Kaum ein Bundesland hat so gelitten wie Niederösterreich, das Kernland Österreichs, seine Bevölkerung ist in erster Linie im Ringen um die Freiheit gestanden. Noch ist viel nachzuholen, noch ist viel gutzumachen. Doch gibt es für mich keine schönere Arbeit, als meinem Heimatland wieder zu dienen. Grillparzer hat das Lob Niederösterreichs wohl am schönsten ausgedrückt: ‚Es ist ein gutes Land, wo habt ihr dessengleichen schon gesehn?' Daher: für alle die Freiheit und Gott die Ehre!"

Begrüßungsrede als Landeshauptmann von Niederösterreich
11. Februar 1962
(Radioansprache)

Am 31. Jänner hat mich die gesetzgebende Körperschaft meines Heimatlandes Niederösterreich in einstimmiger Wahl zum schweren Amt des Landeshauptmannes berufen. Ich möchte die heutige Gelegenheit dazu be-

nützen, um Sie, meine lieben Landsleute in allen vier Vierteln Niederösterreichs, recht herzlich zu begrüßen und Sie zu bitten, mit mir so wie in den
vergangenen 17 Jahren mit meinen Vorgängern, den großen Bauernführern
Steinböck und Reither, alle Kraft dafür einzusetzen, daß wir Niederösterreich politisch und wirtschaftlich im Gesamtstaat wieder jene Position zurückgewinnen, die diesem Lande auf Grund seiner Größe, seiner Bevölke-
rungsanzahl und seiner exponierten geographischen Lage zukommt.
Mit dem verstorbenen Landesvater Johann Steinböck, dessen Erbe ich nun
zu verwalten habe, verband mich durch mehr als drei Jahrzehnte eine innige
Freundschaft. Die Probleme, welche mein Heimatland Niederösterreich in
den schweren Jahren der Besatzung und auch nach dem Abschluß des
Staatsvertrages meistern mußte, haben mich auch in der Zeit, da ich meine
beschworene Pflicht im Kanzleramt, im Außenamt und im Parlament zu
erfüllen hatte, immer besonders interessiert und besonders bewegt. Denn
als ich als Kanzler und Außenminister den Kampf um Österreichs wirtschaftlichen Aufstieg und um seine politische Freiheit führen mußte, war
mir klar, daß die letzten Entscheidungen über die Zukunft des Gesamtstaates auf niederösterreichischem Boden fallen müssen. Ich möchte in diesem
Zusammenhang als Beispiel nur auf die Ereignisse des Jahres 1950 verweisen, als in den östlichen Teilen Österreichs innenpolitisch die entscheidende
Schlacht um die Freiheit des Gesamtstaates geschlagen und gewonnen wurde. Die Ereignisse der Oktobertage des Jahres 1950 und der frohe Maitag
des Jahres 1955 im Wiener Belvedere hängen enger zusammen, als der oberflächliche Betrachter merkt.
Ohne Niederösterreich wäre unser Staat undenkbar, er hätte nicht einmal
einen Namen. Denn die Bezeichnung Österreich entstand bekanntlich vor
bald tausend Jahren auf heute niederösterreichischem Boden. Der Weg, den
Österreich seit dem Jahre 1945 ging, wurde vor 17 Jahren im niederösterreichischen Landhaus eingeschlagen. Denn damals versammelten sich in
den Septembertagen Vertreter aller österreichischen Bundesländer im niederösterreichischen Landhaus, um unmißverständlich ihren Willen zur Zusammengehörigkeit und Freiheit kundzutun.
Ich bin stolz darauf, daß ich schon unmittelbar nach dem Ende des Zweiten
Weltkrieges als Landeshauptmann am Wiederaufbau meiner engeren Heimat Niederösterreich mitarbeiten konnte. Was wir damals als Erbe einer
wahnsinnigen Epoche zu übernehmen hatten, schien trostlos. Trotzdem
gingen alle Schichten der Bevölkerung mit ungebrochenem Mut daran, die
Trümmer wegzuräumen und eine neue Heimat zu bauen. Was uns, die wir
in den schweren Apriltagen des Jahres 1945 die Verantwortung für diesen
jungen Staat und dieses aus tausend Wunden blutende Land auf uns nehmen
mußten, damals stark machte, war der unerschütterliche Glaube an den

Wiederaufstieg Österreichs. Dieser Glaube beseelte aber nicht nur die Verantwortlichen in der Regierung, er gab den Bauern draußen auf dem Land die Kraft, ihre Felder neu zu bestellen und die vom Krieg zerstörten Höfe aufzubauen; er gab den Arbeitern in den Fabriken soviel Selbstvertrauen, daß sie trotz Hunger und Entbehrung mit viel Improvisationsgeschick die leeren Fabrikshallen mit neuem pulsierendem Arbeitsrhythmus füllten; er gab den Beamten und Angetellten die Kraft, am Wiederaufbau der Verwaltung, des Schulwesens und all der anderen für das öffentliche Leben notwendigen Einrichtungen mitzuarbeiten. Im wahrsten Sinne des Wortes hat damals vor 17 Jahren gerade bei uns in Niederösterreich der Glaube Berge versetzt. Es waren Berge von Schutt, die weggeräumt werden mußten, bevor man überhaupt an einen Neubau denken konnte. Es waren Berge von Vorurteilen und Zweifeln, die überwunden werden mußten, um einem neuen Glauben an die Zukunft der Heimat die Tore aufzureißen. Und weil das Wunder des Glaubens liebstes Kind ist, brachte das Jahr 1945 bei uns in Österreich in allen Bevölkerungsschichten ein wunderbares Neubesinnen auf die unendlichen Werte, die Österreich seit vielen Jahrhunderten zu verwalten hat.

Niemals seit dem Zusammenbruch der großen Donaumonarchie war in Österreich ein gesundes Staatsbewußtsein so tief verankert wie in den Stunden der bittersten Not und der größten Entbehrung. Ich bin stolz darauf, daß ich damals als provisorischer Landeshauptmann mitarbeiten konnte, den Grundstein für eine Entwicklung in eine bessere Zukunft zu legen. Doch selbst der größte Optimist hätte es sich in jenen schweren Tagen nicht träumen lassen, daß es in unserem Staate und auch in diesem Lande Niederösterreich so schnell wieder aufwärtsgehen wird. Unsere Väter hatten uns im Laufe der wechselvollen Geschichte des Donaulandes hundertmal vorgelebt, wie man Schicksalsschläge überwinden kann. Doch so weit wir auch die Chroniken unserer Heimat zurückblättern, Hunger und Not in einem Ausmaß wie wir sie 1945 meistern mußten, finden wir nirgends verzeichnet. Weil alle zusammengeholfen haben, ist es uns verhältnismäßig rasch gelungen, eine bessere Gegenwart zu finden und den Weg in eine schönere Zukunft zu ebnen. Ein wirtschaftlicher Wohlstand, wie ihn unsere Heimat noch niemals erlebt hat, ist der Lohn gemeinsamer Opfer. Diesen Wohlstand zu erhalten und auszubauen, kann nur die Folge weiterer gemeinsamer Arbeit und weiterer Opfer des einzelnen und einzelner Gruppen für die Allgemeinheit sein.

Niederösterreich hatte in den letzten Kriegswochen und während der Besatzungszeit besonders schwere Lasten zu tragen. Es ging 1945 nicht nur darum, den Kriegsschutt wegzuräumen und das Zerstörte neu aufzubauen. Die Entwicklungsmöglichkeiten östlich der Enns waren durch die besonderen Besatzungsverhältnisse arg gehemmt. Der Wohlstand in Niederösterreich ist daher, verglichen mit dem Bundesdurchschnitt, relativ gering. Dies zeigt sich deutlich im Wirtschaftsgefälle von West nach Ost, das von den Statistikern immer wieder unter Beweis gestellt wird. Gleichgültig ob wir nun das Steueraufkommen, die Spareinlagen, die Entwicklung des Fremdenverkehrs oder anderer wichtiger Wirtschaftszweige hernehmen, Niederösterreich als größtes Bundesland steht in der Statistik immer ganz weit hinten. Mancher Wunsch ist noch offen, manches, was – nicht durch die Schuld der Bevölkerung dieses Landes und auch nicht durch die Schuld der Männer, in deren Händen das Schicksal unserer engeren Heimat in den vergangenen 17 Jahren lag – versäumt werden mußte, muß noch aufgeholt werden. An gemeinsamer Arbeit wird es uns daher in den kommenden Jahren nicht fehlen.

Wenn wir dem Bundesland Niederösterreich jene Stellung zurückgewinnen wollen, die ihm zusteht, dann bedarf es ähnlicher Opferbereitschaft und des gleichen Willens zur Zusammenarbeit aller Bevölkerungsschichten wie im Jahre 1945. Gemeinsam wollen wir alle am Weiteraufbau Niederösterreichs arbeiten, gemeinsam wollen wir von diesem Land jedes Unrecht abwehren und für jeden fordern und zu erarbeiten trachten, was ihm als freier österreichischer Staatsbürger zusteht, als Staatsbürger, der in einem exponierten Bundeslande am Wiederaufbau unseres Gesamtstaates mitgearbeitet hat.

Mit einem Gruß an Sie, meine lieben Landsleute, verbinde ich daher die Bitte, helfen Sie mit, gleichgültig ob Sie Ihre Pflicht hinter dem Pflug, hinter dem Schraubstock in der Werkstatt oder hinter dem Schreibtisch erfüllen, daß wir den Aufstieg unserer engeren Heimat beschleunigt vorwärtstreiben können, damit im österreichischen Gesamtstaat bald alle Staatsbürger am Wohlstand und Fortschritt den gleichen Anteil haben. Mit meinem Wunsch zu gemeinsamer Arbeit verbinde ich nicht die Absicht einer Gleichmacherei und geistigen Nivellierung. In einer Demokratie muß es wohl Gegner anderer Meinung geben, doch darf daraus keine Feindschaft resultieren. Denn gemeinsam ist uns allen der Wille zur Freiheit und der Wille, Niederösterreich zu einem Heimatland für alle zu machen, in dem glückliche und zufriedene Menschen leben können. Ich bin stolz darauf, daß ich nach Jahren harter Arbeit im Kanzleramt, im Außenamt und als Präsident des Nationalrates in meine engere Heimat zurückkehren kann, um hier ein Erbe zu verwalten und auszubauen, das vor mir Männern übertragen war, die mit der gleichen Liebe, mit dem gleichen Fleiß, dem gleichen Pflichtbewußtsein und dem gleichen Mut zur Verantwortung das Schicksal dieses Landes gelenkt haben, wie wir es gemeisam in Zukunft tun wollen.

Zum Gedenken an den April 1945 –
österliche Gedanken
zur Befreiung Österreichs nach 20 Jahren

18. April 1965

(Radioansprache)

Am Karfreitag werden es genau zwanzig Jahre seit der Konstituierung der ersten niederösterreichischen Landesregierung in der Zweiten Republik. Während wir im Regierungsgebäude in der Herrengasse zusammentraten, um zu beraten, wie wir dieses zerschlagene, ausgeblutete Land wiederaufbauen und seine schwergeprüfte Bevölkerung mit den nötigsten Lebensmitteln und Gebrauchsgütern versorgen könnten, hatten sich nebenan im niederösterreichischen Landhaus Elemente niedergelassen, die keineswegs die Absicht hatten, Österreich im Geiste einer demokratischen Zusammenarbeit aufzubauen. Wie es damals in unserem Lande ausgesehen hat, brauche ich nicht zu berichten. In allen österreichischen Zeitungen, im Rundfunk und im Fernsehen werden ja in diesen Tagen Berichte gebracht, die uns die Not und das Grauen jener Zeit in die Erinnerung zurückrufen sollen. Ich möchte vor allem die Jugend bitten, sich für diese Dokumentationen zu interessieren. Sie können ihnen vielleicht die Antwort auf manche Frage geben, die zu beantworten ihre Eltern und Lehrer nicht immer den nötigen Mut aufbrachten. Dieses Schweigen hat keine entschuldbare Begründung. Es gibt keine Epoche in der österreichischen Geschichte, auch nicht im Geschehen der letzten fünfzig Jahre, über die man nicht offen und ehrlich reden könnte, ja reden muß. Die Wahrheit kann immer bestehen. Sorgen wir dafür, daß jeder Österreicher, vor allem die Jugend, auch über die jüngste Geschichte unseres Vaterlandes die ganze Wahrheit erfährt. Sagen wir ihr, wie sich alles zugetragen hat und wie es kommen mußte – auch, oder besser ganz besonders, in den Klassenzimmern unserer Schulen und in den Hörsälen unserer Universitäten. Es war immer schon eine österreichische Sünde, daß oft jene schwiegen, die etwas hätten sagen müssen, die aber lehrten und redeten, die besser geschwiegen hätten. Jene vielen tausend Österreicher, die zwischen 1938 und 1945 ihr Leben für die Freiheit dieses Landes hinopferten, sind gestorben, weil sie nicht schweigen wollten und konnten.

Ganz Österreich erinnert sich in diesen Tagen an die Ereignisse vor zwanzig Jahren, die unserem Vaterland wieder die staatliche Selbständigkeit brachten. Dieses Erinnern wäre allerdings ein belangloses, hohles Fest, wäre damit nicht auch ein Besinnen verbunden. Ein Besinnen auf die Kräfte, die vor zwanzig und mehr Jahren Gewalt und Tod zum Trotz Frauen und Männer dieses Volkes befähigte, die österreichische Fahne auf den rauchenden Trümmern des „tausendjährigen Reiches" wieder aufzupflanzen und der von Hunger und Not gebeugten Bevölkerung dieses Landes ein neues Ziel zu geben, für das es sich zu leben und zu arbeiten lohnt.

Schon in der turbulenten Zeit der Ersten Republik hat der österreichische Dichter Hermann Bahr seinen Landsleuten zugerufen: „Ich kann euch nur wünschen, habt Mut zu Österreich." Zwischen 1938 und 1945 war der Mut zu Österreich lebensgefährlich, trotzdem haben ihn Zehntausende Patrioten aufgebracht. Es gehört anscheinend zum österreichischen Schicksal, daß dieses Volk seine eindrucksvollsten Proben der Bewährung immer dann ablegen muß, wenn die Not am größten ist. Das galt nicht erst zwischen 1938 und 1945 oder in der schweren Zeit der zehnjährigen Besatzung; die Geschichte kennt manches Beispiel für diese Tatsache.

Als einer der letzten noch aktiven Politiker, die in den entscheidenden Jahren zwischen 1945 und 1955 die Verantwortung für das Wiedererstehen Österreichs trugen, nehme ich mir das selbstverständliche Recht heraus, zu den Jubiläen nicht nur Worte des Erinnerns zu sagen, sondern das österreichische Volk zur Besinnung und Einkehr aufzurufen. Anton Wildgans hat schon 1929 von den Österreichern gesagt: „Man muß dieses Volk in seinem tiefsten Unglück gesehen haben, in der Zeit, da die Not an jede Tür pochte und der Boden fast unter jeder Existenz schwankte! Die früher zu genießen verstanden hatten, die wußten jetzt ebenso zu entbehren und zu hungern! Und die Verzweiflung der Niedergetretenen, in diesem Volke ist sie niemals ausgeartet ins Unmaß der Wut, obwohl es derer genug gab, die seinen Zorn verdient hatten! Denn der Verderber, der Versucher, der Aufwiegler, er hat auch in ihm seine Köder ausgeworfen und seine Schlingen gelegt. Aber in der Sintflut von Schmutz und Verwirrung, die jeder Zusammenbruch einer Staats- und Gesellschaftsordnung entfesselt, ist der Wesenskern unseres Volkes unversehrt geblieben, und jene, auf die es letzten Endes immer ankommt, in einer Nation, die Priester und Diener an ihrem idealen Gut, sie haben um der Butter aufs Brot willen die Ehre nicht verkauft, sie haben das Brot lieber trocken gegessen." Sorgen wir dafür, daß der Versucher und Aufwiegler niemals wieder die Jugend unserer Nation verderben kann.

Als im April 1945 in unserem Lande Häuser, Brücken und Fabriken in Trümmern lagen und das Gespenst des Hungers drohte, da waren alle Österreicher bereit, zusammenzustehen und gemeinsam nicht nur die Wirtschaft, sondern auch einen demokratischen Staat aufzubauen.

Man sagt, niemand lernt aus der Geschichte. Für die Zeit zwischen 1938 und 1945 trifft das, zumindest bei den Österreichern, nicht zu. Wir hatten aus dem Hader der Ersten Republik und aus der Zeit, in der sogar der historische Name Österreich von der Landkarte verschwinden mußte, sehr viel gelernt. Wir hatten erkannt, daß unser Staat nur dann in Freiheit bestehen kann, wenn alle Staatsbürger, gleichgültig in welcher Partei sie weltanschaulich auch stehen mögen, für diesen Staat und seine Freiheit eintreten und Opfer bringen. Das war das große Positivum der Apriltage des Jahres 1945. 1918, als die große Donaumonarchie zusammenbrach, war das ganz anders; bei den meisten Österreichern fehlte damals der Glaube an die Lebensfähigkeit und die Zukunft ihrer Heimat. 1945 aber war es trotz all der Not, die überwunden werden mußte, immer ein erhebendes Gefühl, wenn man im zerstörten Land mit Menschen aller Bevölkerungsschichten und aller Berufsstände ins Gespräch kam und sah, mit welcher Hoffnung und mit welchem Glauben an Österreich sie den Kriegsschutt wegräumten und mit der Arbeit begannen.

Anscheinend ist es so, daß die ärgsten Feinde eines gesunden Patriotismus der Wohlstand und die Sattheit sind. Mit dem, was heute Tag für Tag an Lebensmitteln in Österreich in die Mistkübel geworfen wird, hätten wir vor zwanzig Jahren eine Woche hindurch die Bevölkerung der Millionenstadt Wien ausreichend versorgen können. Das ist schlimm. Noch viel schlimmer aber wäre es, würden von manchen Österreichern in der Sattheit des Wohlfahrtsstaates auch das nationale Selbstbewußtsein und das Bekenntnis zur Heimat in den Koloniakübel geworfen.

Es gehörte zwischen 1938 und 1945 sehr viel Mut dazu, der Gewaltherrschaft zu trotzen. Es war auch sehr viel Selbstbewußtsein notwendig, um zwischen 1945 und 1955 den Standpunkt Österreichs in vielen Dutzenden von Verhandlungen mit den Alliierten kompromißlos zu vertreten. Es bedarf aber nach meiner Meinung nicht weniger des Mutes, in einer Zeit, in der echter Österreicher Patriotismus, der sich 1945 so glänzend bewährt hat, im Überfluß des Wohlfahrtsstaates zu ersticken droht, das notwendige Maß an Zivilcourage aufzubringen, die allein der Österreichidee zum allgemeinen Durchbruch verhelfen kann. Ohne Zivilcourage lebt die Freiheit nicht lange.

Österreich und die österreichische Nation müssen für uns Realitäten sein und nicht Diskussionsgrundlagen, wie man gerade jetzt da und dort hört. Die Zeit des Hungerns und der Entbehrung war auch eine Zeit des Aufbruches einer jungen, vielgeprüften Nation zur demokratischen Selbstbesinnung und Zusammenarbeit. Daran sollten wir uns nicht nur am 27. April und am 15. Mai erinnern, sondern zu jeder Stunde, in der die Gefahr droht, daß dieser bewährte Weg wieder verlassen werden könnte.

Im Ringen um Österreich wurden 1945 und 1955 wichtige Schlachten geschlagen; doch der Kampf geht weiter, er geht so lange weiter, bis jede Frau, jeder Mann und jedes Kind in diesem Lande tief im Herzen von der historischen Aufgabe ihres Volkes überzeugt sind; bis jeder in diesem Staat sich stolz als Österreicher bekennt. Das gilt für den Universitätsprofessor genauso wie für den Arbeiter, Bauern und Unternehmer. Das Bekenntnis zu Österreich darf sich aber nicht nur in einer Verneigung vor der Vergangenheit erschöpfen, es muß sich auch in der Gegenwart täglich aufs neue bewähren.

Ich wünsche Ihnen ein recht frohes Osterfest; denken Sie daran, wenn Sie die Feiertage genießen, wie es vor zwanzig Jahren zu Ostern war, und Sie werden erkennen, wieviel wir in gemeinsamer Arbeit erreicht haben.

Zehn Jahre danach:
Das erste Jubiläum des Tags des Staatsvertrages
2. Mai 1965
(Leopold Figls letzte Radioansprache)

Am heutigen Tag sind es genau zehn Jahre her, daß in Wien im Gebäude des Alliierten Rates – dem heutigen Haus der Industrie – die Konferenz der Botschafter der vier Großmächte begann, die den Staatsvertrag für die letzte Außenministerkonferenz, die am 14. Mai 1955, also am Tag vor der Unterzeichnung des Vertragswerkes, stattfand, vorbereiten sollten. Ich selbst hatte als österreichischer Außenminister Gelegenheit, während dieser Konferenz so wie bei der folgenden Außenministerkonferenz und schon oft vorher den Standpunkt Österreichs zu vertreten. Damals war ja schon klar, daß es diesmal mit dem Staatsvertrag endlich klappen wird; obwohl Menschen, die zehn Jahre enttäuscht wurden, selbst damals noch mit unliebsamen Überraschungen rechnen mußten. Allerdings hatte unser Flug nach Moskau soweit Einigung mit den Sowjets gebracht, daß solche Überraschungen kaum mehr zu befürchten waren. Die Westalliierten hatten das Verhandlungsergebnis von Moskau zustimmend zur Kenntnis genommen. Für mich persönlich gab es vor zwanzig Jahren nur mehr ein offenes Problem, und das war der dritte Absatz der Präambel des Staatsvertragsentwurfes. Dort stand nämlich nicht mehr und nicht weniger drinnen, als daß Österreich am Ausbruch des Zweiten Weltkrieges eine Mitschuld trägt. Eine Beibehaltung dieses Absatzes in der Präambel des Staatsvertrages hätte für Österreich ein Odium für lange Zeit bedeutet. Ich habe daher noch am 14. Mai 1955, als die Außenminister der vier Großmächte dem Staatsvertragswerk bereits ihre Zustimmung gegeben hatten, noch einmal die Strei-

chung dieser für Österreich untragbaren Klausel verlangt. Ich war mir bewußt, daß nicht alle österreichischen Politiker mit meinem Schritt einverstanden waren, da manche der Meinung waren, man sollte die zur Unterzeichnung des Vertragswerkes bereiten Staatsmänner nicht 24 Stunden vor
dem Festakt im Schloß Belvedere verärgern. Interessanterweise war der russische Außenminister Molotow, der damals den Vorsitz in der Außenministerkonferenz führte, der erste, der meiner Forderung zustimmte. Die Westalliierten folgten selbstverständlich. In der Rückschau läßt sich die Haltung
Molotows wohl am besten damit erklären, daß der Passus über die Kriegsschuld schon im Oktober 1943 auf die Forderung Stalins hin in der Moskauer Deklaration aufgenommen wurde, um die rechtliche Handhabe für
Reparationsforderungen an Österreich zu sichern. Nun waren aber im Ver-
tragswerk die wirtschaftlichen Leistungen Österreichs an die Sowjetunion
genau festgelegt. Auch die große, mächtige Sowjetunion konnte nun kaum
noch Interesse daran haben, daß das kleine Österreich, das nichts anderes
als seine Freiheit und Unabhängigkeit haben wollte, mit einer fragwürdigen
Kriegsschuld für alle Zukunft belastet wird.
Am vergangenen Dienstag wurde in Wien der zwanzigste Geburtstag der
Zweiten Republik festlich gefeiert. Den Höhepunkt brachte wohl die Parade unseres Bundesheeres, das unsere im Staatsvertrag beschworene Neutralität schützen soll. Neben der großen Erinnerungsfeier hat es aber auch eine
ganze Reihe kleinerer Veranstaltungen gegeben, die mir nicht weniger wichtig erscheinen als die Sitzung der Bundesversammlung im Parlament und
die große Parade über die Ringstraße. So wird beispielsweise im Prälatensaal
des niederösterreichischen Landhauses bis zum 16. Mai eine kleine, aber
äußerst interessante Ausstellung über die Situation Niederösterreichs im
April und Mai 1945 gezeigt. Aus Bildern und Dokumenten, die dort ausge-
stellt sind, kann auch der, der die Ereignisse schon vergessen haben sollte,
rekonstruieren, wie es damals war. Das ganze Ausmaß des Elends und der
Not wird in der Erinnerung wieder wachgerufen; aber nicht nur die Not,
auch die Kräfte, die uns damals befähigten, mit dem Elend fertig zu werden,
werden erkennbar.
Und damit komme ich eigentlich wieder zum Ausgangspunkt meiner heutigen Rundfunkansprache zurück. Weil wir Menschen trotz Hunger und
Entbehrungen bereit waren, gemeinsam das Schicksal zu meistern, haben
wir es geschafft. So war es ja auch vor zehn Tagen, als die Bewohner der vom
Hochwasser heimgesuchten Gemeinden gemeinsam gegen die Fluten an-
kämpften. Weil die Österreicher vor zwanzig Jahren an die Lebensfähigkeit
ihres jungen Staates glaubten, fanden wir, schneller als im April 1945 selbst
die größten Optimisten zu hoffen wagten, den Weg aus der Not. Zu den
Jubiläen, die wir in diesen Tagen feiern, können wir uns allen gemeinsam

nichts Besseres vornehmen, als daß wir uns bemühen wollen, uns diesen Glauben zu erhalten oder, soweit er vielleicht schon verlorengegangen ist, ihn wieder zu gewinnen.

Auf Wiederhören in vierzehn Tagen!

(Dazu sollte es nicht mehr kommen. Landeshauptmann Dipl.-Ing. Leopold Figl starb am 9. Mai 1965)

Eine legendäre Gestalt
im Bewußtsein seines Volkes

26. Mai 1965

(Abschiedsworte von Nationalratspräsident Prof. Dr. Alfred Maleta vor dem Plenum des Österreichischen Nationalrats)

Erst vor wenigen Tagen haben wir Leopold Figl auf seinem letzten Weg begleitet. In unzähligen Reden und Artikeln wurde über den Lebenslauf und das Lebenswerk dieses großen Patrioten gesprochen und geschrieben. Was hätte also heute eine Gedenkrede für einen Sinn, wenn sie längst Gesagtes wiederholen würde; was vermögen überhaupt Worte an echter Trauer zu vermitteln, das eindrucksvoller wäre, als die überwältigende Kundgebung des Volkes für seinen großen Toten! Sein Sterben, so kurz vor der sichtbaren Bestätigung seiner Politik, dem zehnten Jahrestag des Staatsvertrages, auf dem sich für Österreich sein Namenszug befindet, sein Abschied für immer von uns am Vortage des Staatsaktes im Schloß Belvedere, auf dessen Balkon er den jubelnden Wienern das kostbare Dokument der Freiheit zeigte, wäre wahrhaft würdig des Griffels eines Dramatikers der Zukunft, nach dem Beispiel der großen antiken Tragödiendichter, in deren Werken die Begegnungen des unerbittlichen, blindwütigen Schicksals mit dem Leben der Sterblichen dichterisch gestaltet wurde. Für Leopold Figl freilich war Schicksal nicht ein sinnwidriges Geschehen, denn in seiner tiefsten natürlichen Veranlagung war er ein frommer Mensch, fromm nicht nur in des Wortes schlichter überlieferter Bedeutung, sondern in dessen ursprünglichem Sinne, der tiefen Ehrfurcht vor der Allmacht in der Unendlichkeit des Seins; eine Frömmigkeit aus innerster Ruhe und Gelassenheit, weder psychologisch als Fluchtburg menschlicher Einsamkeit aus Weltangst vor der Unendlichkeit des Unbekannten noch rational wegen ihrer Zeitgemäßheit in einer Zeit, deren naturwissenschaftliches Weltbild das Göttliche und die Materie in der letzten Tiefe des Universums einander sich begegnen läßt, in welcher der menschliche Geist zwar über alle Begrenztheit der Materie hinaus diese Unendlichkeit des Alls zu durchdenken vermag, aber in diesem Durchdenken sich der eigenen Endlichkeit und Begrenztheit der Erkenntnismöglichkeit bewußt wird. Diese fromme Ehrfurcht war die Kraftquelle seines männlichen Charakters. Leopold Figl war ein großer Österreicher, ein Mann, der für ferne Zeiten in der Geschichte und im Bewußtsein seines Volkes als legendäre Gestalt lebendig bleiben wird. Die Österreicher liebten ihn, denn sie wußten, daß sie durch seine Politik im Chaos der Zeit sich geborgen und gesichert fühlen konnten. Für diese Österreicher hat er bis zu seiner letzten Stunde gearbeitet, mit unglaublicher Vitalität, dynamisch bis zur restlosen Erschöpfung seiner Kraft. Für seine Österreicher war er nicht der Bundeskanzler, der Präsident des Nationalrates, der Außenminister, auch nicht der Landeshauptmann von Niederösterreich, sondern ihr Figl. Und wenn sie in ihren Gesprächen ihn nur mit seinem Vornamen benannten, dann lag in diesem Wort nicht etwa Geringschätzung, sondern eine weitaus höhere Wertschätzung, als das Protokoll der ihm gebührenden offiziellen Titel aussagt – in diesem schlichten Namen liegt die Liebe und in dieser der Adelsbrief des Volkes für den Mann, der mit seinem Leben ein Kapitel österreichischer Geschichte schrieb. Uns erfüllt hierbei ein Gefühl von Bangigkeit und Trauer, wenn wir daran denken, wie oft wir in der allerjüngsten Zeit von großen Männern beider Koalitionsparteien Abschied nehmen mußten, die aus den rauchenden Trümmern des Dritten Reiches die Zweite Republik errichteten.

Mit uns Abgeordneten war Leopold Figl, der diesem Hohen Haus seit 1945 angehörte, engst verbunden. In diesem Hause wirkte er als dessen Präsident vom 9. Juni 1959 bis zum 5. Februar 1962. Diesem Haus berichtete er als Bundeskanzler und als Bundesminister für auswärtige Angelegenheiten über die Etappen des dornenvollen und steinigen Weges von der Wiedererrichtung der Zweiten Republik bis zur endgültigen Erringung der Freiheit durch den Staatsvertrag. Dieses Haus gab diesen Berichten die weltweite Resonanz, denn als Sprachrohr des österreichischen Volkes wurde hier immer und jederzeit der Ruf nach Freiheit und Gerechtigkeit für dieses Volk erhoben. Dieses Haus gab somit seinem Wirken auch die Legitimation, vor den Großen und Mächtigen der Welt als Anwalt dieses die Freiheit fordernden, freiheitsbewußten Volkes aufzutreten; und in diesem Haus sahen wir ihn, den bereits vom Tod Gezeichneten, zutiefst erschüttert zum letzten Mal bei der Festsitzung am 27. April.

Leopold Figl war aus Naturinstinkt Politiker. Sicherlich, zum Staatsmann gehört vieles, so auch Wissen, Erfahrung und Intellekt, über die der Dahingegangene im reichen Maße verfügte; aber zum erfolgreichen Staatsmann in den schwierigsten Krisenzeiten Österreichs gehörte weitaus mehr, gehörten persönlicher Mut, eine unzerbrechliche seelische Kraft und ein unbeugsamer Glaube an die Zukunft dieses Landes. Leopold Figls Größe waren sein unerhörter persönlicher Mut und sein unbändiger Glaube an Österreich, die vielleicht manchem Superintellektuellen nach 1945 angesichts der ungeheuren Schwierigkeiten naiv, ja kleinbürgerlich erschienen, die aber in Wirklichkeit das Geheimnis des Erfolges waren, denn der Glaube versetzt bekanntlich Berge. Dieser Glaube hielt ihn aufrecht, und mit diesem Glauben erfüllte er das österreichische Volk, so daß es nicht verzweifelte, Gefahren trotzte, weil es ihm und mit ihm glaubte, daß es frei werden müsse, da die Vorsehung diesem Land noch eine Rolle vorbehielt; eine moderne Aufgabe für dieses alte, ewig junge Österreich, das nach wie vor im Herzen Europas, aber heute an der Grenze zweiter Ideologien und Machtbereiche liegt. War die babenbergische Ostmark ein Schutzwall – nicht etwa eines deutschen Nationalismus, sondern der abendländischen christlichen Völkerfamilie Europas –, war das spätere Österreich durch die Jahrhunderte in Verbindung mit den längst in diese Gemeinschaft hineingewachsenen slawisch-madjarischen Völkerschaften eine politische Klammer dieses Europas, so erfüllt sich die Mission des modernen Österreichs in der von uns vielleicht visionär geschauten Berufung, jenes Land der Freiheit zu sein, das nicht im Gegensatz, sondern im Kontakt und in der Diskussion mit den östlichen Völkern eine neue geschichtliche Aufgabe für Europa und die Menschheit zu erfüllen hat. Damit diese Vision einmal Wirklichkeit werde, dazu war Voraussetzung, daß Österreich in Freiheit wiedererstand. So spannt sich der Bogen österreichischer Geschichte seit den Tagen babenbergischer Vergangenheit über die Gegenwart in die Zukunft, symbolisiert sich in unserer tiefen Verneigung vor dem aus uralter österreichischer Erde Geborenen nicht nur der Dank des österreichischen Volkes für seine große staatsmännische Leistung, sondern auch, trotz allen Wandels der Zeiten, die Unwandelbarkeit der österreichischen Idee und in ihr und mit ihr die Einheit des Volkes mit den Großen seiner Geschichte, zu denen ab nun auch unser – Leopold zählt!

Personenregister

(Es wurden nur die Namen jener Persönlichkeiten aufgenommen, die zum Kontext einen besonderen Bezug aufweisen, nicht aber solche, die nur beiläufig seitens Leopold Figls erwähnt wurden)

Sachregister